I0340087

www.ingramcontent.com/pod-product-compliance
Lightning Source LLC
Chambersburg PA
CBHW031409290426
44110CB00011B/312
9780977974757

عقد قنات
(شامل سه کتاب)

امامزاده

عطا ثروتی

سه‌گانه‌ی عقد قنات

کتاب سوم

امامزاده

نویسنده: عطا ثروتی
ویراستار: حسین نعمتی
طرح روی جلد: سامان خادم، مسعود زمانی، حمیدرضا باباجان‌نژاد
صفحه‌آرایی: حمیدرضا باباجان‌نژاد
نوبت چاپ: اول / ۱۳۹۹ / ۲۰۲۰
E-Book: ۹۷۸-۰-۹۷۷۹۷٤۷-٤-۰
شابک (Print): ۹۷۸-۰-۹۷۷۹۷۴۷-۵-۷

تمام حق و حقوق قصه به نویسنده متعلق است و هرگونه برداشت از این قصه غیرمجاز و تحت پیگرد قانونی قرار می‌گیرد.

کتاب‌های منتشرشده‌ی عطا ثروتی:

(مجموعه‌ی شعرهای معنوی)
من لوتوس هستم

رمان‌ها:

در جستجوی بهشت
(داستان هوارد باسکرویل)
تار
در جستجوی عشق

تراژدی سه‌گانه
عقد قنات
(شامل سه کتاب)

آسیه
گدا لاله
امامزاده

نمایشنامه‌ها:

سر پل ته رودخانه
آرامش بعد از طوفان
پنجره

جهت تهیه کتاب‌ها:	۱. سایت www.eeiff.com
	۲. انتشارات اینگرام
	۳. سایت www.amazon.com
	٤. کتابفروشی‌های سراسر دنیا

مقدمه:

همیشه برای من سخت‌ترین قسمت تحریر کتاب نوشتن مقدمه‌ی آن بوده است و به همین خاطر همیشه نوشتن مقدمه‌ی کتاب‌هایم را بر عهده‌ی دیگران گذاشته‌ام، ولی در مورد این کتاب لازم می‌دانم که توضیحاتی بدهم. فکر نوشتن این کتاب از سال‌ها پیش در ذهن من بود. از زمانی که در دانشکده‌ی هنرهای دراماتیک در چهار راه آب‌سردار درس می‌خواندم. در آن زمان برای شناخت فرهنگ و آداب و رسوم قومی خود، با دوستانم کامران نوراد و... مسافرت‌های زیادی به اقصی نقاط ایران و به‌خصوص روستاها می‌کردیم و در این سفرها همیشه در جستجوی قصه‌های محلی و قومی پای صحبت مردمان محلی می‌نشستیم. تا اینکه در یکی از این سفرها بود که قصه‌ی عقد کردن دخترها برای قنات را پیرمردی در یکی از قهوخانه‌های گلپایگان برایم تعریف کرد. من همیشه به همان اندازه که از شنیدن این قصه‌ها شاد می‌شدم، گاهی هم بعضی از آن‌ها بسیار غمگینم می‌کرد. یکی از آن‌ها که بسیار روی من تاثیر گذاشت، همین قصه‌ی عقد کردن دخترها برای قنات بود. البته پیرمرد فقط در مورد عقد کردن دخترها برای قنات را برای من تعریف کرد و نه به نوعی که در اینجا قصه بال و پر گرفته و به سه کتاب «آسیه»، «گدالاله» و «امامزاده» در آمده است. اما بهرحال در خود گریستم که چطور قدرتمندان مذهبی آداب و رسوم باستانی تغیر و به مسخره و به خاطر منافع شخصی خود درست مثل همین عقد قنات که یک رسم باستانی است را به نفع منافع خود تغیر داده‌اند. البته در دوران باستان دختری که عقد قنات می‌شد، با جواهرات و پارچه‌های رنگارنگ و گران‌قیمت ملبس می‌کردند و در حکم ملکه در می‌آمد و قابل احترام بود و لخت وارد آب نمی شد که در اینجا می‌آید. وقتی می‌بینی چطور مردمان مهربان ما را به بازی می‌گیرند و این چنین درگیر خرافات و آداب

و رسوم خانمانسوز می‌شوند و چطور قدرتمندان دولتی و مذهبی در تمام ادوار تاریخ غم‌انگیزتر این است که این مردمان به بازی گرفته شده، معمولا بسیار مردمان خوش‌قلب و مهربانی هم هستند. ولی فقط به علت ناآشنا بودن آن‌ها به مسائل اجتماعی و سیاسی روز و گذشته‌ی خود است که دستخوش و آلت دست آدم‌های حقه‌باز و زیرک و سودجو قرار می‌گیرند و بدتر از همه اینکه این خرافات بیشتر ریشه‌ی مذهبی دارند و در تمام مذاهب کنونی معروف دنیا پیدا می‌شوند.

عقد قنات یکی از این خرافه‌ها است.

بر حسب اطلاع در حال حاضر در ایران خودمان و بعد از انقلاب، تعداد امامزاده‌ها از دو هزار (۲۰۰۰) به بیشتر از چهارده هزار و دویست (۱۴۲۰۰) امامزاده افزایش یافته است که همه‌ی این امامزادها مرکز دزدی و کلاهبرداری دین‌فروشان است. مگر چند امام وجود داشت و این امام‌ها چند نوه و نتیجه داشتند؟ در ثانی چطور شد که ۱۴۲۰۰ تا از آن‌ها همه در مملکت ایران پیدایشان شد و حتی یکی از آن‌ها در دیگر ممالک اسلامی دیده نمی‌شوند. نمی‌خواهم زیاد حاشیه‌پردازی کنم و فقط می‌خواستم به چند نکته اشاره‌ای کرده باشم و تحقیقاتم را برای دریافت بیشتر حقیقت به عهده‌ی خوانندگان می‌گذارم و بر این عقیده هستم که هیچ‌کس نباید چشم‌بسته به نکاتی که در اینجا آمده است یا در هر جای دیگر که می‌خواند و یا می‌شنود توجهی کند تا خود به تحقیق از منابع ذی صلاح نپردازد.

چرا که دین، مذهب و آیین و آداب و رسوم قومی ما در طول تاریخ به وسیله‌ی سردمداران مذهبی و سیاسی و به خاطر منافع شخصی و مالی اجتماعی شخصی و یا گروهی، دچار تجاوز شده و آنها را برای فریب و کنترل و سرکیسه کردن مردم ساده‌دل و مهربان تغیر داده‌اند.

در این مهم، مشکل من فقط با دین اسلام نیست، بلکه این حقه‌های سیاسی و انحرافات مذهبی و به بازی گرفتن مذهب به خاطر منافع و

هدف‌های سیاسی و شخصی و اجتماعی در تمام مذاهب دنیا متداول بوده و شاید هم بیشتر است. همیشه هم دودش به چشم مردم عامی و ساده‌دل رفته است و اگر من فقط اشاره‌ای به یکی دو نکته در مورد ایران کردم فقط به این خاطر است که خود را مسئول می‌دانم. دین قرار بود پیام‌آور محبت، برابری و مساوات فردی و اجتماعی باشد. مذهب در اصل باید مرام و مسلکِ عشق و محبت و احترام و برابری و مساوات و آزادی شخصی و اجتماعی را بین مردمان دنیا و در این کره خاکی ترویج، تشریح و متداول کند، نه دشمنی و خشم و جنگ و کشت و کشتار را. ای کاش روزی بیاید که ما همه، چه مسلمان، چه یهودی و مسیحی و بودایی و زرتشتی و هندو و... همه به عقاید یکدیگر احترام بگذاریم و از روی دوستی، عشق، محبت و همزیستی به یکدیگر نگاه کنیم. ای کاش همه انسان شویم.

عطا ثروتی

وقتی خرافات انسان را زمین‌گیر می‌کند...

فصل ۱

وقتی قدرت جن‌ها بر آدم‌ها می‌چربد...

بانـگ اذان صبحگاهـی پیرمـرد مـؤذّن مسـجد *شـورچه* بـه مـردم نویـد روشـنایی و آرامـش خاطـر مـی‌داد و پایـان وحشـت و ظلمـت شـب‌هنگام را اعـلام می‌داشـت؛ چـون به‌محـض اینکـه تاریکی، چـادر سـیاه و غم‌انگیزش را بر سـر دِه می‌پوشـاند، صدای سـوزناک نِی از پشـت تپه‌ی مجاور دو روسـتای *شـورچه* و *تیکـن* کـه در همسـایگی یکدیگـر بودنـد، بلند می‌شـد.

آنچـه مسـلم بـود، ایـن بـود کـه نـوای نِی کـه با نسـیم سـبکِ باد شـبانه ادغـام شـده و از تپـه‌ی مجـاور دو روسـتا در گـوش مـردم می‌پیچید، شـادی بـه همـراه نداشـت، بلکـه پیام‌آورِ تـرس و نگرانِی بود کـه بر تن و جـان مردم دو روسـتا غلبـه کـرده و آرامـش و خواب و خـوراک را از آن ها سـلب می کرد.

سـی، چهـل سـالی می‌شـد کـه آواز نِـی ادامه داشـت و هر شـب بـه مردم دِه یـادآوری می کـرد کـه جـن و پری‌هایی که گفته می‌شـد در دامنه و پشـت سـنگ‌پایه‌های تپه‌هـای بـالای شـورچه و تیکـن خانـه کـرده بودنـد، هنـوز هسـتند و هیچ‌جـا نرفته‌انـد.

بـا فـرا رسـیدن شـب، هر دو روسـتا به گورسـتانی بـی‌روح و خالـی تبدیل می‌شـد. درهـا و پنجره‌هـا بـا دقت بسـته می‌شـد و چنـدین بـار هـم محض احتیـاط امتحـان می‌شـد تـا جایـی، حتی بـه انـدازه‌ی درزی کوچک هـم، باز نمانده باشـد.

مـردم در خانه‌هـای خـود، زندانـِی خرافـات و تـرس می‌شـدند. پُـر واضح اسـت کـه بـا برخاسـتن صـدای نـِی که مصـادف با غـروب می‌شـد، اگر کسـی هـم هنـوز بیـرون از خانـه‌اش بـود، به‌سـرعت خـود را بـه خانـه می‌رسـاند. اگر کسـی شـبانه بایـد جایی می‌رفـت و یا پـس از تاریکی بـرای آبیـاری زمین‌های زراعـی راهـی مزرعـه می‌شـد، هرگـز تنهـا نمی‌رفـت و گروهـی، یکدیگـر را همراهـی می‌کردنـد. هـر کـدام با خـود یک چـراغ زنبوری و چوب‌دسـتی حمل می‌کردنـد و البتـه اطمینـان بیشـتری پیـدا می‌کردند اگـر کـه پرنورترین چراغ را همـراه می‌داشـتند. غیرممکـن بـود کـه یکـی دوتـا دعا برگـردن آنهـا آویزان نباشـد. دعاهـا را طوری جلوی سـینه سـنجاق می‌کردنـد و یا با بنـدی از گردن آویـزان می‌کردنـد کـه کامـلاً در معـرض دیدِ اجنه باشـد.

سـال‌ها مـی شـد که حضور اجنـه در تپه‌های دو روسـتا، زندگـی و آرامش مـردم را برهـم زده بـود. حتـی نیروهـای امنیـه هم جـرأت پا گذاشـتن به آن منطقـه کـه به منطقـه‌ی ممنوعه معـروف بود را، نداشـتند. به مـردم هم بارها اخطـار داده بودنـد کـه اگـر بـه منطقـه‌ی ممنوعـه رفتـه و گیر جـن و پری‌ها بیافتنـد، نبایـد انتظار هیـچ کمکی را از امنیه‌خانه داشـته باشـند.

البتـه در طـول سـی چهـل سـال گذشـته، داسـتان‌های زیـادی، در مـورد درخـت تـوت تنومنـدی کـه در دره‌ی کوه‌پایـه‌ی نسـبتاً بلنـد بـالای دو ده شـورچه و تیکـن و اشـباحی کـه در اطـراف آن بودنـد، روایـت می شـد. حتی بعضی‌هـا هـم می‌گفتنـد کـه با چشـم خود آنهـا را دیده‌انـد و می‌گفتنـد این اشـباح‌اند کـه شـب‌ها نـِی می‌زننـد. البته جسـته و گریخته صـدای آواز مردی را هـم می‌شـنیدند. عـده‌ای هـم می‌گفتنـد که شـبح زنـی را دیده‌اند که سـر تـا پـا پوشـیده از حریـرِ سـبز و آبـی، زیـر درخـت تـوت ظاهـر می‌شـود. بین مـردم چـو افتـاده بـود اجنه‌ای که سـاکن آنجا هسـتند، اگر کسـی را تنها گیر بیاندازنـد، خونـش را مکیـده و روحـش را می‌گیرنـد، طوری‌کـه دیگـر کسـی اثـری از او نمی‌یابـد. حتـی در قصه‌هـای روسـتایی آمـده بود، گـدای دوره‌گرد

و درویشی هم بعد از اینکه گذرش به آن منطقه افتاده بود، دیگر دیده نشده بود. به خاطر همین شایعات، مردم روستا از آن منطقه می‌ترسیدند و از آنجا دوری می‌کردند و آن منطقه را، شوم می‌دانستند.

کله‌ی سحر بود. هنوز بانگ موذن مسجدِ روستا به نیمه نرسیده بود که چوپان‌علی همان‌طور که قلاده‌ی چهار سگ در دستش بود، می‌خواست از خانه خارج شود. سگ‌ها که نمی‌توانستند هم‌زمان از چهارچوب دربِ محقر و کهنه‌ی خانه، بیرون بیایند، صاحب خود را چند لحظه متوقف کردند و به عقب و جلو به نوسان درآوردند و بعد با پیشی گرفتن از یکدیگر، به کوچه دویدند.

چوپان‌علی، یکی از دو چوپان شورچه بود و به‌خاطر قصه‌سازی و داستان پردازی‌هایش، در میان چوپان‌های دهات اطراف از همه معروف‌تر بود و به چوپان دروغگو شهرت پیدا کرده بود، تا جایی که هم‌ولایتی‌هایش، دیگر به گفته‌های او اهمیت چندانی نمی‌دادند؛ اما بچه‌ها از قصه‌بافی‌های او، لذت می‌بردند و همیشه پایِ معرکه‌گیری‌هایش، می‌نشستند.

کار چوپان‌ها، چراندن گوسفندان مردمِ دِه، در صحرا بود. صبح زود، مردمِ گوسفندانشان را به چوپان‌ها سپرده و غروب آنها را تحویل می‌گرفتند و سالانه، هنگام برداشت محصول، دستمزد چوپان‌ها را می‌پرداختند.

هنوز سپیده نزده و تاریکی برقرار بود. اما سگ‌های گله‌ی چوپان‌علی، خیالِ از جوش و خروش افتادن را نداشتند و کوچه‌های خلوت دِه را قرق کرده بودند. سگ‌ها از اینکه چوپان‌علی، افسارشان را محکم دور مچ دستانش چند بار تابانده و رها نمی‌کرد، هار و گریزان از بند، به‌نظر می‌آمدند.

چوپان‌علی و شاگردش آصف، گوسفندانِ آن‌هایی که خانه‌شان در مسیر راه بود را، تحویل گرفتند. کم‌کم تعداد گوسفندانی که جلوی چوپان‌علی در حرکت بودند، زیاد و زیادتر می‌شد. سگ‌ها که بر حسب ذات و غریزه‌ی وظیفه‌شناس و مسئولیت‌پذیری که داشتند، از دیدن گوسفندان

کیفـور شـده و صـدای خرخـر مانندی از پوزه‌ی مرطوبشـان، شـنیده می‌شـد. آنهـا وظیفـه‌ی خودشـان را در قبـال گلـه، خوب می‌دانسـتند.

در مسـیر راه گلـه، زنـان دِهاتـی دیـده می‌شـدند که بـا چهره‌هـای گرفته و خـواب آلـود، کـوزه بـه دسـت از خانه‌هـا بیـرون زده و بـا عجلـه و قبـل از رسـیدن گلـه، خـود را بـه جـوی آب می‌رسـاندند تـا قبـل از گل آلود گشـتن آب زیـر پـایِ گوسـفندان و حیوانـات دیگـر، کوزه‌هـای خـود را از آبِ زلال، بـرای خـوراک روزانـه خـود را پُر کننـد. ترکیـب دامن‌هایی بلنـد و رنگارنگ با روسـری‌هایی گل‌دار در گـرگ و میـش هـوا، تصویـری زیبـا می‌سـاخت که با بع‌بـع گوسـفندان، پـاس سـگ‌ها و تـکان تـکان خـوردن زنگوله‌هـای برنجی، منظـره‌ی هـر سـحرِ آن روسـتا را، تشـکیل می‌داد.

آصف که در مسیر راهش گوسفندان را تحویل گرفته بود، به گله پیوست.

حـال، گلـه جلـوی حمـام عمومـی دِه، رسـیده بـود. دود غلیظی از پشـت بـام حمـام سـر به آسـمان می‌کشـید. مشـهدی حسـین حمامی و شـاگردش تقـی، بوته‌هـای خشـک را، زیر تون می‌گذاشـتند تا رسـیدن مشـتریان، حمام را داغ کننـد. پشـت بـامِ حمام‌هـا فقـط یکـی دو ذرع از سـطح زمیـن ارتفـاع داشـت؛ چراکـه حمام‌هـا را زیـرِ زمین می‌سـاختند تا در زمسـتان خزانه‌ی آب گـرم در تمـام طـول روز بـرای اسـتفاده، گـرم باقـی بماند. سراسـر پشـت بامِ حمـام، از بوته‌هایـی پوشـیده بـود کـه برای سـوزاندن زیـر تون و گـرم کردن حمـام اسـتفاده می‌شـد. معمـولاً مـردان از صبـح کلـه‌ی سـحر تـا کمـی بعد از برآمـدن آفتـاب، از حمـام اسـتفاده می‌کردنـد و تمـام طـول روز، حمـام در اختیـار زنـان بود.

بـا رسـیدن چوپان‌علـی و گلـه‌اش، مشـهدی حسـین سـرِ شـوخی را بـا چوپان‌علـی بـاز کـرده و بـا صـدای بلنـد کـه در همهمـه‌ی عبـور گوسـفندان بـه‌گـوش برسـد، گفـت:

- چوپان‌علـی تـو رو به خـدا امروز کمتر گـرگا رو بُکـش... آخه اون

بدبختا گناه دارن...

و به همـراه تقی خندیدند. چوپان‌علـی بی‌آنکـه سربرگرداند، بی‌توجه به طعنه‌ی مشهدی حسین، عبور کرد.

در همیـن زمـان از آن سویِ شـورچه گلـه‌ی دیگری راهی صحـرا بـود. ایـن گلـه، در ظاهـر متعلـق به کدخدا بـود، اما در اصل بیشتر سهم آن برای ملامحمـود، مُعمـم روسـتا بود؛ اما مـردم خیال می‌کردند فقط چندتایی از آن به ملامحمـود تعلق دارد. ملامحمود بـرای حفظِ ظاهر، تظاهر به تنگ‌دستی می‌کـرد. چوپـانِ آنهـا، صمدقیچـه و شـاگردش غضنفر سـایه‌ی چوپان‌علی، آصف و چوپان‌هـای دیگر روسـتا را، بـا تیر می‌زدند و از هر فرصتی که پیدا می‌کردنـد از آزار آنها غافل نمی‌شـدند. البته مـردم هم از این خصومت بین آن‌هـا خبر نداشـتند و یا اگر کسـی هـم مُطلع بـود، آنها را بـه حال خود می‌گذاشت و دخالت نمی‌کرد.

ولی قبل از اینکـه گلـه‌ها به جاده برسند، غضنفر جلـو جلو آمـد و راه را بـر گلـه‌ی چوپان‌علـی بسـت و گلـه آنهـا را به‌طرف بیراهه فرسـتاد. بـه راهی کـه بـه منطقـه‌ی ممنوعـه ختم می‌شـد. گلـه‌ی غضنفر هـم رسـید و راهی بیابـان بـود. البتـه حاجی امیـر بزرگتریـن ثروتمند ده شـورچه هـم گلـه و چوپان‌هـای خـود را داشت.

آصف جلوتـر و وسط گلـه در حرکت بود. دیـوار نسبتا بلندی جلوی دیـد او را گرفته بـود و نمی‌دیـد کـه غضنفر گله‌ی آنهـا را به بیراهه فرسـتاده اسـت. ولی به‌محـض پیچیـدن از سـر پیـچ جـاده و بـا دیـدن غضنفـر و اینکه خبـردار شـده بیشـتر گله‌ی آنهـا بـه بیراهه رفتـه بودند صدای آصف بلند شـد و فریادکنـان از وسـط گلـه راه خـودش را بـاز کرد و هرطور شـده بـود با عجله خودش را به غضنفر رساند:

- آخـه پدرسـوخته‌ی دماغ ناخـوش، مگـه مـرض داری؟... مگـه کوچه ارث و میـراث بابـای پدرسـوخته؟... آخـه مگـه راهزن

هستی که گردنه رو بستی؟...

هنوز چوپان‌علی پشت دیوار، دنبال گله بود و قلاده‌ی سگ‌هایش را محکم در دست داشت و روحش از درگیری آصف و غضنفر خبر نداشت. اما بر عکس چوپان‌علی سگ‌های گله که انگار از قضیه بو برده و همه‌چیز، حتی از پشت دیوار برای آنها واضح بود و می‌دانستند که چه اتفاقی داشت بین آصف و غضنفر می‌افتاد، از جا کنده شده و سر و صدایشان به آسمان رفت. سگ‌ها چنان چوپانشان را به دنبال خود می‌کشیدند که اگر می‌خواست مقاومت کند، بی‌شک زمین می‌خورد. سگ‌ها و به‌دنبالش چوپان‌علی از خم کوچه و پشت دیواری که جلوی دید آنها را گرفته بود، پیچیدند. تازه چشم چوپان‌علی به آصف و غضنفر افتاد که مثل دو سگ هار بین گوسفندان، به جانِ هم افتاده بودند و داشتند سر و کله‌ی یکدیگر را خُرد و خمیر می‌کردند، چوپان‌علی می‌دانست که غضنفر از آصف خیلی قلچماق‌تر و قوی‌تر است و زورش به آصف می‌چربد. می دید که غضنفر با چوب‌دستی بر سر و کول آصف می‌کوبد. اما قبل از اینکه به کمک آصف بشتابد، چشم‌های چوپان‌علی و صمدقیچه به هم افتاد و با دیدن یکدیگر گله از یادشان رفت و نعره‌کشان درحالی‌که قلاده‌ی سگ‌هایشان را در دست داشتند وارد معرکه شده و به‌طرف یکدیگر حمله‌ور شدند.

گوسفندان هراسان از زد و خورد آصف و غضنفر و حرکت چوپان‌علی و صمدقیچه به‌طرف هم، از میان آنها، هر کدام به سویی می‌گریختند، گویی گوسفندان نمی‌خواستند در این نزاع حیوانِی دخیل باشند.

چوپانعلی و صمدقیچه نعره‌کشان با رسیدن به آصف و غضنفر، سگ‌های خود را رها کردند و دستور حمله به‌طرف مقابل را دادند، اما سگ‌های دو گله صدای صاحبان خود را نمی‌شنیدند و گویی نمی‌خواستند

در جنـگ آنهـا شـریک شـوند و به‌دنبـال وظیفـه‌ی خود کـه محافظـت از گله بـود، هـر کـدام به‌طـرف گوسـفندان خـود در راه شـدند. این حرکت سـگ‌ها، دادِ چوپان‌علـی را درآورد:

- سـگ‌های بی‌چشـم و روی حق‌نشـناس... آصـف چقـدر آب و نونتـون داد؟ کجـا می‌ریـد؟ بپریـد بـه اون پدرسـوخته‌های دماغ ناخوش...

چوپان‌علـی تـا قبـل از اینکـه صمدقیچه برسـد از فرصت اسـتفاده کرد و با چوب‌دسـتی‌اش چنـد ضربـه‌ی محکم بر سـر و کـول غضنفر کوبیـد. با ضربات چوپان‌علـی، خـون از سـر غضنفر سـرازیر شـد و غضنفر از درد بـه خود پیچید و آصـفِ آسـیب دیده و خشـمگین با پرت شـدن حواس غضنفـر، فرصتی پیدا کـرد کـه ماننـد حیوانـی درنده به غضنفر حمله‌ور شـود. سـرِ غضنفر شکسـت و پیراهن سـفید و چروکش در چشـم برهم زدنی سـرخ شـد.

صمدقیچـه هـم بالاخـره رسـید و طرفیـنِ دعـوا، گـرمِ جنـگ بودنـد کـه سـطل آب سـردی روی چوپان‌علـی و صمدقیچـه پاشـیده شـد و مشـهدی حسـین حمامـی بـا سـطلِ خالـی آب و ناسـزاگویان به جـان آنها افتـاد و جَد و آبادشـان را بـه بـاد ناسـزا گرفـت. البته که هیچ‌کدام، جسـارت دسـت‌درازی و بی‌احترامـی بـه مشـهدی حسـین پیـر را نداشـتند. چنـد نفـر دیگـر هم که راهـی حمـام بودنـد، سـر رسـیده و میانـه را گرفتنـد و جدایشـان کردنـد. هر کـدام را بـه طرفـی بردنـد و از هـم دور کردند.

حـالا جنگجویـانِ حماسـه گـر جنـگلِ آدم ها، شـیرتر شـده بودنـد و از دور بـرای هـم شـاخ و شـانه می‌کشـیدند و رجـز می‌خواندنـد. در ایـن میـان، یکی دو نفـری کـه گوسـفندان خـود را بـه چوپان‌علـی سـپرده بودند، بیشـتر نگران چنـد رأس گوسـفندِ خـود بودند تا سـر و کلـه‌ی خونِین آنهـا. چوپان‌علی را هل داده و سـرش داد زدنـد کـه چـرا گلـه را رها کرده و از او خواسـتند که به‌سـراغ گوسـفندان بـرود. چوپان‌علـی مجبور شـد به سـوی گلـه‌ی پراکنـده و رمیده‌ی

خود راه بیافتد. آصف که جراحات سر و بدنش بیشتر بود، عقب ماند.

چوپان‌علی ناسزاگویان به سمت بیراهه‌ای که گله‌اش را فرستاده بودند، راه افتاد. در راه، جلوی چشمش فقط جاده‌ای خلوت و نیمه تاریک می‌دید که دو طرفش را دیوار نسبتاً بلندی کشیده بودند و جاده را از زمین‌های زراعیِ دو طرف جدا می‌کرد. هیچ نشانی از گله و سگ‌ها دیده نمی‌شد.

بعد از دقایقی دویدن، تازه به‌خود آمد که دارد در جاده‌ای پیش می‌رود که به قبرستان و منطقه‌ی ممنوعه ختم می‌شود. با به‌یاد آوردن اجنه و منطقه‌ی ممنوعه، چند لحظه درجا ایستاد و شرایط را سبک و سنگین کرد که چه باید کند. به‌نظرش آمد در انتهای جاده، چیزهایی ظاهر و غیب می‌شدند. نمی‌دانست آدم بود یا جن و پری، ترس به تُنبانش افتاده و پاک گله را از یاد برده بود.

لحظاتی بعد دوباره با ترس و لرز در جاده‌ی خالی، بسم الله گویان و بعد از اینکه دعایی را که بر گردن داشت از زیر لباسش بیرون آورد و روی سینه‌اش آویزان کرد، به‌راه افتاد و کمی بعد شروع به دویدن کرد تا خود را به گله‌اش برساند. هر چه بیشتر جلو می‌رفت و به آخر جاده نزدیک‌تر می‌شد، بیشتر وحشت و نگرانی وجودش را می‌گرفت. تازه داشت می‌فهمید که صمدقیچه چه کاری کرده است. با خود فکر کرد که او باید با نقشه‌ی قبلی گله را به بیراهه و به‌سمت منطقه‌ی ممنوعه فرستاده باشد.

جلوتر از چوپان‌علی چند نفر از آدم‌های صمدقیچه، گله‌ی چوپان‌علی را با عجله به‌طرف قبرستان و منطقه‌ی ممنوعه می‌راندند و تا سر و کله‌ی چوپان‌علی از دور پیدا شد، با عجله پشت دیوارِ کنار جاده از نظر دور شدند و دیگر در معرض دید قرار نداشتند.

هوا دیگر روشن شده بود. چوپان‌علی همان‌طور که کمی خون از سرش می‌چکید، سراسیمه خود را به آخر کوچه رساند و وارد قبرستان بالای دِه شد. گله را در دوردست در تپه‌ی منتهی به منطقه‌ی ممنوعه و

در حال پیشروی دید. سگ‌های گله دور و بَر گوسفندان می‌چرخیدند و سر و صدایشان به طور مبهمی به گوش می‌رسید؛ شاید هم صاحبشان را دیده بودند و او را با پاس خود، می‌خواندند. بر عکس چوپان‌علی که با نزدیک شدن به منطقه‌ی ممنوعه بیش از پیش وحشت به جان و تنش می‌افتاد، سگ‌ها و گله هیچ ترسی از اجنه نداشتند. چوپان‌علی وسط قبرستان رو به تپه، همان‌طور که دعایش را محکم در دست داشت و زیر لب زمزمه‌هایی نامفهوم می‌کرد، درجا ایستاد و مانده بود که چه بکند و چه نکند. وحشت‌زده فکر کرد اگر از خیرِ گوسفندان بگذرد و به روستا بازگردد، جواب هم‌ولایتی‌هایی که مال خود را دست او به امانت گذاشته بودند را، چه باید می‌داد؟ در همان حین که بین شک و تردید دست و پا می‌زد، پاسِ یکی از سگ‌های گله که انگار به انتظارِ رسیدن چوپان‌علی از گله عقب مانده بود، او را به‌خود آورد. سگ دوان دوان خود را به او رساند و پاس کنان، سرش را بین گله و چوپان‌علی به نوسان درآورد، گویی می‌خواست به چوپان‌علی یادآوری کند که در وظیفه‌اش نسبت به گله، کوتاهی و سهل‌انگاری کرده است.

سگ چندبار به طرف گله دوید و برگشت. چوپان‌علی همان‌طور به غبار برخاسته از رفت و آمد سگش خیره شده و هنوز از جایش تکان نخورده بود. سگ وظیفه‌شناس رو به صاحبش ایستاد و معترضانه به طرف او پاس می‌کرد. چوپان‌علی که گویا از حضور و حرکت سگِ جسورش، جرأت پیدا کرده بود، به اطراف نگاهی نگران و مشکوک انداخت و در آخر به‌دنبال سگش به‌راه افتاد.

حالا دیگر گله رسیده بود به دامنه‌ی تپه‌ای که به منطقه‌ی ممنوعه می‌رسید. سگ با پاس‌هایش چوپان‌علی را به برداشتن گام‌های سریع‌تر وامی‌داشت. انگار می‌دانست که صاحبش از چیزی وحشت کرده است.

چوپان‌علی دست به داخل یقه برد و دعای دیگری را که به گردنش

آویخته بود، بیرون کشید و روی لباس خونین خود انداخت تا خوب دیده شود. چوب دستی‌اش را محکم‌تر در دست فشرد. چشمان از حدقه درآمده‌اش، دود می‌زد. صدای بع‌بع گوسفندان و زنگوله‌ها نزدیک و نزدیک‌تر می‌شد.

بالاخره چوپان‌علی به گله رسید؛ محتاط شروع به هی کردن و راهنمایی گوسفندان کرد و در عین حال چشم و تمام حواسش به ناحیه‌ای بود که شب‌ها صدای هشدارآمیز نِی از آنجا به‌گوش می‌رسید. حال داشت درخت توتی که آن‌قدر درباره‌اش شنیده بود و یا خود راجع به آن داستان‌سرایی کرده بود را به چشم می‌دید. چیزی که بیش از همه برایش تعجب‌آور بود، اتاقکِ کوچکی بود که در بیست، سی ذرعی درخت توت با سنگ‌های کمری ساخته شده بود. اتاقک، پشت و بالای تپه‌ی بلند و سنگی که بعضی‌ها آن را کوه می‌خواندند به‌نوعی ساخته شده بود که از دید مردم دو روستای تیکن و شورچه پنهان بود و اگر کسی از تپه‌ی بلندِ سنگی بالا نمی‌آمد، نمی‌توانست آن را مثل درخت توت که از دور هم دیده می‌شد، رویت کند. ضربان قلبش بالا رفته بود و رنگ صورتش در اثر خون‌ریزی و ترس، به سپیدی می‌زد. تمام آن داستان‌های دِهشت‌زایی که در مورد منطقه‌ی ممنوعه شنیده بود، در خیالش جان گرفته و کم مانده بود که قالب تهی کند.

یکی از جالب‌ترین قصه‌هایی که چوپان‌علی همیشه با آب و تاب برای بچه‌ها تعریف می‌کرد این بود که بارها از دور مردی را دیده که پای این درخت توت گریه می‌کرده و یک‌بار هم دیده بوده که آن‌قدر گریسته تا از هوش رفته است. یکی دیگر از قصه‌ها درباره‌ی زن زیبا و جوانی بود که زیر درخت آواز می‌خواند، اما وقتی به او نزدیک می‌شد که به او شیر تعارف کند، یک‌باره زن ناپدید می‌گشت. اگرچه چوپان‌علی در دروغ‌پردازی و قصه‌سرایی معروف خاص و عام بود، اما در این مورد

به‌خصوص، چندان مبالغه هم نکرده بود. چوپان‌علی از گدای دوره‌گردی معروف به گدالاله این قصه‌ها را شنیده بود و به‌عنوان کارهای رشادت‌آمیزِ خود، تحویل مردم می‌داد.

چوپان‌علی آن‌قدر ترسیده بود که زمان و مکان را از یاد برده بود.

وقتی سگ‌های گله‌اش را دید که سراسیمه به‌طرف درخت توت می‌دوند، تازه متوجه کسی شد که زیر شمد خاکستری رنگی زیر درخت نشسته بود و از جایش تکان نمی‌خورد، طوری‌که انگار خشکش زده و یا به خوابی سنگین فرو رفته است. چوپان‌علی می‌دید چیزی نمانده که سگ‌های وحشی گله به درخت توت برسند و هر کسی را که زیر شمد نشسته، تکه‌پاره کنند. اما در خیالش این بازی می‌کرد که حتماً باید اجنه زیر شمد قایم شده باشد و با حمله‌ی سگ‌ها به او می‌ترسید که اجنه‌ی پنهان شده زیر شمد، آزاد و به او و گله‌اش حمله‌ور شود.

دست و پایش را گم کرده بود و نمی‌دانست چه کند، می‌دید که سگ‌ها انگار خون دیده باشند، پوزه به زمین می‌مالند و به‌طرف درخت توت گرد و خاک می‌کنند. هر چیزی هم که زیر شمد بود انگار نه انگار که سگ‌ها به او نزدیک می‌شدند، مثل اینکه از آن‌ها هیچ ترس و واهمه‌ای نداشت. بالاخره از منگی و گیجی در آمد و سگ‌ها را با فریاد به خود خواند. اما به‌ناگهان چوپان‌علی یک‌باره سر جایش میخ‌کوب شد و با تعجب به درخت توت خیره ماند. چندبار چشم‌هایش را مالید و باز و بسته کرد تا مطمئن شود که اشتباه نکرده و درست می‌بیند. اشتباه نکرده بود. می‌دید آن‌چه که زیر شمد است، با رسیدن سگ‌ها تکانی خورد و آرام به‌طرف آن‌ها برگشت و روی چهار دست و پا ایستاد و از زیر شمد در چشم‌های سگ‌ها خیره شد. سگ‌هایش که از درندگی چیزی کم نداشتند، یک‌باره از حرکت ایستادند و شروع کردند به مالیدن پوزه‌هایشان بر خاک و دور و بر خود چرخیدن. بی هیچ صدایی به

یک‌باره رام شدند. از حیرتِ چیزی که داشت می‌دید، انگشت شستش را چندبار به دندان گرفت و زیر لب بسم الله گفت و دست به دامان امامان شد و هم‌چنان به آن منظره‌ی عجیب، خیره ماند.

در همین احوال، موج ناگهانی حرکت گوسفندان به‌جهت دیگری که نشان از ترس داشت، چوپان‌علی را به‌خود آورد. چند گرگ را دید که با سرعت از تپه به‌طرف گله حمله‌ور و سرازیر شدند. با دیدن گرگ‌ها، چوپان‌علی که پاک دستپاچه شده بود، بدون فکر و به طور غریزی برگشت و فریادزنان شروع به دویدن به‌طرف گله کرد. در حال دویدن خم شد و چند قلوه‌سنگ هم برداشت. چند بار هم سر برگرداند و سگ‌هایش را به کمک فراخواند، اما انگار سگ‌های وظیفه‌شناس اصلاً صدای او را نمی‌شنیدند. دید که سگ‌هایش رام، و نزدیک درخت توت لم داده و به شمد و هر کسی و یا چیزی که زیر آن بود، خیره شده بودند و انگار نه انگار که سگ‌های محافظ هستند و باید برای نجات گوسفندان از شر گرگ‌ها بروند.

چوپان‌علی که خودش را پاک باخته بود، غضبناک به زمین و زمان و جد و آباد سگ‌ها، گرگ‌ها و صمدقیچه، بد و بیراه می‌گفت و نعره‌زنان به‌طرف گرگ‌ها در حرکت بود. انگار که ترس از گرگ‌ها، موجود زیر شمد را از یادش برده بود. ناگهان دید که گرگی از دسته‌ی گرگ‌ها جدا و به‌سوی او حمله‌ور شد. چوپان‌علی از ترس جان، به داخل گله زد و میان گوسفندان پناه گرفت. همان‌طور که به‌طرف گرگ‌ها سنگ می‌انداخت، سگ‌هایش را هم با فریاد به کمک می‌خواند.

گرگ‌ها دیگر به گله رسیده بودند و گوسفندان از ترس جانشان هر کدام به سویی می‌گریختند. تعدادی از گرگ‌ها با دیدن چوپان‌علی گله را فراموش کرده و وقت خود را برای تعقیب گوسفندان رمیده، هدر نداده و به‌طرف او حمله‌ور شده و دور او را گرفتند. حالا چوپان‌علی خود را تک

و تنها جلوی چند گرگ گرسنه و وحشی می‌دید. صدای خفیفش که به‌سختی از ته گلویش بیرون می‌آمد نشان از خواندن اشهدش می‌داد. دیگر نفسش بند آمده و چیزی نمانده بود که سنگ‌کوب کند.

دیگر پوزه‌ی گرگهای وحشی و گرسنه را نزدیک خود حس می‌کرد. تنها کاری که در آن لحظه از دستش برمی‌آمد این بود که عاجزانه از خدا طلب کمک کند. همین کار را هم کرد. از خدا خواست که او را ببخشد و از شرِ گرگ‌ها نجاتش دهد و در عوض او هم قول داد که از آن به بعد دیگر هرگز دروغ نگوید و شایعه‌پراکنی نکند.

در همان احوالی که یکی از گرگ‌ها داشت پایِ چوپان‌علی را بین دندان‌های تیزش می‌گرفت و همه‌ی صداها برایش مرده و چشم‌هایش از ترس و وحشت بسته شده و از کمک خدا و بنده‌های خدا و سگ‌هایش ناامید شده بود و فقط ناقوس مرگ را در گوشش می‌کرد، ناگهان صدای سوزناک نِی جای صدای ناقوس مرگ را گرفت.

با شنیدن صدای نِی، وحشت چوپان‌علی دوچندان شد. صدای سوزناک نِی برایش بسیار آشنا بود. او داشت همان صدای آشنایی را می‌شنید که گفته بودند اجنه آن را می‌نوازند. با بلند شدن صدای نِی، نمی‌دانست که باید از گرگ‌ها بیشتر بترسد و یا از اجنه که سر و کله‌شان پیدا شده بود.

حس می‌کرد چیزی در اطرافش با سرعت در حرکت است. در ذهنش اجنه تداعی شدند که حالا دورش می‌چرخند. چشم‌هایش هنوز از ترس بسته بود. فکر می‌کرد که بهتر است با چنگ و دندان گرگ‌ها کشته شود تا اسیر اجنه شود. جرأت گشودن چشم‌هایش را نداشت؛ اما در این فکر بود که چرا گرگ‌ها هنوز او را تکه‌پاره نکرده‌اند. واقعاً گیج شده بود و نمی‌دانست که پشت چشم‌های بسته‌اش چه می‌گذرد، اما هنوز می‌ترسید آنها را باز کند. در همین احوال بود که انگار دستی از درِ غیب او را هل داد و صدایی به گوشش خورد:

-     چوپان‌علی؟

چشم‌های چوپان‌علی درحالی‌که هول برش داشته و چیزی نمانده بود که زمین بیافتد، بدون اینکه بداند باز شد. در نهایت تعجب دید که گرگ‌ها آرام شده و همه‌ی آنها همچون سگ‌های گله‌اش لم داده و به‌طرف شمدی که صدای نِی از زیر آن بیرون می‌آمد، خیره شده‌اند. حس کرد شبحی هم بین گرگ‌ها و او در حال حرکت است. هنوز گیج و منگ بود که شبح به او نزدیک شد و دوباره صدایی به گوشش خورد:

-     چوپان‌علی... گله...

دیدن اتاقک و برخاستن صدای نِی و صدای شبح و مشاهده‌ی رام شدن سگ‌ها و گرگ‌ها به‌محض شنیدن صدای نِی، برای او بیشتر از آن چیزی بود که در توان و تحملش بگنجد. دید که حتی تمام گوسفندان بدون هیچ ترس و واهمه ای از گرگ‌ها، آرام شده و می‌چرند. حتی سر بعضی از آنها رو به آسمان بود و گویی از صدای نِی لذت می‌بردند.

ترسناک‌تر از همه‌ی این اتفاقات، پیدا شدن اشباح اطرافش بود. خصوصاً که احساس می‌کرد آن ها دور و برش می‌چرخند و بدتر از همه اسمش را هم صدا کرده بودند. یقین داشت که اجنه و ارواح در اطرافش ظاهر شده‌اند که او را با خود ببرند. یارای استقامت و تنفس برایش باقی نمانده بود که هیچ، جرأت و اراده‌ی ماندن در آنجا را هم از کف داده بود.

بالاخره چوپان‌علی همان‌طور که تن و جانش از وحشت به لرزه افتاده و دهانش خشکِ خشک شده بود، عطای گله و سگ‌ها را به لقایشان بخشیده و فرار را بر قرار ترجیح داد و به‌طرف دِه پا به فرار گذاشت. چنان وحشت‌زده و سراسیمه می‌دوید که اصلاً متوجه نشد تا رسیدن به روستا بارها با سر و صورت زمین خورده و باز بلند شده و ادامه داده است. در تمام طول راه هم احساس می‌کرد که اشباح و اجنه هم‌چنان در تعقیب او هستند. او هم برای ترساندن آنها دو دعای دور گردنش را درآورده و در

مشـت و جلـوی چشـمش نـگاه داشـته بـود و التمـاس و لابـه‌اش یـک لحظه هـم قطع نمی‌شـد.

چوپان‌علـی میان‌بُـر زد و هـر طـور شـده بـود، خـود را بـه قبرسـتان دِه رسـاند. دیـد که هیـچ پرنده‌ای در قبرسـتان پَـر نمی‌زند. نگاهش از قبرسـتان بـه خانـه‌ی کربلایـی احمـد کـه سـر جـاده‌ی اصلـی ورودی دِه قـرار داشـت، افتـاد. خـوب می‌دانسـت کـه کربلایـی احمد پیر همیشـه روی سـکوی جلوی در عمـارت می‌نشـیند و ورود و خـروج همـه را زیـر نظـر می‌گیـرد. هیچ وقت هـم از اختـلاط بـا رهگـذران کوتـاه نمی‌آیـد؛ اما بـرای اولّیـن بار دیـد آن روز هیـچ خبـری از کربلایـی احمـد نیسـت و در عمارتش نیز بسـته اسـت.

بـا نبـودِ کربلایـی احمـد تـرس بیشـتری وجـود چوپان‌علی را گرفـت و در یـک چشـم برهـم زدن از قبرسـتان خارج شـد و گیـج و سـرگردان در کوچه، پس‌کوچه‌هـای خلـوت و پیـچ و خـم‌دار دِه، سراسـیمه بـه‌راه افتـاد و هنـوز دعاهایـش را در دسـت داشـت و زبانـش هـم از ذکـر بـاز نمی‌مانـد. ترسـناک بـود کـه وسـط روز روشـن پرنـده در دِه پَـر نمی‌زند. انـگار سـگ و گربه‌ها هم مـرده بودند.

هـر چـه بیشـتر بـه خانه‌هـا و در و دیوارهـا نـگاه می‌کـرد، بیشـتر دچـار وحشـت می‌شـد. می‌دیـد کـه همـه‌ی در و پنجره‌هـا بسـته و مهـر و مـوم شـده‌اند. نمی‌دانسـت کـه مـردم بـا برخاسـتن ناگهانـی صدای نِـی کـه برای اولین بار در چهل و چند سـال گذشـته وسـط روزِ روشـن شـنیده می‌شـد، از تـرس خـود را در خانه‌هایشـان حبـس کرده و به دعا و اسـتغاثه بـه درگاه خدا مشـغولند یـا اجنـه جلوتـر از او بـه دِه زده و همـه‌ی مـردم را با خـود برده‌اند؟

نسـیم ملایمـی وزیـدن گرفـت و صـورت خیـس چوپان‌علـی را کـه گیج و منـگ تلوتلـو می‌خـورد را نـوازش کرد.

در همیـن احـوال بـود کـه در دوردسـت چشـم‌هایش کـه حـالا تـار هـم می‌دیدنـد روی گـدای پیرمـرد ژنده‌پـوش درویش‌مآبی که از خانه‌ی شـیخ احمد

بیرون زده بود افتاد. گدای پیر ژنده‌پوش به‌آرامی و درحالی‌که انگار مست و خراب می‌نمود به چوپان‌علی رسید و چند لحظه نگاهش در نگاه چوپان‌علی قفل شد. چوپان‌علی از قدرت نگاه پیر ژنده‌پوش خشکش زد و انگار پاهایش به زمین میخ‌کوب شدند. با دیدن او حالا گیج‌تر هم شد و نمی‌دانست این اتفاقاتی که جلوی چشم‌ها و اطرافش می‌افتادند را خواب می‌بیند و یا واقعیت دارند. نگاه پیر ژنده‌پوش بی‌اختیار چوپان‌علی را از خود بیخود کرده بود نمی‌دانست که پیر زنده پوش جن بود که سر راهش آمده بود و یا آدمیزاد. خیال می کرد نگاه و چشمان او برایش آشنایی داشت.

با دیدن او حالا گیج‌تر هم شد و نمی‌دانست این اتفاقاتی که جلوی چشم‌ها و اطرافش می‌افتادند را خواب می‌بیند و یا واقعیت دارند. نگاه پیر ژنده‌پوش بی‌اختیار چوپان‌علی را از خود بیخود کرده بود. نمی‌دانست که پیر زنده پوش جن بود که سر راهش آمده بود و یا آدمیزاد. خیال می‌کرد نگاه و چشمان او برایش آشنایی داشت.

درست در همان زمانی که چوپان‌علی گیج و گنگ در فکر چه کنم چه کنم بود و اینکه پیر ژنده‌پوش جن بود و یا آدمیزاد، صدای بلند زنگوله‌های گله‌اش همراه با پاس سگ‌های گله از بیرون ده و سر قبرستان بلند شد. چوپان‌علی بدون اینکه بداند سرش بطرف صدای زنگوله های گله برگشت. ولی به لحظه نکشید که سرش باز بطرف پیر ژنده‌پوش بر گشت بود .اما هیچ اثری از او نبود که نبود. مضطرب و وحشت زده هر چه اطرف را وارسی کرد فقط کوچه‌ی خلوت بود و خودش. پیر ژنده‌پوش غیبش زده بود. حال چوپان‌علی دوباره در کوچه‌های شورچه سرگردان شد. طوری‌که حتی نمی‌توانست راه خانه‌اش را پیدا کند.

چوپان‌علی چنان گیج و گنگ بود که حتی با شنیدن صدای زنگوله‌ها و صدای سگ‌ها هنوز متوجه نشده بود که گله‌اش از منطقه‌ی ممنوعه برگشته و به قبرستان و پشت عمارت کربلایی احمد رسیده و راهی ده شورچه است.

سگ‌های گله هم دوان دوان دنبال و پشت گله به این‌طرف و آن‌طرف می‌دویدند و جای خالی چوپان‌علی را پر کرده و به‌نظر می‌رسید داشتند به شبحی که او هم داشت گله را به طرف ده می‌برد کمک می‌کردند. طولی نکشید که گله وارد ده شد و گوسفندان در کوچه‌های ده شورچه سرگردان بودند. ولی با اینکه صدای نی هم قطع شده و دیگر به‌گوش نمی‌رسید با این‌حال هیچ‌کس هنوز جرأت بیرون آمدن از خانه‌اش را نداشت. مردم می‌دانستند که گله اشتباهاً آن روز به منطقه‌ی ممنوعه رفته و حالا هم می‌دیدند که گله‌ای که معمولاً باید غروب از بیابان برگردد، هنوز ظهر نشده برگشته بود. همین هم باعث ترس آنها شده بود که نکند جن‌ها هم با گله آمده باشند. حالا ذوالفقار از در مسجد بیرون زده و جلوی در ایستاده و سرش هم رو به هوا بود. مردعلی هم از خانه بیرون زده و خودش را دوان دوان و نفس‌زنان به گله و بین گوسفندها رسانده بود و می‌چرخید و دنبال چوپان‌علی می‌گشت. بعد هم که چوپان‌علی را ندید، با گوسفندها و سگ‌ها وارد گفتگو شده بود:

- انگار جن‌ها چوپان‌علی رو غیب کردند... با خودشون بردند... شما جن هستید یا گوسفند...

*****

فصل ۲

وقتی‌که تاریکی شب، پناهگاه دزدان دین و مردم می‌شود...

هوا کم‌کم رو به تاریکی می‌رفت. مردم هم طبق معمول از ترس جن‌های بالای ده به خانه‌های خود پناه برده بودند. یکی دو نفری هم که هنوز بیرون بودند از ترس جن‌ها چنان باعجله به‌طرف خانه‌های خود در حرکت بودند که شاید اگر چنار و یا مناری هم جلوی چشم‌هایشان سبز می‌شد، آن را نمی‌دیدند. به تنها چیزی که فکر می‌کردند این بود که هر چه زودتر خودشان را به خانه رسانده و زندانی کنند که از شر حمله‌ی جن‌ها در امان باشند.

در همین احوال بود که مردی در کنار و سایه‌ی دیوارهای کوچه، پس‌کوچه‌های ده شورچه با عجله و ترس و لرز قدم برمی‌داشت. عبائی بر دوش و عمامه‌ای هم بر سر و قرآن کوچکی هم در دست داشت. سر و ریش و سبیل پرپشت و بلندش را چنان با عمامه و عبایش پوشانده بود که حتی چشم‌هایش به‌سختی دیده می‌شد. معلوم بود که خود را هم از جن‌ها پنهان می‌کرد و هم از دید مردم ده. نگاهش هم بیشتر به در و پنجره‌ها و اطراف بود و خدا خدا می‌کرد که کسی سر راهش سبز نشود و اگر می‌دید و یا حس می‌کرد که رهگذری در حال آمدن به‌طرفش است، فوری خودش را در پناه دیواری و سوراخ سمبه‌ای از دید آنها پنهان می‌کرد تا مبادا دیده شود. از نگاه‌های دائمی‌اش به پشت و

اطراف، مشخص بود که خیلی از برخورد با جن‌ها وحشت دارد. زیر لب هم دائم چیزهایی را بلغور می‌کرد که انگار دعا و التماس از خدا و پیغمبر بود که او را از شر جن‌ها در امان نگاه دارند. از رفتار و کردارش مشخص بود که هرطور شده می‌خواهد خود را از دید مردم ده پنهان کند. برای همین هم بود که با وجود اینکه مثل سگ از جن‌ها می‌ترسید، شبانه وارد ده شده بود.

معمم تازه وارد بالاخره خودش را به خانه‌ی ملامحمود رساند و زیر طاقی و جلوی در خانه‌ی ملامحمود پناه گرفت. چندی بااحتیاط اطراف و خانه‌های همسایه‌ها را وارسی کرد تا مطمئن شود کسی او را ندیده و یا نبیند. بعد هم توی تاریکی و درحالی‌که نگاهش از ترس در اطراف می‌چرخید، با مالیدن دستش روی زمین، سنگی را دست و پا کرد و باعجله از زیر طاقی بیرون آمد و سنگ را با هر زوری که داشت به‌طرف بالا و داخل ایوان خانه‌ی ملامحمود پرت کرد و باعجله برگشت و باز خودش را زیر طاقی جلوی در خانه مخفی کرد.

سنگ هم بعد از افتادن توی ایوان، قل خورد و از پله‌ها سرازیر شد و به‌طرف دالان پایین رفت و در سفرش از روی پله‌ها برحسب اتفاق از ملامحمود که بااحتیاط از پله‌ها پایین می‌آمد و راهی مستراح توی حص بود رد شد و در پایین پله‌ها جلوی پای لیلا دختر ملامحمود که چراغ به‌دست منتظر پدرش بود، توقف کرد. با رسیدن و رد شدن سنگ از ملامحمود که حالا یک پله بیشتر نداشت که پایش به داخل دالان بنشیند، ملا با تعجب سر جایش میخ‌کوب شده و به سنگ خیره شد. بعد هم برگشت و به لیلا نگاه کرد و منتظر کمک او بود و نگاه هر دو به‌طرف کوچه برگشت که سنگ از آنجا پرت شده بود. ملامحمود که سنش از نود هم رد شده بود حالا کمی هم زمین‌گیر و مریض‌حال هم بود. همیشه تا هوا روشن نمی‌شد از ترس جن‌ها راهی سفر مستراح

نمی‌شد. ولی آن روز گویی داخل شکمش انقلابی برپا شده بود و باید دم به دم به سراغ مستراح می‌رفت. برای همین با اینکه هوا دیگر تاریک شده بود از اتاق بیرون زده و راهی مستراحی که گوشه‌ی حص بود، شده بود. ملامحمود دوباره برگشت و به لیلا که او هم مات کنارش ایستاده بود خیره شد و هر دو منتظر آن دگری بودند که حرفی به زبان بیاورد:

- دخته پس چرا سنگ‌پرونی می‌کنی؟... مگه دیوانه شدی؟...
- من نبیدم... از توی کوچه یکی سنگ پرت کرد تو ایوان...

با شنیدن حرف لیلا، نگاه ملامحمود با ترس و لرز به‌طرف در ورودی کوچه که به داخل دالان باز می‌شد برگشت و به در خیره شد. نمی‌دانست که این جن‌ها بودند و یا اینکه کس دیگری از داخل کوچه سنگ‌پرانی کرده بود. ملا محمود حالا تنگش هم گرفته بود و باید خودش را به مستراح می‌رساند ولی چنان ترسی جان و فکر و روحش را گرفته بود که پاهایش بر زمین قفل شده بودند و حتی صدایی را که از پشت در می‌آمد و برای اینکه صدا تا چند متری بیشتر شنیده نشود، آهسته داشت اسمش را تکرار می‌کرد و آرام به در می‌زد، به‌گوشش نمی‌خورد:

- آشیخ... آشیخ... خودت هستی؟... صدات رو شنیدم... در رو وا کن...

بیرون و پشت در مرد معمم با ترس و لرز داشت نور چراغ دستی ملامحمود را از لای جدار در می‌دید و صدای او را هم شنیده بود. برای همین هم بااحتیاط که صدایش به همسایه‌های دیگر نرسد ملا را صدا می‌کرد:

- آشیخ منم... محرم... محرم بوگندو... جن نیست... منم... در رو وا کن...

داخل دالان ملامحمود و لیلا هنوز با ترس و لرز بی‌حرکت ایستاده و به در خیره شده بودند. صدای لرزان و پر از ترس محرم بوگندو از پشت در باز بلند شد:

- آشیخ منم... محرم... در رو وا کن... آشیخ... منم محرم... جنا

نیســتند... در رو وا کــن...

ولـی ملامحمـود گیـج شـده بـود نمی‌دانسـت چـه بایـد بکنـد. حالا سـی سـالی می‌شـد کـه از محـرم بوگنـدو هیچ خبـری نداشـت. محرم بوگنـدو بعد از اینکـه قـدرت، پسـر حاجـی امیـر و چوپـان آنهـا را بـه دسـتور ملامحمـود داخـل کنـده‌ی گوسـفندان حاجـی امیر به آتش کشـیده و سـوزانده بود و بعد هـم هم‌دسـت خـودش ابولـی گنـده را هـم بـرای اینکه یـک دفعه زبانـش باز نشـود و آنهـا را لـو ندهد با سـنگ‌دلی کشـته بـود، از تـرس اینکه گیـر قانون نیافتـد ناپدیـد شـده بـود. از آن زمان سـی و چند سـالی می‌گذشـت. البته در ابتـدا گاه و بـی‌گاه در شـب‌هنگام سـری بـه ملامحمود می‌زد ولی حالا بیسـت و چنـد سـالی می‌شـد کـه از او خبـری نبـود. بـرای همیـن هـم ملامحمـود نمی‌دانسـت کـه چـه بایـد می‌کرد. شـک داشـت که محـرم بوگندو پشـت در اسـت یـا جن‌هـا و یـا کس دیگـری که خـودش را بجـای او جا زده اسـت:

- آشـیخ منـم محـرم... در رو وا کن... منم محـرم... خودمم... از چی می‌ترسی؟...

ملامحمـود یـارای تـکان خـوردن را در خود نمی‌دیـد و خیره بـه در مانده بـود و حتـی مسـتراح یـادش رفتـه بـود و می‌ترسـید وارد حـص که مسـتراح در آنجـا بـود، بشـود. حـال دختـرش لیلا هـم بهتر از خـود او نبـود. در همین احـوال چشـم‌های ملامحمـود و لیـلا بـه معممی افتـاد که از طـرف حص و از درون تاریکـی به‌طـرف آنهـا آمـده و حالا جلویشـان رسـیده بود:

- جن آمده شیخ؟...

مـلا محمـود و لیـلا هر دو که خیـال می‌کردند جـن دیده‌انـد، چنان ترس و لـرز بـه تنشـان افتـاد کـه ملامحمود به مسـتراح نرسـیده خـودش را خراب کـرد و لکنـت زبـان هـم گرفت. لیلا هـم از تـرس از هوش رفت. چیـزی را که آن دو نمی‌دانسـتند ایـن بـود که وقتی ملامحمـود در را باز نکـرده بود، محرم کـه دزد قهـاری بـود و پشـت پشـتی از دیوارهـای بیسـت متری بـالا می‌رفت

معطـل نکـرده و از دیـوار خانـه بالا آمـده و وارد حص شـده بود.

❋ ❋ ❋ ❋ ❋

شب به نیمه نزدیک بود. صدای نی همیشگی که از بالای تپه‌ی مجاور ده شورچه می‌آمد، طبق معمول بلند شده و در دل صدای باد و گرگ‌های بیابـان و سـگ‌های ده کـه بـا هـم آواز کُر سـر داده و بده و بسـتان می‌کردنـد، گـم شـده بـود. ولـی تـا انـدازه ای کـه مـردم را داخـل خانه‌هـای خـود زندانـی کنـد هنوز شـنیده می‌شد.

ملا محمود روی تشکی گُل گُلی نشسته و به متکایی کنار دیوار تکیـه داده و چشـم دوختـه بـود بـه محـرم بوگندو کـه کنارش نشسـته و از نوشـیدن چـای لـذت می‌بـرد و غـرق فـوت کـردن بـرای خنـک شـدن چـای داخـل نعلبکـی بـود و صـدای فـور فـور بالا کشـیدن چـای از دهنـش بلنـد شـده بـود. انـگار نـه انـگار کـه صـدای نی و بـاد و سـگ و گرگـی از بیـرون بلنـد شـده بـود. هیـچ صدایـی در آن لحظـه به‌گـوش ملامحمود آشـنا نبود و نمی‌رسـید. تمام و کمال فکر و خیال ملامحمود دور و بـر محـرم بوگنـدو می‌چرخید کـه بعـد از بیسـت و چنـد سـال یک‌بـاره سـر و کلـه‌اش پیـدا شـده بـود. بیشـتر از همـه ایـن برایـش تعجب‌آور بود کـه محرم بوگندو حالا ادعـا می‌کـرد کـه چنـد سـالی بـه قـم رفتـه و در مکتب آیت الله‌هـای آنجـا درس قـرآن خوانده و معمـم شـده اسـت. حتـی بـه ملامحمود می‌گفـت کـه چنـد مدتـی هـم در مشـهد درس خوانـده اسـت. بعـد هـم ادامـه داد و گفـت حتـی بـه پیشـنهاد یکـی از آیـت الله هـا اسـمش را هـم عـوض کـرده و اصغـر گذاشـته و از او می خواسـت کـه او را بـا اسـم اصغر صدایش کند و نه محرم. بهر دلیلـی بود ملا محمود هـم قبـول کـرده بـود و حـالا او را اصغـر بوگنـدو صـدا می کـرد و نـه محـرم بوگنـدو. شـاید هـم بخاطـر ایـن بـود کـه بـا شـنید اینکـه او در شـهر قم و مشـهد درس دینـی خوانـده بـود فکـر ملا محمود بـکار افتاده بود و داشـت نقشـه هایـی را می کشـید.

اما درعین حال هنوز ملا محمود مطما نبود که گفته‌ها و ادعاهای اصغر بوگندو را باور کند یا نه. از طرفی هم سواد این را نداشت تا او را امتحان کند. چرا که خود ملامحمود هم با یاد گرفتن چند روضه، یک شبه ملا و آخوند شده بود. اصلاً هم عربی سرش نمی‌شد که قرآن را بخواند. اصلاً سواد خواندن نداشت. فقط چند کلمه خواندن و نوشتن یاد گرفته بود و با خط میخی برای مردم ساده‌لوح دعا می‌نوشت.

خلاصه برگشتن اصغر بوگندو برای ملامحمود خودش معمایی شده بود که حل آن حتی از عهده‌ی آدم حیله‌گر و حقه‌بازی مثل ملامحمود هم برنمی‌آمد. البته ملامحمود حق داشت که به اصغر بوگندو شک داشته باشد و حرف او را به راحتی قبول نکند؛ چرا که اولاً خودش خدای دروغگوها و حقه‌بازها بود، در ثانی می‌دانست که اصغر بوگندو هم از همان قماش خودش است. برای همین هم بود که اصغر بوگندو حقیقت چطوری آخوند شدنش را به ملامحمود نگفت. او نگفت که یک شب که برای دزدی رفته و مردم بیدار شده و دنبالش کرده بودند، او بعد از فرار سر از صحرا درآورده و توی درخت‌زارها سرگردان شده بود تا به چه جهتی فرار کند تا گیر مردم نیافتد. اصغر بوگندو می‌دانست که مردم او را دیده و شناخته‌اند و از هر طرفی که برود امکان آن را دارد دیده و شناخته شده و گیر بیافتد. در همین احوال شانس به اصغر بوگندو رو آورد و به مزرعه‌ای کنار ده و سر استل پر از آبی رسید. با شنیدن صدایی از داخل در تاریکی پنهان شده و داخل استل را وارسی کرد. دید که مردی در حال آبتنی با یک نفر دیگر داخل آب، توی یک مزرعه‌ی دور افتاده، ور می‌رفت. اصغر بوگندو در چند قدمی خودش به لباس‌های آنها برخورد و با برداشتن لباس‌ها دید که یکی از آنها عمامه و عبای آخوندی دارد. فوری زنگ تدبیر و حیله‌اش به صدا در آمد. فهمید که آخوندی شبانه کسی را بیرون ده آورده تا درون مزرعه یواشکی کارش را بکند. بعد هم

به فکرش خطور کرد که با پوشیدن لباس آخوندی می‌تواند از فرصت استفاده کرده و از چنگ مردم در برود. برای همین هم لباس آخوند نگون‌بخت را در تاریکی دزدیده و بعد هم آن را پوشیده و لباس‌های خودش را هم زیر خاک دفن کرده و به‌طرف ده در حرکت بود. با اولین چوب و چراغ به دست‌هایی هم که روبرو شد، با حرارت و درحالی‌که چند کلمه‌ی عربی که هیچ معنی و مفهومی هم نداشت، تحویل آنها داد و مردم را از وقوع رابطه‌ای نامشروع داخل استل آب مطلع کرد و به آنها گفت که حدس زده که دزد و غریبه‌اند و برای همین هم او از برخورد با آنها ترسیده است. مردم همگی راهی استل آب شده و چندی نگذشت که نور چراغ‌هایشان روی آخوند ده مشغول رقصیدن بود. حالا آخوند رسوا شده لباسی هم نداشت که خود را بپوشاند. با دیدن آخوند ده، مردم دیگر دزد را پاک از یاد بردند و اصغر بوگندو هم در لباس آخوندی و چوب به‌دست، صلوات ختم‌کنان بالای ده در حرکت بود و تا مردم به خودشان بیایند، آ اصغرآقا یکی دوتا آبادی هم از آنجا دور شده بود. سر یک قبر روضه‌ی مختصری هم خوانده و مردم هم از او استقبال خوبی کرده بودند. بعد هم با برخورد و احترامی که مردم در لباس آخوندی به او می‌گذاشتند، چنان خرسند شده بود که انگار صد سال بود که لباس آخوندی بر تن داشت و آخوند بود. حقا که لباس آخوندی هم خوب به او می‌آمد و از شانس هم، اندازه‌ی اندازه‌اش بود. بعد هم تصمیم گرفته بود برگردد به ده شورچه دیدن ملامحمود.

در همین احوال لیلا دختر ملامحمود وارد شد و درحالی‌که گوشه‌ی چادرش را هم به دندان گرفته بود تا موهایش پیدا نشود، مقداری حبوبات جلوی آنها گذاشت. نگاه محبت‌باری هم داخل چشم‌های اصغر بوگندو انداخته بود. لبخند شیطانی لیلا که لب و چشم و گونه‌هایش را گلگون کرده بود، یک‌باره اصغر بوگندو را یاد بچگی‌ها و جوانی‌هایشان انداخت.

البته هر دو اصغر و لیلا یکدیگر را از زمان قدیم به یاد داشتند. وقتی لیلا به دنیا آمده بود اصغر بوگندو دم و دست ملا محمود کار می‌کرد و بیست و چند سالی هم سن داشت. وقتی هم که اصغر بوگندو ناپدید شده بود لیلا از ده سالگی می‌گذشت. ملامحمود تیزهوش با دیدن نگاه‌های دزدکی لیلا و اصغر بوگندو یکباره لامپ برق حقه و تزویرش روشن شد. به فکرش خورد که چه بهتر که لیلا و اصغر بوگندو را با هم جور کند و عقد آنها را بخواند. ملامحمود خیلی هم نگران دخترش لیلا بود. وقتی که لیلا جوان بود او را از روی طمع مال دنیا داده بود به یکی از زمین‌دارهای دهات اطراف ولی شوهرش خیلی پیرتر از لیلا بود و لیلا به او دست نمی‌داد. شوهره هم زده بود لیلا را از خانه بیرون کرده و طلاقش داده بود. حالا چند سالی می‌شد که لیلا با ملامحمود زندگی می‌کرد و به او می‌رسید. برای ملامحمود بد هم نبود، چرا که زنش مرده بود و حالا تنها بود و بودن لیلا در خانه خیلی به او کمک می‌کرد.

اندیشید که لیلا را به اصغر بوگندو بدهد و اصغر را آخوند ده کند و توی خانه هم مردی بیاید که کمی بیشتر از او توان داشته باشد. در ثانی لیلا هم آخر و عاقبت‌دار می‌شد. حالا دو چیز برای اجرای نقشه‌ی ملامحمود باقی مانده بود که باید اجرا می‌شد. مهم‌تر از همه این بود که راهی پیدا کند تا اصغر بوگندو را به مردم معرفی کند و آنها او را قبول کنند و هویت اصلی او فاش نشود. چرا که اگر مردم می‌فهمیدند که او اصغر بوگندو، همان قاتل فراری است؛ یا از ده بیرونش می‌کردند و یا حتماً او را تحویل امنیه‌ها می‌دادند. چرا که بعد از مدتی برای مردم روشن شده بود که اصغر بوگندو پسر بزرگ حاجی امیر و چوپان‌شان را توی کنده سوزانده است. ولی مشکل دوم زیاد مهم نبود. چرا که باید اصغر بوگندو را راضی به ازدواج با لیلا می‌کرد. می‌دانست که در راضی کردن اصغر بوگندو مشکلی ندارد. می‌دانست که او هم دیگر پیر شده و

دنبـال جـا و مکانـی بـرای آخـر عمـرش می‌گردد.

ولـی چیـزی را کـه ملامحمـود نمی‌دانسـت ایـن بـود کـه درحالی‌کـه او در فکـر نقشـه‌های خـود بـود در فکـر اصغـر بوگنـدو هـم کـه از همـان قمـاش بـود، فکـر دیگـری قـوت گرفتـه بـود و آن ایـن بـود کـه بـا لیلا عروسـی کند و یـک جـوری از شـر ملامحمـود خلاص شـده و مـال و منـال آقـا ملا را کـه از کلاعبـاس دزدیـده بـود، بـالا بکشـد. حـالا دو روبـاه پیـر حیله‌گر مشـغول چـای خـوردن شـده و زیـر چشـمی بـه هـم چشـم دوختـه بودنـد و یکدیگر را سـبک سـنگین می‌کردنـد. از آن طـرف هـم لیلا دل تـوی دلش نبـود. صدای گرگ‌هـا و سـگ‌ها و بـاد هـم بلندتـر شـده بـود. صـدای نـی هـم هنـوز ادامه داشـت ولـی آن سـه آن‌قـدر در فکـر و خیـال خود گـم شـده و در حال نقشـه کشـیدن بـرای یکدیگـر بودنـد کـه اگـر تـوپ نـادری هـم بیـرون در منفجـر می‌شـد، امـکان نداشـت صدایـش به‌گـوش آنهـا برسـد.

فصل ۳

وقتی آداب و رسوم گندیده‌ی دینی و اجتماعی مردم را کور و کر می‌کنند...

سگ ولگردی با احتیاط در کنار نهر آبی که از جلوی خانه‌های ده شورچه در جریان بود، حرکت می‌کرد و در پی یافتن چیزی بود تا شکمش را پر کند. سگ نمی‌دانست که چرا مردم ده به‌محض دیدنش با سنگ و چوب به جانش می‌افتند. خیلی دلش می‌خواست آدم‌ها زبانش را می‌فهمیدند و آن‌وقت از آنها می‌پرسید مگر او چه دشمنی یا بدی در حق آنها کرده که جز اذیت و آزارش عزم و جزم دیگری نداشتند. به این فکر می‌کرد که اگر او قدرتش از مردمی که به اذیت و آزارش کمر بسته بودند، می‌چربید؛ آیا او هم همچون مردم به اذیت و آزار آنها کمر می‌بست یا نه؛ و اگر چنین می‌کرد آنها چه حال و روزی پیدا می‌کردند. اما می‌دانست که اگر قدرتش به آدم‌ها می‌چربید با آنها مهربان و با وفا می‌بود. چرا که وفاداری خلق و خو و مرام سگ‌هاست. برای همین هم دوست داشت از آن گروه از آدم‌ها بپرسد، آخر مگر سگ‌های بیچاره، جز وفاداری و پاس‌داری برای آدم‌ها و نسبت به آنها، ظلم و ستم به آنها می‌کردند که چنین رفتاری را آن آدمیزاد‌های باصطلاح آدم نسبت به سگ‌ها داشتند. ولی حیف که زبان سگ بدبخت را نمی‌فهمیدند، حتی اگر هم می‌فهمیدند مگر فرصت گفتگو به او می‌دادند. سگ بیچاره هنوز زبان باز نکرده، با سنگ و چوب به جانش می‌افتادند و هیچ چاره‌ای جز

فـرار را برایـش باقی نمی‌گذاشـتند.

سـگ بعـد از عبـور از یکـی دوتـا کوچـه و پس‌کوچـه از بخـت بـدش بـه جلـوی خانـه‌ی ملامحمود رسـید. هنوز نرسـیده، انـگار برق سـه‌فازی یک‌باره سـگ بیچـاره را گرفـت و شـوکی بـه او وارد شـد. سـر سـگ که در تمـام این مـدت روی زمیـن می‌چرخیـد و بـو می‌کـرد فـوری بـالا آمـد و چشـم‌هایش کـه در تمـام ایـن مـدت در اطـراف دنبـال غـذا می‌گشـتند، به‌طـرف خانـه‌ی ملامحمـود خیـره شـدند. انـگار تجربـه بـه او اخطار مـی‌داد که تا قـوم کفار از آن خانـه بـه او حملـه‌ور نشـده و کتک مفصلی از آنها نخورده اسـت، باید از آن محـل دور شـود. سـگ بیچـاره اشـتباه نکرده بود. هنوز سـر سـگ بـالا نیامده و چشـم‌هایش روی پنجـره‌ی خانـه‌ی ملامحمـود نیافتـاده بـود کـه صـدای نخراشـیده و نتراشـیده‌ای از طبقـه دوم بلند شـد:

- بریـد ایـن سـگ نجسـت رو بزنیـد از جلـوی خانـه تـار و مـارش کنیـد... مـن نمی‌دانـم ایـن سـگ نجسـت از جـون مـا چـی می‌خـواد کـه هـی اینجـا پیـداش می‌شـه...

صـدای مـلا محمـود هنـوز قطـع نشـده بـود کـه سـگ خطـر را حـس کـرده و فـرار را بـر قـرار ترجیـح داد. تـوی ذهنـش هـم فکـر می‌کـرد که ای کاش می‌توانسـت بـا خـدای دینـی کـه ملامحمـود از آن صحبـت می‌کـرد بـه گفتگـو نشسـته و از او بپرسـد کـه آیـا مسـلک و مـرام دیـن ملامحمـود اذیـت و آزار حیوانـات ضیـف و بی‌گنـاه اسـت؟ البتـه چیـز دیگـری را کـه سـگ نمی‌دانسـت ایـن بـود کـه چنـد روزی می‌شـد کـه سـر و کلـه‌ی اصغـر بوگنـدو در خانـه‌ی ملامحمـود پیـدا شـده و بـا آمـدن او زندگـی ملامحمـود دیگـر آن وضـع و حـال همیشـگی را نداشـت. ملامحمـود حـالا با بـودن اصغر در خانـه‌اش دودل شـده و بـر سـر یـک دوراهـی قـرار گرفتـه و مانـده بود که چـه بایـد بکنـد. از طرفـی فکـر می‌کـرد کـه اصغـر می‌توانـد با دختـرش لیلا ازدواج کنـد و او هـم سـر و سـامانی بگیـرد و بـه ملامحمـود هم کـه دیگر پیر

و زمین‌گیر شده بود، برسند. از طرفی هم می‌دانست که اصغر از قماش خودش است و به خدا و بنده‌های خدا و حتی مادر خودش هم رحم نمی‌کند و از هیچ کاری برای رسیدن به مقصودش ابایی ندارد. ولی آخر کار ملامحمود به این نتیجه رسید که چند صباحی اصغر را در خانه‌اش جا بدهد تا ببیند چه خاکی باید بر سرش بریزد. ولی ماندن اصغر توی خانه‌ی ملامحمود چندان آسان هم نبود. اول اینکه اصغر نمی‌توانست در ده آفتابی شود. برای همین هم در خانه‌ی ملامحمود از دید مردم پنهان شده بود تا دو نفری راه چاره‌ای پیدا کنند و اصغر بتواند در آنجا بماند. ولی از طرفی ملامحمود هم نمی‌توانست اصغر را در خانه با دخترش تنها بگذارد. ملامحمود می‌دانست که مدت‌هاست دست مردی به دخترش نخورده و فقط کافی است که اصغر لبخندی به او بزند تا لیلا دربست در اختیارش قرار بگیرد. این را هم می‌دانست که اصغر به مادر خودش هم رحم نمی‌کرد، چه رسد به دختر ملا.

برای همین چند روزی می‌شد که توی خانه بست نشسته و چهار چشمی مواظب آنها بود. همین هم سبب شد تا عده‌ای از مردم از غیبت ملامحمود نگران شده و بالاخره یکی دو نفر برای اینکه از حال و روز او آگاه شوند، به دیدنش آمدند. با بلند شدن صدای آنها که در راه پله‌ها ملامحمود را صدا می‌زدند و از صدای آنها معلوم بود که از پله‌ها بالا می‌آیند و کم‌کم به ایوان و پشت در اتاق رسیده‌اند، چاره‌ای نبود جز اینکه اصغر بوگندو که با ملامحمود کنار منقل نشسته و مشغول کشیدن تریاک بودند باعجله وارد اتاق نشیمن آنها که لیلا آنجا بود بشود و تا رفتن مهمان‌ها، آنجا مخفی شود.

یکی دو نفری که به دیدن ملامحمود آمده بودند، وارد شده و پای منقل در کنارش نشسته و مشغول نوشیدن چای شدند. هیچ مشکل نبود تا بفهمند که ملامحمود کمی نگران و در فکر است. تمام فکر و خیال ملا

هم به اتاق نشیمن که اصغر و لیلا در آن تنها شده بودند، معطوف بود. ملامحمود می‌دانست که اصغر از چه قماشی است. درست است که ملا در اتاق نشیمن نبود. ولی انگار حس می‌کرد که اصغر چند دقیقه نشده بود، که خودش را به لیلا که مشغول آماده کردن حبوبات بود، تا طبق آداب و رسوم ببرد و جلوی مهمان‌ها بگذارد، جسبانده و با او ور می‌رفت:

- نمی‌دانم یادت میاد یا نه... کوچک بودی که من چشمم به صورت قشنگت افتاد... همون موقع‌ها تو دلم می‌گفتم که می‌گیرمش... به خودم می‌گفتم لیلا یه روزی زن من میشه...

اصغر بوگندو همین‌طور داشت با لیلا ور می‌رفت و با حرف‌های شیرینش دل او را به‌دست می‌آورد. لیلا هم تظاهر به خجالتی بودن می‌کرد. ولی چنان خوش خوشانش شده بود که کمی نمانده بود تا برگردد و اصغر را گرفته و توی پستو بکشد و بگوید گور پدر پدرش و مهمان و آداب و رسوم.

- لیلا... دختر پس چه کار می‌کنی... چرا یه چیزی برای مهمان‌ها نمیاری؟...

صدای ملامحمود که بلند شد، لیلا را به‌خودش آورد و او فوری سینی مخلفاتی را که آماده کرده بود برداشت و راهی اتاق‌پذیرائی شد. هنوز از در خارج نشده بود که متوجه شد که چادرش را سر نکرده است. فوری برگشت و چادرش را سر کرد و سینی را دوباره برداشت و وارد اتاق شد. در طول راه بین دو اتاق هم اصغر بوگندو دست‌بردار نبود و با لیلا ور می‌رفت و در گوش لیلا راز و نیاز می‌کرد:

- تو زن من بشی ده شورچه رو نورانی می‌کنم... خانم ده شورچه ت می‌کنم...

لیلا هنوز لبخند بر لب داشت که سینی به‌دست وارد اتاق شد:

- دنبال چادرم می‌گشتم... سحر که رفته بیدم آب بیارم از سرم

برداشـته بیـدم... یادم نبیـد کجا گذاشـته بیدمـش...

ملامحمود بـا دیدن چهـره‌ی خنـدان لیـلا می‌دانست کـه اصغـر بایـد دسـت بـه کار شـده باشـد:

- آقامـو می‌بخشـید چیـز دیگـه‌ای دم دسـت نبیـد... آشـیخ چنـد روزیـه کـه حالـش خـوش نیسـت و از خونـه بیـرین نرفتـه...

پیرمرد چاق و چله‌ای با صدای کلفت و نخراشیده‌اش زبان باز کرد:

- دختـرم همینـش هـم زیـاده... مـا کـه نیامدیـم چیـز بخوریـم... نگـران حال آشـیخ بیدیـم... حالا هـم داریـم می‌بینیـم که حالش خـوش نیسـت... اصلاً انگار حواسـش هـم اینجا نیسـت...

لیلا که متوجه نگاه‌های مشکوک پدرش شده بود، میان حرف پیرمرد پرید:

- آره آقـام حالـش خـوب نبیـد... پیـش خودتـون باشـه آقامـو... آشـیخ یـه خـواب چنـد روز پیـش دیـده و اون نگرانـش کـرده... خـواب دیـده کـه نـور از آسـمون باریـده تو مسـجد و ده شـورچه و سـر جـاده تـو قبرسـتون... خـواب دیـده همـه جـا نوارنی شـده بیـده... هـر چـی هـم بهـش می‌گـم بابا این که بـد نیسـت... این سـعادته کـه آدم ببینـه نـور از آسـمان باریـده... آخـه هـر کس کـه ایـن سـعادت رو نـداره کـه آن‌قـدر به خـدا نزدیک باشـه که خـواب این‌جـوری ببینـه... خلاصـه آقـام حـرف مـن رو که گـوش نمی‌کنـه، شـاید حـرف شـما را قبـول کنـه...

بعد هم رو کرد به پدرش:

- بابا بگو چه خوابی دیدی...

هنـوز دو ریالـی ملامحمـود نیافتـاده بـود کـه لیـلا از اتـاق خـارج شـد. ملامحمود نمی‌دانسـت کـه حرف‌هـای اصغر بوگندو که از نورانـی کـردن ده شـورچه در گـوش لیـلا زمزمـه کـرده، در ذهـن لیـلا عروسـی به‌پا کـرده بود

و اگر چه لیلا داشت باطعنه با پدرش حرف می‌زد که اصغر توی اتاق نشیمن صدایش را بشنود. ولی خودش هم نمی‌دانست که چقدر کار پدرش را راحت کرده و دیگر ملامحمود گوی و میدان را به‌دست گرفته و با یک قیافه‌ی حق به جانب شروع کرد به حرّافی خودش که در آن استاد بنامی هم بود و از ظهور نور و پیغامی که ظاهر شدن نور به‌همراه داشت برای مهمان‌هایش سر منبر رفت و ول کن هم نبود.

هنوز مهمان‌ها از اتاق بیرون نرفته بودند که ملامحمود دست به کار شد. اول اصغر را نشاند و مسئله‌ی محرم و نامحرمی را پیش کشید و اصغر و لیلا را صیغه‌ی موقت کرد ولی به آنها گفت که این فقط برای محرم و نامحرمی است. اما هدفش هم مشخص بود. می‌خواست مزه‌ی دهن اصغر را بفهمد. بعد هم با اصغر نشست و عقل‌شان را روی هم ریختند و نقشه کشیدند که چطور اصغر را به ده آورده و او را به مردم معرفی کنند که هویت اصلی او فاش نشود.

البته چند ساعتی که یکی دو نفر به دیدن ملامحمود آمده و رفتند و نیز صحبت‌هایی که در اطراف رفتن چوپان‌علی به منطقه‌ی ممنوعه و سالم برگشتن از آن شده بود، فکر ملامحمود را خیلی به کار انداخت. برای همین هم ملامحمود بعد از برگشتن اصغر بوگندو فوری کسی را سراغ ذوالفقار فرستاد. می‌دانست که ذوالفقار از تمام اتفاقاتی که در دو ده شورچه و تیکن افتاده و یا قرار است بیافتد خبر دارد و در اختیار ملامحمود می‌گذارد. ذوالفقار هم آمد و کنار منقل ملامحمود نشست و چای داغی را هم خورد و با ملامحمود گفتگو کرد. دیری نگذشت که ذوالفقار در ذهن ملامحمود کرد که اگر جن‌ها در منطقه‌ی ممنوعه لانه کرده‌اند، پس چرا چوپان‌علی را نبرده و نخوردند و نذزدیدند. برای همین هم ملامحمود به‌فکر افتاد و اصغر هم به او گوشزد کرد که اگر یک روز کاشف به عمل آمد که جنی آنجا نیست، ملامحمود که شیخ و نماینده‌ی امام است، باید اول از آن

اطلاع پیدا کند و نه مردم. البته ذوالفقار از بودن اصغر بوگندو داخل خانه‌ی ملامحمود هیچ اطلاعی نداشت و نمی‌دانست که اصغر در اتاق بغلی داشت با لیلا ورمی‌رفت و در عین حال گوش‌هایش هم تیز بود و به صحبت‌های ملامحمود و ذوالفقار هم خوب گوش می‌داد. آقا ذوالفقار هم نمی‌دانست که چرا یک‌دفعه آن‌قدر محبوب درگاه ملامحمود شده بود ولی اگر محبت ملامحمود برای مدت کوتاهی هم گل کرده بود آقا ذوالفقار داشت از آن کمال استفاده را می‌برد. ملامحمود رو کرد به‌طرف ذوالفقار:

- آقا ذوالفقار من برای تو یک دعای بلند مخصوص نوشتم... ما که نمی‌دانیم توی منطقه‌ی ممنوعه چی داره می‌گذره... خدا را خوش نمی‌یاد که تو از طرف خدا و ائمه و امام‌ها و پیغمبر بی‌بهره باشی... وقتی این دعا را بندازی گردنت... هیچ جنی بهت نزدیک نمی‌شه...

هنوز صحبت‌های ملامحمود تمام نشده بود که لیلا وارد شد و صدایش بلند شد و دوباره همان سخنان خواب نور باریدن از آسمان را تکرار کرد. لیلا داشت ادامه می‌داد که صدای در بلند شد:

- آشیخ بلند نشید من در رو باز می‌کنم...

بعد هم لیلا رفت و در را باز کرد:

- می‌بخشید همشیره، من از قم آمدم که خدمت شیخ برسم... از آیت‌الله بیرجندی برای آشیخ پیغامی دارم...

- بفرمایید تو شیخ... آشیخ هستند...

البته چیزی را که آقا ذوالفقار نمی‌دید قیافه و ریخت و قواره‌ی اصغر بوگندو بود که حالا یک لهجه‌ی غلیظ عربی هم به‌خودش گرفته بود. بعد هم با سلام و صلوات اصغر بوگندو وارد شد و کنار منقل و ملامحمود نشست. آقا ذوالفقار هم به احترام ورود قاصد آیت‌الله بیرجندی از جایش

بلند شد و همین‌جور ایستاده بود و با شنیدن اینکه از طرف آیت‌الله بیرجندی قاصدی پیش ملا محمود آمده، خیلی شوکه شده بود و سرش رو به هوا عکس شده و به بالا خیره شده و گوش‌هایش را تیز کرد و تمام هوش و حواسش رفت به آن‌چه که در اتاق می‌گذشت:

- آشیخ علت آمدن من خدمت شما این است که حضرت آیت‌الله خواب دیدند که در ده شورچه داره اتفاقاتی می‌افته... خواب دیدند که اینجا نورانی شده و یا قراره نورانی بشه... البته که آدم‌های مسلمان باخدا فقط می‌تونند نور را ببینند... برای همین هم از طرف آیت‌الله بیرجندی از قم و آیت‌الله سمیعی از مشهد یک نماینده فرستاده شده و الان هم از مشهد حرکت کرده و توی راهه که خدمت شما برسد و به کمک شما راهنمای مردم باشد که معجزه‌ی الاهی را از دست ندهند... من هم جلو جلو آمدم تا شما را از آمدن ایشان آگاه کنم...

لیلا میان حرف اصغر بوگندو پرید:

- البته این‌جوری که شما می‌گید این آشیخی که داره میاد اینجا خودش آیت‌الله است...

اصغر ادامه داد:

- البته که هستند... به هر حال آشیخ من باید فوری برگردم... ولی جناب آیت‌الله می‌خواستند مطمئن باشندوقتی که حضرت شیخ‌الاسلام اصغری نجفی اینجا رسیدند از ایشان که خیلی قابل احترام ایشان هم هستند پذیرایی خوبی شود که ایشان دل‌سرد نشند... در حرف است که ایشان به زودی امام مسلمین هم خواهند شد... از قضیه‌ی جن‌های اینجا هم خبر دارند....

البته ملا محمود و محرم بوگندو تصمیم گرفته بودند که اسم او را هم

عوض کنند که یک دفعه کسی به یاد محرم بوگندو نیافتد و به او شک ببرد. ولی حالا ملا محمود می دید که اصغر بوگندو داشت از نایب امام و شیخ اسلام شدنش حرف می زد. ملا محمود داشت از یک شبه شیخ والسلام و نایب امام شدن اصغر بوگندو عصبانی و دیوانه می شد و چیزی نمانده بود که کنترل اعصابش را از دست بدهد و از آشی که پخته بود حالش داشت بهم می خورد و نگرانش کرده بود، ولی چاره ای نمی دید جز اینکه که دندان روی جگر بگذارد و بازی را ادامه بدهد.

خلاصه آقا ذوالفقار دیگر معطل نکرد تا ملامحمود و اصغر بوگندو و لیلا خانم تمام نمایشنامه‌ای را که برای آقا ذوالفقار تدارک دیده بودند بازی و تمام کنند. فوری خداحافظی کرد و رفت که خبر دست اولش را به مردم برساند که یکدفعه مردعلی خله از او جلو نیافتد. البته مردعلی هم جداگانه به خانه‌ی ملامحمود دعوت شده بود و او را هم خوب کوک کردند. مردعلی فقط وقتی به خانه‌ی ملامحمود دعوت می‌شد و راه پیدا می‌کرد و یا مورد محبت او قرار می‌گرفت که ملا می‌خواست خبری را در سطح ده پخش کند و حالا خبرگذاری و خبربرهای ملامحمود در سطح ده مشغول کار شده بودند.

همان شب هم اصغر بوگندو شبانه و با اینکه از ترس جن‌ها کم مانده بود که سنگ‌کوب کند، از ده شورچه بیرون زد. قرارشان هم این بود که بعد از اینکه ملامحمود اوضاع را بر وفق مراد دید برای اصغر بوگندو پیغام فرستاده و نماینده‌ی آیت‌الله‌های قم و مشهد با عزت و احترام وارد ده شورچه شود. آنها می‌دانستند تا ذوالفقار و مردعلی خبر در راه بودن نماینده‌ی آیت‌الله بیرجندی از قم و سمیعی از مشهد به خدمت ملامحمود و خواب نورانی شدن ده شورچه را به مردم برسانند، بسیاری از مردم ساده‌دل و متملق ده گوی سبقت را برای آمدن و دیدن ملامحمود از یکدیگر می‌ربودند. فکرشان هم اشتباه نبود.

❊ ❊ ❊ ❊ ❊

فصل ۴

وقتی گرگ‌ها ذات خود را به نمایش می‌گذارند...؟

آفتاب کم‌کم در پشت کوه‌های بالای ده تیکن غروب می‌کرد ولی هنوز سرخی آن روی نوک درختان بلند صنوبر در خودنمایی بود. مردم در جنب‌وجوش کارهای روزانه بودند و کم‌کم بساط کشاورزی خود را جمع می‌کردند تا به خانه‌هایشان برگردند و شب را بگذرانند و دوباره صبح روز بعد سر کار خود برگردند. صبح که می‌شد خانه‌ها از مردان خالی می‌شد و طبق معمول، همه راهی مزارع و مشغول کار روزانه می‌شدند و زن‌ها در خانه، سرگرم کارهای خانه بودند. جالب این بود که در زمان‌های قدیم همه از کار و بار خود راضی بودند و به‌ندرت یا شاید هرگز، شکایت و گلایه‌ای از کسی شنیده نمی‌شد. هر روز صبح شاد و خندان مشغول کارشان می‌شدند. روز را به شب می‌رساندند و شب‌نشینی‌های بعد از کار روزانه هم برقرار بود. تنها بعد از پیدایش و گرایش آنها به زندگی شهری بود که گلایه‌ها و شکایت‌ها از کار و بار جان گرفت. به‌هرحال آن روز هم مثل روزهای دیگر آغاز شده و رو به پایان بود. ده طبق معمول آرام و ساکت بود. البته صدای شرشر رودخانه هنوز بلند بود و هیچ‌وقت هم قطع نمی‌شد. همچنین رقص و صدای آواز گنجشکان در لابه‌لای برگ‌های صنوبرها که با روشنایی روز آغاز می‌شد، شب‌هنگام خاموشی می‌گرفت. البته که ده بدون آن دو صدا حال و هوای ده را نمی‌توانست داشته باشد.

خارج و در حاشیه‌ی ده تیکن که در همسایگی ده شورچه قرار داشت، کنار چشمه‌ی آبی، دو پسربچه‌ی پنج، شش‌ساله سرگرم بازی بودند. در فاصله‌ی حدود صدمتری آنها خویشان آنها مشغول کار در مزرعه بودند. بچه‌ها چندان از رسیدن غروب خوشحال نبودند. انگار که با گل‌ولای و خاک دست‌وپای آنها را حنا بسته بودند. آنها بی‌خبر از همه‌ی حوادثی که در اطرافشان می‌گذشت سرگرم بازی بودند. چشم یکی از آنها در حین بازی به مورچه‌ای افتاد که داشت باری، چندین برابر وزن خودش را حمل می‌کرد. برای پسربچه تعجب‌آور بود که چطور امکان دارد که مورچه‌ای به آن کوچکی بتواند باری را که به بزرگی چندین برابر هیکل خودش است را حمل کند. دید که مورچه ول کن معامله هم نیست و می‌خواهد هرطور شده تا هوا تاریک نشده، بارش را به لانه‌اش که چند متری هم با او فاصله داشت، برساند. موج مورچه‌ها هم در اطراف لانه مشغول رفت وآمد بودند و صدا و اعتراضی هم از هیچ‌کدام شنیده نمی‌شد. انگار که همه‌ی آنها رادار داشتند و با یکدیگر برخورد و تصادفی هم نمی‌کردند. سر پسرک جوان درحالی‌که مسیر مورچه‌ها را دنبال می‌کرد بالا آمد. چشم‌های نیمه بسته‌اش در سفر از روی مورچه‌ها و از کنار راست شانه‌ی دوست همبازی‌اش افتاد به روی مسافری که از دوردست به‌طرف آنها می‌آمد. پسرک با دیدن مسافر تازه وارد از دور، تلاش مورچه‌ی باربر و بازی با همبازی‌اش را به‌طور کامل فراموش کرد. چشم‌های پسرک جوان حالا به دوردست و روی مسافر غریبه مات مانده بود. اگر چه مسافر دور بود و هنوز به درستی دیده نمی‌شد ولی از حرکت چوب دستی‌اش مشخص بود که نمی‌توانست اهل ده باشد. طولی نکشید که نگاه دوست همبازی پسرک هم از روی او سفر کرد و روی مسافر تازه‌وارد افتاد.

مسافر حالا دیگر نزدیک شده بود و بچه‌ها می‌توانستند او را به‌خوبی ببینند. از لباس سراسر خاکستری متمایل به سفید و قیافه‌اش مشخص بود

که اهل ده نیست. قیافه‌اش هم به کشاورزان نمی‌خورد. با نزدیکتر شدن و تشخیص مسافر تازه از راه رسیده، بچه‌ها به‌سرعت و با چهره‌ای مملو از شادی و شعف، در یک چشم به‌هم زدن روی پاهای خود ایستاده و مشغول پاک کردن دست‌های خود با لباس‌هایشان بودند. بچه‌ها حالا فهمیدند که مسافر تازه‌وارد کسی جز گدا لاله نیست. او را لال صدا می‌کردند به این خاطر که کسی تا کنون صدای او را نشنیده بود. گدا لاله با اشاره‌ی چشم‌ها و دست و پای خود با مردم صحبت می‌کرد. همه‌ی مردم و به‌خصوص بچه‌ها به ساز دهنی گدا لاله و دایره زنگی که تازگی‌ها به ساز دهنی او اضافه شده بود، عادت داشتند و به‌خاطر سازها هم بود که تا پیدایش می‌شد شادی و شعف، وجود و چهره‌ی همه را تسخیر می‌کرد. گدا لاله ساز دهنی‌اش را به بالای چوب‌دستی قدیمی و از رنگ‌ورو رفته‌ی پیچ‌وخم‌دارش بسته و دایره زنگی‌اش را هم بر گردنش آویزان کرده بود که گمشان نکند. کیسه‌ی کهنه‌ای هم همیشه روی شانه‌ی راست گدا لاله بود که هرچه مردم به او می‌دادند را درون آن می‌گذاشت.

گدا لاله چند قدمی بیشتر با بچه‌ها فاصله نداشت که بالای چوب دستی‌اش به دهانش رسید و ساز دهنی روی لب‌هایش نشست و چند فوت داخل ساز دهنی کهنه‌اش کرد. با آمدن صدای ساز دهنی گدا لاله، خنده و شادی تمام وجود دو پسر را گرفت. کشاورزان هم معطل نکردند و با رسیدن او کار خود را پایان داده و آماده برگشتن به ده می‌شدند و برای گدا لاله هم پیغام خوش آمد می‌فرستادند. گدا لاله هم جواب آنها را با ساز دهنی می‌داد. گدا لاله حالا به بچه‌ها رسیده و از آنها رد شد. آنها آن‌قدر در شادی و خوشی گم شده بودند که در رقص و پایکوبی خود به‌دنبال گدا لاله، بدون اینکه بدانند چندین مورچه را که در حال سفر به لانه‌شان بودند را زیر پاهای خود له کرده بودند. در این کشت و کشتار شانس به مورچه‌ای که بار بزرگتر از خودش را حمل می‌کرد، رو کرده بود و چند بار پاهای

بچه‌ها و گدا لاله در کنار مورچه‌ی باربر نشسته بود ولی او هر بار از مرگ نجات پیدا کرده بود. هیچ‌کس نمی‌دانست که آیا صدای ساز دهنی و یا دایره زنگی گدا لاله یا رقص و پای‌کوبی و آواز بچه‌ها که حالا دنبال گدا لاله به راه افتاده بودند و در فضای اطراف پیچیده بود را مورچه‌ی باربر یا باقی مورچه‌ها هم می‌شنید یا نه، ولی آن‌چه مسلم بود گدا لاله و بچه‌ها پشت دیوار باغ‌ها در دوردست غیبشان زد.

حالا همه‌جا سوت‌وکور بود، خبری از هیچ‌کس نبود و صدای ساز دهنی و دایره زنگی گدا لاله هم شنیده نمی‌شد ولی مورچه‌ی باربر بالاخره بارش را به دهانه‌ی لانه‌اش رساند و با رسیدن او به دهانه‌ی لانه بقیه‌ی مورچه‌ها هم به کمکش آمدند و مورچه‌ی باربر میان جماعت مورچه‌ها گم شد و با سایر هم‌قطاران خود یکی شد و هیچ‌کس نمی‌دانست کدام مورچه‌ی سیاه، مورچه‌ی باربر اصلی بود و بالاخره بار هم روی شانه‌های مورچه‌ها به داخل لانه برده شد و مورچه‌ها کم‌کم داخل لانه گم شدند.

فقط تعداد کمی مورچه در اطراف لانه دیده می‌شد که سرگرم جنب‌وجوش بودند و برایشان مهم هم نبود که تعداد تماشاچی‌های گدا لاله حالا چند برابر شده بود و در طول راه بیشتر هم می‌شد. گدا لاله هم با زدن دایره زنگی و ساز دهنی خود مجلس بروبچه‌های ده را چنان گرم کرده بود که عده‌ای از آنها به نوبت و یا با هم آواز هم سر داده و طبق معمول یکی دو نفر هم هنر رقص خود را به نمایش می‌گذاشتند. درست مثل این بود که عروس یا دامادی را در کوچه‌ها برای گردش می‌چرخاندند.

کاروان گدا لاله و بچه‌ها بالاخره به خانه‌های ده رسید. در طول راه درهای خانه‌ها باز می‌شد و پیر و جوان و البته بیشتر زن‌ها و دخترهای جوان بودند که بیرون می‌زدند و برای گدا لاله سوروساط می‌آوردند. یکی دوتا از بچه‌ها هم حالا وظیفه‌ی دستیاری گدا لاله را پیشه کرده

بودنـد و در کیسـه‌ی گـدا لالـه را بـاز می‌کردنـد و هرچـه بـرای گدا لالـه آورده می‌شـد را همـه و همـه داخـل کیسـه می‌ریختند. گدا لاله برای مـردم کامـلاً آشـنا بـود. او معمـولاً بـا حسـین‌علی‌خان همراه می‌شـد. حالا چند وقتی بود کـه از حسـین‌علی‌خان خبـری نبـود و گـدا لالـه به تنهایی پیدایش می‌شـد. مـردم هـم هیـچ خبـری نداشـتند کـه حسـین‌علی‌خان مـرده اسـت یـا زنده. ایـن را هـم نمی‌دانسـتند کـه گـدا لالـه تـازه از فـوت حسـین‌علی‌خان آگاه شـده اسـت و اگـر چه توی دلـش غمگین اسـت ولـی خنداندن مـردم برایش بیشـتر اهمیـت دارد تـا در غـم یـار و رفیق و شـفیق خود حسـین‌علی‌خان به سـوگ بنشـیند و مـردم را هـم مثـل خودش غمگیـن و افسـرده کند.

در همیـن احـوال بـود کـه یکبـاره بـا بلنـد شـدن صـدای نی از طـرف منطقـه‌ی ممنوعـه حـال و هـوای رقـص و پایکوبـی و شـور و نشـاط کمـی عـوض شـد و حـواس بیشـتر مـردم به‌طـرف صـدای نـی و منطقـه‌ی ممنوعه پـرت شـد. چند دقیقـه بیشـتر طـول نکشـید تا مـردم باورشـان شـد و قبـول کردنـد کـه درسـت شـنیده‌اند کـه صـدا از طـرف منطقه‌ی ممنوعـه می‌آید. همـان صـدای نـی لعنتـی بود کـه با بلنـد شـدن صدایـش تـرس و لـرز بر تن و جـان مـردم می‌افتـاد. چیـزی کـه بـرای مـردم تعجب داشـت این بـود که صدا همیشـه یکـی دو سـاعت بعـد از تاریکـی شـب بلنـد می‌شـد و این سـومین بار بـود کـه هنوز هـوا تاریـک نشـده، صدای نـی از طـرف منطقه‌ی ممنوعه بلند شـده بـود. بـرای همیـن هـم کمی طول کشـید تا باورشـان شـود که درسـت می‌شـنوند، ولـی گـدا لالـه بـا اینکه صـدای نـی را شـنیده بـود ولی بـه زدن و رقـص خـود ادامـه مـی‌داد.

نـگاه گـدا لاله به‌طـرف منطقـه‌ی ممنوعـه برگشـت. انگار گدا لاله می‌دید کـه اوضـاع و احـوال منطقـه‌ی ممنوعه بـا حال و هـوای ده تیکن کامـلاً متفاوت اسـت. بـرای گـدا لاله روشـن بود که درسـت در همیـن احـوال که بـزن و برقص و شـادی و نشـاط بر لحظه‌های آنها صلـح و آرامش بخشـیده اسـت، در منطقه‌ی

ممنوعـه حـال و هـوای دیگـری حکم‌فرماسـت. بـاد و بـوران آشـغال‌های بیابان را بـر سـر و کـول علف‌هـای هـرز می‌کوبیـد. بـاد از دامنـه‌ی تپه‌هـا می‌تاخـت و اگرچـه هنـوز غـروب کامـل نشـده بود ولـی هوا تـار و غمگیـن بود. سـفر باد از داخـل برگ‌هـای درخـت تـوت کـه هماننـد چتـری تنـاور بـر بـالای اتاقـک افراشـته بـود، ادامـه داشـت و این‌بار آهنـگ دل‌خراشـی را می‌نواخت.

در فاصلـه‌ی نه‌چنـدان دوری از درخـت تـوت، پـوزه‌ی گـرگ پیـرِ خسـته و گرسـنه‌ای روی زمیـن کشـیده می‌شـد. معلـوم بـود تـوی ایـن بـاد و بوران در جسـتجوی طعمـه‌ای بـرای سـیر کـردن شـکم گرسـنه‌اش، بیـن سـنگ‌ها و بوته‌هـای این‌طـرف و آن‌طـرف می‌گشـت. گرگ‌هـای کوهپایـه تیکـن در درندگـی و وحشـی‌گری در همه‌جـا معـروف خـاص و عـام بودنـد. تـا جایی‌که چوپان‌هـای زیـادی دسـت از چوپانـی برداشـته و بـه کارهـای سـخت دیگری بـرای امـرار معـاش روی آورده بودنـد تـا مجبـور بـه شـاخ بـه شـاخ شـدن با گرگ‌هـا نباشـند. صـدای خشـن بـاد حتـی گوش‌های گـرگ پیر و گرسـنه را کـه انـگار از دوسـتانش جـدا افتاده بـود را اذیـت و آزار می داد. گرگ ایسـتاد و سـرش را اندکـی بـالا آورد. چشـم‌هایش در تاریکـی بـاد و بوران مثـل دو تا کپـه‌ی آتـش نورانـی در عمـق باد و بـوران می‌درخشـیدند و به‌دنبـال و جهت صـدای نـی کـه بگوشـش می‌رسـید، می‌گشـتند. در جهت صدای نـی حرکت کـرد. بعـد از چنـدی جسـتجو بالاخـره از پشـت تختـه سـنگ نسـبتاً بزرگی بـه آرامـی بیـرون آمـد و از دوردسـت زیـر درخـت تـوت چشـمش بـه شـمد خاکسـتری رنـگ افتـاد. انـگار می‌دانسـت که کسـی زیر شـمد پنهان شـده و مشـغول نواختـن نـی اسـت. کم‌کـم هـوا هـم رنـگ تاریکیبخـود گرفـت, ولی کامـلا تاریـک نشـده بود. گـرگ پیر بـا احتیاط و به‌آرامی دزدان شـب، پشـت تختـه سـنگ بزرگـی پنهـان و بـه طرف شـمد خیره شـد.

سـگ کـه مجنون صدایـش می‌کردند طبق عادت همیشـگی روی سـکوی جلـوی در اتـاق خوابیـده بـود. مجنـون کـه انـگار چیـزی را دیـده یـا حـس

کـرده باشـد، نیم‌خیـز شـد و خـور خـور خفیفـش هـم بلند شـد. اگرچـه این کار هـر شـب بـود و سـگ هم با آن آشـنایی داشـت. ولی مجنون هـم از اینکه بـرای سـومین بـار بـود که صـدای نـی در روشـنایی روز و هنوز شـب نشـده، بلنـد شـده بـود، کمی گیج شـده بـود. گـرگ هم پشـت تخته‌سـنگ همچون شـبحی پنهـان شـده و بـه شـمد و صدایی کـه از زیـر آن می‌آمد خیـره بود و در حـال سـبک سـنگین کـردن بود کـه چه بایـد بکند.

در همیـن احـوال در ده تیکـن ، گدا لاله با رسـیدن به عمارت اسـعدخان، چشـم‌هایش بـه او افتـاد کـه داخل بالکـن طبقه‌ی دوم ایسـتاده بـود. گدا لاله یک‌بـاره سـکوت اختیـار کـرد و از جنب‌وجوش افتـاد و صدای سـاز دهنی‌اش کشـته شـد. نـگاه گـدا لالـه و اسـعدخان چنـدی بهـم دوختـه شـد. به‌نظـر می‌رسـید هیچ‌کـدام نمی‌توانـد نگاهـش را از روی دیگـری بردارد. انـگار که با نگاه، در سـکوت مشـغول گفتگـو بودند. از هیچ‌کدام صدایی شـنیده نمی‌شـد.

بـا ایـن حال که اسـعدخان تمام سـعی خـود را می‌کرد که شـادی و شـعف خـودش را پنهـان کـرده و نشـان ندهـد ولـی همـه‌ی حضـار اطراف اسـعدخان می‌دیدنـد کـه بـا دیـدن گـدا لالـه بـرق شـادی و شـعف چشـم و روح و روان اسـعدخان را گرفـت و در تـلاش بـود کـه چیـزی را به‌زبـان بیاورد ولـی زبانش بنـد آمـده بـود. همـه در ایـن خیـال شـدند کـه اسـعدخان بایـد دوبـاره دچار همـان حالتـی شـده باشـد که در گذشـته با دیـدن گدا لالـه و شـنیدن صدای سـازش بـه او دسـت مـی داد. گویی یک نیـروی نامرئی، جان و امیـد دیگری به او مـی‌داد. خصوصـاً اینکـه اسـعدخان حالا بسـیار پیـر و زمین‌گیر هم شـده بود.

گرچـه نگاه‌هـای گدا لاله و صدای سـازش برای اسـعدخان همیشـه حامل پیغامـی خـوش بـود ولـی اسـعدخان هنوز قـادر به درک آن نشـده بـود. یکی دو دفعـه هـم سـعی کـرده بود زبان گـدا لاله را بـاز کنـد و از او پرس‌وجو کند ولـی گـدا لالـه همچنان سـکوت اختیار کـرده و لـب از لب باز نکـرده بود.

به‌نظـر می‌رسـید این‌بـار بـا همـه‌ی دفعـات دیگر تفـاوت زیـادی دارد. گدا

لاله تنها گدایی بود که برزویه خانم مادر ستار و زن اسعدخان همیشه با شنیدن صدای ساز دهنی‌اش در عمارت ظاهر می‌شد و خودش شخصاً سوروساتی برای او می‌آورد و در این عقیده بود که شاید دعاهای گدا لاله مورد قبول درگاه خدا قرار گرفته و ستار پیدا شود ولی این‌بار چنان با دفعات دیگر تفاوت داشت که انگار گدا لاله حتی برزویه خانم را هم جلوی خودش ندید. بورزویه خانم مادر ستار خیلی بیشتر از اسعدخان پیر و شکسته شده بود. حالا به‌سختی قدم برمی‌داشت. کمک کردن به گداها و درویشان کار همیشگی او بود. پیش خودش خیال می‌کرد با کمک کردن به آنها باعث می‌شود که دعای خیر آنها همراه پسرش شود و دیگران هم به ستار پسر گم‌شده‌اش کمک کنند. هنوز هم که هنوز بود برزویه خانم ته دلش امید داشت که ستار زنده است و روزی برمی‌گردد. برزویه خانم خودش شخصاً می‌خواست به گدا لاله کمک کند و نمی‌دانست چرا؟ تصور می‌کرد گدا لاله از گداهای دیگر پاک‌تر بود و دعای او کمک بیشتری به ستار و پیدا شدنش می‌کرد. هر وقت هم به گدا لاله نزدیک می‌شد انگار که آرامش خاصی به او دست می‌داد. برزویه خانم گدا لاله را درویش صدا می‌کرد:

- درویش تو رو به خدا... تو از خدا بخواه پسرم رو سالم نگه داره... بخواه فقط به این مادر درمانده بگه که پسرش زنده‌ست... ازش بخواه که اگر برای یک لحظه هم شده قبل از مرگم بذاره پسرم ستار رو ببینم...

بعد هم مقدار زیادی حبوبات و نان و پنیر و میوه و چای و قند در کیسه‌ی گدا لاله ریخت و برگشت و آرام به طرف در عمارت رفت:

- مادر...

با شنیدن صدای گدا لاله برزویه خانم همان‌جا میخ‌کوب شد. نمی‌دانست که گوش‌هایش درست شنیده بود یا نه؟ سکوت همه‌جا را

فـرا گرفـت. آرام برگشـت و به گدا لاله خیره شـد. در شـک بود کـه آیا صدای گـدا لالـه را شـنیده یا صدای کسـی دیگـر را. باورش نمی‌شـد که صـدای گدا لالـه را شـنیده اسـت. گـدا لالـه به‌آرامی بـه او نزدیک شـد:

- مـادر خـدا صدات رو شـنید... می‌گه پسـرت زنده و سـالمه... الان هم داره میـاد دیدنت...

برزویـه خانـم بـا شـنیدن صدای گـدا لاله و اینکه گفت پسـرش زنده اسـت و در راه آمـدن بـرای دیدنـش اسـت، چنـان از خـود بی‌خـود شـد کـه دیگـر نـه صـدای گـدا لالـه را می‌شـنید و نـه متوجـه بـود کـه بـا تعجـب بـه پیرمرد درویـش مآبـی کـه بـا پیراهـن بلند گشـاد خاکسـتری رنگی بـر تن و بـا پاهای برهنـه از دوردسـت به‌طـرف آنها می‌آمد، چشـم دوخته اسـت. پیرمـرد درویش بـه گـدا لالـه رسـید و از او رد شـد بـه برزویـه خانم رسـید و ایسـتاد. گـدا لاله دیـد کـه پیرمـرد درویـش بـا نگرانی بـه برزویـه خانم چشـم دوخته اسـت. گدا لالـه فهمیـد که بـا اینکه پیرمـرد درویش می‌خواسـت کنـار برزویـه خانم باقی بمانـد و مدتـی فقـط بـه او نگاه کند ولی مشـخص بـود کـه در آن لحظه هوش و حواسـش بـه طـرف اتاقی بود که اسـعدخان درون آن مشـغول دسـت و پنجه نـرم کـردن بـا مـرگ و زندگـی بـود. پیرمـرد درویـش داشـت از برزویـه خانـم می‌بریـد کـه بـه دیدن اسـعدخان بـرود، برزویـه خانم چنـان هیجان زده شـده بـود کـه توان کلام و حرکت را از دسـت داده و زانوانش از تـوان افتاده و در حال سـقوط به‌طـرف زمین بـود که پیرمرد درویش برگشـت با گرفتـن او از افتادنش جلوگیـری کـرد تـا دخترش شـهین‌دخت کـه حالا خودش زنی شـده و شـوهر هـم کـرده بـود، میـان چارچـوب در ظاهر شـد و باعجله خـودش را بـه مادرش رسـاند و مـادر را کـه چیـزی نمانـده بـود که زمیـن را بوسـه بزند بیـن زمین و هـوا در بغـل گرفـت و بقیـه هـم فـوری به کمکـش آمدنـد ولی هیچ‌کـس ندید کـه چه کسـی از سـقوط برزویـه خانم جلوگیـری کرد.

چیـزی کـه مهـم بـود ایـن بود کـه هیچ‌کس جز برزویـه خانم و گـدا لاله

و اسعدخان پیرمرد درویش را نمی‌دید و از وجود او هیچ اطلاعی نداشتند. همه فقط به این فکر بودند که گدا لاله چه پیغامی به برزویه خانم داده بود که توان را از مادر بیچاره گرفته و حالا او همین‌طور لال و گنگ به در عمارت زل زده بود. جماعت چنان متعجب شده و سرگرم و نگران برزویه خانم شده بودند که حتی نمی‌دانستند گدا لاله هم به‌دنبال پیرمرد درویش وارد عمارت شده بود.

جماعت زنان در اطراف برزویه خانم جمع شده بودند و او را به داخل برده و آب نبات خورانده و کاه‌گل دمش می‌دادند که به‌هوش بیاید. داخل اتاق بزرگ اسعدخان غوغای دیگری برپا بود. همه در تعجب بودند که چه بر اسعدخان آمده که آنقدر ذوق‌زده شده و صدا و نفس او بند آمده است فقط می‌دیدند که گدا لاله میان در اتاق پیدا شد و به‌آرامی رفت و روبروی اسعدخان و کنار پیر مرد درویش نشست . ولی هیچ‌کس پیرمرد درویش را که جلوی اسعدخان زانو زده و دست‌های او را در دست داشت را نمی دیدند. همه فقط می‌دیدند که دست‌های اسعدخان به‌طرف گدا لاله دراز شده بود و برق شادی و شعف تمام وجود او را گرفته بود و لب‌هایش هم حرکت می‌کردند گرچه هیچ صدایی از او شنیده نمی‌شد. رستم‌خان هم که حالا همه‌ی موهایش سفید شده و سنی هم از او گذشته بود، کنار پدرش نشسته، او را در بغل گرفته و گیج و گم شده بود که چه اتفاقی داشت برای پدرش می‌افتاد. می‌دانست که باید صبر و شکیبایی پیشه می‌کرد تا ببینند چه می‌شود. فقط می‌دید که پدرش جان دیگری گرفته است. برای همین هم صبر و حوصله پیشه کرد و پدرش را در آغوش داشت و نگاهش بین پدرش و گدا لاله در سفر بود. ولی پیرمرد درویش را نمی‌دید که جلوی پدرش نشسته است. تمام سعی او بر این بود که خوب به حرف‌های شکسته و هیجان‌زده‌ی پدرش که به‌سختی از لب‌های لرزانش بیرون می‌آمد، گوش بدهد تا شاید چیزی دستگیرش بشود:

- بالاخره آمدی پسرم... من به تو خیلی بد کردم... آمدی ببخشیم...

بعد هم اسعدخان تکان سختی خورد و زبانش هم بند آمد. اگرچه همه‌ی حضار با تعجب به اسعدخان چشم دوخته بودند و نمی‌دانستند بر او چه می‌گذرد و نمی‌دیدند که دست‌های پیرمرد درویش که کسی جز روح ستار پسر گمشده‌اش نبود که روی صورت پدرش اسعدخان نشسته و چشم‌های او را بسته بود. آنها فقط دیدند که چشم‌های اسعدخان بسته شد و انگار اسعدخان صد سال بود که در خواب بود.

- خدا رحمتش کند...

و این صدای گدا لاله بود که بالاخره خبر تمام کردن اسعدخان را داد و با شنیدن صدای گدا لاله، رستم‌خان که پدرش را در آغوش داشت بالاخره از مرگ پدرش مطلع شد و اشک در گوشه‌ی چشم‌هایش حلقه زد. صدای لااله‌الاالله و صلوات چنان در اتاق طنین افکند که حتی داخل آبادی هم شنیده می‌شد. فوری یکی دو نفر هم خودشان را به بالای بام عمارت رسانده و بانگ اذان گذاشتند. جماعت حاضر در اتاق هم همگی از جایشان بلند شده و فریاد به‌طرف قبله درازش کنید هم بلند شد. یکی دو نفر هم فوری دست به‌کار شده و اسعدخان را از بغل رستم‌خان بیرون آورده و به‌طرف قبله درازش کردند. در این میان گدا لاله و ستار هم داخل جمعیت گمشان زد.

درست در همان زمانی که اسعدخان تمام کرد. در طبقه هم‌سطح حص عمارت اسعدخان و در اتاق دیگری از عمارت، عده زیادی از زنان دور و بر برزویه خانم را گرفته بودند. حالا با شنیدن سر و صدای لااله‌الاالله از طبقه‌ی بالا، وجود برزویه خانم را دوتا درد و رنج گرفت. مرگ ناگهانی شوهرش اسعدخان و غیب شدن پسرش ستار که بعد از این‌همه سال یک‌باره پیدایش شده بود. اگرچه برزویه خانم می‌خواست از جایش بلند

شـده و به‌دنبـال سـتارش که جلوی چشـمانش غیب شـد، بگردد ولـی توان را از او گرفتـه شـده بـود. نه توان حرکت داشـت و نه قدرت کلام. مـادر رنج‌دیده و درمانـده‌ی سـتار روی زمیـن نشسـت و از خود بی‌خود شـده بـود. انگار تمام خاطـرات گذشـته‌اش دوبـاره جلـوی چشـم‌هایش و درون ذهنـش زنده شـده و بـه نمایـش گذاشـته شـده بودند ولی بـا مرگ ناگهانی شـوهرش اسـعدخان تـرس و نگرانـی از اینکـه شـاید چنیـن اتفاقـی هم برای سـتار افتاده باشـد به جـان و تـن و روح او افتـاد. چندیـن سـال متوالی بود کـه مادر رنج‌دیـده، روز و شـب نداشـت. مـادر سـتار که هیچ‌وقـت پی دعا کـردن و نماز خوانـدن نبود بعـد از گمشـدن سـتار بـه دعـا و نمـاز خوانـدن رو آورده بود. حتـی خواهرش هـم بـه مـادرش پیوسـته و هـر دو از هـر فرصتـی کـه پیـدا می‌شـد از خدای خودشـان می‌خواسـتند تـا سـتار را سـالم برگرداننـد. کمک‌هـای زیـاد مـادر سـتار بـه ذوالفقـار، گـدای کـور دوره‌گرد و گـدا لالـه و باقی درماندگان نشـان مـی‌داد کـه او امیـد خـودش را هنوز از دسـت نداده اسـت.

بـا شـنیدن مرگ اسـعدخان دخترش شـهین‌دخت خانم و بقیـه‌ی زن‌های فامیـل و همسـایه‌ها برزویـه خانـم را پـاک فرامـوش کردنـد و انـگار بـا هـم مسـابقه‌ی گریـه و شـیون گذاشـته بودنـد. زن رسـتم‌خان کـه از قـد بلنـدی هـم برخـوردار بـود و بسـیار هـم زیبـا بـود، سـعی داشـت بـه کمـک یکی دو نفـر بـه برزویـه خانـم و خواهـر شـوهرش شـهین‌دخت خانـم شـربت بخوراند کـه حالشـان بهتـر شـود. چند بچـه‌ی قـد و نیم‌قد رسـتم‌خان هم اطرافشـان می‌چرخیدنـد و اشـک، چشـم آنهـا را هـم گرفتـه و نگـران بودند.

با بلند شـدن سـر و صدای لااله‌الاالله و اذان از بام عمارت اسـعدخان مردم ده معطـل نکـرده و بـا سـرعت خودشـان را بـه عمـارت اسـعدخان رساندند. هنـوز اذان ادامـه داشـت کـه بیـرون و داخـل عمـارت مملو از جمعیت شـد و جـای سـوزن انداختـن نبـود. گـدا لاله بـالای پله‌هـای طبقـه بالا ظاهر شـده و از پله‌هـا به‌طـرف پاییـن سـرازیر شـد و از لابـه‌لای جمعیـت حرکـت کـرد.

گدا لاله با باز کردن راه خود از میان جمعیت که چندان آسان هم نبود خودش را به اتاقی رساند که برزویه خانم داخل آن داشت با غم و غصه دست و پنجه نرم می‌کرد. گدا لاله جلوی در ایستاد و از جداره در نظاره می‌کرد که ستار جلوی مادرش برزویه خانم نشسته بود. برزویه خانم با دیدن پسرش ستار دوباره از هیجان زبانش بند آمد و لکنت زبان گرفت:

- پس... پس... رم... بالاخره آمدی... می‌دانستم که زنده هستی و مادرت رو از یاد نبردی...

بعد هم دست‌های بورزویه خانم از داخل بدن زن‌هایی که دور و برش نشسته بودند راه باز کرد و به‌طرف ستار دراز شد و او را طلب می‌کرد تا داخل بغلش جا بگیرد. حالا همه باتعجب به برزویه خانم نگاه می‌کردند و در جستجوی این بودند که برزویه خانم با که سخن می‌گفت و که را می‌خواست بغل کند. چشم‌های همه، حالا به‌طرف گدا لاله که جلوی در اتاق ایستاده و آنها را تماشا می‌کرد برگشت. در این خیال بودند که برزویه خانم عقلش را از دست داده و گدا لاله را جای ستار پسرش می‌بیند و او را صدا می‌کند تا بغلش کند. برای همین هم همه گیج شده و نمی‌دانستند چه باید بکنند. نمی‌دیدند که دست‌های برزویه خانم حالا در دست‌های ستار جا گرفته و مثل بید تمام بدن برزویه خانم از هیجان به لرزه در آمد:

- دیگه ماندن من لزومی نداره... ستارم آمد دیدنم...

گدا لاله می‌دید که ستار هم حالا به لرزه افتاده و چشم‌هایش را هم بسته بود و انگار داشت با نیرویی پنهان می‌جنگید. گدا لاله با دیدن نور و انرژی‌ای که از بدن برزویه خانم جدا می‌شد و به بدن ستار وارد می‌شد، چنان در تعجب شده بود که میان چارچوب در خشکش زد. به‌نظرش می‌رسید که روح آن دو داشت با هم یکی می‌شد تا با هم به پرواز در آیند. انگار مشخص بود که برزویه خانم دیگر نمی‌خواهد پسرش ستار را تنها بگذارد و داشت او را با خودش می‌برد. اگرچه هیچ‌کس روح ستار را

ندیده بود که به دیدن پدر و مادرش آمده بود تا با آنها وداع کند. مردم در این خیال بودند که رفتار و کردار عجیب و غریب اسعدخان و برزویه خانم به‌خاطر بودن گدا لاله است.

در همین احوال که گدا لاله گیج و گم شده بود ناگهان شبح گرگ وحشی را دید که از ته اتاق و لابه‌لای زن‌ها به‌طرف ستار حمله‌ور شد. ولی هیچ‌یک از زنان نه شبح گرگ وحشی را می‌دیدند و نه ستار را.

گدا لاله اشتباه نکرده بود. درست در همان لحظه کنار درخت توت دوتا دست از داخل شمد به بیرون و به‌طرف ده تیکن دراز شده و صدای نی هم مرده بود. فقط از زیر شمد صدای زمزمه‌ی کسی بلند شده بود. تمام شمد هم به لرزه افتاد و معلوم بود دارد با نیرویی دست و پنجه نرم می‌کند و از همه‌جا و همه‌چیز اطرافش بریده و بی‌خبر بود. برخلاف هوای آرام ده، اطراف شمد باد و بوران هم برای خودش معرکه‌ای گرفته بود و بر شمد و دست‌های دراز شده از داخلش و درخت توت چنان شلاقی می‌زد که بیا و ببین.

در چند متری شمد و درخت توت، گرگ گرسنه به‌طرف شمد خیز برداشت بود و بین و زمین و هوا در سفر پریدن روی شمد بود. از آن‌طرف هم درست قبل از اینکه گرگ بر روی شمد بنشیند، مجنون که حالا او هم خطر را حس کرده بود، پاس کنان به طرف گرگ و شمد خیز برداشت اما گرگ قبل از رسیدن مجنون در یک چشم بهم زدن به شمد رسید و با پریدن روی کسی که زیر شمد بود، دست‌های بیرون آمده از داخل شمد، روی زمین و داخل شمد غیبشان زد و کسی که دستش از زیر شمد بیرون آمده بود، حالا روی زمین و قبر آسیه دراز شده و با گرگ در جنگ و گریز بود. بالاخره و کم‌کم قامت درویش پیر که کسی جز ستار نبود که زیر شمد در راز و نیاز بود، با کنار رفتن شمد نمایان شد.

در همین حال داخل اتاق گدا لاله و برزویه خانم در تعجب غافل‌گیر

شده و داشتند می‌دیدند که با حمله‌ی گرگ، دست‌های ستار از داخل دست‌های برزویه خانم درآمد و شبح ستار یک‌باره غیبش زد و از جلوی دید گدا لاله محو شد. حالا فقط چشم‌های بورزویه خانم بودند که شبح گرگ و ستار را می‌دید که با هم در لابه‌لای بدن‌های رنگارنگ زن‌های اطراف در جنگ و گریز بودند. برزویه خانم از یاد برده بود که خودش مشغول دست و پنجه نرم کردن با مرگ و زندگی و قوای عزرائیل است. مادر بیچاره حتی در لحظات آخر زندگی هم بر این شده بود که از جایش بلند شده و به کمک پسرش ستار برود. اما ستار یک‌باره از جلوی چشم‌های فرسوده‌ی مادرش غیب شد و مادرش هم در مقابل عزرائیل قدرت تحمل و مقاومت را نداشت و تسلیم شد.

مادرش حتی بعد از مرگ هم پسرش را تنها نگذاشت، حالا روح برزویه خانم بود که در اطراف درخت توت و قبر آسیه با نگرانی در حرکت بود و به تماشای نبرد پسرش ستار و گرگ مشغول بود و هیچ کمکی هم نمی‌توانست به پسرش بکند جز تماشای نبرد ستار با گرگ که کنار قبر آسیه و داخل باد و بوران بیابان در جریان بود. ستار هنوز گیج و گنگ، در فکر مادرش بود. ستار بعد از حمله‌ی گرگ از حالت خلسه خارج شد و دوباره به حالت عادی خود برگشت. او نمی‌دانست که مادرش تمام کرده است. چیزی را که دیگران نمی‌دانستند این بود که ستار در طول این همه سال که از مردم بریده و در کوهپایه‌های بالای ده شورچه و تیکن سکنا کرده بود تقریبا تمام وقتش را به نشستن سر قبر آسیه و ساعت‌ها راز و نیاز با او می‌گذراند و چنان در خلسه می‌رفت که از خود بی‌خود می شد و یاد گرفته بود که روحش را از بدنش جدا کرده و روحش به اطراف و خصوصاً دهات شورچه و تیکن سفر می‌کرد و به دیدن مادر و پدرش می‌رفت و بدون اینکه آنها بتوانند او را ببینند به تماشای آنها می‌نشست ولی به محض اینکه از عالم خلسه بیرون می‌آمد به حالت عادی خود

برمی‌گشت و در این مهم شیخ احمد هم به او کمک زیادی کرده بود. چرا که روح شیخ احمد در عالم خلسه بود که به کمک ستار رفته و او را از دست امنیه‌ها نجات داده بود. حالا ستار از عالم خلسه بیرون آمده و در حال جنگ و گریز با گرگ بود و حتی نمی‌دید و نمی‌دانست که حالا روح مادرش در اطرافش در حرکت است و او را تماشا می‌کند.

ستار دم به دم گرگ را به این‌طرف و آن‌طرف پرت می‌کرد ولی گرگه با یک چشم بهم زدن فوری چرخیده و بلند می‌شد و باز به‌طرف ستار حمله‌ور می‌شد. مجنون سگ ستار هم به کمک او آمده و حالا با گرگ در نبرد بود. ولی در گیر و دار نبرد و کشمکش و جدال بین ستار و گرگ بالاخره گرگ او را غافل‌گیر کرد و دست او را در دهانش پیدا کرده و محکم گاز گرفت. حالا دندان‌های تیز گرگ تا نیمه در پوست و گوشت و استخوان دستاو فرو رفته بود. ستار هم مجبور شد که کمی از فکر و خیال مادرش در آمده و با تمام قوا به مقابله‌ی گرگ رفته و برای رهایی از شر گرگ با تمام توانش می‌جنگید. برای ستار که حالا بیشتر از هفتاد سال هم سن داشت، کار راحتی نبود که با چنین گرگ وحشی و گرسنه‌ای که حالا هار و وحشی‌تر هم شده بود، مقابله کند. مجنون هم خور خور کنان بر سر و کول گرگ وحشی می‌پرید. مجنون هم بسیار پیر بود و قدرت مقابله با گرگ را نداشت ولی مجنون هم مثل گرگ حالا انگار وحشی شده و ول کن معامله نبود. گرگ وحشی و گرسنه با تمام قدرتش ستار را به این‌طرف و آن‌طرف می‌کشید و مجنون هم به‌دنبال آنها دم گرگ را محکم گرفته بود و می‌کشید و خودش را روی زمین انداخته بود و از وزن خودش علیه گرگ استفاده می‌کرد تا که ستار را ول کند. باد و بوران هم شدیدتر شده بود و هرچه سر راهش بود بلند کرده و بر سر و کول مبارزان مرگ و زندگی می‌کوبید. مبارزانی که همچون شبح‌هایی نامرئی داخل باد و بوران و هوایی که دیگر تاریک هم شده

بود، برای زنده ماندن یا مردن در مبارزه بودند.

ستار می‌دانست که باید هر چه زودتر از شر گرگ خلاص شود. چرا که می‌دانست که از سر و صدای آنها بقیه‌ی گرگ‌ها هم باخبر شده و هر آن سر می‌رسیدند و اگر چنان می‌شد فاتحه‌ی ستار و سگش مجنون خوانده شده بود. قبل‌ها وقتی گرگ‌ها به ستار و کلبه‌اش نزدیک می‌شدند با بلند شدن صدای نی از زیر شمد، به هر دلیلی که بود عقب‌گرد می‌کردند و لم می‌دادند و از صدای نی ستار لذت می‌بردند و بعد از این همه مدت به ستار هم عادت کرده بودند و کاری به او نداشتند و وقتی ستار را می‌دیدند انگار از بوی او می‌فهمیدند که دوست آنها بود، نه دشمن و طعمه‌ی چربی برای سیر کردن شکم‌شان؛ پس راهشان را می‌گرفتند و می‌رفتند پی کارشان. اما این‌بار گرگ اهل آن منطقه نبود و یا شاید حالت و انرژی ستار با مشاهده کردن مرگ پدر و مادرش عوض شده بود و ستار بوی دیگری به غیر از بوی همیشگی‌اش که گرگ‌ها به آن عادت داشتند را به‌خود گرفته بود. ستار خوب می‌دانست که اگر گرگ‌ها در لحظه‌ای که او با یکی از آنها درگیر بود، پیدا می‌شدند پر مسلم بود که دیگر به او به‌عنوان دوست و رفیق نگاه نمی‌کردند و به کمک گرگ می‌آمدند.

در این گیرودار ستار مثل خود گرگ حالا هار شده بود و شروع کرد به درآوردن سر و صدا و ادا و اطوار سگ‌ها و گرگ‌ها. گرگ و مجنون و ستار، هرسه داشتند داخل باد و بوران و تاریکی دور و بر هم می‌چرخیدند و انگار با باد و بوران یکی شده بودند. از هر کدام هم صدایی بیرون می‌آمد و داخل باد و بوران گم می‌شد. ستار هم برای دست و پا کردن سنگ و یا چوب، از هر فرصتی با کشیدن دستش روی زمین، استفاده می‌کرد. بالاخره دستش روی قلوه‌سنگ نسبتاً بزرگی نشست. سنگ را برداشت و با تمام قدرتی که در توان داشت، شروع کرد به ضربه زدن به پوزه‌ی گرگ تا دست او را ول

کند. صدای ستار حالا بلندتر و وحشی‌تر هم شده بود. دندان‌های مجنون هم که دم گرگ را محکم گرفته بود، حالا در پوست و گوشت و استخوان گرگ بیشتر فرو رفته و به همین خاطر گرگ را خشمگین و وحشی‌تر هم کرده بود و برای تلافی کردن، او هم هرچه بیشتر دندان‌هایش را در گوشت و پوست و استخوان‌های دست ستار فرو می‌برد. روح مادر ستار برزویه خانم هم نگران در اطراف آنها می‌چرخید.

بعد از مدتی درگیری و در اثر ضربه‌های پیاپی ستار بر پوزه‌ی گرگ، حالا دندان‌های گرگ یکی پس از دیگری شکسته بودند. ولی انگار گرگ پیر ول کن قضیه نبود که نبود. حالا تمام وجود گرگ و ستار را درد فرا گرفته بود ولی هیچ‌کدام وقت فکر کردن به درد را نداشتند و تنها فکرشان جنگ و گریز بود و مغلوب کردن حریف. گرگ در این فکر بود که طعمه‌ی به این بزرگی را از دست ندهد و ستار هم در این فکر که خودش را از شر گرگ خلاص کند و طعمه‌ی او نشود. ستار همین‌طور بدون وقفه با سنگ بر دهن و پوزه‌ی گرگ می‌کوبید و سعی داشت خودش را به در اتاقک نزدیک کند و از آن‌طرف هم مجنون دست به کار بود و گرگ را به‌طرف خودش می‌کشید.

بالاخره گرگ که پوزه و دهانش از ضربات ستار خرد شده و بیشتر دندان‌هایش هم شکسته بودند، مجبور به ول کردن دست ستار شد ولی چندتایی از دندان‌های خورد شده‌ی گرگ، هنوز توی گوشت و پوست و استخوان دست ستار باقی مانده بود. جنگ و گریز و رقص ستار و گرگ و مجنون در تاریکی شب همچنان ادامه داشت. باد و بوران هم شدیدتر شده بود و همچنان آهنگ مرگ را می‌نواختند و خاک و خاشاک را در هوا رقصانده و به سر و صورت سه جانداری که در نبرد مرگ و زندگی بودند، می‌کوبیدند. حالا واقعاً هر سه وحشی شده بودند. ستار اطراف درخت توت چهار دست و پا مثل خود گرگ می‌چرخید و از دست گرگ فرار

می‌کرد و سعی داشت خودش را به اتاقش نزدیک کند.

ستار و گرگ و مجنون روی زمین می‌غلتیدند و باز بلند می‌شدند. دست‌های ستار دیگر سست و خسته شده بودند طوری که حتی حس نمی‌کرد که خون از دستش فوران می‌کند. سر و صدای بقیه‌ی گرگ‌ها هم حالا بلند شده و با آهنگ باد قاطی شده بود و چنان عروسی‌ای به پا کرده بودند که بیا و ببین. کم‌کم گرگ وحشی داشت بر ستار غلبه می‌کرد و او را از پا درمی‌آورد. تنها مجنون بود که گویا وحشی‌تر و قوی‌تر هم شده بود. ستار در حال جنگ و گریز، داشت مرگ را جلوی چشم‌هایش می‌دید.

در همین احوال ستار سایه‌ی بقیه‌ی گرگ‌ها را به‌خوبی می‌دید که از بالای صخره‌ها و لابه‌لای باد و بوران به‌طرفش در حال حمله بودند. می‌دانست که گله‌ی گرگ‌ها هر آن به او می‌رسد. ستار قائله را به جلوی در اتاقک رسانده بود و چند قدمی بیشتر با در آن فاصله نداشت اما از نجات یافتن از شر گرگ، ناتوان و ناامید هم شده بود و داشت اشهد خود را می‌خواند و با زندگی و روزگار خداحافظی می‌کرد. درست وقتی که ستار خیال می‌کرد همه‌ی چاره‌ها برای نجات یافتن از شر گرگ از بین رفته و همه‌ی درها به رویش بسته شده است، دید که مجنون سگ با وفایش، در یک لحظه به شیری درنده تبدیل شد. مجنون بر روی گرگ که حالا خسته هم شده بود، خیز برداشت و با قدرتی که ستار نمی‌توانست بفهمد که از کجا یکباره در روح و جسم و جان مجنون پیدا شد، با گرگ در نبرد بود. باتعجب دید که مجنون گرگ را روی زمین خوابانده است. حالا چنان جنگ و دعوایی بین سگ و گرگ درگرفته بود که ستار دیگر فراموش شده بود. ستار هم با هر زحمتی بود خودش را از زمین بلند کرد و چند لحظه به مجنون سگش که با گرگ درگیر بود، خیره شد. از طرفی هم نگاهش به بقیه‌ی گرگ‌ها افتاد که پوزه‌مالان به زمین، حالا به چند قدمی او رسیده بودند. روح مادرش هم نگران بین آنها می‌چرخید

و نگران پسرش بود ولی هیچ کاری از دستش برنمی‌آمد.

حالا ذهن ستار درگیر این بود که چه باید بکند. او دو راه بیشتر نداشت، یا باید تا سگش مجنون در جنگ و گریز با گرگ بود و بقیه‌ی گرگ‌ها هم نرسیده و به او حمله‌ور نشده بودند، از فرصت استفاده کرده و فوری وارد اتاقکش بشود و در را ببندد و خودش را از شر گرگ‌ها که حالا دسته جمعی به چند قدمی‌اش هم رسیده بودند نجات دهد و یا بماند و به مجنون سگ باوفایش کمک کند که در آن صورت هردو بدون شک طعمه‌ی گرگ‌های وحشی می‌شدند. ستار می‌دانست که فرصت زیادی برای فکر کردن ندارد و درست وقتی‌که کم مانده بود پوزه‌ی بقیه‌ی گرگ‌ها او را لمس کنند برخلاف میل باطنی‌اش، خود را به در اتاقک رساند و با هر زحمتی شده بود به داخل رفت و در را به روی گرگ‌ها که در را هل می‌دادند تا آن را باز کنند و به داخل هجوم بیاورند، بست و چفت در را با هر زحمتی که بود انداخت.

دیگر رمقی برای ستار باقی نمانده بود. بدجوری در زد و خورد با گرگ زخم و زیلی شده بود. حالا به دیوار تکیه داد تا زمین نخورد. فکر و خیال مجنون تمام وجود ستار را گرفته بود. آن‌قدر که دیگر درد زخم‌هایش و مرگ مادر و پدرش را پاک از یاد برده بود. داشت از کنار جدار پنجره به بیرون نگاه می‌کرد. چشم‌هایش به‌سختی می‌دید. همه‌چیز جلوی چشم‌هایش تار بود ولی اشباحی را که داخل باد و بوران در هم می‌پیچدند را می‌دید. می‌دانست که اشباح گرگ‌های بی‌رحمی بودند که حالا بر سر سگ باوفایش مجنون ریخته بودند. ستار می‌دانست و حس می‌کرد که سگش مجنون حالا دیگر بین دست و پای گرگ‌ها گم شده است. گرگ‌های بی‌رحم داشتند مجنون را تکه پاره می‌کردند. هیچ کاری هم از دست ستار برنمی‌آمد که برای سگ وفادارش که جانش را فدای نجات او کرده بود، بکند. فقط می‌توانست تماشا کند و بس. حالا زانوانش از توان

افتاده بودند. ستار روی زمین نشسته بود ولی هنوز می‌توانست صدای زوزه‌ی گرگ‌ها را بشنود و آن‌ها را توی ذهن خود ببیند که چقدر بی‌رحمانه بر سر تقسیم تکه‌های بدن سگش مجنون در جنگ و مبارزه بودند. ستار هنوز هم نمی‌دانست و نمی‌دید که روح مادرش نگران و پریشان داخل اتاقک بی‌قرار می‌چرخد و نگران ستار، پسر زخمی‌اش است.

برای ستار تماشای نبرد گرگ‌ها و سگ چندان ناآشنا نبود. انگار خاطرات گذشته‌اش حالا در ذهن و روح او زنده می‌شدند. یادش آمد، انگار همین دیروز بود، درست مثل گرگ‌ها که بر سر سگش ریخته بودند چند مرد جوان در زمانی که ستار، جوان بیست ساله‌ای بیش نبود، بر سرش ریخته و او را به قصد کشت می‌زدند. ستار حالا آن‌قدر در گذشته گم شده بود که فراموش کرد، کجاست. از یادش رفت که شاهد مرگ پدر و مادرش بوده است. پلک‌های ستار بدون این‌که بفهمد روی هم نشستند. حالا همه چیز جلوی چشم‌هایش تاریک شد ولی پلک‌هایش یک‌باره باز شد و تصور کرد جلوی چشم‌های چرک و خون گرفته‌اش، قامت جوانی‌های مادرش را دید که به او لبخند می‌زند. با دیدن مادرش تازه به‌خاطر آورد که چیزی نمانده بود که روحش از بدنش جدا شد و با مادرش صعود کند و بمیرد. یادش آمد که به تماشای مردن مادرش نشسته بود که با حمله‌ی گرگ از عالم خلسه بیرون آمد و روحاش که به دیدن مادرش رفته بود، دیگر نتوانست مرگ مادرش را تماشا کند. حالا همین‌طور به قامت خندان مادرش نگاه می‌کرد. نمی‌دانست که آیا مادرش واقعاً تمام کرده بود یا نه؟ خیلی دلش می‌خواست گدا لاله وارد می‌شد و خبر حال مادرش را به او می‌داد. بیرون گرگ‌ها هنوز برای خوردن مجنون در جدال بود و شلاق‌زنی باد بوران هم همچنان ادامه داشت. ستار را چنان از بیرون و درون، درد گرفته بود که دیگر قدرت باز نگه داشتن پلک‌هایش را نداشت. به‌سختی چندبار پلک‌هایش باز و بسته

شد و ارواح پدر و مادرش را دید که به دیدنش آمده بودند. اسم آنها را زیر لب زمزمه می‌کرد و بالاخره پلک‌هایش روی هم رفته و این‌بار دیگر بسته ماند و همه چیز برایش تار و تاریک شد.

* * * * *

با صدای بانگ الله اکبر و لااله‌الاالله که از طرف ده تیکن بلند شده بود، ستار به‌خودش آمد و چشم‌هایش را باز کرد. دوباره نور جای تاریکی را گرفته بود. چندی طول کشید تا متوجه شود که کجاست و چه بر او گذشته است. از گرگ‌ها هم دیگر خبری نبود. با هر تلاشی بود بلند شد و نشست و به دیوار تکیه داد. گرگ بدجوری زخمی‌اش کرده بود اما درد از دست دادن سگش بیشتر از درد زخم‌هایش او را آزار می‌داد. صدای بانگ الله اکبر و لااله‌الاالله از طرف ده تیکن او را به یاد شب گذشته و مرگ پدر و مادرش انداخت. گرچه روحش سفر کرده و رفته و شاهد مرگ آنها بود. صدای لااله‌الاالله از طرف ده به او می‌گفت که مردم دارند جسد پدر و مادرش را برای دفن به قبرستان می‌برند. صدا هم هی بلندتر و رساتر می‌شد. خیلی دلش می‌خواست آنجا بود و همه‌چیز را با مردم و برادرش شریک می‌شد و تماشا می‌کرد. ستار از پنجره‌ی کوچک اتاق به جاده و به‌طرف ده تیکن چشم دوخت. نمی‌دانست که انتظار کسی را دارد یا نه؟ شاید هم انتظار معجزه‌ای را داشت که اتفاق بیافتد و به او کمکی بکند. حالا دوباره به فکر افتاد و در دلش فکر می‌کرد که یک رفیق و شفیق و همدم باارزش‌ترین نعمتی است که آدم می‌تواند داشته باشد. از هر ثروتی با ارزش‌تر است و قیمتی هم نمی‌شود برایش تعیین کرد. حالا فکر می‌کرد که بهتر است با یکی دو نفر دوست شود و آمد و رفت داشته باشد. همین‌طور به جاده خیره شده بود و انتظار می‌کشید. درد و رنج انتظار، بیشتر رنجش می‌داد تا زخم‌های بدنش. دعا می‌کرد لااقل گدا لاله پیداش شود. هرچند که ستار از مرگ نمی‌ترسید و آرزویش هم

بود که بمیرد و پیش آسیه برود و با عروج‌اش از شر مشقات این دنیا خلاص شود ولی نمی‌خواست که در آن حالت بمیرد. فکر می‌کرد که باید به مردم شورچه و تیکن بگوید و پیش آنها اعتراف کند که در این مدت چهل و چند سال گذشته، او بوده که خواب و خوارک را بر آنها حرام کرده است. دلش می‌خواست قبل از رفتن‌اش از آنها طلب بخشش کند. حالا حتی نشستن هم برایش سخت شده بود. می‌خواست بلند شود، اما نای بلند شدن نداشت. خون زیادی از او رفته بود. حرارت پیشانی‌اش را از چند متری می‌شد حس کرد. تب شدیدی داشت. دهانش خشک شده بود. باز تلاش کرد تا بلند شود اما رمقی برایش باقی نمانده بود. به‌سختی پاهایش را جمع و جور کرد و نشست. سپس چشم‌هایش را بست و مشغول خواندن فاتحه و دعا برای پدر و مادرش شد.

همین‌طور به در و دیوار نگاه می‌کرد و دعا می‌خواند تا کسی از در وارد شود و کمکش کند. می‌دانست که تنها کسی که به آنجا آمد و رفت داشت، گدا لاله است و شب گذشته که به دیدن پدر و مادرش رفته بود او را آنجا دیده بود. حالا انتظار رسیدن گدا لاله را می‌کشید. بدنش مثل بید می‌لرزید و درد همه‌ی وجودش را گرفته بود. گرگ کار خودش را کرده بود و او حسابی زخم و زیلی شده بود. به اطراف نگاه می‌کرد با اینکه چشم‌هایش رمق دیدن نداشتند و همه‌چیز جلوی چشمانش تار شده بود. همه‌جا و همه‌چیز ساکت و مرده شده بود. ستار یاد شیخ احمد افتاد. شیخ احمد بارها به ستار سر زده بود. ولی ستار هنوز که هنوز بود نمی‌دانست که شیخ زنده است یا اینکه با روح او طرف می‌شد. بعد هم فکر کرد پیدا شدن گدا لاله و آمدن او پیش ستار، با اینکه هر وقت هم که می‌شد زیاد ماندگار نبود و او باید به دشت و بیابان می‌زد ولی با این حال باز خودش برای ستار نعمتی شده بود. گدا لاله وقتی که از دست نوکرهای کریم خان فرار کرده و بناچاری به بیابان و منطقه‌ی ممنوعه

گریخته بود, بدون اینکه خودش بداند به نزدیکی کلبه‌ی ستار رسیده بود. و اگر کمک ستار نبود حتما تسلیم مرگ می‌شد. از آن به بعد هم همیشه به دیدن ستار می‌آمد و چند صباحی پیش او می‌ماند. حالا دلش می‌خواست گدا لاله رفیق دوران جوانی‌اش هرچه زودتر پیداش شود و با او خوش و بش کند. اگر او می‌آمد دیگر ستار فقط ساکت و مات به در و دیوار خیره نمی‌شد و با او چند کلامی حرف می‌زد. حالا فهمید که تنهایی چقدر درد گرانی است. دوباره به‌فکر افتاد که بهتر است با مردم شورچه کنار آمده و با آنها صلح کرده و آنها را ببخشد. با بستن چشم‌هایش دوباره همه‌چیز برایش سیاه شد ولی هنوز ترازوی عدالتش در ذهن و روحش مشغول سبک و سنگین کردن اعمالش بود. اینکه چه کسی بیشتر مقصر بوده است، ستار یا مردم؟

صدای باز شدن در، ستار را هشیار کرد و با باز شدن چشم‌هایش دوباره زنده شد. شبح گدا لاله را دید که وارد اتاقک شده بود. ستار با ورود گدا لاله آن‌قدر ذوق‌زده شد که فکر و خیال را از یاد برد و همین‌طور به گدا لاله که حالا با نگرانی کنارش نشسته و داشت اوضاع و احوال او را وارسی می‌کرد، خیره شد. هیچ‌وقت آن‌قدر از دیدن گدا لاله ذوق‌زده و خوشحال نشده بود:

- گرگا بالاخره کار خودشون رو کردند... بد جوری زخمیت کردند... باید برسونمت به دکتر و دوا؟... آخه دکتر و دوا هم که این طرفا نیست... چیزی خوردی؟...

حالا ستار فقط به گدا لاله نگاه می‌کرد. گدا لاله دست به‌کار شد و فوری آتش را روشن کرد و قوری‌ها را کنارش گذاشت. بعد هم تکه پارچه‌ای را برداشت و خیس کرد و خون‌های خشک شده روی دست و پا و صورت ستار را پاک کرد تا جاهای زخمی شده را پیدا کند.

- دوتایی‌شون رو خاک کردند؟...

گدا لاله می‌دانست که منظور ستار از «دوتایی‌شون رو خاک کردند...؟» پدر و مادرش بود. گدا لاله روح ستار را که به دیدن آنها رفته بود را دیده بود. نگاهی به ستار انداخت ولی انگار زبانش باز نمی‌شد و یا نمی‌خواست باز شود و بگوید که صبح کله‌ی سحر و وقتی هوا هنوز تاریک بود از ده تیکن بیرون زده است. پر مسلم بود که مردم از انتقال جسدهای اسعدخان و زنش برزویه خانم به مسجد در شب از ترس و وحشتی که از جن‌ها داشتند خودداری کرده بودند. بنابراین جسدها تا صبح داخل خانه نگه داشته شده بودند. البته که صدای خواندن دعا و گریه در تمام شب بلند بود و قطع هم نشده بود. صبح کله‌ی سحر بود که جسدها را به مسجد منتقل کرده بودند. البته که اسعدخان یک آدم معمولی نبود و برای بدرقه‌ی جنازه‌اش و به خاک سپردن او باید منتظر می‌شدند تا مردم دور و نزدیک باخبر شده و خودشان را به ده تیکن می‌رساندند. از ترس جن‌ها هم باید منتظر می‌شدند تا هوا روشن شود و نوکران اسعدخان به دهات اطراف رفته و خبر مرگ اسعدخان را به همه می‌رساندند. برای همین هم رستم‌خان بعد از فرستادن نوکران خود به دهات اطراف و منتقل کردن جسدهای پدر و مادرش به مسجد، تازه فرصت پیدا کرده بود که به‌دنبال گدا لاله بگردد. رستم‌خان می‌خواست از او پرس و جو کند که شب گذشته چه اتفاقی برای پدر و مادرش افتاده بود. چراکه رستم‌خان حتی در آن شلوغی هم متوجه شده بود که او داشت چیزهایی را می‌دید. درثانی رفتار و کردار پدر و مادرش هم بسیار غیرعادی بود و به‌نظر می‌رسید که انگار داشتند ستار را می‌دیدند و با او صحبت می‌کردند. رستم‌خان حتم داشت که پیدا شدن گدا لاله قبل و درست شبی که پدر و مادرش در یک زمان مردند، اتفاقی نبوده است ولی وقتی سراغ گدا لاله را گرفت، فهمید که او عمارت را ترک کرده است. رستم‌خان معطل نکرد و سوار بر اسبش به همراه یکی دوتا

از نوکرانـش در ده می‌تاختنـد و در بـدر دنبـال گـدا لالـه می‌گشـتند و پرسـان پرسـان در سـر راهشـان خودشـان را بـه بیـرون ده تیکـن و مـرز ده شـورچه رسـاندند ولـی هیـچ نشـانی از گـدا لالـه نبـود کـه نبـود.

- بـه درد سـرش نمی‌ارزه بـری دنبالـش رستم‌خـان... اون دوش آبـادی هـم از اینجـا بایـد دور شـده باشـه... گدا لاله مثل جن‌هـا می‌مونـه... ظاهـر می‌شـه و غیبـش می‌زنـه؟...

رستم خـان برگشـت و ذوالفقـار را دیـد کـه تـازه از ده تیکـن بیـرون زده بـود. بعـد هـم راهـش را گرفـت و در راه برگشـت بـه ده شـورچه بـود کـه بسـاط خبـربـری و خبـر چینـی‌اش را پهـن کنـد و قصـه‌ی مـرگ اسعدخـان و برزویه خانـم زنـش را بـا آب و تـاب بـرای مـردم ده شـورچه تعریـف کنـد. چند قدمی از رستم‌خـان و سـوارهای او دور نشـده بـود کـه تـازه رستم‌خـان و سـوارانش یـاد سـخنان ذوالفقـار افتادنـد. فکـر جن‌هـا هـم در ذهن آنهـا به بـازی گرفته شـده بـود و یکبـاره تـرس و وحشـت بـه تـن و جانشـان افتـاد و آنهـا هـم بلافاصلـه راه افتـاده و راهـی برگشـت بـه ده تیکـن شـدند.

✶✶✶✶✶

هـوای ابـری و دلِ گرفتـه و سـکوت جـاده‌ی خالـی، خُلـق ذوالفقـار را تنگ‌تـر کـرده بـود. همه‌جـا و همه‌چیـز خفـه و گرفتـه بـود. بـاد هـم نـرم نـرمک شـروع بـه وزیـدن کـرده بـود و صـورت او را نـوازش می‌داد. حـالا ذوالفقـار تـک و تنهـا ایسـتاده بـود و سـکوت بیابـان از یـک طـرف و نـوای آرام بـاد از طـرف دیگـر نـوازشگـر سـر و روی او و گوش‌هایـش بودنـد. سـر ذوالفقـار بـاز به‌طـرف تپه‌هـای مجـاور بلنـد شـد و بـه منطقـه‌ی ممنوعـه خیـره شـد. او یـادش آمد که چوپان‌علی یـک بـار برحسـب اتفـاق بـه آنجـا رفتـه و سـالم هم برگشـته بود. بعـد هـم شـنیده بـود کـه گـدا لالـه هـم به آنجـا رفته بـوده اسـت. بـرای همین هـم در فکـر رفـت کـه بالاخـره یـک روز بایـد سـری بـه آنجـا بزنـد. در این خیال بـود کـه بـا رفتـن بـه آنجـا و باخبـر شـدن از اوضـاع و احـوال منطقـه‌ی ممنوعه

و آوردن خبر برای دو ده می‌تواند بازار داغی برای خودش ایجاد کند و جیبش را از انعامی که نصیبش می‌شد، پر کند. در همین احوال بود که زنبوری وحشی از بغل گوش ذوالفقار با صدای وزوزش مثل باد گذشت. زنبور با صدای خود ذوالفقار را از رویای سفر به منطقه‌ی ممنوعه بیرون آورد و ذوالفقار تازه یاد جن‌ها و روح‌ها افتاد و یک‌دفعه ترس و وحشت به تن و جان و تنبانش افتاد. چرا که به فکرش آمد که در آن منطقه زنبور نباید پیدا می‌شد. حالا به ذهنش آمد که نکند زنبور هم جن باشد. ذوالفقار بلافاصله به طرف ده شورچه به راه افتاد و حتی می‌ترسید که دیگر نگاهی هم به‌طرف منطقه‌ی ممنوعه بکند.

*****

با نشستن دست ستار روی دست گدا لاله تازه او را از فکر و خیال بیرون آورده و به‌خودش آمد و یادش آمد که کجاست و ستار هم هنوز منتظر جوابش بود، که از او پرسیده بود، دوتایی‌شون رو خاک کردند؟

- باید دیگه دست به‌کار شده باشند. آنها که رفتند و از شر این دنیا خلاص شدند. این ما هستیم که باید نگران باشیم و در انتظار بنشینیم... خون زیادی هم ازت رفته...

گدا لاله که صورت و دست ستار را از خون و گرد و خاک تمیز کرده بود رفت به سراغ آتش تا هرچه زودتر چای برای ستار درست کند:

- باید خاک شیری، گل گاوزبانی، نباتی یک چیزی باید بخوری... حالت خیلی بده... نمی‌دانم چه کنم... آخه من که حکیم نیستم؟ نکنه رفتی تو شب دعا کنی، خدا هم جوابت رو داد و گرگ‌های پدرسوخته رو فرستاد سراغت؟...

گدا لاله بعد از اینکه قوری‌ها را پر از آب کرد و کنار آتش گذاشت، پارچه را توی سطل آب خیس کرد و روی صورت ستار گذاشت تا حرارت

صورتش را کم کند. گدا لاله می‌دانست که ستار تب شدیدی کرده و حالش خیلی بد است و برای همین هم دست و پایش را هم گم کرده بود. هی به این در و آن در می‌زد تا کاری بکند. نمی‌دانست چه باید می‌کرد. از طرفی هم او و ستار از مردم ده بریده بودند و با آنها هیچ آمد و شدی نداشتند. دوا و حکیمی هم که آن نزدیکی‌ها نبود تا گدا لاله برود و دوایی بگیرد و یا حکیم به بالین ستار بیاورد. برف هم دوباره باریدن گرفته بود. او فقط یک چیز را شنیده بود، اینکه باید مریض را خیس کند تا حرارت بدنش پایین بیاید و نگذارد او به خواب برود. گدا لاله دعا می‌کرد که تب ستار قطع شود تا او فرصتی پیدا کند و به سراغ برادرش رستم‌خان برود تا او بیاید و به برادرش کمک کند. برای اینکه ستار خوابش نبرد شروع کرد به حرف زدن با او، گهگاهی هم ستار را می‌گرفت و تکان می‌داد و برایش ساز دهنی می‌زد و مثنوی می‌خواند. حالا ستار را لخت کرده بود و دم به دم هم پارچه‌ای را خیس می‌کرد و روی سر و صورت و سینه‌اش می‌مالید تا خوابش نبرد و تبش را هم ببُرد. می‌ترسید اگر تنهاش بگذارد از هوش برود و هیچ وقت دیگر بیدار نشود. می‌خواست هرطور شده یک چای به او بخوراند. حالا دوباره سر و صدای لاالهالاالله از طرف ده تیکن بلند شد. هر دو می‌دانستند که مردم دارند اسعدخان و برزویه خانم پدر و مادر ستار را به خانه‌ی ابدی‌شان بدرقه می‌کنند.

البته که خبر مرگ اسعدخان مثل توپ توی ده تیکن و حتی دهات اطراف تیکن چه دوست بودند و چه دشمن، پیچیده بود. طولی نکشید که مردم دهات اطراف هم با شنیدن خبر مرگ اسعدخان راهی ده تیکن شدند.

٭ ٭ ٭ ٭ ٭

فصل ۵

وقتی ندای شاد ساز و دهل، رنگ و روی غم و اندوه را می‌گیرد...

صدای ساز و دهلی که از بیرون و طرف ده شورچه بلند شده بود گدا لاله را از خواب بیدار کرد. چندی طول کشید که به‌خودش بیاید و بفهمد کجاست و صدای ساز و دهل از کجا می‌آید. از خستگی کنار ستار از هوش رفته بود و نمی‌دانست چه مدت در خواب بوده است. حالا چندین شبانه‌روز از زخمی شدن ستار می‌گذشت. در تمام این مدت از کنار او تکان نخورده بود و از او مراقبت می‌کرد. کارش شده بود تمیز کردن و بستن زخم‌ها و خنک کردن سر و صورت و بدن ستار. بدن ستار چنان داغ بود که چند دقیقه بیشتر طول نمی‌کشید تا پارچه‌ی خیسی که گدا لاله روی بدنش می‌گذاشت را از حرارت خشک کند. گدا لاله حس می‌کرد که اگر ستار را تنها بگذارد یکی دو ساعتی بیشتر طول نمی‌کشد تا تمام کند. بعد هم بی‌اختیار ساز دهنیش را برداشت و مشغول زدن شد و تا آنجا که می‌توانست با ستار حرف می زد تا به بیدار ماندن خودش و ستار کمک کرده باشد. بعد از چند روز بی‌خوابی درحالی‌که در خواب و بیداری از ستار مراقبت می‌کرد از فرط خستگی از هوش رفته بود.

اگرچه مردم در ده شورچه هویت گدا لاله و ستار را نمی‌شناختند و روحشان هم خبر نداشت که ستار همان جنی است که بالای کوهپایه‌های دهشان سال‌ها روز و شب را به آنها حرام کرده بود ولی حال و روز ستار

چنان بد بود که به فکر افتاد که باید او را به یکی از دو ده شورچه و تیکن ببرد و از آنها کمک بگیرد. ولی ستار مانع شد و نمی‌خواست از جایش تکان بخورد. برای همین هم گدا لاله هرچه از دستش برمی‌آمد، همان‌جا برای ستار انجام می‌داد ولی ستار خوب که نشده بود هیچ، حتی بدتر هم شده بود. معلوم بود که داشت با مرگ دست و پنجه نرم می‌کرد. گدا لاله تمام لباس‌های ستار را هم از تنش کنده بود تا بدنش خنک بماند. دم به دم هم مشغول پاشوره کردن او بود. فقط یک تکه پارچه پشت و روی ستار را پوشانده بود. می‌دید بدن او چنان داغ شده بود که گویی اگر به او دست می‌زدی، دستت می‌سوخت. حالا شروع کرده بود به هذیان گفتن. به‌نظر می‌رسید گاهی هم زیر لب اسم آسیه را تکرار می‌کند ولی زیاد مشخص نبود چه می‌گفت. حالا چهل، پنجاه سالی می‌شد که از مرگ آسیه گذشته بود. ستار همه چیز را به فراموشی سپرده بود. به غیر از خاطرات آسیه که هنوز که هنوز بود، برایش تازه و زنده بودند.

مثل اینکه همه‌چیز همین دیروز برایش اتفاق افتاده بود. حتی حالا هم که مشغول دست و پنجه نرم کردن با مرگ بود، هنوز هم به آسیه فکر می‌کرد. انگار دین و ایمان ستار در خواب و بیداری شده بود آسیه و بس. ستار با هر زحمت و مشقتی بود انتظار مرگ را می‌کشید ولی انگار مرگ به سراغ او نمی‌آمد. دیگر به‌سختی نفس می‌کشید. از گوشه‌ی پلک‌هایش که به‌سختی می‌توانست باز نگاهشان دارد، نگاهش به گدا لاله افتاد. به‌سختی می‌توانست گدا لاله را ببیند. سکوت محض هم بر زمین و زمان و میان آنها حکومت می‌کرد. آوای خسته و رسای گدا لاله بی‌اختیار بلند شد و او شروع به نوحه‌خوانی کرد. کلمات گدا لاله که از دنیای زود گذر و آخرت می‌گفت، حکم دوا و مرهم و قوت روح را برای ستار داشت.

در این احوال صدای ساز و دهل و طبل و شیپور که از بیرون اتاقک و ده شورچه به گوش می‌رسید، چنان بلند شده بود که چیزی نمانده

بود گوش‌های گدا لاله و ستار را کر کند. سر گدا لاله بی‌اختیار به‌طرف ده شورچه برگشت و از پنجره بیرون را نگاه کرد. صدایش هم در دل صدای ساز و دهل و هیاهویی که از طرف ده شورچه بلند شده بود گم شد. گدا لاله در تعجب بود که این سر و صدا برای چیست؟ مشخص بود هر اتفاقی که افتاده، باید سر جاده و بیرون ده و کنار قبرستان باشد. می‌دانست این وقت سال که فصل و وقت عروسی نبود. اگر هم عروسی بود چرا سر قبرستان باید بزن و بکوب می‌کردند. اگر کسی هم مرده بود که برایش بزن و بکوب نمی‌کردند. حالا چند دقیقه‌ای فکر و خیال گدا لاله از روی ستار پرت شد و در حول و حوش سر و صدای ساز و دهل و بزن و بکوبی که از طرف ده می‌آمد، گم شد.

درست در همان زمان که ستار داخل اتاقک در کوهپایه‌های بالای ده داشت با مرگ دست و پنجه نرم می‌کرد سر جاده‌ای که وارد ده شورچه می‌شد و کنار قبرستان ده، مردم جمع شده بودند و دسته دسته مردم بیشتری از طرف ده به آنها می‌پیوستند. دسته‌ی مطرب‌ها هم به ساز و دهل زدن مشغول بودند. پیرمرد خوش‌مشربی هم مجلس‌گردان بود. مردم از خوشحالی در پوست خود نمی‌گنجیدند. همه به رقص و پای‌کوبی مشغول بودند. پیرمرد مجلس‌گردان دست عده‌ای جوان را گرفته و با آنها مشغول رقصیدن دسته‌جمعی شد. عده‌ای هم در طول رقص به آنها ملحق شدند. مطرب‌ها آهنگ خود را با رقاصان هماهنگ می‌کردند. بچه‌های قد و نیم‌قد هم گروه خود را تشکیل داده و انگار با بزرگ‌ترها در مسابقه بودند.

میان مردمی که با عجله از ده بیرون می‌زدند و راهی سر جاده و پیوستن به جمعیت بودند، سر و کله‌ی ذوالفقار هم پیدا شده بود و طبق معمول سرش را هم بالا گرفته و خیره به آسمان در حال حرکت بود. ذوالفقار که سنی هم از او گذشته بود و به دوران پیری پا گذاشته

بود، مثل دوران جوانی چابک و چالاک نبود و آهسته‌تر قدم برمی‌داشت. برای همین هم هرچه تلاش می‌کرد که خودش را زودتر به جمعیت برساند، همه از او سبقت گرفته و او را جا می‌گذاشتند. ذوالفقار حالا به خانه‌ی کربلایی اکبر رسیده بود. خانه‌ی کربلایی اکبر بیرون ده در صد متری جاده‌ای که از قبرستان وارد ده می‌شد، ساخته شد بود. طبق معمول کربلایی اکبر هم روی سکوی جلوی خانه‌اش نشسته بود و مردم را نظاره می‌کرد و خنده و شوخی‌هایش هم هنوز ادامه داشت. او هم حالا دیگر پیر شده بود و یکی دوتا دندان بیشتر در دهانش باقی نمانده بود. گاه‌گاهی هم دختر و یا پسرش که همه داخل عمارت زندگی می‌کردند کمکش می‌کردند و بیرونش می‌آوردند، سپس او را روی سکو می‌نشاندند و پی کار خود می‌رفتند:

-   آقا ذوالفقار ذوالجناح تو که از بقیه عقب افتاده... جلد باش دارند آش می‌دنـد... بـده بـره... یـه کـم هم بـرا ما بیـار...

بعد هم خنده‌ی شوخ طبعانه‌اش بلند شد. ولی آقا ذوالفقار آن‌قدر در خود فرو رفته بـود کـه انگار کلام و صدای کربلایی اکبر بگوشـش نمی‌رسـید و همین‌طور که به بالا خیره شده بـود از کربلایی اکبر رد شـد و راهی سـر خط بود.

ذوالفقار هنـوز چند قدمـی از کربلایی اکبر دور نشـده بود که خرسواری از ده بیـرون زد و به‌دنبـال و اطرافـش چندیـن نفر دیگـر بـا عجلـه عازم سر خط بودنـد. به کربلایی اکبر رسیدند و چشم‌های کربلایی اکبر به گوسفند چـاق و چله‌ای افتـاد که جلوی خرسوار گذاشـته بودنـد و سـوار دو دسـتی و محکـم گوسـفند را نگـه داشته بود تـا خودش را از خر پایین نیاندازد. بع بع گوسـفند بیچـاره کـه در تـلاش بـود تا خـودش را رها کنـد میان صدای ساز و دهل سـر جاده خفـه می‌شـد. عده‌ای هم کنـار خر و دنبالـش می‌دویدند و مواظب گوسفند بودنـد کـه یک‌دفعه خـودش را از چنگ مردی کـه او را محکـم گرفتـه بـود خلاص نکنـد و از خر پایین نپـرد و از دست آنها فرار

نکنـد. چنـان عجله‌ای داشـتند کـه حتی کربلایـی اکبر فرصت نکـرد، دهانش را بـاز کـرده و بـا آنها مزاحـی کند.

کربلایـی اکبـر کـه انـگار از دیدن گوسـفند کمـی خلقش تنگ شـده بود، دیـد کـه بالاخـره خـر و گوسـفند بـه جمعیـت رسـیدند و بـا رسـیدن خـر و بـارش بـه جمعیت صدای سـلام و صلوات عده‌ای بلند شـد. گوسـفند را از خر پاییـن آوردنـد و در حالـی کـه گوسـفند بیچـاره در تـلاش بود که خـودش را از دسـت آنهـا خـلاص کنـد، چند نفری بـرای کمـک آمدند و با هم گوسـفند نگون‌بخـت را بـه خدمـت قصـاب تنومنـدی که مشـغول تیز کـردن چاقویش بـود بردنـد. انگار گوسـفند زبان‌بسـته می‌دانسـت که چـه بلایـی در انتظارش اسـت و قصـاب بـا تیـز کـردن چاقویـش، چه آشـی می‌خواسـت برایـش بپزد. بـرای همیـن در تـلاش بـود که هرطور شـده از دسـت آنهـا فرار کـرده و جان خـود را نجـات دهد.

درسـت مثـل سـتار کـه بـا مـرگ دسـت و پنجـه نـرم می‌کـرد، سـر جـاده جنـگ و جـدال بیـن مـرد تنومنـد و گوسـفند بیچـاره بـر سـر مـرگ و زندگی ادامـه داشـت. قصـاب هنوز مشـغول تیز کـردن چاقویـش و آماده‌ی بریدن سـر گوسـفند بیچـاره بـود. همـه‌ی حاجی‌هـا و آقازاده‌هـا و هـر کـس کـه دسـتش بـه دهانـش می‌رسـید و نمی‌رسـید، جمـع شـده و منتظـر بودنـد. چنـد نفری هـم داشـتند لـب جاده‌کـوره‌ای کـه به‌طرف منطقـه‌ی ممنوعـه و اتاقک سـتار می‌رفـت و کنـار جـاده‌ی اصلـی که از بـالای ده رد می‌شـد، قرار داشـت، گودی بزرگـی را می‌کندند. مـردم بیشـتر و بیشـتر می‌شـدند و به عـده‌ی رقصندگان دائـم اضافـه می‌شـد. بـا درآمـدن کـت قصـاب از تنـش، عـده‌ای دوبـاره نـدای صلـوات سـر دادنـد. چند نفـری هم بـرای گرفتن کت قصاب مسـابقه گذاشـته بودنـد ولـی دسـتیارش پیـش دسـتی کرد و کـت را گرفـت. درحالی‌کـه قصاب مشـغول بالا زدن آسـتین‌هایش شـده بود، کنـار ده، کربلایی اکبـر دوباره با بلند شـدن سـر و صـدای سـلام و صلـوات از طـرف ده کمـی از زیر طاقـی جلوی در

خانه‌اش بیرون آمد و منتظر شد تا ببیند دوباره سر و صدای سلام و صلوات برای چه بلند شده است. هنوز هم که هنوز بود کربلایی اکبر نمی‌دانست چرا مردم سر جاده جمع شده‌اند و بزن و بکوب می‌کنند و می‌خواهند گوسفند قربانی کنند. سلام و صلوات هم با بزن و برقص و صدای ساز و دهل، قاطی شده بود. اگرچه کربلایی اکبر حالا سن زیادی داشت و هوش و حواس قدیم را نداشت ولی آن‌قدر حواسش جمع بود که یادش نرود که آن موقع سال نه فصل عروسی بود و نه فصل عزاداری و تعزیه. برای همین هم کنجکاو شد تا ته و توی قضیه را در بیاورد. طولی نکشید که قد و قامت ملامحمود که بر خر سیاه‌رنگی هم سوارش کرده بودند و جمعیت نسبتاً خوبی هم دنبالش بودند از ده بیرون زد و با سلام و صلوات راهی سر جاده بود. یکی دو نفر هم به‌دنبالش مشغول زدن شیپور و طبل تعزیه بودند. ملامحمود با دیدن کربلایی اکبر رویش را به‌طرف دیگری برگرداند. می‌دانست که کربلایی اکبر با طعنه‌های همیشگی‌اش حال او را گرفته و او را جلوی مردم کوچیک می‌کند. همین‌طور هم بود، کاروان ملامحمود که حالا انگار بالا و روی کوه احد نشسته بود به کربلایی اکبر نرسیده بود که صدای کربلایی اکبر با آن لهجه‌ی شیرینش بلند شد:

- ملا شاشت گرفته که آن‌قدر عجله داری؟...

ولی صدای کربلایی اکبر داخل صدای سلام و صلواتی که با رسیدن به او بلند کرده بودند گم شد. ولی مردعلی که او هم حالا چهل پنجاه سالی سن داشت و از کنار کربلایی اکبر رد می‌شد میان آن‌همه شلوغی صدای کربلایی اکبر را شنید و با خنده‌های همیشگی‌اش جواب او را داد:

- ملا توپش پر شده... امام داره میاد زیارتش... ده خر تو خر شده... ملا هم امام شده....

کاروان ملا محمود از جلوی خانه‌ی کربلایی اکبر گذشت و ملا محمود به‌خاطر اینکه چشمش به او نخورد، سرش را برگرداند و حالا چشم‌های

تیزش روی حاجی غضنفر افتاد که او هم داشت از آن‌طرف قبرستان با دار و دسته‌اش باعجله خودش را به جمعیت سر خط می‌رساند. دوتا خرسوار هم دوتا گوسفند را که حاجی غضنفر برای قربانی داده بود، جلوی خودشان روی خرها حمل می‌کردند. حاجی غضنفر که در قسمت بالای ده زندگی می‌کرد، داماد کدخدای قدیمی ده بود و در زمان‌های قدیم با ملامحمود و بعد از اینکه برای کلاعباس معروف مشکل ایجاد شده و لو رفته و فراری شده بود، دست به یکی کرده و مال و منال کلاعباس را بالا کشیده و خودشان را ساخته و پولدار شده بودند. بعد هم کدخدا سنش قد نداده و زودتر فوت کرده بود. ولی قبل از فوتش دخترش را داده بود به آقا غضنفر که بیست و چند سالی هم از دختر کدخدا مسن‌تر بود. آقا غضنفر هم حالا از هیچی به پول رسیده بود و حاجی شده و خدا را هم بنده نبود. بین حاجی غضنفر و ملامحمود هم در خفا دشمنی عمیقی برپا بود و سایه‌ی هم را با تیر می‌زدند و برای رهبر و بزرگ بودن ده مسابقه و مبارزه داشتند ولی همه چیز در خفا بود و در ظاهر با هم رفیق و شفیق بودند و جلوی مردم چاپلوسی یکدیگر را می‌کردند. حالا هم با دیدن یکدیگر هر دو مسابقه گذاشته بودند که زودتر خودشان را به جمعیت برسانند. چرا که پر مسلم بود که جمعیت به آن که اول می‌رسید بیشتر توجه می‌کرد و سر و صدا راه می‌افتاد و بدرقه‌ها و توجه‌ها معطوف او می‌شد و استقبال از نفر دومی داخل سر و صدای استقبال از اولی گم می‌شد.

حالا مسابقه برای زودتر رسیدن به جمعیت بین ملامحمود و حاجی غضنفر در جریان بود. هردو هم به خرهای خود هی می‌کردند و چوب و مشت و لگد بود که بر خرها وارد می‌شد تا تندتر حرکت کنند ولی در این مسابقه‌ی پنهانی این ملامحمود بود که همراه کاروانش اندکی جلوتر از حاجی غضنفر خودش را به جمعیت رساند و برنده شد. در طول راه هم

هـی صلـوات بلنـد خـتم می‌کـرد و از جمعیـت همراهـش هم می‌خواسـت که صدایشـان را بلنـد و بلندتـر کننـد. چـرا کـه می‌دانسـت جمعیت، بـا دیدن او بـه جمع صلـوات فرسـتندگان او می‌پیوسـتند و نـه حاجـی غضنفـر و در آن صـورت نظـر جمعیـت اول بـه او جلب می‌شـد و در آن صـورت گـوی و میدان را از حاجی غضنفر ربوده بود.

بـا رسـیدن ملامحمـود و بعـدش هم حاجی غضنفر و پیوسـتن سـه گروه مـردم بـه هـم و سـر و صـدای سـلام و صلـوات کـه بـا صـدای طبل و شـیپور هـم قاطـی شـده بـود، چنـان قشـقرقی به‌پـا شـده بـود کـه بیـا و ببیـن. دو گوسفندی کـه حاجـی غضنفـر آورده بـود از خرها پایین آورده شـد و جلادان و کمـک جلادان هـم مشـغول آب دادن بـه قربانی‌ها و تیـز کـردن چاقوهای خـود شـدند و به‌نظـر می‌رسـید که حـالا بیـن جلادان هـم مسـابقه‌ای برقرار بـود کـه چاقوی کـدام تیزتـر است و زودتـر سـر گوسـفند بیچـاره‌اش را از تنش جدا کـرده و جـان او را می‌گیـرد.

البتـه مـردم آن روز بیشـتر دور و بـر ملامحمـود می‌چرخیدنـد. آن هـم بـه خاطـر اینکـه تازگـی تـوی ده چـو افتـاده بـود کـه ملامحمود خـواب دیـده که در ده شـورچه نـور می‌بـارد و بـرای همیـن هـم نماینـده‌ی امام از نجـف در راه دیـدن ملامحمود بـود. بعضی‌هـا هـم می‌گفتند که ملامحمود نـور را دیده که نیمه‌هـای شـب اطـراف ده از آسـمان به زمیـن می‌تابیده اسـت. چنـد روز بعد از خـواب او، قاصـدی بـه ده آمـد تا خبر آمـدن نماینده‌ی امـام را از مکه و مدینه و کربـلا و مشـهد و قـم و نجف بـه ملامحمود بدهـد. حالا هم مـردم خبردار شـده بودنـد کـه نماینـده‌ی امـام در راه اسـت و بـه اسـتقبال او آمـده بودنـد. بـا تعبیر شـدن خـواب ملامحمود حـالا او امام‌زاده شـده بـود و مـردم از چپ و راسـت خودشـان را به او می‌رسـاندند و دسـت و پایش را می‌بوسـیدند. ملامحمود هنوز هـم سـوار بود و خیال پیاده شـدن هـم نداشـت. سـر و صـدای سـاز و دهل‌زن‌ها و طبـل و شـیپورزن‌ها کـه حـالا انگار آنها هم بـا هم مسـابقه گذاشـته بودند،

چنان بالا گرفت که صدای تملق مردم به ملامحمود را در خود گم کرد. همین هم بالاخره سبب بلند شدن صدای ملامحمود شد:

- بی دین و ایمونا... نامسلمونا، آخه مگه آمدید عروسی... صدای آن ساز و دهل لعنتی را خفه کنید... مگه شما حروم و حلال سرتون نمی‌شه... اگر هم می‌زنید تبل و شیپور تعزیه را بزنید... آخه مگه کور و کرید... نماینده‌ی امام داره میاد...

و با بلند شدن صدای اعتراض ملامحمود که مردعلی هم به‌دنبالش دم گرفت، فوری صدای ساز و دهل‌ها خفه شد و حالا دسته‌ی طبل و شیپورزن‌ها با غرور از پیروزی خود بر دسته‌ی ساز و دهل‌زن‌ها صدای طبل و شیپورشان را بلندتر کردند. غم و اندوه و نوحه خوانی جای شادی و شعف و رقص و پایه کوبی را گرفت . مردعلی هم چوب‌دستی به‌دست هرچه ملامحمود می‌گفت را مثل طوطی تکرار می‌کرد و هرچه به عقل خودش هم می‌رسید به گفته‌های ملامحمود اضافه می‌کرد:

- نامسلمونا... مگه آمدید عروسی... آره ملا، خیال می‌کنند آمدند عروسی... نمی‌دونند نماینده‌ی امام داره می‌یاد ببردشون جهنم... طبل و شیپور بزنید... ملا، خرند دیگه... مثل خودمون... نمی‌فهمند...

با گفتن «ملا خرند دیگه... مثل خودمون...» چوب دستی ملامحمود از روی خر دراز شد و ضربه‌ی محکمی نثار مردعلی کرد که کنار خر ملا ایستاده بود و پامنبری‌اش را می‌کرد. با زدن مردعلی، دوباره بادمجان دور قاب چین‌ها به جان مردعلی افتادند و فرار مردعلی که طبق معمول کوتاه بیا هم نبود و تعقیب مریدان ملامحمود شروع شد. بالاخره بعد از چندی، بازی مردعلی و مریدان ملامحمود، با فرار مردعلی که از جمعیت بریده و به ذوالفقار که بالای بلندی روی تپه‌ی کوچک مشرف به جمعیت تک و تنها نشسته بود، خاتمه یافت و آدم‌های ملا هم بالاخره او را

ول کردنـد. حـالا مردعلـی کنـار ذوالفقـار کـه سـرش را رو بـه بـالا گرفتـه و گوش‌هایـش را تیـز کـرده و بگـوش نشسـته بـود، نشسـت و هنـوز غـر زدنش هـم ادامه داشـت:

- آخـه مگـه کفـر گفتـم... خـوب اگه فـرق سـاز و دهـل رو ندانیم خریـم دیگه...

ولـی ذوالفقـار جوابـی نداد و تمام حواسـش به بـالای تپه‌ای بـود که جاده در پشـت آن از دیـد مـردم گـم می‌شـد. انـگار بـا چشـم کـور هـم می‌دید که چندتـا پسـر بچـه‌ی قـد و نیم‌قـد بالای تپـه ظاهر شـده و داشـتند دوان دوان و نفس‌زنـان به‌طـرف جمعیـت می‌آمدنـد. معلـوم هـم بـود کـه مشـغول داد و فریـاد بودنـد کـه به مردم نـدا بدهند کـه نماینده‌ی امـام دارد از راه می‌رسـد. یکـی دو نفـر از آنهـا هـم دست‌هایشـان را بغـل گوششـان گذاشـتند و با تمام قـدرت حنجـره پـاره می‌کردنـد. ولـی مردم پـاک غـرق در تملق و چاپلوسـی ملامحمـود بودنـد و آنهـا را نـه می‌دیدنـد و نه صـدای آنها را می‌شـنیدند.

بالاخـره مردعلـی بـا دیـدن بچه‌های پیـام‌آور از جایـش کنده شـد و با داد و فریـاد و اشـاره به‌طـرف بـالای تپه، می‌خواسـت مـردم را آگاه کند:

- آخـه مگـه کوریـد... امام‌تـون داره می‌رسـه... بسـه دیگـه تملـق مـلا رو گفتـن... امـام داره میاد مـلا را دیگه چـه کار دارید... مگه کوریـد و کریـد... امـام کـه از مـلا بالاتره...

و بالاخـره مـردم یکـی یکـی متوجـه بچه‌هـا شـدند و حـالا همـه به‌طـرف تپـه خیـره شـده و صـدای سـلام و صلـوات و الله اکبـر گـوش همـه را کـر می‌کـرد. هنـوز پسـربچه‌ها کـه دیگـر از نفـس هـم افتـاده بودنـد بـه جمعیت نرسـیده بودنـد کـه دوتـا معمـم روی تپـه و تـه جـاده ظاهـر شـدند. مـردم با دیـدن نماینـده‌ی امام‌شـان زن و مـرد و کوچـک و بزرگ و پیـر و جوان چنان بـه وجـد آمـده بودند که انگار خدا بهشـت بریـن را برای آنها بـه ارمغان آورده بـود. یـک نفـر هم تـوی ده باقـی نمانـده بود. حتی سـگ‌ها هـم آمـده بودند.

یاعلی‌ها و یاحسین‌ها و گریه و سینه‌زنی‌ها هم شروع شده بود و مردم طاقت نیاوردند تا نماینده‌ی امام‌شان به آنها برسد و کم‌کم برای رسیدن دستشان به دامان نماینده‌ی امام به‌طرف او هجوم بردند.

در این میان صدای بع بع و اعتراض گوسفندها هم بلند شده بود. انگار با بلند شدن صدای صلوات و طبل و شیپور و جمعیت و فشار جلادان که آنها را محکم‌تر گرفته بودند، مرگ را در یک قدمی خود احساس می‌کردند. گوسفندان اشتباه نکرده بودند. حالا جلادان در تلاش فشار دادن سر آنها به داخل ظرف آب شدند که آنها آب آخر را هم قبل از مرگ بنوشند. ولی گوسفندان با هر قدرتی که داشتند از کردن سر خود به داخل ظرف و خوردن آب که نوش‌داروی قبل از مرگشان بود و اجازه‌ی بریدن سرشان را می‌داد، خودداری می‌کردند. انگار که برای گوسفندهای بیچاره روشن بود که چه بلایی در انتظارشان است.

جدال بین گوسفندان و جلادان ادامه داشت و گوسفندان تسلیم نمی‌شدند. انگار گوسفندان هم مثل ستار داشتند مرگ را جلوی چشم‌هایشان می‌دیدند و با زبان بسته‌شان، دست و پا می‌زدند و التماس و لابه می‌کردند که جلادان آدم‌نما دست از سر آنها بردارند و رهایشان کنند. انگار می‌خواستند بدانند که چرا آنها باید جانشان را فدای آسایش آدمیان کنند؟ ولی نه تنها هیچ‌کس فریاد و التماس گوسفندهای بیچاره را نمی‌شنید بلکه مردان دیگری که احساس قدرت بیشتری می‌کردند با فخر و تکبر به کمک دیگر جلادان شتافته و می‌خواستند ثابت کنند که آنها زورشان بر گوسفندها و دیگران می‌چربد و حالا دست‌های قوی و پرتوان آنها بود که بر پشت گردن گوسفندها نشسته و گردن گوسفندهای بیچاره را محکم همچون رستم دستان توی کاسه آب فشار می‌دادند و بد و بیراه گفتن و توپ و تشرشان هم به گوسفندان بلند شده بود چراکه به امر و نهی آنها توجهی نمی‌کردند و از خوردن آب خودداری می‌کردند. هرطور

بـود می‌خواسـتند به گوسـفندان بفهمانند که زورشـان بـه آنها می‌چربـد. برای همیـن هـم در جدال خود پوزه‌ی گوسـفندهای بیچاره را در کاسـه‌ی آب فشـار داده و نگـه می‌داشـتند. بـا فشـار جـلادان بی‌رحـم گـردن گوسـفندها داشـت می‌شکسـت و انـگار نـه انـگار کـه دهـان و بینـی گوسـفندهای بیچـاره داخـل آب اسـت و قـدرت نفـس کشـیدن را از آنهـا گرفته بـود. گوسـفندهای بدبخت هـم بـا چنـگ و دنـدان تـلاش می‌کردنـد کـه پوزه‌هـای خـود را از ظـرف آب بیـرون بکشـند تـا خفـه نشـوند. ولـی قـدرت جـلادان مـرگ بـر گوسـفندهای زبان‌بسـته می‌چربیـد و پوزه‌هـای آنهـا در آب مانـده بود. هرچه جلادان بیشـتر قـدرت و زور و بـازوی خـود را بـه گوسـفندهای زبان‌بسـته تحمیـل می‌کردنـد و سـر آنهـا را بیشـتر در کاسـه‌ی آب فشـار می‌دادنـد و در آب نگه می‌داشـتند، گوسـفندها مصمم‌تـر می‌شـدند تـا تـلاش بیشـتری کننـد کـه زنـده بماننـد و از خـوردن نـوش‌داروی قبـل از مرگشـان سـر بـاز می‌زدنـد. حتـی اگـر موجب مرگشـان هم می‌شـد، شـربت مرگ را نمی‌نوشـیدند تـا به جـلادان زورگو ثابت کننـد کـه راضـی به مـردن نیسـتند. در همیـن احوال بـا بیرون آمدن سـرهای گوسـفندهای بیچـاره از داخـل آب صـدای بـع بع آنها بلند شـد. می خواسـتند بـه آدمهـا بگوینـد همـان خدایی کـه آنهـا را برای رضایـت خاطـرش و خریدن بهشـتش آنهـا را برایـش قربانـی می کردنـد خدایی آنها هم اسـت. امـا جلادان خـدا از گـوش کـر بودند و از چسـم کـور و از دل تاریک. ولی گوسـفندان هنوز هـم کـه هنـوز بود مقاومت می‌کردند و تسـلیم جـلادان نمی‌شـدند و از خوردن نـوش‌داروی مـرگ خـودداری می‌کردنـد. امـا جـلاد هـای زورگـو توجهـی بـه التمـاس و لابـه‌ی آنهـا نمی‌کردند.

بـا ظاهـر شـدن نماینـده‌ی امـامِ ده شـورچه در بـالای تپه، بالاخـره جلاد هـا چاقـو به‌دسـت و بـا تکبـر هرچه بیشـتر چهـار دسـت و پای گوسـفندهای بیچـاره را گرفتـه و انـگار کـه کوه احـد را از زمین برکنده باشـند، گوسـفندها را روی هـوا بلنـد کرده و چنان گوسـفندهای زبان‌بسـته را کنـار چاله بر زمین

کوبیدند که انگار زمین لرزه‌ای رخ داد. حالا بین جلادان هم مسابقه بود که کدام زودتر و سریع‌تر سر از تن گوسفند زبان‌بسته و بیچاره‌ای که روی آن نشسته بودند، جدا می‌کرد و جان او را می‌گرفت.

چنان به‌نظر می‌رسید که درد و رنج و جدال گوسفندها زمین لرزه‌ای در جان و تن ستار ایجاد کرده بود. ستار تکان سختی خورد. انگار درد و رنج گوسفندها را می‌دید و حس می‌کرد. گدا لاله که کنار ستار نشسته بود و چپق‌اش را می‌کشید. در فکر و خیال خودش بود که دید چشم‌های ستار از پنجره به‌طرف ده شورچه زل زده‌اند. با تکان خوردن ستار نگاه گدا لاله بین ستار و طرف ده سفر کرد و بعد هم از جایش بلند شد و از پنجره به‌طرف ده خیره شد. گدا لاله حس می‌کرد اتفاقی که سر جاده در حال افتادن بود داشت ستار را آزار می‌داد.

انگار ستار می‌دید که با نشستن زانوهای جلادان تنومند و بی‌رحم روی شانه و شکم و کپل گوسفندهای بیچاره، چشم‌های ستار هم هی باز و بسته می‌شدند. جلادان وزن سنگین خود را روی گوسفندهای زبان‌بسته انداخته بودند تا تکان نخورند اما گوسفندها هم با همه‌ی توانی که داشتند در تلاش بودند که خودشان را از دست جلادها رها کنند و نمی‌خواستند تسلیم جلادهای بی‌رحم شده و بمیرند. چند نفر دیگر به کمک جلادها شتافتند و دست و پای گوسفندها را محکم گرفته و سعی در مهارشان داشتند. بع بع و گریه و اعتراض گوسفندها چنان بلند بود که بین آن‌همه سر و صدا هم شنیده می‌شد. منقل‌های کوچک دور و بر سر و تن گوسفندها به چرخش درآمده بودند و مشت مشت اسفند هم داخل آنها ریخته می‌شد. دود غلیظ بلند شده از اسفندها که داخل آتش می‌سوختند چشم‌های گوسفندان بیچاره را هم اشکبار کرده بود. بعد درحالی‌که دودی غلیظ از سوختن اسفندها داخل منقل بلند شده و می‌رقصید و به هوا می‌رفت. آدمهای اسفند دود کن. منقل بدست، بین

جماعت می‌گشتند و همه به هم تبرک می‌گفتند. چند نفر هم شربت و آب تعارف می‌کردند که گلوی مردم را تازه کنند و مردم بتوانند با گلوی تازه‌نفس به سلام و صلوات خود برای استقبال از نماینده‌ی امام خود ادامه دهند. عده‌ای هم مشغول پاشیدن گلاب روی مردم بودند. صدای طبل و شیپور هم بلندتر شده بود. مردعلی هم بین جمعیت می‌گشت و هر دستوری را که ملامحمود می‌داد، تکرار می‌کرد و البته بعضی از آنها را هم به خواسته‌ی خودش عوض می‌کرد.

اسفندها روی آتش ریخته می‌شد و مطرب‌ها با آخرین زورشان می‌کوبیدند. گلاب و نقل روی هوا پرتاپ می‌شد و روی سر و کول مردم فرود می‌آمد و بچه‌ها برای جمع‌آوری نقل‌ها از روی زمین زیر دست و پای مردم در مسابقه بودند و در عین حال همه‌ی چشم‌ها به دوتا معممی بود که به‌طرف آنها در حرکت بودند. عده‌ای دوان دوان به استقبال آنها شتافته و به آن دو رسیده بودند. طولی نکشید که سیل جمعیت به‌طرف نماینده‌ی امام‌شان سرازیر شد و به او رسید و برای بوسیدن دست و پای او سر و دست می‌شکستند.

چشم‌های گوسفندهای بیچاره هم از لابه‌لای دست و پای جلادها که روی آنها نشسته بودند به ملامحمود زل زده بود که حالا تک و تنها روی خرش نشسته و خیره به جمعیتی بود که با دیدن نماینده‌ی امام تازه نازل شده‌شان او را فراموش کرده و به‌طرف نماینده‌ی امام‌شان گوی سبقت را از هم می‌ربودند. پر مسلم بود که ملامحمود از این استقبالی که مردم از امام تازه‌ی مسلمین می‌کردند متعجب شده و چندان خشنود هم نبود. با اینکه خودش می‌دانست و برایش روشن بود که امام ساختگی او هیچ‌کس جز محرم بوگندوی قاتل نبود و او خودش این امام قلابی را ساخته و پرداخته وبا اسم اصغر به مردم تحویل داده بود. ولی با دیدن چنان استقبالی که مردم از او می‌کردند چند لحظه‌ای خود ملامحمود هم گیج

و گنگ شده و در این خیال شده بود که نکند راستی راستی نماینده‌ی امام بر آنها نازل شده است. فقط حسادت بیش از حد ملامحمود به اصغر بود که حالا تمام وجود او را گرفته بود. حالا او تنها روی خرش نشسته بود و تماشا می‌کرد و پاک در حسادت و تعجب گم شده بود و اگر راهی بود، می‌خواست گلوی محرم بوگندو را که خودش او را یک شبه امام کرده بود، گرفته و خفه کند.

قصاب‌های جلاد با تمام قدرتشان روی گوسفندهای بیچاره نشسته بودند و فشار می‌آوردند و گلوی گوسفندها را گرفته و چاقوی آنها حالا داشت گلو و خرخره‌ی گوسفندهای زبان‌بسته را لمس می‌کرد. گوسفندهای بیچاره را که دیگر داشتند خفه می‌شدند، تا لب گودی حفر شده در کنار جاده کشیدند. امام اصغری در میان مردم ده شورچه آرام آرام و درحالی‌که سرش پایین و به زمین خیره شده بود، همراه محافظین‌اش در حرکت بود. امام اصغری عمامه و عبای سیاه‌رنگی بر سر و تن داشت و آن دگر معمم که مشخص بود دستیارش است و ملاعمر صدایش می‌کردند، عمامه‌ی سفیدی بر سر و عبای قهوه‌ای رنگی روی شانه‌هایش داشت.

چاقوی قصاب‌ها هنوز زیر گلوی گوسفندها بود و قطره‌های خون هم کم‌کم از گلوی گوسفندهای بی‌چاره به روی خاک می‌چکید. تمام هوش و حواس قصاب‌ها به امام و نماینده‌اش و رسیدن آنها بود و انگار نه انگار که گوسفندهای بی‌چاره داشتند زیر فشار دست و پا و تیغه‌ی تیز و برنده‌ی چاقوهای آنها زجر می‌کشیدند. دیگر صبر همه‌ی جلادان لبریز شده بود و می‌خواستند هرچه زودتر گوسفندها را سر ببرند و با قربانی کردن آنها موجب خشنودی امام‌شان بشوند و بعد از کشتار آنها هم مثل بقیه برای بوسیدن دست و پا و دامان امام، خود را به او برسانند و با این کارشان بهشت را برای خود بخرند.

جلادان هنوز منتظر اربابشان ملامحمود بودند که دستور قتل گوسفندهای

بیچاره را صادر کند ولی این را نمی‌دانستند که ملامحمود با دیدن مردم و اسقبال آنها از امام ساختگی، انگار از کاری که کرده بود پشیمان بود و احساس حسادت می‌کرد که چرا خودش نمی‌تواند جای امام اصغریِ ساخته و پرداخته‌ی دست خودش باشد. چراکه حتی ملامحمود هم آن‌چه را که می‌دید در باورش نمی‌گنجید. باورش نمی‌شد که مردم چطور جلوی امام‌شان خم و راست می‌شدند و سر و دست می‌شکستند که خودشان را به او برسانند که شاید سعادت بوسیدن دست و پایش را پیدا کنند. هنوز امام جدید به ملامحمود نرسیده بود که مردم شروع کردند به امام صدا کردنش و او یک‌باره از نمایندگی امام به امام هم نایل آمده بود. عده‌ای هم مشغول جارو کردن سنگ‌ریزه‌ها و خار و خاشاک از جلوی پای امام بودند که مبادا حتی ریگی به پای امام آسیب بزند. یکی دو نفر هم از کت و کلاهشان به‌جای جارو استفاده می‌کردند. حالا گرد و خاک هم از جارو کردن جلوی پای امام بلند شده در فضا می‌رقصید. امام اصغری هم همین‌طور به زمین نگاه می‌کرد و چشم در چشم هیچ‌کس نمی‌انداخت. فقط دستش بالا و پایین می‌شد و دست به سر بچه‌ها می‌کشید که آنها را تبرک کرده باشد. گاهی هم سرش را بلند می‌کرد و تک نگاهی به مردم می‌انداخت. ملاعمر، دستیار همراه امام هم دائم از محافظین می‌خواست که مواظب امام باشند و به کمک چند نفر دیگر که حالا داوطلب محافظت از امام شده بودند، مردم را از جلوی امام کنار می‌زدند تا امام بتواند به راهش ادامه دهد.

خلاصه حالا جمعیت برای بوسیدن دست و پای امام اصغری چنان هجوم آورده بودند که چیزی نمانده بود، امام از هجوم آنها زمین بخورد. حاجی غضنفر فوری به همراهانش دستور داد که از امام محافظت کنند. با صدور دستور او چندین نفر از گردن‌کلفتان ده، دور امام اصغری را گرفتند و دیگر نمی‌گذاشتند کسی به او نزدیک شود و بوسیدن دست و پا و دست مالیدن به بدن امام حالا حفاظت می‌شد.

قصاب‌ها هنوز منتظر دستور ملامحمود بودند. صدای کلفت یکی از آنها که حالا دعا و ثنا سر داده بود و صلوات ختم می‌کرد، چنان بلند شد که گویی ناقوس کلیسا بود که صدایش در گوش گوسفندهای بی‌چاره می‌پیچید. انگار قصاب مشغول معامله با خدا و پیغمبر و امام بود و می‌خواست به آنها نشان دهد که به‌خاطر و در راه آنها است که دارد خون گوسفند بی‌چاره را می‌ریزد و یا اینکه داشت جواز کشتن آن زبان‌بسته را از خدا و پیغمبر و امامش درخواست می‌کرد. یا شاید داشت از آنها برای جوازی که برایش صادر کرده بودند، تشکر می‌کرد. صدای بقیه‌ی قصاب‌ها هم برای اینکه از رفیق‌شان عقب نیافتند، بلند شد و به او پیوستند و هنوز منتظر صدور دستور ملامحمود برای کشتار بودند ولی هوش و حواس ملامحمود به‌قدری پرت شده بود که انگار از یاد برده بود که قصاب‌ها منتظر دستورش هستند. ملامحمود هنوز هم روی خرش سوار بود و غرق در فکر و خیال و حسادت؛ ولی برعکس او حاجی غضنفر که با دار و دسته‌اش به استقبال امام شتافته بودند، لبخند شادی و شعف تمام وجودش را گرفته بود. بالاخره با رسیدن امام اصغری این حاجی غضنفر بود که دستور قتل گوسفندها را صادر کرد و با صدور دستور او قصاب‌های جلاد وارد مسابقه شدند و چاقوی جلادان از گلوی گوسفندهای زبان‌بسته گذشت و خرخره‌ی بی‌چاره‌ها را بریده و از پشت گردن گوسفندهای بدبخت خارج شد. با ظاهر شدن چاقوهای خونین و مالین قصاب‌ها در یک دست و سر گوسفندهای بی‌چاره که هنوز از آنها خون بر روی زمین می‌چکید در دیگر دست‌شان، خوش‌خدمتی آنها به امام‌شان اعلام شده و به خدا ندا می‌دادند که با کشتن گوسفندها بهشت را برای خودشان خریده‌اند. صدای صلوات قصاب‌ها و مردم بلندتر شده بود و داشت گوش همه را کر می‌کرد. پایه‌های تابلویی که در دو گودی حفر شده قرار داشتند با خون سر و بدن گوسفندها که دست و پا

می‌زدند و جان می‌دادند در حال آبیاری بود و نشان خیر مقدم گفتن به امام اصغری. حالا همه با شادی و شعف داشتند جان کندن گوسفندهای بی‌چاره را تماشا می‌کردند و به روبوسی و دست‌بوسی‌ها و تملق‌ها و بزن و بکوب و رقص و پای‌کوبی و ساز و دهل ادامه می‌دادند. البته که جماعت برای خاک ریختن پای پایه‌های تابلو و پر کردن گودی‌ها در مسابقه بودند. ابتدا برای رضایت خدا و امام خدا حاجی غضنفر و به‌دنبالش کدخدا شروع کردند به خاک ریختن اطراف پایه‌ها و بعد هم مردم بیل به دست ادامه دادند و پای تابلو را با سنگ و خاک و آب و خون گوسفندان پر کردند. قصاب‌های قاتل هم با افتخار و تکبر و انگار که از جنگ پیروزمندانه‌ی احد برگشته‌اند، مشغول شستن دست‌هایشان در پای پایه‌های تابلو شدند. یکی دو نفر به امام تابلو را نشان دادند که روی آن با دست‌خط خوب نوشته شده بود:

«مقدم امام را تبریک می‌گوییم.»

سر و صدای مردم به‌حدی رسیده بود که تا چند فرسخی هم شنیده می‌شد. حتی به اتاقک ستار که تا آنجا چند کیلومتر فاصله داشت، بلند و رسا می‌رسید. گدا لاله هم گرم خواندن و زمزمه‌ی اشعاری از مولانا بود. صدایش هنوز هم رسا و پر از سوز و گداز بود. ستار صدای طبل و شیپور سر جاده را هم به‌راحتی می‌شنید و درد و نبرد خودش با عزراییل را فراموش کرده و برای گوسفندهای بدبخت دلش می‌سوخت. انگار ستار از آنچه که بر سر گوسفندهای زبان‌بسته آمده بود، آگاه بود خودش هم همچون گوسفندها داشت با مرگ دست و پنجه نرم می‌کرد. چشم‌های ستار همین‌طور به پنجره و به‌طرف درخت توت مات شده بود. سکوت تمام اتاقک را فرا گرفته بود و انگار ستار منتظر کسی بود ولی هیچ حرکتی از او دیده نمی‌شد. صدای آواز گدا لاله بلندتر شده بود و ستار را نگاه می‌کرد و این‌بار برای او و به‌خاطر او می‌خواند. دید که لبخند ملایمی از رضایت در

صورت ستار ظاهر شد. نگاه گدا لاله به‌طرف در برگشت تا ببیند ستار به چه چیزی نگاه می‌کند و چه دیده که یک‌باره لبخند بر لب‌هایش ظاهر شده است. در یک لحظه یک احساس خاصی به گدا لاله دست داد. انگار هوا و فضای اتاق را حرارت گرفت و بوی عطر دل‌نشینی توی فضا پخش شد. هرچه ستار لبخندش بیشتر می‌شد حال و هوای اتاق هم بیشتر عوض می‌شد و حالت آرام‌بخش و صلح‌آمیزتری به اتاق داده می‌شد.

گدا لاله می‌دید که چشم‌های ستار که از پنجره به درخت توت نگاه می‌کرد به‌طرف در سفر کرد و به در اتاقک زل زدند. ستار از خوشحالی تکانی هم خورد و صورتش هم برق افتاد و مثل بچه‌هایی که آب‌نبات دیده باشند، ذوق زده شد. انگار نه انگار که دیگر دردی داشت. گدا لاله همین‌طور که رفتار و کردار ستار را زیر نظر داشت و چشم‌هایش در جستجوی چیزی بود که ستار می‌دید، به خواندن ادامه داد. هنوز هیچ چیز خاصی ندیده بود. فقط بوی عطری که داخل اتاقک پخش شده بود را خوب حس می‌کرد و نوری که کم‌کم تمام اتاق را نورانی کرده بود را خوب می‌دید. ولی چیزی را که گدا لاله نمی‌دید، این بود که ستار داشت به آسیه که حالا توی در اتاقک با پیراهن حریر سبز رنگش ظاهر شده بود، نگاه می‌کرد. با ظاهر شدن آسیه، نور همه‌جا را پر کرد. اطرافش هم چند فرشته‌ی پوشیده از حریر سبز کم‌رنگ و آبی آسمانی ایستاده بودند. آسیه از همیشه زیباتر شده بود و با لبخند جادویی‌اش به استقبال عشق خود یعنی ستار آمده بود. ستار هم زبانش بند آمده بود و نمی‌دانست چه کند. نمی‌دانست که خواب می‌بیند یا بیدار است. نمی‌دانست که زنده است و یا مرده:

- ستار بلند شو... دیگه راحت شدی... بلند شو و بیا... ستار خیلی منتظرت شدم... بیا... دیگه نباید نگران مردم باشی... من که بخشیدم‌شون... تو هم ببخش شون که روحت آزاد

بشه... دیگه راحت راحت شدی...

ستار بلند شد و به طرف آسیه رفت و با هم از در بیرون رفتند به‌طرف درخت توت و کنار آب چاه. گدا لاله حالا بلندتر و رساتر می‌خواند و برایش روشن بود که چه اتفاقی داشت می‌افتاد. انگار بالاخره گدا لاله روح ستار را دیده بود که از بدنش جدا شده و به‌طرف آسیه رفته و بعد با هم از در بیرون رفته بودند ولی انگار یک نیروی نامرئی جلوی گدا لاله را گرفت و قدرت حرکت را از او صلب کرد. گدا لاله می‌دانست که ستار تمام کرده است. اشک هم از کنار چشم‌هایش بیرون زد و از لابه‌لای چین و چروک صورتش سفر کرد و به پایین چکید. در یک لحظه گدا لاله با دیدن نور سفیدی که ستار و آسیه را که در کنار درخت توت ایستاده بودند، پوشانده بود، قدرت کلام را از دست داد و زبانش بند آمد و لال شد و از خواندن خاموش شد. داشت چندتا گوسفند را هم در دو قدمی ستار می‌دید ولی نمی‌دانست که آیا این‌ها روح همان گوسفندهایی بود که سر جاده کشته بودند یا نه؟ روح مجنون سگ ستار هم کنارشان لم داده بود و داشت گدا لاله را نگاه می‌کرد. گدا لاله چشمش را از تعجب بست. با باز کردن چشم‌هایش دیگر نه ستاری دیده می‌شد و نه آسیه‌ای، نه گوسفندی و نه مجنونی و نه حتی نوری. همه‌چیز یک‌دفعه از بین رفت. نگاه گدا لاله بی‌اختیار از درخت توت به‌طرف ستار داخل اتاقک سفر کرد. دید که انگار ستار صد سال است که به خواب رفته است. زیر لب زمزمه کرد:

- خدا رحمتت کنه... چه سعادتی داشتی که رفتی....

بعد هم شروع کرد به نواختن ساز دهنی کرد.

سر جاده دیگر از دست و پا زدن گوسفندها خبری نبود. گوسفندها غرق به خون روی زمین دراز و بی‌حرکت مانده بودند ولی چشم‌هایشان هنوز باز بودند و زل زده بودند به بالا و به نوشته‌های تابلویی که پای آن

را با خون خودشان آبیاری کرده بودند. روی آن نوشته شده بود:

«مقدم امام را تبریک می‌گوییم.»

حالا ساز و دهل‌زن‌ها هم دوباره به طبل و شیپورزن‌ها پیوسته بودند و صدای ساز و دهل و طبل و شیپور حالا بلندتر هم شده بود و تا چندین آبادی آن‌طرف‌تر هم می‌رسید. روبوسی و دست‌بوسی‌ها و تملق و تعارفات و بزن و بکوب و رقص و پای‌کوبی دیگر به حد اعلای خودش رسیده بود. ملامحمود هم از دیدن و شاهد بودن استقبالی که از امام اصغر بوگندو شده بود و دیدن اینکه اصغرآقای قاتل و کلاه‌بردار یکی دو هفته‌ای آخوند و آیت الله شده و یک روزه هم به امامی نایل شده بود، چنان متعجب و گیج و گنگ شده بود که حتی نمی‌دانست کجاست. می‌دید که امام ساختگی‌اش حالا جلوی او ایستاده و در انتظار است که ملامحمود به دست‌بوسی او برود. همین‌طور به هم خیره شده بودند. البته حال و روز اصغر هم بهتر از ملامحمود نبود. او هم از اتفاقی که افتاده بود در ناباوری گم شده بود. هیچ‌وقت به فکرش هم خطور نمی‌کرد که مردم این‌قدر ساده‌لوح و زودباور باشند. ولی هنوز روی احتیاط را پیشه کرده و هنوز ساکت بود و سرش را هم پایین انداخته و به زمین خیره شده بود که یک‌دفعه نگاهش در چشم کسی نیفتد که او را بشناسد.

بالاخره ملامحمود با عصبانیت رو کرد به مطرب‌هایی که ساز و دهل می‌زدند و فریادش بلند شد:

- آخه پدرسوخته‌های نامسلمون... مگه عروسی آمدید... بیاندازید صدای آن مطرب‌بازی‌ها رو...

و با صدای ملامحمود صدای ساز و دهل مطرب‌ها بازایستاد.

- آشیخ چه کارشون داری... صدایی که به‌خاطر عیش و عشرت نواخته نشده باشد که در دین حرام نیست... دارند به‌خاطر

دین‌شان شادی می‌کنند...

حالا مردم بالاخره برای اولین بار صدای امام خودشان امام اصغری را شنیده و از گفتار او چنان خرسند شدند که یک لحظه هم صبر نکردند و صدای ساز و دهل باز بلند شد و حالا بلندتر هم می‌زدند. با شنیدن صدای امام اصغری و اینکه او روی حرف ملامحمود حرف زده بود و مردم هم از تعبیر او خیلی هم خوششان آمده بود، چیزی نمانده بود که ملامحمود زبان باز کند و پته‌ی اصغر بوگندو را روی آب بریزد. ولی خودش هم نمی‌دانست که چرا حوصله اختیار کرد. شاید هم به‌خاطر این بود که باید پیش مردم اقرار می‌کرد که سر مردم را شیره مالیده و به آنها دروغ گفته که خواب دیده است. بالاخره در همان زمانی که اگر کارد به ملامحمود زده می‌شد، خونش در نمی‌آمد. بالاخره حاجی غضنفر که دید حواس ملامحمود کاملا پرت است، جهت خودنمایی و خودشیرینی دوباره به صدا در آمد:

- امام... به‌نظر می‌رسد که ملامحمود از آمدن شما چنان ذوق‌زده شده که زبانش بند آمده... و توان حرکت رو ازش گرفته... وگرنه از خر پیاده می‌شد و خرش را به امام تقدیم می‌کرد...

و با شنیدن صدای حاجی غضنفر مردعلی دوباره دست گرفت:

- حاجی ذوق‌زده شده... خوب ملا... حاجی راست می‌گه... از خر بیا پایین دیگه... بذار امام سوار شه... حاجی گیج شده...

حالا عده‌ای هم بطرف ملا محمود رفته و از او خواستند که از الاغش پایین بیاید. و بالاخره جلوی چشمان حیرت زده ملا محمود او را از الاغش پایین آوردند و با عزت و احترام و سلام و صلوات امام اصغری را بر الاغ ملا محمود سوار کردند.

ملا محمود چنان گیج و گنگ شده بود که حتی صدای حاجی غضنفر

کـه حـالا صاحب‌اختیار هم شـده و ملامحمـود را کنار زده بود، را نمی شـنید:

- حضـرت امـام... مـردم منتظـر هسـتند... راه بیافتیـد... مـردم می‌خواهنـد داخـل مسجد از فیـض شـما آگاه شـوند...

بعـد هـم حاجـی غضنفـر رو کـرد به‌طـرف مـردم و دسـتور حرکـت داد. بلافاصلـه امـا اصغـری سـوار بـر الاغ مـلا محمـود به‌طـرف ده بـه راه افتادند و جماعـت هـم با سـلام و صلـوات بدنبالش. چند نفر هم لاشـه‌های گوسـفندها را روی شانه‌هایشـان گذاشـته و حمـل کردنـد. خـون هـم هنـوز چکـه چکـه از گـردن بریـده‌ی گوسـفندها روی زمیـن می‌چکیـد و پشـت امـام اصغـری و خـاک ده شـورچه را گلگـون می‌کـرد.

طولـی نکشـید که در آنجـا فقط ملامحمود مانـده بود و تابلویـی خیر مقدم بـه امـام. مـردم دیگـر با آمـدن امام اصغـری، ملامحمود، شـیخ و مـلای خود را نمی‌شـناختند. ملامحمـود را حـالا اگـر کارد می‌زدی، خونـش در نمی‌آمد.

- شـیخ هرچی سـر آدم میاد آدم خودش سـر خودش میاره... از قدیم و ندیـم هـم گفتنـد نو که میاد به بـازر کهنه می‌شـه دل آزار...

صـدا و نصیحـت ذوالفقـار که حـالا او هم به‌آرامی پشـت جمعیـت به‌طرف ده بـه راه افتـاده بـود نه تنها ملامحمـود را آرام نکرد بلکه خنجـر زهرآلودتری هـم در قلـب و روح زخمی ملامحمـود فرو کرد.

بالاخـر فریـاد مردعلـی کـه برگشـته و ملامحمـود را دیـده بـود که تک و تنهـا روی خرش نشسـته اسـت، بلند شـد:

- پـس ملامحمـود چـی... جـاش گذاشـتیم.... مگـه اون دیگـه آدم نیسـت... گنـاه داره مـردم بی‌دیـن...

بعـد هم برگشـت و خـودش را دوان دوان به ملامحمود رسـاند. ملامحمود کـه هیـچ انتظارش را نداشـت و باورش نمی‌شـد کـه تنها مردعلی بـود که یاد او کـرده، چنـان شـوکه شـد کـه حتی نمی‌دانسـت که حـالا مردعلی دسـتش

را گرفته بود و داشت او را به‌طرف ده می‌برد.

* * * * *

کلاغ سیاه‌رنگی قارقار کنان و بال زنان خودش را به مسجد ده شورچه رساند و روی درخت توتی که داخل حیاط مسجد خودنمایی می‌کرد، نشست. همین‌طور هم به قارقار کردنش ادامه داد. به‌نظر می‌رسید که حامل خبر مهمی برای مردمی است که داخل صحن حیاط و حتی بیرون و در کوچه‌های اطراف مسجد به خطبه و روضه‌ی امام اصغری‌شان گوش می‌دادند. ولی انگار هیچ‌کس گوش شنوا نداشت و به‌جای گوش کردن به اخطار کلاغ، یکی دو نفری هم با سنگ به جان او افتاده و از روی درخت توت با دشنام و تهدید فراری‌اش دادند. داخل مسجد امام اصغری چنان روضه‌ای سر داده بود که بیا و ببین. حتی ملامحمود را هم که خودش از ناطقان بنام و قالتاق‌های معروف بود و رودستش هم در آن منطقه پیدا نمی‌شد را انگشت به دهان کرد و به تعجب و حیرت انداخت. اگر چه ملامحمود می‌دانست که اصغرآقا داشت حرف‌های مفت و سرهم بافی‌هایی که اکثر آخوندها یاد گرفته بودند را تکرار می‌کرد و مثل همه‌ی ملاها مشغول بازی یکی از نمایش‌های امام حسین و علی اکبر و حضرت عباس بود و قصه‌ی جنگ آنها با شمر را با شور و حرارت بیان می‌کرد و همه را به گریه انداخته بود، ولی ملامحمود می‌دید و می‌شنید که این اصغرآقا خدای ملاها بود و چنان قصه‌هایی به هم می‌بافت که حتی خود ملامحمود هم باورش شده و به گریه افتاده بود. حالا ملامحمود کم‌کم فهمید که بعد از آن روضه‌خوانی امام اصغری هیچ‌کس در ده برای او تره هم خورد نخواهد کرد. حالا چند ساعتی می‌شد که مردم امام اصغری را زیارت کرده و از سر جاده هم او را مستقیم به مسجد آورده بودند. تمام ده هم خالی شده بود و مردم مثل مور و ملخ داخل و خارج مسجد جمع شده و سر و دست می‌شکستند که صدای امامشان را بشنوند و حقا که اصغرآقای امام هم

سنگ تمام گذاشته بود و چیزهایی سرهم می‌کرد و می‌بافت و به خورد مردم می‌داد که تا صد سال دیگر هم به عقل ملامحمود نمی‌رسید.

باز هم کلاغ پیدایش شد. این‌بار دوتا هم بودند و قارقارشان بلندتر هم شده بود که شاید مردم کور و کر، چشم و گوش خود را باز کنند و اخطار آنها را بشنوند. ولی انگار نه گوشی باز بود که شنوا باشد و نه چشمی که بینا باشد. برعکس عده‌ی حمله‌کنندگان به آنها چندبرابر هم شده بود و این‌بار فقط سنگ و دشنام و ناسزاگویی نبود بلکه چوب هم اضافه شده بود. کلاغ‌ها که می‌دیدند که مردم گوش شنوا ندارند و برای استقبال از امام قلابی خود چندتا گوسفند دیگر هم کشتند و برای آماده کردن غذای نذری، در پشت مسجد چند دیگ بزرگ و کوچک هم برپا شد و مردم برای کمک به پختن غذای آن روز سر و دست می‌شکستند و آن‌قدر غذا درست کرده بودند که می‌شد چند پارچه آبادی را غذا بدهند، پرواز کرده و رفتند.

آقا ذوالفقار هم ساکت کناری نشسته بود و گوش‌هایش تیز بود و همه‌چیز را با چشم‌های کورش زیر نظر داشت و اشکش هم در آمده بود. مردعلی هم با شنیدن روزه‌خوانی امام اصغری چنان تحت تاثیر قرار گرفته بود که خون گریه می‌کرد، بالاخره خسته شده و راه خود را گرفته و رفت.

آخر کار هم مردم برای بردن امام اصغری به خانه‌هایشان سر و دست می‌شکستند. حاجی غضنفر هم می‌خواست امام را به خانه‌ی خودش ببرد. برای جلب امام هم سه تا گوسفند نذر کرده بود. ولی امام اصغری می‌دانست که باید خانه‌ی ملامحمود را انتخاب کند و به همه گفت که می‌خواهد چند روزی را با ملامحمود تنها باشد و بالاخره امام اصغری سعادت ماندن در خانه را به ملامحمود داد و در خانه‌ی ملامحمود ساکن شد. جلو و اطرف خانه‌ی ملامحمود را هم گردن‌کلفتان ده محاصره کرده بودند که مبادا یک‌دفعه خطری امام اصغری‌شان را تهدید کند.

از آن لحظه‌ای هم که امام اصغری وارد خانه‌ی ملامحمود شد، مردم ده

دسته دسته خودشان را به خانه‌ی ملامحمود می‌رساندند و جلو و اطراف خانه‌ی ملامحمود قدم می‌زدند که شاید سعادت به آنها رو کند و برای یک بار و یا یک لحظه هم که شده، چهره‌ی امام‌شان را با ظاهر شدن داخل پنجره ببینند و با دیدن چهره‌ی امام‌شان بهشتی شوند.

* * * *

گرچه کلاغ نتوانسته بود که خبرش را به مردم ده شورچه که از گوش کر و از چشم کور و از عقل ناتوان شده بودند، بدهد و آنها را از حقه و کلکی که ملامحمود و اصغر بوگندو به آنها زده بودند، آگاه بکند ولی بالای تپه‌های ده شورچه و در منطقه‌ی ممنوعه کنار اتاقک ستار این گنجشک‌ها بودند که در اطراف اتاقک و داخل و اطراف درخت توت جمع شده و با صدای ساز دهنی گدا لاله همراه شده و آواز و رقص سر داده بودند و با این کارشان با گدا لاله همراه شده بودند که سفر ستار به خانه‌ی ابدی‌اش را یادآوری و با او خداحافظی کرده باشند. در تمام مدتی هم که گدا لاله مشغول کندن قبر ستار بود و ستار را تر و تمیز می‌کرد و لباس‌های تمیزی هم تنش می‌کرد، گنجشک‌ها هم بالا و داخل و اطراف درخت توت در پرواز بودند و آوازشان هم قطع نمی‌شد و یک لحظه هم گدا لاله را تنها نگذاشته بودند. حالا هم چند روزی از مرگ ستار گذشته بود و ستار، کنار آسیه خاک شده بود. گدا لاله بالاخره سر قبر آنها نشست و مشغول زدن ساز دهنی برای آرامش روح ستار و آسیه شد. گنجشک‌ها هم همراهی‌اش می‌کردند و با صدای ساز دهنی گدا لاله آواز سر داده بودند. یکی دوتا کلاغ هم روی درخت‌های اطراف نشسته بودند ولی آنها مثل گنجشک‌ها نغمه‌ای سر نداده بودند و هیچ صدای قارقاری هم از آنها شنیده نمی‌شد. انگار هیچ خبر بدی هم نداشتند که با قارقار کردن به گدا لاله بدهند. برعکس به نظر می‌رسید که در غم رفتن ستار ماتم گرفته و به احترامش سکوت اختیار کرده بودند.

* * * *

فصل ۶

وقتی‌که داروی تجویزی باعث مرگ خود دکتر می‌شود...

رقص آفتاب و نوازش باد ملایم بر درختان صنوبر سر به فلک کشیده‌ی ده شورچه حال و هوای ده را از مردگی زمستان سرد درآورده و رنگ و حال زنده‌تری به آن داده بود. چندی بود که به‌خاطر حال و هوای برف و سرما، مردم به خانه‌های خود پناه برده و کمتر در کوچه، پس‌کوچه‌ها ظاهر می‌شدند. ولی با تابش دوباره‌ی آفتاب و گرمی هوا مردم هم زنده شده و از خانه‌های خود بیرون زدند. پرندگان هم با برآمدن آفتاب و گرما جان دیگری گرفته و روی درخت‌ها و میان شاخه‌ها سرگرم بازی بودند و آوازی سر داده بودند که بیا و ببین. تنها چیزی که این‌بار کمی با گذشته تفاوت داشت وجود کلاغ سیاه‌های زیادی بود که اطراف خانه‌ی ملامحمود روی درخت‌ها و لبه‌ی پشت‌بام‌ها به پرواز درآمده و با قارقارشان گوش آدم و عالم را کر می‌کردند. انگار کلاغ‌ها خیال ول کردن مردم را نداشتند و هرجور بود می‌خواستند مردم خواب رفته‌ی ده شورچه را آگاه و هوشیار کنند و آنها را از دسیسه‌های ملامحمود و اصغر بوگندو و یا بهتر بگویم، امام اصغری، مطلع سازند.

دلیل اینکه کلاغ‌ها درخت‌ها و لبه‌ی پشت‌بام‌های اطرف خانه‌ی ملامحمود را انتخاب کرده بودند، بسیار ساده و روشن بود. چراکه محرم بوگندو یا حالا امام اصغری تازه دوباره در ده شورچه و خانه‌ی ملامحمود

ساکن شده بود و حتی بعد از گذشت چندی از آمدن او، هنوز هم که هنوز بود مردم دسته دسته برای زیارت امام‌شان هر روز خودشان را به جلوی خانه‌ی ملامحمود می‌رساندند که با رویت و زیارت امام اصغری حجی رفته و بهشت را برای خود بخرند. امام هم طبق معمول هر روز یک‌بار و گاهی هم دوبار خودش را در میان پنجره‌ی قدی خانه‌ی ملامحمود نشان می‌داد و با ظاهر شدنش صدای سلام و صلوات و تکبیر مردم هم بلند می‌شد و صدا آن‌قدر بلند بود که تا فرسنگ‌ها دورتر هم می‌رسید. عده‌ای هم که کسی بودند و یا کسی را می‌شناختند و یا پول و پله‌ای داشتند، سعادت این را پیدا می‌کردند که چند لحظه به‌خدمت امام اصغری نایل آیند و دست و پای او را ببوسند و دستی هم به لباس امام بکشند تا دست‌شان مبارک و از عطر امام برخوردار شوند. البته هدیه‌های خود را هم تقدیم می‌کردند. وقتی هم بعد از زیارت امام از خانه‌ی ملامحمود خارج می‌شدند چنان بادی به غبغب می‌انداختند که با یک فوج سرباز هم نمی‌شد جلودار ادا و اطوار و غرور زنده شده در وجود و چهره‌ی آنها شد.

اما چیزی را که مردم نمی‌دانستند این بود که در نبود آنها و در خلوت و وقتی که مردم پی کارشان می‌رفتند، در خانه‌ی ملامحمود جنگ سیاست و دوز و کلک زیرکانه‌ای برپا می‌شد که دست روس‌ها و انگلیسی‌ها را از پشت می‌بست. چراکه ملامحمود با مشاهده کردن توجهی که به اصغر بوگندو می‌شد، از حسادت تا مرز سکته می‌رفت. کسی که زمانی زیردستش بود و به امر و نهی ملا سر خم کرده و پادویی او را می‌کرد، حالا جایگاهی بین مردم پیدا کرده و همه‌چیز مردم شده بود، امام اصغری‌ای که خود ملامحمود او را علم کرده و نسخه‌اش را برای مردم پیچده و دوایش را هم تجویز کرده بود، سبب شده بود که مردم دیگر تره هم برای ملامحمود خرد نکنند و حتی گاهی سلام هم به او ندهند و

محل سگ هم به او نگذارند و حالا ملامحمود لب هم از لب نمی‌توانست باز کند و هیچ چاره‌ای جز تحمل درد و رنج را نداشت. این‌ها باعث خشم ملامحمود شده بود و طاقت و تحمل و صبرش لبریز شده و دین و آیین و بنیاد ملامحمود از بیخ و بن به آتش کشیده شده و دمار از روزگار ملا درآورده بود و داشت او را به دیوانگی سوق می‌داد. چنان حسادتی جان و تن و وجود ملامحمود را گرفته بود که خواب و خوراک را بر او حرام شده بود. حتی اگر هم می‌توانست بی‌مهری و بی‌توجهی مردم را کنار بگذارد ولی کارهای اصغر بوگندو را که زهرآلودتر از رفتار و کردار مردم بود را نمی‌توانست فراموش کند. اصغر بوگندو حالا راستی راستی خیال می‌کرد که امام مسلمین است و انگار نه انگار در خانه‌ی ملامحمود بود و ملا او را به این مقام و منصب رسانده بود. حالا هیچ اهمیتی به ملامحمود نمی‌داد. لیلا دختر ملا هم حالا هر شب در بغل امام اصغری عشق و حال می‌کرد. اگر صدایی هم از ملامحمود درمی‌آمد حالا دخترش لیلا که باد و توفان امام اصغری به تنبان و پاچین او هم افتاده بود و خیال می‌کرد زن امام مسلمین شده است، به سر و کول پدرش می‌پرید و او را خفه می‌کرد و کم مانده بود که او را کتک هم بزنند. دردناک‌تر از همه برای ملامحمود این بود که می‌دانست مسبب همه‌ی این بلاها که سرش می‌آمد، خودش بود. می‌دید که عرعر خری که خودش بالای پشت بام برده بود، حالا داشت آبرو و حیثیت آقا ملا را می‌برد و نمی‌دانست چطور و با چه توان و حیله‌ای خر را از بالای پشت بام پایین آورده و عرعرش را خاموش کند. می‌دید نسخه‌ای را که برای مردم پیچیده بود تا آنها را خواب کرده و سوار آنها بشود، حالا داشت خودش را نابود می‌کرد و همه سوار خودش شده بودند. حس می‌کرد زهری را که برای دادن به مردم درست کرده بود، حالا داشت خودش را از پای درمی‌آورد.

برای همین هم به‌محض اینکه خانه‌ی ملامحمود از مردم خالی می‌شد،

سـر و صـدای ملامحمـود بلند می‌شـد و می‌خواسـت به اصغر بوگنـدو که یک روزی دم دسـتش نوکـر و پـادو بـود بفهمانـد که چه کسـی بوده و چه کسـی او را بـه این‌جـا رسـانده اسـت و بـه او درس بدهـد کـه چه بکند و چـه نکند و چـه بگویـد و چـه نگویـد و به‌گونه‌ای اصغـر بوگنـدو را تهدید می‌کـرد که اگر بـه حـرف او گـوش ندهـد و خواسـته‌های او را عمـل نکند و حواسـش را جمع نکنـد، علمـی را کـه خـودش برافراشـته اسـت بـه پایین می‌کشـد و پـاره پاره می‌کنـد ولـی ملامحمود خـودش هم می‌دانسـت که همـه‌ی ایـن تهدیدها تو خالـی اسـت. چراکـه اگـر می‌خواسـت اصغـر بوگندو را کـه حالا مردم، چشـم و گـوش بسـته بـه امامی قبـول کرده‌انـد، از تاج و تخـت امامی به زیر بکشـد، بایـد بـه مـردم می‌گفـت کـه مسـبب همـه‌ی حقه‌بازی‌هـا و کلک‌هـا خودش بـوده اسـت. در آن صـورت اولاً کـه شـاید مـردم هرگـز حـرف مـلا را قبـول نمی‌کردنـد یـا اینکـه اگـر هم قبـول می‌کردند آبـروی خودش هم مـی رفت و خـودش هـم رسـوا می‌شـد و بعـد از آن هیچ‌کس دیگـر برای خـود ملامحمود هـم، تـره خـورد نمی‌کـرد. برای همیـن هم اگر چـه وقتی که غده‌ی حسـادت و رنجـش و عصبانیـت عـود می‌کـرد و از کـوره در می‌رفـت و داد و بـی‌دادش بلنـد می‌شـد، ولـی بعـد از خالـی کـردن خـود دوبـاره راه و روش سیاسـت و تزویـر و مسـلک صبـر را در پیـش می‌گرفت.

از آن‌طـرف هـم اصغـر بوگنـدو حال و روزش بهتـر از ملامحمـود نبود. اصغر آقـا کـه حالا راسـتی راسـتی انـگار باورش شـده بـود که امام مسـلمین اسـت، کم‌کـم از رفتـار و کـردار و دسـتورات ملامحمـود خسـته شـده و به ایـن نتیجه رسـیده بـود کـه هرچه زودتـر باید از شـر ملامحمود خلاص شـود. تـرس اصغر از ایـن بـود کـه شـاید بالاخـره صبر ملامحمـود لبریز شـود و حقیقـت اصغر آقا را برمـلا کنـد و آبـروی او را ببـرد، از امامـی خلعـش کند و او گیر قانـون بیافتد. بـرای همیـن هـم بـا چندتـا از نوچه‌هایـش کـه حـالا دور و بـر او را گرفتـه و بسـاط بخـور و بچاپ‌شـان هـم بـه‌راه بـود، بـه صـلاح و مشـورت نشسـت. آنها

هـم بـرای اینکـه منفعت خودشـان هم حفظ شـده باشـد می‌دانسـتند کـه باید خـوب هـوای امـام اصغرشـان را داشـته باشـند و به امـر و خواسـته‌های او عمل کننـد. بـرای همیـن بـا امـام اصغری یـک‌دل و هم‌دسـت شـده و بر این شـدند کـه تـا دیر نشـده و هرچه زودتر از شـر ملامحمود خلاص شـوند. نقشـه‌ی خود را هـم کشـیده بودنـد. نقشـه‌ی امام اصغری چنـد مرحله داشـت. اول اینکه لیلا را بـرای هم‌دسـتی بـا خـودش فوری و رسـمی عقد کـرده و به همـه‌ی مردم ده هـم اعـلام کنـد و به ایـن ترتیب اصغر آقـا با یک تیر دو نشـان زده بـود. با عقد کـردن لیـلا تا مدتی ملامحمـود را از حـرارت انداخته بود تا در فرصت مناسـب کار ملامحمـود را یکسـره کنـد و هم‌چنیـن با ایـن کار لیلا را زن امام مسـلمین کـرده بـود. چنـان هـم به گوش لیـلا خوانده بـود که او حـالا زن امام شـده و با احتـرام بـه قم و مشـهد بـرای زیارت خواهد رفـت و حالا لیلا دیگر خـدا را بنده نبـود. خلاصـه هرطوری شـده بـود لیلا دختـر ملامحمـود را هم با خـود همراه کـرد. البتـه اصغـر آقا کـه در سیاسـت و تزویر و حیله دسـت ملامحمـود را هم از پشـت بسـته بـود در تمام ایـن مدت ذوالفقـار و مردعلی را کنـار خودش نگاه داشـته بـود و خـوب بـه آنها رسـیده بـود. اصغـر می‌دانسـت کـه آن دو بهترین بلندگوهایـی خبربـری و خبرپراکنـی در ده بودنـد. البتـه امـام اصغـری خودش هیچ‌وقـت بـا آنها طـرف صحبت نمی‌شـد و ایـن نوچه‌هایش بودند کـه کارهای امـام اصغـری را انجـام می‌دادند.

مرحلـه‌ی بعـد این بـود که امام اصغـری باید از خانـه‌ی ملامحمود می‌رفت و تـا هنـوز تنـور داغ بـود چندتـا نـان چـرب و چیلـی دیگر هـم باید بـه تنور داغـش مـی‌زد و می‌پخـت و آن ایـن بود که مـردم را وادار کند برای امام‌شـان خانـه و آشـیانه‌ای دسـت و پـا کننـد. بـرای همین هم بـه فکر افتـاد که وقتی مـردم بـه دیدنـش می‌آینـد به این اشـاره کنـد که قرار اسـت نماینـده ی امام از مکـه و مدینـه بـه دیـدن امام اصغـری بیایند و بودن امام اصغـری در خانه‌ی ملامحمـود جایـز و آبرومنـد بـرای امـام و مردم ده شـورچه نخواهد بـود و این

بی‌احترامی به مقام امامت است که او از خودش جا و مکانی نداشته باشد.

فردای آن روز چندین نفر از بزرگان ده طبق معمول هر روز به دیدن امام اصغری آمدند و یکی دو تا مسئله در محضر امام اصغری مطرح شد و جواب‌های چرت و پرت او را هم گرفتند. البته که امام اصغری طبق معمول برای همه سئوال‌ها هم جوابی داشت و اگر کسی هم شکی به گفته‌های امام اصغری می‌کرد فوری یکی دو نفر از نوچه‌های اطراف امام سر و صدایشان درمی‌آمد و به او مهر نامسلمانی، ضد دین و امام می‌زدند و طرف را به گه خوردن انداخته و مجبورش می‌کردند که نه تنها لال شود، بلکه از محضر امام مسلمین هم طلب بخشش و استغفار بکند و شاید حتی برای همیشه دستش از رسیدن به دامان و زیارت امام اصغری کوتاه می‌شد. برای همین هم چندبار که صدای یکی دو نفر بلند شده بود، چنان زهرچشم از آنها گرفته بودند که بعد از آن هیچ‌کس جرئت زبان به شک و اعتراض بازکردن به گفته‌های امام را نداشت. حتی اگر توی روز روشن در محضر امام اصغری بودند و امام می‌گفت که آن لحظه شب است، همه می‌گفتند صد البته که هست.

اطراف امام اصغری چند نفری نشسته بودند. آن روز عده‌ی کمتری سعادت زیارت امام اصغری را پیدا کرده بودند. چو هم انداخته بودند که امام مشکل بزرگی دارد که باید آن را حل کند و وقت دیدن عده‌ی کمی را خواهد داشت. حاجی غضنفر هم حضور داشت و از طرفدارهای پروپاقرص امام اصغری هم شده بود. ذوالفقار و مردعلی هم دعوت شده و در محضر امام بودند. وقتی که از امام سئوال شد که مشکل ایشان چیست؟ امام زبان خاموشی در پیش گرفت. ولی طبق برنامه‌ی قبلی یکی از نوچه‌هایش زیر گوش حاجی غضنفر زمزمه کرد:

- حاجی شما که بزرگ و همه‌کاره‌ی ده هستید، بهتره اطلاع داشته باشید... امام خبر گرفته‌اند که یکی دو نفر از مکه و مدینه قرار

است به دیدن امام بیایند... امام هم چندان دل خوشی ندارند که در اینجا و در خانه‌ی ملامحمود از آنها پذیرایی کنند....

بعد هم تک نگاهی به ملامحمود که کنار امام نشسته و مشغول قلیان کشیدن بود انداخته و دوباره سرش را به گوش حاجی غضنفر نزدیک کرد:

- حاجی شما که خوب خودتون می‌دانید که ملامحمود توی این باغ‌ها نیست و شاید آبروی امام و مردم ده شورچه رو ببره... و آبروی امام هم البته آبروی ده شورچه است... آبروی ده شورچه هم صد البته آبروی شماست... حاجی غضنفر شما که ارباب و بزرگ ده هستید...

هنوز حرف‌های نوچه‌ی امام اصغری تمام نشده بود که صدای حاجی غضنفر بلند شد:

- حضرت امام... خوب خبرهای خوش را هم فقط پیش خودتان نگه ندارید... مردم باید از این خبرها مطلع شوند و بدونند و بفهمند که چه امامی دارند... صد البته که باید شما به یک عمارت بهتر و آبرومندتری منتقل شید... خصوصاً که داره برای امام از مکه و مدینه‌ی معظمه مهمان میاد... آبروی شما آبروی ده شورچه است...

یکی دو نفر دیگر فوری برای اینکه از حاجی غضنفر که سفره‌ی چاپلوسی بزرگی پهن کرده بود، عقب نیافتند و آنها هم صداقت و وفای خود را به امام اصغری ثابت کرده باشند، گوی سبقت و میدان تملق را از حاجی غضنفر ربودند و حالا هر کس نظری می‌داد. طولی نکشید که مجلس با نظرهای مختلف که چه باید برای امامشان می‌کردند، حسابی خر تو خر شده بود. مثلاً یکی می‌گفت پول جمع کنیم و برای امام اصغری بارگاه بسازیم و از این‌جور پیشنهادها می‌دادند. ملامحمود که روحش هم از سیاست و تزویر جدید اصغر بوگندو خبر نداشت، همین‌جور حاج و واج مانده بود ولی صبر

و حوصله اختیار کرد، تا در فرصتی مناسب از قضیه مطلع شود. امام اصغری هم همچنان ساکت به زمین خیره شده و منتظر بود که ببیند نتیجه‌ی بحث و مجادله‌ی مردم به کجا می‌کشد. ذوالفقار هم در تمام این مدت کنار در ورودی چمباتمه زده و ساکت بود و دهانش هم می‌جنبید و سرش هم رو به هوا بود و گوش‌هایش هم تیز و هیچ چیز از گوش ذوالفقار قصر در نمی‌رفت. مردم هنوز خاموش نشده و خیال کوتاه آمدن هم نداشتند. هنوز جنگ و جدال لفظی بین آنها ادامه داشت و بالا هم گرفته بود. هیچ نظری هم هنوز مورد قبول کسی واقع نشده بود:

- خوب چرا این‌قدر داد می‌زنید... در عمارت کلاعباس رو بشکنید و امام رو ببرید آنجا... بزرگ هم هست... جای موش و سوسک‌ها هم شده... خوب موش و سوسک‌ها رو بیرین کنید و امام رو بنشونید جاشون... کلا هم که دیگه مرده... طویله‌های بزرگی هم داره... برای امام هم خوبه... طویله‌های بزرگیه... خیلی خر و گاو توشون جا می‌گیره... همه‌ی ده رو می‌شه آنجا جا داد...

با پس گردنی محکمی که نثار مردعلی شد، از جایش پرید و فرار را بر قرار ترجیح داد ولی هنوز از سخن خاموش نشده بود:

- آخه مگه کفر گفتم... دروغ که نگفتم... خوب طویله‌هاش بزرگه دیگه... اگه جمعیت زیاد بیاد دیدن امام و جا نباشه... خب طویله زیاده و بزرگه... همتون توش جا می‌گیرید...

مردعلی از اتاق خارج شد ولی با گفتارش مجلس را به سکوت وا داشت. حالا همه به امام اصغری که بالاخره سرش بالا آمده و نگاهش از روی زمین به حاجی غضنفر و بقیه افتاد، خیره شدند. جیک از کسی در نمی‌آمد. به‌نظر می‌رسید همه با هم هم‌صدا و همراه شده بودند.

✳ ✳ ✳ ✳ ✳

یکـی دو روز از جلسـه‌ی خانـه‌ی ملامحمـود و اینکـه صدای مردعلـی به آنها نـدای غصب کـردن خانـه‌ی کلاعبـاس را داده بـود، گذشـت. آفتـاب می‌تابید و صـدای یکـی دوتا کلاغ سـیاه که بر شـاخه‌ی درخت توت داخل مسـجد نشسـته و قارقـار می‌کردنـد در صـدای داخـل و خارج صحن مسـجد ده شـورچه پیچیده بود. پیرمرد ژنده‌پوشـی کناری نشسـته و در فکر خودش گم شـده بود و سـیگار اشـنو دود می‌کـرد. فکـر و هـوش و حواسـش همه‌جـا بـود به‌غیـر از آن‌چـه در داخـل مسـجد می‌گذشـت. هیچ‌کـس دیگـری نـه صـدای کلاغ‌هـا را می‌شـنید و نـه حتـی آنهـا را می‌دیـد کـه با سـنگ و دشـنام و ناسـزاگویی به آنهـا حمله‌ور شـود. مـردم حـالا چنـان در خـواب امـام اصغـری رفتـه و بیهوش و مسـت و گم شـده بودنـد کـه حتـی خـود را هـم نمی‌شـناختند و نمی‌دیدند و نمی‌شـنیدند. ملامحمـود هـم بـالای ممبر بـود و این‌بار با ماموریتی کـه امام اصغری بـه او داده بود، بسـیار خرسـند بود و چند سـاعتی هم می‌شـد که مورد محبت و نظر مردم قـرار گرفتـه بـود و مـردم گـوش تا گوش جمـع شـده و منتظر خبـری بودند که امـام اصغری می‌خواسـت توسـط ملامحمـود به آنهـا بدهد.

بیـرون و در حیـاط مسـجد هم مردم زیر آفتاب داغ گوش تا گوش نشسـته و بـه ملامحمـود گـوش می‌دادنـد و منتظـر شـنیدن خبـر امـام اصغری‌شـان بودنـد. ملامحمـود هـم بـرای داغ کـردن عریضـه، همین‌جـور وراجـی می‌کرد و لفتـش می‌داد:

- آیت لله رهبرمون چرا خودش تشریف نیاوردند...

پیرمـرد ژنده‌پـوش سـخت در فکـر و خیـال گم شـده و مشـغول کشـیدن سـیگارش بـود و انـگار تنهـا کسـی بـود کـه هـوش و حواسـش بـه مسـجد و روضـه و جمـع مدعویـن مسـجد نبـود، صدایـش بلند شـد:

- مـا بالاخـره نفهمیدیـم... ایشـون آخوندنـد... ملاینـد... شـیخ هسـتند... آیت الله‌انـد... رهبرنـد یـا امامنـد؟...

هنـوز سـئوال پیرمـرد تمـام نشـده بـود کـه صـدای یکـی از دوآتشـه‌های

دینی طرفدار امام اصغری بلند شد و صدای پیرمرد را در گلو خفه کرد:

- پیرمرد بی‌دین و ایمان... نامسلمون... خجالت بکش... می‌دونی توهین به امام و ائمه سزاش مرگه... اگر تو مسلمون نیستی ما هستیم... الله اکبر...

و با بلند شدن صدای الله اکبر آقای دوآتیشه‌ی خواهان بیت امام و رهبری، صدای الله اکبر مردم اطرافش هم بلند شد و در ابتدا چند نفر به‌دنبال او از جایشان بلند شدند و سر و صدای «الله اکبر... اصغری امام و رهبر» حالا گوش همه را کر می‌کرد و در یک چشم بهم زدن حالا همه از جایشان برخاسته و صدایشان بلند شد به‌غیر از پیرمرد ژنده‌پوش که تنها نشسته بود و زیر هیکل‌های نخراشیده و نتراشیده‌ی مردم گم شده بود و انگار پیرمرد آنجا نبود و یا اصلاً اهل ده شورچه نبود.

با یک چشم بهم زدن سردسته‌های بیت امام و رهبری طبق دستوری که از قبل داشتند از مسجد بیرون زدند و مردم هم بدون اینکه بدانند راهی کجا و چه کاری هستند به‌دنبال‌شان کنده شده و صدای «الله اکبر... اصغری امام و رهبر» چنان در ده پیچیده بود که تا چند فرسخی هم می‌رسید.

صدای ملامحمود دیگر حتی به گوش خودش هم نمی‌سید. به دقیقه نکشید که مسجد خالی شد و حالا ملامحمود مانده بود و بوقش و مسجد خالی. باز ملامحمود را خشم گرفت، چراکه مردم به او اجازه‌ی عرض اندام و تمام کردن فتوایش را نداده بودند و باز خود را فدای امام اصغری کرده بودند. حالا می‌دید که رهبری مردم دیگر از دست او درآمده و در دست امام اصغری افتاده است. آنهایی که جانشین او شده بودند دوباره مردم را دنبال خود کنده و حالا فقط صدای آنها را می‌شنید که در پیچ و خم کوچه‌های ده در حرکت بودند.

بیرون مسجد و در پیچ و خم کوچه پس کوچه‌های ده، صدای مردم

داشـت گـوش همـه را کـر می‌کرد:

- الله اکبر... اصغری امام و رهبر...

مـردم حـالا صلح و آرامش پرندگان ده شـورچه را هم که همیشـه در صلح و آرامـش بـه رقـص و آواز از درختی به درخت دیگر و از شـاخه‌ای به شـاخه‌ی دیگـری در سـفر و جنـب و جـوش بودنـد را بهـم زده و ترسـانده بودنـد. بـا نزدیـک شـدن صـدا و جمعیت بـه گنجشـک‌های آوازه‌خـوان، آواز آنها می‌مرد و از روی درخت‌هـا و شـاخه‌ها بلنـد شـده و پروازکنـان از جمعیت خشـمناک دور می‌شـدند. تنهـا یکـی دوتـا کلاغ سـیاه جلوتـر از جمعیت در پـرواز بودند و روی شـاخه‌ی درختـی و یـا پشـت بـام خانـه‌ای می‌نشسـتند و قارقارشـان ادامـه داشـت و تـا جمعیـت بـه آنهـا می‌رسـید دوبـاره از جایشـان بلند شـده و بـه پـرواز درمی‌آمدنـد و در فاصلـه‌ای دورتـر و سـر راه جمعیت دوبـاره روی شـاخه‌ی درختـی و یـا لبـه‌ی پشـت بامی جـا می‌گرفتنـد و منتظر می‌شـدند ولـی قارقارشـان هرگـز قطع نمی‌شـد و حتـی بلندتر هم می‌شـد. معلـوم نبود کـه کلاغ‌هـا داشـتند جهـت حرکـت جمعیـت را بـه آنها نشـان می‌دادنـد و یا بـه جمعیـت که هنـوز نمی‌دانسـتد راهـی کجایند و فقـط دنبـال جیره‌خوران امـام اصغـری بـرای رضایـت امام‌شـان راه افتـاده بودنـد خبـر می‌دادنـد کـه برگردنـد و گوسـفندان گلـه نباشـند کـه دنبال بزهـای علمدار جلـوی گله راه می‌افتنـد و کار چوپـان خـود را سـاده می‌کننـد. هرچه بـود کار کلاغ‌هـا ادامه داشـت و می‌دیدنـد کـه در طـول راه مـردم از در و دیـوار و دشـت و صحـرا باعجلـه خـود را بـه جمعیت می‌رسـانند و بـه آنها ملحـق می‌شـوند و هنوز به جمعیـت نرسـیده، صـدای «الله اکبـر... اصغـری امـام و رهبـر...» بلند می‌شـد و سـعی هـم داشـتند صـدای آنهـا از صـدای جمعیـت هـم بلندتـر باشـد ولی هیچ‌کـدام از ایـن سـربازان کـه به جمـع فداییان امـام اصغری می‌پیوسـتند یا پیوسـته بودنـد از اینکـه جمعیـت راهی کجـا بودند و چه می‌خواسـتند بکنند، اطلاعـی نداشـتند. به‌غیـر از چندتـا از نوچه‌هـا و جیره‌خـواران امـام اصغـری.

گویی کلاغ‌ها از جمعیت بیشتر می‌دانستند. به‌نظر می‌رسید آنها جلوی جمعیت به پرواز درآمده و هر صد تا دویست متری باز می‌نشستند و سعی در این داشتند که ندای نیت واقعی بزها و سگ‌های جلوی گله را که به‌اصطلاح خود را سربازان امام و دین می‌خواندند به مردم بدهند. ولی هیچ فایده‌ای نداشت که نداشت. نه گوش شنوا بود و نه چشم بینا. انگار همه کور و کر شده بودند. بعد هم که تلاش کلاغ‌های پیام‌بر هیچ فایده‌ای نکرد و گوش شنوا و چشم بینا و عقل سالمی نبود که ندای آنها را بشنود، به حال آن آدم‌های گوسفندنمای گله، با قارقارشان فریاد گریه سر دادند و می‌گفتند که صد حیف و هزاران حیف که بعضی از آدم‌های از خود راضی و باد به غبغب افتاده، به اندازه‌ی گاو و گوسفند و کلاغ‌ها هم شعور و فهم و درک دریافت حقایق را ندارند و چون گوسفندان گله به‌دنبال بزهای سیاه علم‌دار جلوی گله می‌افتند و به خواست و نیت چوپان پشت سر خود که با چوب دستی‌اش بر آنها حکومت کرده و تشر می‌زند، سر تعظیم فرود می‌آورند. اگر هم یکی از آنها و به تنهایی دست از پا خطا کند و کمی از مسیر نیت چوپان خارج شود، آقا چوپان سگ‌های وحشی و هار گله‌اش را احضار می‌کرد که آنها را از گوشت و پوست همان آدم‌های گوسفندنمای گله غذا داده و فربه و هار و وحشی نگه داشته که به جان گوسفندان گله‌اش بیاندازد که پاچه‌های همان آدم‌هایی را که شکم آنها را سیر و فربه نگه داشته‌اند بگیرند و به دل ساده‌لوح آنها ترس و وحشت بیاندازند که همیشه همچون گوسفندان گله مطیع بمانند و دست از پا خطا نکنند. آنها هیچ‌وقت به این فکر نکرده‌اند که اگر همه‌ی گله به یک جهت و با هم به حرکت درآیند، چوپان و چندتا سگ هار و وحشی گله، هیچ غلطی نمی‌توانند در مقابل فوج گله‌ی گوسفندان بکنند و زیر دست و پای حرکت فوج گله از بین می‌روند.

هنوز فکر و خیال و تأسف و حسرت کلاغ‌ها به حال آدم‌های گله

تمام نشده بود که جمعیت به‌داخل کوچه‌ای رسید که عمارت کلاعباس خان قدیمی ده شورچه در آن قرار داشت. عمارت کلا مدت‌ها بود که همین‌طور خالی افتاده و محل تجمع موش‌ها و سوسک‌ها شده بود. عمارت هنوز هم که هنوز بود نسبت به همه‌ی خانه‌های ده شورچه سرآمد بود. کلاغ ها حالا بر لبه‌ی بام ساختمان عمارت و گاهی هم بالای درخت‌های صنوبر سر به فلک کشیده‌ی جلوی عمارت کلاعباس نشسته و قارقار سر داده و قارقارشان بلندتر هم شده بود. با رسیدن جمعیت به عمارت این بار دیگر کلاغ‌ها از جای خود بلند نشده و پرواز نکردند. اگر هم جا عوض می‌کردند همان اطراف و مشرف به عمارت کلاعباس بود.

با رسیدن جمعیت به جلوی در عمارت جلوداران چماق‌دار بیت امام اصغری یک‌باره به جان در عمارت افتادند. چند نفری هم با عجله کنار دیوار عمارت چفت گرفته و بلافاصله پاهای یکی دو نفر دیگر هم برای بالا رفتن از دیوار عمارت روی کف دست و شانه‌ها و سرهای چفت گرفتگان قرار گرفته و دزدان در مسابقه بودند که زودتر از دیوار عمارت بالا رفته و وارد عمارت شده و در را قبل از خورد شدن توسط جمعیت، باز کنند. همین‌طور هم شد. یکی دو نفر جلوتر از بقیه از دیوار عمارت بالا رفته و خود را روی دیوار رسانده و با عجله به داخل عمارت پریدند. فاصله زیاد دیوار بلند عمارت با پایین هم باعث ضرب‌دیدگی پاهای آنها شد ولی آنها درحالی‌که به هم خیره شده بودند هنوز در حال مسابقه به‌طرف در بودند و ضرب‌دیدگی پا برای آنها هیچ اهمیتی نداشت. درست قبل از اینکه جمعیت امام اصغری که هنوز نمی‌دانستند برای چه به حرکت درآمده‌اند، در عمارت را خورد کنند، در باز شد. لای در هنوز باز نشده و قبل از اینکه بازکنندگان فرصت کنار رفتن از پشت در را بیابند، هجوم جمعیت در را با فشار و سرعت باز کرد و هر دو نفر پشت در با خوردن درهای باز شده بر سر و صورت‌شان نقش زمین شده و زیر پای جمعیت

که به داخل هجوم آورده بودند گم شدند. و انگار نه انگار که سربازان بازکننده‌ی در خانه‌ی جدید امام اصغری داشتند زیر دست و پای جمعیت لگدمال می‌شدند. با هجوم جمعیت به داخل عمارت درندشت کلاعباس تازه یکی دو نفر به کمک بازکنندگان در رفتند که حالا دست و پاهای آنها شکسته و سر و صورتشان خونین و مالین شده بود. ولی با این‌حال یکی از آنها هنوز که هنوز بود می‌خواست با مردم یکی و همراه شده و جان خود را در خدمت امام اصغری فدا کند و با فدا کردن جان خود، بهشت را برای خودش بخرد.

جالب این بود که جماعت تا این لحظه نمی‌دانستند برای چه دنبال چماق‌داران اما اصغری‌شان راه افتاده‌اند. حالا به رهبری سرکردگان چماق‌داران بیت امام اصغری، مردم به کار گرفته شدند و مشغول تعمیر و آماده کردن جایگاه امام اصغری‌شان شدند و صد البته بانگ «الله اکبر... اصغری امام و رهبر...» هم یک لحظه قطع نمی‌شد. در این میان مردعلی را جو گرفته و او هم با جمعیت هم‌صدا و هم‌کار شده بود. روز به شب نرسیده بود که قضیه‌ی دادن خمس و زکات مردم به امام اصغری‌شان برای آماده کردن بارگاه او، بوسیله‌ی بلندگوهای آنها یعنی مردعلی و ذوالفقار و یکی دو نفر دیگر به مردم ابلاغ شد. اگرچه ذوالفقار گاهی در شک بود و خصوصاً از گرفتن عمارت کلاعباسی که در زمان‌های قدیم و دوران نوجوانی و جوانی که او محتاج و بی‌کس بود، همیشه به او رسیده بود، در باطن چندان خوشحال نبود؛ ولی صلاح را در این دید که با مردم ده هم‌صدا شود.

یکی دو روز بیشتر طول نکشید که بارگاه امام اصغری ده شورچه آماده شد و روز موعود برای انتقال امام اصغری از خانه‌ی ملامحمود به بارگاهش عمارت کلاعباس رسید. تمام مردم ده از کوچک و بزرگ و زن و مرد و پیر و جوان آمده بودند. همه‌ی کارهای ده معطل مانده و تعطیل شده بود.

شیپورزن‌ها و طبل‌زن‌ها هم چنان عروسی‌ای به پا کرده بودند که بیا و ببین. سیل جمعیت با صدای تکبیر و «الله اکبر... اصغری امام و رهبر...» داشتند امام خود را به بارگاهش منتقل می‌کردند. برای رسیدن به دامان امامشان و بوسیدن دست و پا و دست مالیدن به لباس او چنان مسابقه‌ای برقرار بود که حتی ذوالفقار کور هم متعجب مانده بود. مردعلی هم با چوب دستی‌اش مردم را از سر راه امام کنار می‌زد و جلوی پای امام را با چوب دستی جارو می‌کرد. پاشیدن گلاب بر سر و صورت همه برقرار بود و شربت و آب دادن از حد گذشته بود. امام اصغری هم همین‌جور طبق معمول با دستش بر سر و روی مردم، دست می‌کشید و آنها را تبرک می‌کرد و پیش می‌رفت ولی نگاهش همین‌طور به زمین خیره بود و هیچ نوع خنده و یا احساسی در چهره‌ی او دیده نمی‌شد.

بالاخره مردم امام را به بارگاه جدید غصبی‌اش رسانده و وارد شدند و امام اصغری در اتاق چهل‌دری کلاعباس جا گرفت. علت اینکه آن اتاق را چهل‌دری می‌گفتند این بود که چهل‌تا پنجره‌ی قدی دو درب داشت که جلوی هر پنجره یک بالکن بود که دو، سه نفر داخل آن جا می‌شد و خود اتاق گنجایش پانصد نفر را داشت. عمارت کلاعباس هم حالا در این مدت کم، چنان تعمیر و بزک شده بود که در طول عمرش به‌خود ندیده بود. تمام کف و دیوار اتاق‌ها از قالی‌های رنگارنگ خمس امام فرش شد. طویله‌ها پر از گاو و بز و میش و الاغ و قاطر شدند. مرغ و خروس که چه عرض شود، تمام حیاط را گرفته بود. خلاصه همه از خمس و ذکاتی رسیده بود که بدبختانه از طبقه‌ی ساده‌لوح و تهی دست و بی‌چاره که قلب پاک و نیت خوبی هم داشتند، گرفته شده بود.

اصغر بوگندو خودش هم باورش نمی‌شد که چگونه در مدت یکی دو روز از بدبختی و بیچارگی و آوارگی و دزدی و قتل و فرار از دست قانون امام مسلمین ده شورچه و صاحب مال و منال و جایگاه شده و بر

مسند امام مسلمین نشسته بود. پرمسلم بود که یادش نرفته بود که وقتی جوانی بیش نبود و یکی از نوچه‌های ملامحمود بود و او را محرم بوگندو صدا می‌کردند، قدرت پسر حاجی امیر، برادر کلاعباس را همراه چوپان‌شان به دستور ملامحمود توی کنده‌ی گوسفندهای آن‌ها زنده به آتش کشیده و سوزانده بود و بعدش هم ابولی همدست خودش را هم کشته و بعد از شاخ به شاخ شدن با کلاعباس که جوانی بیش نبود و او را دیده بود لو رفته و فرار کرده و چهل سالی می‌شد که کسی او را ندیده بود. حالا هم مرد خدا و امام شده و خانه‌ی کسی را که کشته و خونش را ریخته بود غصب کرده و بارگاه امامت خود را آنجا برقرار کرده بود.

به هفته نکشید که اصغر آقای بوگندو از ترس اینکه آنچه را که به‌دست آورده بود از دست ندهد، نگران شده و به فکر چاره افتاده بود. خوب می‌دانست کسانی که از گذشته‌ی او خبر داشته‌اند اگر او را بشناسند، دیر یا زود از روی حسادت و یا اینکه اگر بالاخره یکی از آن‌ها بفهمد و به هر دلیلی نتوان او را راضی نگاه داشت و زبان باز کند و پته‌اش را روی آب بریزد، او باید از امامی به زندان برود. برای همین فوری دست به‌کار شد و نقشه‌ی از بین بردن همه‌ی آن‌ها را کشید. خوب می‌دانست که ملامحمود داشت از حسادت دیوانه می‌شد و چیزی نمانده تا جان به لبش برسد و زبان باز کند و به همه بگوید امام اصغری آن‌ها کسی جز محرم بوگندو نیست. خصوصاً که ملامحمود خیلی پیر شده و حواسش را هم کم‌کم داشت از دست می‌داد. امام اصغری حالا ملامحمود را که او را از هیچ به همه‌چیز رسانده بود، دشمن اول خود می‌دانست. دو هفته از جابجا شدن اصغر بوگندو در خانه‌ی کلاعباس نگذشته بود که ابتدا ملامحمود را زهر داد و کشت. در زمان‌های قدیم هم که جسد مرده را به پزشک قانونی نمی‌بردند تا بفهمند طرف را زهرکش کرده‌اند یا نه.

برای اجرای نقشه‌ی خود ملامحمود را با عزت و احترام به خانه‌ی خود

آورد و احترام و تملق را به سرحد رساند که نظر و اعتماد او را جلب کند. بدون اینکه ملامحمود هم بداند، جسته و گریخته این‌طرف و آن‌طرف هم گفته بود که ملامحمود خواب دیده که دارد می‌میرد و برای همین هم او را به خانه‌ی دخترش که حالا زن امام اصغری بود، آورده‌اند که سر پیری به او برسند. بعد از یکی دو هفته ملامحمود روی تشکی کنار پنجره نشسته و به رختخوابی تکیه داده بود و قلیانش هم برقرار بود. ملا دید که اصغر بوگندو از اتاق مقابل وارد شد و کاسه‌ای را به لب داشت و به‌نظر می‌رسید که مشغول نوشیدن شربت زنجبیل بود و از آن لذت هم می‌برد ولی چیزی را که ملامحمود نمی‌دید این بود که کاسه نصفه بود و شربت به لب اصغر آقای بوگندو نمی‌رسید و اصغر داشت فقط وانمود می‌کرد که در حال نوشیدن است. هنوز اصغر بوگندو به ملامحمود نرسیده بود که کاسه از لب او کنده شد و با دست دیگرش وانمود کرد که لب و لوچه‌ی تر شده‌اش از خوردن شربت را پاک می‌کند و با دست دیگرش کاسه شربت را به‌طرف ملامحمود گرفته و با لبخند صمیمانه‌ای از او خواست که شربت بنوشد:

- گفتم دختره رفته حمام و تا میاد مشام ملا رو... پدرمون رو... شرین کنم... جون می‌ده ملا... این راستی راستی ملا را می‌بره کربلا و زیارت امام معصومه؟ امام معصومه تو کربلا خاکه؟!...

بعد هم خودش از سئوالش خنده‌اش گرفت. ملا محمود هم حالا ندانسته مشغول نوشیدن شربت خداحافظی و مرگش از دست امام اصغری بود. بی‌چاره‌ی بدبخت نمی‌دانست اصغر بوگندو چرا آن‌قدر نسبت به او مهربان شده است. تازه از اینکه اصغر بوگندو راه احترام را نسبت به او پیشه کرده بود بسیار خرسند هم بود و از خوردن شربت مرگ‌آور خود چنان لذتی هم می‌برد که حد و اندازه نداشت:

«شربتی به این جون داری تو عمرم نخورده بیدم امام قلابی... روح آدم رو زنده می‌کنه...»

بعد هم همان شب حال ملامحمود بهم خورده و لرزش هم گرفته و به ساعت نکشید که دنیای فانی را وداع گفت. حتی نتوانست کسی را هم خبر کند. صبح روز بعد صدای گریه‌ی دخترش که او را مرده پیدا کرده بود، خبر مرگ ملامحمود را اعلام کرد.

امام اصغری هم مطمئن شد که ملامحمود را با عزت و احترامِ هرچه بیشتر، فوری خاک کنند.

بعد از مرگ ملامحمود حالا امام اصغری تنها بر مسند قدرت نشسته بود و برای از بین بردن یکی دو نفر دیگر نقشه می‌کشید تا خیالش راحت شود. سیاست و زیرکی و حقه‌بازی او بسیار بر ملامحمود می‌چربید و خوب می‌دانست که چه باید بکند. اول اینکه به چندتا از مفت‌خوران ده خوب رسیده بود که آنها بازوی زور و قلدری او باشند و هر کس صدای اعتراضی به هر دلیل و علتی بلند می‌کرد و ندای مخالفت با امام اصغری سر می‌داد فوری با وصله‌ی به اسلام و قرآن توهین کرده و ضد امام و نامسلمان است، آبرویش را توی ده برده و صدایش را خفه می‌کردند. برای اینکه حاجی غضنفر هم علیه او قد علم نکند برخلاف ملامحمود که همیشه سعی در کوچک کردن حاجی غضنفر جلوی مردم داشت، امام اصغری به او بسیار احترام می‌گذاشت و او را پیش مردم ده بسیار بزرگ جلوه می‌داد و حاجی غضنفر هم غافل از اینکه چه در انتظارش است، مرید امام اصغری شده بود و هیچ‌کس جلوی او جرئت بد گفتن پشت سر امام اصغری را نداشت. مهم‌تر از همه امام اصغری تقلبی و حقه‌باز می‌دانست که تا آنجا که شده تا آب‌ها از آسیاب بیافتد و جای پایش را توی ده شورچه محکم کند باید پای امنیه‌ها را از ده دور نگه می‌داشت و با آنها سرشاخ و روبرو نمی‌شد. برای همین هم یکی دو دفعه هم که

در ده بین یکی دو نفر دعوا شده بود با رشوه دادن به طرفین صدای آنها را خوابانده و آنها را با هم آشتی داده بود که کار به شکایت و امنیه‌خانه کشیده نشود و سر و کله‌ی امنیه‌ها توی ده پیدا نشود. یکی دوبار هم که امنیه‌ها اتفاقی به ده آمده بودند برحسب اتفاق دفعه‌ی اول امام اصغری شبانه برای بدرقه‌ی ملاعمر به قم سفر کرده بود و دفعه‌ی بعد هم به بهانه‌ی دعوت شدن برای روضه‌خوانی به ده همسایه، از ده بیرون زده بود. ولی حاجی غضنفر و دیگران چنان پیش امنیه‌ها برای او سنگ تمام گذاشته بودند که آنها هم ندیده، مرید امام اصغری شده بودند.

فصل ۷

وقتی مرد کوری امید نجات مردم از خرافات می‌شود...

چندی از ظهور امام اصغری گذشت. او هم بر مسند صدارت امامی نشسته و مردم را خر کرده و می‌چاپید. تا جایی‌که دیگر راستی راستی گاهی خودش هم باورش می‌شد که امام مسلمین است ولی هیچ‌کدام از مشکلاتی که امام اصغری تا حالا با آن برخورد و حل کرده بود مهم‌تر از حل مسئله‌ی منطقه‌ی ممنوعه برای او نبود. هر بار هم که مردم به دیدنش می‌آمدند، سئوالی درباره‌ی جن‌های منطقه‌ی ممنوعه مطرح می‌شد. از شانس امام اصغری، ورودش به ده شورچه مصادف شده بود با مرگ ستار و با مرگ او صدای آمدن نی هم از منطقه‌ی ممنوعه قطع شده بود. عاملین او هم چو انداخته بودند که علت قطع شدن صدای نی معجزه‌ی امام اصغری و مشروعیت اوست. همین هم باعث شده بود که مردم خیال کنند که او قادر است شر جن‌ها را از سر آنها برای همیشه کم کند. با اینکه صدای نی هم قطع شده بود ولی حضور امام اصغری هم چندان به مردم کمک نکرده و هنوز که هنوز بود مردم ده از ترس جن‌ها، شب که می‌شد به‌غیر از یکی دو نفر، کس دیگری از خانه‌اش بیرون نمی‌آمد و در خانه زندانی می‌شدند. اما امام اصغری یک چیز را خوب می‌دانست و آن این بود که باید چند صباح به چند صباحی مردم را با یک اتفاقی سرگرم کند که هوش و حواس آنها مشغول باشد

و مسئله‌ی امام اصغری همیشه توی ذهن آنها تازه باقی بماند و به فکر جن‌های منطقه‌ی ممنوعه نیافتند. خوب هم می‌دانست که دیر یا زود باید تکلیف مردم را با جن‌های منطقه‌ی ممنوعه حل و مردم را از شر آنها خلاص کند.البته که اما اصغری از روز ظهورش لهجهی عربی اختیار کرده بود ولی با اینکه در آن تبحر زیادی هم داشت گاه بهگاهی اختیار از دستش در می رفت. برای همین هم مردعلی و ذوالفقار با اینکه خل وکور بودند گاهی به او شک می کردند. حتی مردعلی چندبار بی اختیار او را محرم بوگندو صدا زده بود و بعد هم زبانش را چند بار گاز گرفته بود . برای همین هم خوب به مردعلی و ذوالفقار می‌رسید. ذوالفقار هم با اینکه به او شک داشت، ولی به‌خاطر اینکه نان و خورشت پرروغن چرب و چیلی‌اش به‌راه باشد و قطع نشود همراه امام اصغری شده و خود را مرید او نشان می‌داد. امام اصغری هم جسته و گریخته ذوالفقار را دور از چشم مردم صدا کرده و به او می‌رسید و او را مرد خدا صدا کرده و تشویقش می‌کرد که او باید سری به منطقه‌ی ممنوعه بزنند. به او می‌گفت که در قرآن نوشته که جن‌ها با آدم‌های کور و کر کاری ندارند و به آنها صدمه‌ای نمی‌زنند و خلاصه کرمی به تنبان ذوالفقار انداخته و هندوانه‌ای هم زیربغل او گذاشته بود.

در طول این مدت مردم ده هم آن‌قدر در شور و شوق نازل شدن امام اصغری، سرگرم شده بودند که به‌طور کلی چوپان‌علی از یادشان رفته و او را کاملاً به فراموشی سپرده بودند. چوپان‌علی هم به این نتیجه رسیده بود که دیگر کاری به کار مردم نداشته باشد و از هرچه در منطقه‌ی ممنوعه دیده بود هم حرفی نزند. برای همین هم از مردم کناره‌گیری کرده و زبانش را جلوی مردم بسته و سکوت اختیار کرده بود. مردم هم خاموشی چوپان‌علی را نتیجه این می‌دانستند که حتماً او از دروغگویی‌های خودش درس عبرت گرفته و راستگو و مرد خدا شده و بعضی‌ها هم این تغییر در

چوپان‌علی را به معجزه‌ی ظهور امام اصغری تعبیر کرده بودند.

چند صباحی گذشت، ولی ذوالفقار که کوتاه آمدن در مرامش نبود، در تلاش بود تا هرطور شده زبان چوپان‌علی را باز کند. البته که سخنان امام اصغری هم روی ذوالفقار تاثیر داشت و کمی هم به او دل و جرئت داده بود. اما نه آن‌قدر که راه بیافتد و راهی منطقه‌ی ممنوعه شود. ذوالفقار در تلاش بود که اطلاعات بیشتری از چوپان‌علی بگیرد ولی چوپان‌علی راه و مسلک سکوت اختیار کرده و لب بسته بود. اگرچه ذوالفقار گاهی هم ناامید می‌شد ولی کوتاه بیا نبود و همچنان هر روز سر جوی آب منتظر می‌شد و هر وقت چوپان‌علی پیدا می‌شد باب سخن می‌داد و با او اختلاط می‌کرد و همین سمجی ذوالفقار بالاخره باعث شکستن سکوت چوپان‌علی شد و او که تا به حال خاموشی در پیش گرفته بود، بالاخره سکوتش را شکست و رو کرد به ذوالفقار:

- مردم فکر می‌کنند تو کوری ... تو که کور نیستی... تو از همه‌ی آن روشن‌ها هم روشن‌تری... آنها کورند... کوری و روشنی که به چشم داشتن نیست آقا ذوالفقار... به نفس و قلب آدمه... برای همین هم هست که ول کن من نیستی... برای همین هم هست که یک نفر داره باهات از غیب حرف می‌زنه و داره قلقلکت می‌ده که از سر و ته قضیه‌ی منطقه‌ی ممنوعه سر در بیاری و بالاخره هم سر در میاری...

بعد هم چوپان‌علی راهش را گرفت و رفت پی کارش. حرف‌های چوپان‌علی چنان به دل ذوالفقار نشست که از آن لحظه به بعد تمام فکر و ذکرش حرف‌های چوپان‌علی و منطقه‌ی ممنوعه شده بود. ذوالفقار از جایش بلند شد و بی‌هدف به راه افتاد. طولی نکشید که او بدون اینکه خودش بداند از ده بیرون زده بود. کنار قبرستان توقف کرد و درحالی‌که سرش طبق معمول رو به بالا بود، خیره به بالا و گوش‌هایش

باز به شنیدن نشست و بعد به تپه‌های مجاور که منطقه‌ی ممنوعه را در خود جا می‌داد خیره شد. بعد هم هی چند قدمی به طرف تپه‌ها حرکت می‌کرد و دوباره باز می‌ایستاد. آن‌قدر در فکر و خیال گم شده بود که حتی نمی‌دانست که به جلوی خانه‌ی کربلایی اکبر که او هم طبق معمول همیشه روی سکوی جلوی در خانه‌اش نشسته و همه آمد و رفت‌ها را زیر نظر داشت و خوش و بش و مزاح و شوخی‌اش هم با همه به‌خصوص با او به‌راه بود، رسیده است. کربلایی اکبر رفتار و کردار ذوالفقار و چوپان‌علی را هم هر روز زیر نظر داشت.

ذوالفقار چنان در خودش گم شده بود که حتی انگار صدای کربلایی اکبر که با مزاح به او سلام داده بود را نشنید. کربلایی اکبر هم همین‌طور به ذوالفقار خیره شده. خوب فهمیده بود که ذوالفقاری که داشت می‌دید آن ذوالفقار همیشه نبود و انگار اصلا توی این دنیا و ده شورچه سیر نمی‌کرد. حتی ذوالفقار انگار کربلایی اکبر را هم آن روز ندیده بود. از سلام همیشگی هم که وقتی به کربلایی اکبر می‌رسید به او می‌داد خبری نبود. باد ملایمی هم که از تپه‌های ممنوعه‌ی مجاور ده می‌وزید، سر و صورت آقا ذوالفقار را نوازش می‌داد و او را پاک مست کرده و بیشتر حواسش را پرت کرده بود. تمام هوش و حواس و فکر و ذکر آقا ذوالفقار رفته بود به سمت تپه‌های منطقه‌ی ممنوعه و حرف‌های چوپان‌علی و امام اصغری و اینکه چه باید بکند و چه نباید بکند در ذهن و روحش غوغایی به‌پا کرده بود. حالا ذوالفقار بدون اینکه خودش بداند، داشت حرف‌های چوپان‌علی و امام اصغری را هم زیر لب زمزمه می‌کرد:

- تو که کور نیستی... تو از همه آن روشن‌ها هم روشن‌تری... آنها کورند... کوری و روشنی که به چشم داشتن نیست آقا ذوالفقار... به نفس و قلب آدمه... برای همین هم هست که ول کن من نیستی... برای همین هم هست که یک نفر داره

باهات از غیب حرف می‌زنه و داره قلقلکت می‌ده که از سر و ته قضیه‌ی آنجا سر در بیاری و بالاخره هم سر در میاری...

- جن‌ها با آدم کور و کر کاری ندارند... این توی قرآن نوشته شده...

نگاه کربلایی اکبر همین‌جور بین ذوالفقار که زیر لب داشت با خودش چیزهایی را زمزمه می‌کرد و تپه‌های مجاور در سفر رفت و برگشت بود. صدای ذوالفقار را نمی‌شنید که بفهمد چه بلغور می‌کند و یا با که حرف می‌زند. نمی‌دانست که ذوالفقار با خودش حرف می‌زند و یا با جن‌ها. کربلایی اکبر کمی نگران اوضاع و احوال هم شده بود و فکر و خیال برش داشته بود که نکند جن‌ها در جلد ذوالفقار رفته باشند. صدایش دوباره بلند شد ولی صدایش آن شور و حال و مزه و مزاح همیشه را نداشت و پر از ترس و لرز بود:

- آقا ذوالفقار جن‌ها رفتند تو جلدت و یا شعبده باز شدی؟...

ولی آقا ذوالفقار چنان در خودش گم شده بود و حواسش رفته بود پی منطقه‌ی ممنوعه و تپه‌های مجاور که صدای کربلایی اکبر حتی به گوشش نرسید. حالا تمام هوش و حواس کربلایی اکبر به ذوالفقار بود و تمام هوش و حواس ذوالفقار هم به تپه‌های منطقه‌ی ممنوعه. سکوت هم فرمانروای زمان و مکان شده بود ولی آن روز او جرئت رفتن به منطقه‌ی ممنوعه را نکرد.

از آن روز به بعد کار ذوالفقار شده بود اینکه هر روز لب جاده کنار قبرستان و نزدیکی‌های خانه‌ی کربلایی اکبر روی تخته‌سنگی بنشیند و ساعت‌ها به تپه‌های مجاور خیره شود. در تمام این مدت هم فکر و ذکرش این بود که باید سری به منطقه‌ی ممنوعه بزند و ته و توی قضیه را در آورد. یکی دو بار هم چند قدمی به‌طرف منطقه‌ی ممنوعه برداشته بود ولی ترس و وحشت به جانش افتاده و باز متوقف شده و برگشته بود و روی تخته‌سنگ همیشگی نشسته و به تپه‌ها خیره شده بود.

کار کربلایی اکبر هم این شده بود که هر روز روی سکوی جلوی خانه‌اش بنشیند و چشم‌هایش را به ذوالفقار بدوزد و پیش خودش حساب و کتاب کند که ذوالفقار آن روز چند قدم به‌طرف منطقه‌ی ممنوعه جلو رفته است. تمام فکر و ذکر کربلایی اکبر هم این شده بود که آیا ذوالفقار بالاخره جرئت می‌کند راهی منطقه‌ی ممنوعه شود یا نه؟ و بالاخره کربلایی اکبر ناامید هوا که تاریک می‌شد به خانه می‌رفت و در را پشت سرش می‌بست.

واضح بود که حکایت و نمایشِ حماسه‌ی رفتن ذوالفقار به تپه‌های ممنوعه بدون حضور مردعلی هیچ آب و رنگی نداشت. مردعلی هم هر روز حاضر می‌شد و روی تخته‌سنگی نزدیک ذوالفقار می‌نشست و با خنده‌هایش و کلام شیرین‌اش به نمایش ذوالفقار رنگ و مزه‌ی خاصی می‌داد. خنده‌هایش هم همیشه به‌راه بود و صدایش هم دم به دم بلند می‌شد:

- کین ترسو... ذوالفقار کین ترسو... خوب راه بیافت و بره... خوب چی می‌شه مگه... خوب می‌ترسی جنا بخورندت... کین ترسو....

بعد هم خبر ذوالفقار را که در آن روز چه خاکی بر سرش کرده را به ده می‌رساند. البته آدم‌های امام اصغری هم همیشه ذوالفقار را زیر نظر داشتند.

قصه‌ی رفتن ذوالفقار به منطقه‌ی ممنوعه هم خودش حکایتی شده بود و خورد و خوراک همه و گفتگوها و غیبت‌ها و خنده و مزاح‌ها دور و بر ذوالفقار بود. خصوصاً که خبر رفتن جن‌ها در جلد ذوالفقار و اینکه او هم مثل چوپان‌علی به سرش زده، پیچیده بود و دهن به دهن می‌گشت. هر کسی هم از جلوی کربلایی اکبر رد می‌شد با مزاح از او پرس و جو می‌کرد که در آن روز آقا ذوالفقار چند قدم جلو رفته و خبرش را هم از کربلایی اکبر می‌گرفتند. بعد از مدتی بالاخره طبق معمول، معرکه‌ی آقا ذوالفقار هم برای مردم ده شورچه کهنه شد و مردم از رفتن ذوالفقار

بـه منطقـه‌ی ممنوعـه ناامیـد شـده و تماشـاچی‌های او کمتـر و کمتر شـدند. حـالا تماشـاچی‌های آقـا ذوالفقـار فقـط منحصر شـده بـود به کربلایـی اکبر و مردعلـی کـه هنـوز بـه آقـا ذوالفقار وفـادار مانـده بودنـد و هر روز حاضرشـده و بـه تماشـای او می‌نشسـتند. انتظارشـان هـم چنـدان طـول نکشـید. یکی از همـان روزهـا کـه کربلایـی اکبـر زودتـر از روزهـای قبـل از خانه بیـرون زد و روی سـکوی جلوی در خانه‌اش نشسـت و طبق معمول همیشـه چشـم‌هایش بـه تخته‌سـنگی کـه ذوالفقـار همیشـه روی آن می‌نشسـت، زل زده و دنبـال او می‌گشـت، امـا هیـچ خبـری از ذوالفقـار نبـود. در ایـن فکـر رفت کـه نکند ذوالفقـار زودتـر از اینکـه او از خانـه بیـرون بزنـد، حرکت کرده و بـه منطقه‌ی ممنوعـه رفته اسـت.

ولـی بعـد از افتادن چشـمش بـه مردعلی کـه صبح زود خودش را رسـانده و سـر جـای همیشـگی‌اش نشسـته بـود و از خیره شـدنش به‌طـرف ده فهمید کـه چشـم‌های او هـم به‌دنبـال ذوالفقارانـد. کربلایـی اکبـر حـالا می‌دانسـت کـه ذوالفقـار بایـد دیر کرده باشـد:

- کین ترسو... ترسیده... در رفته...

از تکـرار دائمـی مردعلـی معلـوم بـود کـه از غیبـت ذوالفقـار خوشـحال نیسـت. دیگـر داشـت سـاعت‌ها از طلـوع آفتاب می‌گذشـت و هنـوز خبری از او نشـده بـود و کربلایـی اکبـر و مردعلی هم خیـره مانده بودند و از گم شـدن خنده‌هـای همیشـگی صـورت مردعلـی مشـخص بـود حـالا کم‌کـم داشـت از غیبـت ذوالفقـار عصبانـی هـم می‌شـد ولـی هنـوز زیر لـب تکـرار می‌کرد:

- کین ترسو... ترسیده و در رفته...

بالاخـره کربلایـی اکبـر که دیگـر چرتش هم گرفتـه بود، دید کـه مردعلی از جایـش پریـد و دسـتش به طرف ده دراز شـد و چاک دهـن و رخش دوباره چنـان از لبخنـد گلگـون شـد که انگار از آن دوردسـت هم دیده می‌شـد. سـر کربلایـی اکبـر بلافاصلـه خم شـد بـه بیرون از سـکو و به سـمت ده. بـا دیدن

ذوالفقار که عصازنان در راه بود خوشحالی به جلد کربلایی اکبر هم افتاد و صورت او هم از لبخند گلگون شد.

ذوالفقار عصازنان به کربلایی اکبر رسید و همین‌طور که سرش رو به بالا بود و به تپه‌های مجاور خیره شده بود، از جلوی کربلایی اکبر رد شد. ذوالفقار طبق عادت همیشگی‌اش قبل از رسیدن به جلوی سکو صدایش بلند می‌شد و سلام بلندی هم به کربلایی اکبر می‌داد، ولی او دید که ذوالفقار آن روز سلام دادن به او را از یاد برده بود. حتی جواب سلام کربلایی اکبر را هم نداد. انگار صدای کربلایی اکبر اصلاً به گوشش نمی‌رسید. حالا کربلایی اکبر می‌دید که ذوالفقار همین‌طور سر به هوا داشت به‌طرف تپه‌های ممنوعه می‌رفت. ذوالفقار از قبرستان هم گذشت و رسید به مردعلی که حالا روی پاهایش ایستاده بود و چاک دهن و خنده‌هایش هم به‌راه بود و صدایش هم هی تکرار می‌شد:

- ذوالفقار کین ترسو نیست... ذوالفقار کین ترسو نیست... ذوالفقار از جنا نمی‌ترسه... ذوالفقار شجاعه...

طولی نکشید که صدای مردعلی همین‌طور که به ذوالفقار خیره شده بود ضعیف و ضعیف‌تر شد و بالاخره خفه شد ولی لبخند ملایمش هنوز کمی در چهره‌اش دیده می‌شد. وضع و حال کربلایی اکبر هم بهتر از مردعلی نبود. او هم حالا از تعجب هنوز سر جایش ایستاده بود و چند قدمی هم به‌طرف بیابان برداشته و چهار چشمی به بیابان و ذوالفقار خیره شده بود. انگار هیچ‌یک از آن دو باورشان نمی‌شد که چه اتفاقی داشت می‌افتاد. حتی وقتی هم که ذوالفقار در دوردست و پشت تپه‌های ممنوعه غیبش زد، هنوز هم که هنوز بود باورشان نشده بود که ذوالفقار این‌بار حتی یک لحظه هم تأمل نکرده و یک‌راست عصازنان راهی منطقه‌ی ممنوعه شده بود. حالا مردعلی و کربلایی اکبر داشتند بیابان خالی را می‌دیدند و هیچ خبری هم از ذوالفقار نبود که نبود.

چند دقیقه‌ای از گم شدن ذوالفقار در تپه‌های منطقه‌ی ممنوعه گذشت تا بالاخره صدای مردعلی کم‌کم بلند شد:

- الله اکبر... رفت... ذوالفقار رفت تو جنا... جنا ذوالفقار را بردند...

حالا مردعلی گیج و گنگ و فریادزنان به‌طرف ده سرازیر شد. به کربلایی اکبر که رسید کم‌کم سرعتش به دویدن رسیده بود. کربلایی اکبر حتی بعد از دور شدن مردعلی و افتادن صدای او هم، هنوز همین‌جور خشکش زده و به‌طرف بیابان ماتش برده بود. هنوز هم که هنوز بود باورش نمی‌شد که ذوالفقار به منطقه‌ی ممنوعه رفته است. حالا سکوت همه‌جا را فرا گرفته بود. باد ملایمی صورت کربلایی اکبر را نوازش داد. انگار نوازش باد کربلایی اکبر را به خودش آورد و او را به یاد جن‌ها انداخت و همین هم باعث افتادن ترس و لرزی بر تن و جان و روان کربلایی اکبر شد و از ترس جن‌ها فوری به‌طرف خانه‌اش برگشت. اولین چیزی که به چشمش خورد، گیوه‌هایش بود که پایین و بین دوتا سکو گذاشته بود. تازه یادش آمد که پابرهنه از سکو پایین آمده و به‌طرف ذوالفقار رفته بود. یادش آمد که همیشه وقتی گیوه‌هایش را درمی‌آورد آنها را کنار خودش روی سکو می‌گذاشت تا حیواناتی که به خانه وارد و یا از آن خارج می‌شدند گیوه‌هایش را لگدمال نکنند. ولی حالا گیوه‌هایش پایین و بین دو سکو بود و یادش نمی‌آمد که آیا خودش آنها را آنجا درآورده یا نه؟ گیوه‌هایش را فوری جلو کشید و پوشید و در این فکر بود که به خانه برود و یا باز همان‌جا بماند و ببیند که سرنوشت ذوالفقار به کجا کشیده می‌شود.

چیزی را که کربلایی اکبر نمی‌دانست این بود که شب‌هنگام گدا لاله بخواب ذوالفقار آمده بود. با شنیدن صدای گدا لاله ذوالفقار با ترس و لرز از خواب پریده و به اطراف مسجد خالی و ساکت و تاریک خیره شده بود. صدای گدا لاله داخل گوش‌های ذوالفقار آهنگ می‌زد:

- آقا ذوالفقار باید به آنجا بری... تو را طلبیدند... چاره‌ای

نـداری... بایـد بـری...

ذوالفقار بـا شـنیدن صـدای گـدا لالـه از خـواب پریـده بـود و نشسـته و خیـال مـی کرد هنوز داشت شبـح گدا لالـه را کـه در خـواب دیده بـود, هنوز می‌دیـد کـه جلـوی در مسجـد ایسـتاده بـود و اطرافـش را هـم نـور سـفیدی گرفتـه بـود و نـور از در مسجـد روی ذوالفقـار هـم افتـاده بـود. صـدای بریده بریدهـاش از تـرس و لـرزش بلند شود:

- د... ر ر... و... ی... یـش... من و طلبیدن... جنا؟...
- خودت باید ببینی کی... چاره‌ای نداری آقا ذوالفقار... باید بری...

بعد هم شبح گدا لاله و نور از جلوی در محو شده بودند.

چنـدی طول کشیـد تا ذوالفقار به‌خودش بیایـد. مسجـد دوباره تاریک شـده بـود و هرچه ذوالفقـار بـا تـرس و لـرز گـدا لالـه را صـدا کـرده بود دیگـر هیـچ جوابـی نشـنیده بـود. بعـد از آن هـم چنان فکـر و خیـال و تـرس و لـرز به جـان و روان ذوالفقـار افتـاده بـود کـه تـا صبـح چشـمانش روی هـم نرفتـه بـود. تنهـا دم صبـح کمـی پلک‌هایـش روی هـم رفته و چند سـاعت بعـد هـم دوبارهاو از خـواب پریـده بـود و از تـرس و بـی اختیـار و بـاز گدا لالـه را صـدا مـی کرد:

- د... ر ر... و... ی ... یـش؟...

ذوالفقار گدا لاله را درویش صدا می‌کرد:

- آقـا ذوالفقار خیالاتی شـدی...؟ کدوم درویش رو صدا می‌کنی...؟ درویش جنا رو؟...
- درویش... گدا لاله و ...

بعد هم چندی منتظر جواب شده بود ولی هیچ صدایی از هیچ‌کس بلند نشده بود:

- درویش...؟ تو کی هستی؟...

ولـی ذوالفقار هرچـه به انتظار نشسـته بـود، هیـچ جوابـی از هیچ‌کس نگرفتـه بـود. چیـزی را کـه ذوالفقار نمی‌دانسـت و ندیـده بـود، ایـن بـود کـه

رهگذری که شب را از ترس جن‌ها توی مسجد گذرانده بود، با شنیدن صدای ذوالفقار از خواب پریده و بعد از شنیدن حرف‌های ذوالفقار و به خیال اینکه ذوالفقار جن بوده و نه خود ذوالفقار با ترس و لرز فوری از مسجد بیرون زده بود. بالاخره ذوالفقار از جایش بلند شده و چاره‌ای ندیده بود جز اینکه راه بیافتد. می‌دانست که چند ساعتی از صبح گذشته و مسجد هم خالی و ساکت و کور بود. بالاخره آقا ذوالفقار بدون اینکه بداند چه کار می‌کند از در مسجد بیرون زده و راهی بیابان شده بود. از طرفی هم خودش را این‌طور قانع کرده بود که کار و کاسبی دیگری به جز خبربری و خبرپراکنی که ندارد، سرش هم همیشه برای خبرسازی و خبرپردازی درد می‌کند. حالا گدا لاله هم که توی جسمش افتاده و امام اصغری هم به او گفته که جن‌ها با آدم‌های کور و کر کاری ندارند. برای همین هم عنان اختیار از دست آقا ذوالفقار در رفته و کمر به سفر رفتن به منطقه‌ی ممنوعه بسته و در راه شده بود.

بالای ده و میان تپه‌ها حالا ذوالفقار بود و بیابان و سکوت و باد ملایمی که سر و صورت ذوالفقار را نوازش می‌داد ولی این راه پرتلاطم و ناآشنایی که ذوالفقار می‌پیمود نبود که تمام فکر و خیال او را به‌خودش مشغول کرده بود، بلکه تمام فکر و ذهن و روح ذوالفقار حالا به جن‌ها بود و تمام قصه‌ها و گفته‌هایی که در مورد درخت توت شنیده بود و همیشه هم خودش آنها را با آب و تاب تعریف و تفسیر می‌کرد حتی باورش شده بود. حالا همه و همه در ذهن و فکرش زنده می‌شدند و می‌مردند ولی بیش از همه، این سکوت محض بیابان بود که ذوالفقار را نگران کرده بود. از ترس حتی یک لحظه هم سرش را پایین نیاورده بود. برای رد گم کردن فکرهای بد و ترس از جن‌ها و قانع کردن خودش که هیچ اتفاق بدی برایش نخواهد افتاد، دم به دم هم صلوات می‌فرستاد و یا شیخ احمد و گدا لاله را صدا می‌کرد.

حالا ساعتی می‌شد که ذوالفقار در راه بود. علت طولانی شدن سفرش هم این بود که او بعد از رد شدن از حریم ده شورچه ترس به تن و جانش افتاده بود. حتی از سایه و صدای نفس خودش هم می‌ترسید. برای همین هم دقیقه به دقیقه توقف می‌کرد و سرش رو به بالا مانده بود و گوشش باز. حالا هم به خیالش آمده بود که صدای خر خر جانوری یا آدمی بگوشش خورده و یا اینکه کسی یا کسانی داشتند به‌دنبالش حرکت می‌کردند. آقا ذوالفقار چندبار هم سر جایش میخ‌کوب شده بود. حالا مطمئن شده بود که یک جانداری داشت او را دنبال می‌کرد. ولی نمی‌دانست جن است و یا آدمیزاد و یا حیوانات وحشی مثل گرگ و شغال.

فکر و خیال تمام وجود ذوالفقار را گرفت و گیج و گنگ شد و نمی‌دانست چه کار باید بکند. با کوچک‌ترین صدا، از ترس میخ‌کوب می‌شد. حتی از صدای باد به وحشت می‌افتاد ولی بیشتر از هر چیز، جانوری که به‌دنبالش بود ذهنش را مشغول کرده بود. درحالی که غرق فکر و خیال بود، زیر پایش خالی شد و با سر و صورت به دیوار نسبتاً کوتاهی که از کمرهای تیز سنگی ساخته شده بود، برخورد کرد و روی زمین دراز شد. برای چند لحظه چنان از ترس شوکه شده بود که از صورتش که بر اثر اصابت به کمرهای تیز زخمی و خون‌ریز بود، هیچ خبری نداشت. ولی فوری خودش را جمع و جور کرد و عصایش را حایل و از جایش بلند شد. حالا داشت نفس جانور را کنار خودش حس می‌کرد. می‌دانست که جانور به او خیره شده است. سر ذوالفقار دوباره رو به هوا رفت و به بالا و اطراف خیره شد و چند لحظه تأمل کرد:

- شیخ؟... درویش؟... شوخیت گرفته؟...

ذوالفقار از ترس و وحشت و بدون اینکه بداند دست به دامان شیخ احمد و درویش شده بود. اما هرچه معطل شد، نه صدایی از شیخ احمد بلند شد و نه از درویش و نه از کس دیگری. از طرفی هم می‌دانست که

کم‌کم شب سر می‌رسد و با رسیدن شب کارش در آن بیابان ساخته است. خوب می‌دانست اینکه به راهش ادامه دهد و یا برگردد مهم نیست و در هر دو حالت حتی اگر راه را هم گم نمی‌کرد باز هم به شب می‌خورد و این را هم می‌دانست به شب خوردن توی آن منطقه یعنی سند مرگ خود را امضا کردن. چراکه شب‌ها گرگ‌ها و شغال‌های گرسنه از تپه‌های اطراف برای شکار طعمه و سیر کردن شکم گرسنه‌شان به‌طرف ده سرازیر می‌شدند. حالا ذوالفقار، چوپان‌علی و شیخ احمد و درویش و امام اصغری را مقصر می‌دانست که او را راهی بیابان کرده بودند. برای همین هم از یک طرف توی دلش به چوپان‌علی ناسزا می‌گفت و از طرف دیگر هم با دعا و التماس و با دل شکسته‌اش به آسمان خیره شده و از ته دل از خدا می‌خواست که این یک بار را چوپان‌علی راست گفته باشد. می‌دانست که اگر آنجا جن نباشد و درویشی وجود داشته باشد او می‌توانست شب را پیش او به صبح برساند ولی جرئت ناسزاگویی به شیخ احمد و درویش را نداشت. فقط از آنها طلب کمک می‌کرد. دم به دم هم به خدا قول می‌داد که اگر جانش را نجات بدهد از آن به بعد او هم دیگر فضولی نکند و خبر پراکنی را کنار بگذارد و سرش در کار خودش باشد.

یک بار دیگر سرش رو به هوا رفت و شیخ و درویش را صدا کرد. اما باز هم هیچ جوابی از هیچ جنبنده‌ای نگرفت و بالاخره دستش روی کمرها به حرکت در آمد تا جای پای خود را محکم کند تا دوباره سر نخورد و به زمین نیافتد. با این کار تازه متوجه شد که انگار دارد دیواری را لمس می‌کند. با احتیاط دستش روی دیوار به حرکت در آمد و از کمری به کمر دیگری منتقل می‌شد و مشغول وارسی یکی یکی کمرها شد. فهمید که به دیواری که از سنگ کمر ساخته شده، اصابت کرده بود. ارتفاع دیوار را وارسی کرد تا مطمئن شود دیوار دست‌ساز است. کمی تأمل کرد و دیوار را دوباره و سه‌باره امتحان کرد. بالاخره مطمئن شد که اشتباه نکرده و

دیوار باید دست‌ساز باشد. امید کمی ته دل ذوالفقار زنده شد. بااحتیاط دنبال دیوار را گرفت و درحالی‌که کمرها را یکی یکی لمس می‌کرد جلو رفت. از طرفی هم حواسش به جانوری بود که هنوز به‌دنبالش بود و در طول راه ارتفاع دیوار را هم دوباره و دوباره امتحان کرد تا خیالش راحت‌تر شود. کمی که جلوتر رفت، متوجه شد که دیوار بلندتر شده است. دستش را بالا برد و حالا می‌دانست که ارتفاع دیوار از قد خودش هم بلندتر شده بود. دستش به بالای دیوار نمی‌رسید. با عصایش قد دیوار را اندازه گرفت و دید که خیلی بلند است، در ضمن متوجه شد که یک دیوار دیگر هم از چپ آمده و به آن وصل شده است. آقا ذوالفقار حالا کمی امیدوارتر شد. همین‌طور دیوار را گرفت و رفت جلو تا زانوهایش به دیوار دیگری که جلویش سبز شد برخورد کرد. با دقت آن را امتحان کرد و دید که انگار دیوار کوچکی است که دور باغچه‌ای کشیده شده و به دیوار بلند وصل شده است. با احتیاط دور باغچه را درحالی‌که با دست و عصایش امتحان می‌کرد، دور زد و بالاخره دیوار کوتاه دور باغچه تمام شد و عصایش وارد فضایی خالی شد. کمی تأمل کرد. انگار که همه چیز را می‌دید. به اطراف خیره شد و بعد هم با احتیاط داخل فضای باز را با عصایش امتحان کرد و عصایش را به دو طرف فضای باز زده و فهمید که سکویی کنار دیوار زده شده و باغچه‌ای هم دو طرف فضای خالی و جلوی سکو زده‌اند. از خوردن عصایش به دوتا سکوی کنار دو طرف دیوار، دانست که باغچه‌ها و سکو باید جلوی در اتاقی زده شده باشد. حالا امیدوارتر شد و تا اندازه‌ای خیالش راحت‌تر شد. سرش روی هوا رفته و به بالا خیره شده بود و بااحتیاط و با صدای آرامی زیر لب زمزمه کرد:

- خدا قوت... سلامون علیک؟...

ولی هرچه منتظر شد نه جوابی از کسی گرفت و نه هیچ صدای دیگری شنید. چندباری با عصایش به دیوارهای اطراف زد و جویای آدمیزاد شد.

صدای سلام علیک‌اش هم کمکی نکرد و جوابی نگرفت. تنها وزش باد ملایمی بود که صورتش را نوازش می‌داد. سردی و سوزشی را روی دست و صورتش حس کرد. دستش را بالا آورد و روی صورتش کشید. تازه متوجه شد که صورتش زخمی شده و کمی هم خون‌ریزی دارد. دستمالش را از جیب در آورد و درحالی‌که صورتش را پاک می‌کرد به اطراف خیره شد و به این فکر می‌کرد که چه باید بکند؟ حالا حداقل می‌دانست که پناهگاهی پیدا کرده تا شب را داخل آن روز کند و از شر گرگ‌ها در امان باشد ولی یادش افتاد که در اتاقک را امتحان نکرده است. یک‌باره به ذهنش رسید که ببیند سقف دارد یا نه؟ با عصایش مشغول امتحان در و دیوار اتاقک شد و بعد بااحتیاط وارد آن شد و همه‌جا را وارسی کرد و مطمئن شد که سقف دارد.

هنوز در فکر چاره بود و نمی‌دانست چه کند. ولی حداقل با پیدا کردن اتاقک دریافت که شاید این‌بار چوپان‌علی دروغ نگفته باشد. فکر می‌کرد جن‌ها که احتیاج به اتاقک ندارند تا برای خودشان بسازند، پس باید آدمیزادی آنجا زندگی کند. خلاصه حالا پاک رفت در فکر اینکه هرطوری شده باید هرچه زودتر برگردد و به مردم ده خبر بدهد که این‌بار را چوپان‌علی راست گفته است. ذوالفقار هنوز گیج و گنگ در فکر چاره‌ای بود که شب را سالم به صبح برساند. نمی‌دانست چه باید بکند. از طرفی هم فکر و خیال اینکه نکند آنجا جایگاه دزدان و راهزنان باشد و سر برسند و سر به نیست‌اش بکنند، در فکر و خیال بود که با بلند شدن خر خر دوباره‌ی جانور، ذوالفقار که با پیدا کردن دیوار پاک او را از یاد برده بود، دوباره توجهش به او جلب شد و از فکر و خیال بیرون آمد. صدای خر خر این‌بار خیلی بلندتر بود. سر ذوالفقار طبق معمول باز رو به هوا رفته بود و به طرفی که خر خر را شنیده بود، خیره شد. ذوالفقار از صدای خر خر جانور که حالا حالت حمله و دفاع به‌خودش گرفته و کمی هم رنگ پاس

کردن سگ را داشت، فهمید که جانور کمی از جلوی در دور است:
- پدر سگ صاحب باید سگ باشه؟...

ذوالفقار اشتباه نکرده بود. سگ که از سر قبرستان ده شورچه دنبال ذوالفقار افتاده بود حالا حواسش پرت چند گرگ شده بود که روی بلندی مشرف به اتاقک پیدایشان شده بود. گرگ‌ها چهار چشمی به سگ و اتاقک خیره شده و با ظاهر شدن ذوالفقار در جدار در اتاقک کم‌کم پوزه‌هایشان داشت به زمین می‌رسید که حمله را شروع کنند. با شنیدن صدای خفیف زوزه‌ی گرگ‌ها چنان ترسی به جان و تن او افتاد که کم مانده بود قالب تهی کند. بااحتیاط روی سکو نشست و سرش طبق معمول روی هوا بود و گوشش را که حکم چشمش را داشت، تیز کرد. چوب دستی‌اش را هم محکم چسبید و به خیال خودش وسیله دفاعش بود. ذوالفقار صدای پای سگ را خوب می‌شنید که خرخرش بلندتر هم شده بود و دور و بر خودش می‌چرخید. گرگ‌ها هم حالا پوزه به زمین می‌مالیدند و حرکتشان را به طرف اتاقک و ذوالفقار شروع کرده بودند. ذوالفقار اگر چه که چشم نداشت ولی آمدن گرگ‌ها را راحت حس می‌کرد و انگار آنها را با چشم‌های کور هم می‌دید. با حرکت گرگ‌ها که دیگر داشتند به اتاقک و ذوالفقار می‌رسیدند، ترس و وحشت همه‌ی وجود او را گرفت. حالا از روی سکو پایین آمد و کنار در ایستاد و چوب دستی‌اش را هم جلویش گرفت. هنوز نمی‌دانست چه خاکی باید بر سرش بریزد. یکباره صدای نی بلند شد. ذوالفقار خوب با صدای نی آشنایی داشت. می‌دانست که صدای نی متعلق به جن‌هاست. هنوز صدای نی تازگی‌اش را از دست نداده بود که صدای پای کسی به گوشش خورد که جلوی اتاقک و سکو مشغول رقص بود. حالا او گیج و گنگ شده بود. وحشت همه‌ی روح و روان و وجودش را گرفته بود. نفس‌اش در نمی‌آمد. حتی قدرت دعا و التماس برای کمک از خدا و پیغمبر خدا را هم

نداشت. معرکه همچنان ادامه داشت ولی لحظه‌ها برای او سخت‌تر و بدتر و وحشتناک‌تر و ترسناک‌تر می‌شدند. همین‌طور کنار دیوار روی سکو ایستاد و دوباره توی دلش از خدا می‌خواست که از این معرکه خلاصش کند تا او هم در عوض دیگر فضولی و خبربری را کنار بگذارد.

چندی گذشت تا بالاخره انگار خدای ذوالفقار صدایش را شنید. حرکت گرگ‌ها با بلند شدن صدای نی متوقف شد و انگار مثل همیشه از صدای نی مست شده بودند. برگشتند و راهشان را گرفته و رفتند پی کارشان. فقط یکی دوتا از آن‌ها باقی مانده بودند که روی تپه لم داده و آن‌ها هم به گوش نشسته بودند. بعد هم صدای نی قطع شد و به گوش نمی‌رسید. خرخر سگ هم افتاد. حالا سکوت بود و سکوت. ذوالفقار هم گیج‌تر بود و همین‌جور خشکش زده و در انتظار افتادن اتفاق بعدی بود. سرش هم همچنان روی هوا بود و گوش‌هایش باز و تیز و چوب‌دستی‌اش را هم هنوز محکم در دستش گرفته بود و فکرش هم حسابی به‌کار افتاده بود. ذوالفقار به این فکر می‌کرد که بعد از مدتی دوباره صدای نی شنیده شد ولی انگار این‌بار صدای نی به صافی و شفافی و قشنگی همیشه نبود. او اشتباه نکرده بود. این‌بار ستار نبود که در نی می‌دمید. به‌جای او این‌بار گدا لاله بود که برای آرام کردن و جلوگیری از حمله‌ی گرگ‌ها نی ستار را برداشته و در آن دمیده بود.

در همین احوال صدای پایی به گوش ذوالفقار خورد که داشت به‌طرف اتاقک می‌آمد. سرش همین‌جور با نزدیک شدن صدای پا، مسیر حرکت صدا را دنبال می‌کرد. حالا صدای پا با رسیدن به جلوی ذوالفقار و وسط دوتا سکو قطع شده بود. او می‌دانست هر که بود، چه آدمیزاد و چه جن، حالا جلویش ایستاده و باید به او خیره شده باشد. تن و جان آقا ذوالفقار دوباره به لرزه افتاد و قدرت حرکت و کلام پاک از او گرفته شده بود تا بالاخره کسی که به او خیره شده بود حرکت کرد و از وسط دوتا سکو و کنار ذوالفقار که به دیوار

کنار در چسبیده بود رد شد و وارد اتاقک شد. حالا سر و گوش ذوالفقار روی در اتاقک عکس شده و در انتظار افتادن اتفاق بعدی بود:

- درویش؟...

صدای ذوالفقار که به‌سختی از ته گلویش بیرون آمد ولی هیچ جوابی از درویش و یا هر کس دیگری به او داده نشد. حالا در دلش هم به گه خوردن افتاده بود که چرا به آن منطقه آمده بود. صدای شکسته شدن چوب از طرف پشت اتاقک سکوت را شکست. بعد هم بوی دودی که از سوختن آتشی که برپا شده بود به مشام ذوالفقار رسید. به این فکر می‌کرد کسی که آتش را روشن کرده بود، کیست؟ پیش خودش فکر می‌کرد مگر جن هم آتش روشن می‌کند. بعد هم یادش افتاد که قبلاً وقتی مردم ده دودی را می‌دیدند که از منطقه‌ی ممنوعه بلند می‌شد، می‌گفتند که این شعبده بازی جن‌هاست که می‌خواهند مردم را گول بزنند و آن‌ها را به قسمت خودشان کشیده و خون آن‌ها را بمکند و جانشان را بگیرند. مسبب این خبر و تایید کننده‌اش هم ملامحمود بود که با نوشتن دعاهای بیشتر مردم را بیشتر سرکسیه می‌کرد.

خلاصه ذوالفقار آن‌قدر دوباره در فکر خاطرات گذشته و اتفاقاتی که آنجا در اطرافش می‌افتادند گیج و گنگ شده بود که صدای پای کسی را که از داخل اتاق بیرون آمده و دوباره جلویش ایستاده بود را نشنید. حتی چندی طول کشید که بوی بخار چای تازه‌دمی را که حالا مشام آقا ذوالفقار را مست کرده بود را حس کند. ذوالفقار می‌دانست که یکی چای تازه‌دمی را جلویش نگه داشته است ولی جرئت اینکه دستش را دراز کرده و چای را بگیرد را نداشت. تا بالاخره دستی دراز شد و دست ذوالفقار را که مثل بید بخود می‌لرزید را گرفت و جلو کشید و نعلبکی چای را در دست آقا ذوالفقار گذاشت. مطمئن هم شد که او نعلبکی را خوب و محکم گرفته است. حالا دست ذوالفقار از ترس چنان می‌لرزید که انگار از لرزش

صدای استکان داخل نعلبکی آهنگی نواخته می‌شد:

- د...ر...و...یش ... تو هسسستی؟...

ذوالفقار دوباره داشت درویش را صدا می‌کرد ولی آن‌قدر ترسیده بود که صدایش به‌درستی از گلویش بیرون نمی‌آمد. چندی طول کشید تا بالاخره ذوالفقار به‌خودش بیاید و متوجه شود که هنوز نعلبکی را توی دستش نگه داشته است. بااحتیاط و با دست دیگرش استکان را گرفت و دید که چای داشت کم‌کم سرد می‌شد و بخاری هم دیگر از آن بلند نمی‌شد. بالاخره کمی جرئت پیدا کرد و روی سکوی جلوی در نشست و مشغول نوشیدن چای شد. با هر قلپی هم که از استکان سر می‌کشید چندی به اطراف خیره می‌شد ولی همه‌چیز ساکت و کور بود و صدایی هم از جنبنده‌ای بلند نمی‌شد. چای را تمام کرد و درحالی‌که نعلبکی را کنارش می‌گذاشت، سرش را بااحتیاط به داخل اتاقک دراز کرد:

- هر که هستی خیلی ممنون...

چندی منتظر شد تا جوابی بگیرد ولی هیچ صدایی به گوشش نخورد. دوباره ادامه داد:

- می‌بخشید اگه مزاحم شدیم... کورم و راه رو گم کردم... هوا که روشن شد رام رو می‌گیرم و می‌رم... پشت سرمم نگاه نمی‌کنم...

باز هرچه منتظر شد فقط سکوت بود و سکوت. حتی صدای خرخر سگ هم دیگر شنیده نمی‌شد.

چیزی طول نکشید که سر ذوالفقار باز روی هوا بود و گوش‌هایش تیز شده بود. می‌دانست که هر که داخل اتاقک بود حالا خارج شده و از اتاقک دور شده بود. سر ذوالفقار روی هوا همین‌جور به‌طرف مسیر حرکت پاهای او در سفر بود. بعد هم صدای پای سگ را شنید که دنبال

طـرف بـه‌راه افتـاد. ذوالفقار همچنان سـرش را بـالا گرفته و به همـه‌ی صداهـا گـوش مـی‌داد تـا بفهمـد چـه اتفاقـی در حال افتـادن بود و اینکه مبـادا چیزی را از دسـت بدهد.

از شـنیدن صداهـا خـوب می‌فهمیـد کـه اطرافـش چـه اتفاقـاتی داشـت می‌افتـاد. طولـی نکشـید کـه دوبـاره صـدای پـای کسـی و به‌دنبالـش صدای سـگ بـه گوشـش خـورد کـه به‌طـرف او برمی‌گشـتند. صداهـا آرام بـه ذوالفقار رسـید و از جلـوی او به‌آرامـی رد شـد و داخـل اتاقک خامـوش شـد. ذوالفقار دوبـاره بـه در اتاقـک خیـره شـد و به صداهـای داخـل اتاقـک گوش مـی‌داد و دوبـاره صـداش بلنـد شـد:

- اگـر مانعـی نیسـت مـا امشـب را روی ایـن سـکو بخوابیـم... آخه جـا و مـکان نـدارم... گـدای دوره‌گـردم... راه رو گـم کـردم... فردا طلـوع آفتـاب رام رو می‌گیـرم و گـورم رو گـم می‌کنـم و مـی‌رم سـراغ کارم و پشـت سـرم رو هـم نـگاه نمی‌کنـم... البتـه اگـر از سـرما خشـک نشـم... اینجـا... یـا شـب گرگ‌هـا تیکه‌پـارم نکننـد...

و بـاز منتظـر شـد تـا جوابـی بگیـرد ولـی هیـچ فایـده‌ای نداشـت و سـکوت محـض بـود و سـکوت. سـگ ناگهانـی پاچـه‌ی آقا ذوالفقـار را گرفت و داشـت ذوالفقـار را بـه طـرف داخـل اتاقـک می‌کشـید. ذوالفقـار هـم از تـرس از جاش پریـد و چوب‌دسـتی‌اش روی هـوا رفـت. ولـی جرئـت زدن سـگه را نداشـت و خشـکش زد و خـودش را بـه دیـوار کنـار سـکو چسـباند و بـا هـر قدرتـی کـه داشـت مقاومـت می‌کـرد. ذوالفقار در ایـن خیال بود که نکنه سـگه جن باشـد کـه داشـت او را بـه داخـل اتاقک می‌بـرد تا بلایی سـرش بیاورد. کـم مانده بود کـه سـنگ‌کوب بکنـد. صدایـش از تـه گلـو به‌سـختی شـنیده می‌شـد کـه داشـت امـام و پیغمبـر و خـدا و هـر کـس دیگری را کـه به ذهنـش می‌رسـید به فارسـی و عربـی صـدا می‌کـرد. خـودش هـم نمی‌فهمیـد کـه زیـر لـب چـه بلغـور می‌کرد.

حـالا سـگ کـه انـگار از مقاومـت ذوالفقـار عصبانـی شـده بود پاچـه‌ی آقا

ذوالفقار را چند لحظه ول کرد و به‌طرف او ندای پاس کردن گذاشت. با شنیدن صدای پاس سگ، آقا ذوالفقار یکباره جا خورد. انگار این‌بار داشت با چشم‌های باز همه‌چیز را می‌دید و تماشا می‌کرد، نگاهش چند لحظه به‌طرف صدای سگ خیره شد:

مجنون؟...

ذوالفقار در این خیال بود که صدای سگ برایش بسیار آشنا بود و شبیه به صدای سگ عباس جوان پسر حاجی امیر، خان سابق ده شورچه بود که مجنون صدایش می‌کردند. برای همین هم اسم سگ را صدا کرد. حالا ذوالفقار با شنیدن صدای سگ از فکر جن‌ها و دزد و راهزن‌ها بیرون آمد و درگیر فکر و خیال سگ شد، ترس هم بیشتر برش داشت. فکر کرد که حتماً اشتباه کرده است. یادش افتاد که خودش شاهد بود که مردم هجوم آورده و مجنون را کشته بودند. از طرفی هم چهل، پنجاه سالی از آن زمان می‌گذشت و سگ که این‌همه سال عمر نمی‌کند. اما صدای این سگ با صدای سگ عباس مو نمی‌زد. ذوالفقار خوب صدای سگ را می‌شناخت. اسمش را هم می‌دانست که مجنون بود. هر وقت هم که ذوالفقار از کوچه رد می‌شد مجنون از بالای ایوان صدایش بلند می‌شد و ذوالفقار را تا از در خانه و کوچه آن‌ها دور شود با پاس کردن بدرقه می‌کرد.

ذوالفقار هنوز در مورد صدای سگ به هیچ نتیجه‌ای نرسیده بود که صدای مردی ذوالفقار را جای خودش میخ‌کوب کرد:

- می‌تونی شب رو اینجا سر کنی و طعمه‌ی گرگا بشی... و یا بیایی تو اتاقک و دمخور سگ باشی...

یکی دو دقیقه طول کشید تا ذوالفقار به‌خودش بیاید و متوجه شود که صدایی او را به داخل دعوت کرده است.

❊ ❊ ❊ ❊

فصل ۸

وقتی کوری عصاکِش روشن‌ها می‌شود...

آفتـاب داغ تابسـتانی از پشـت کوهپایه‌هـای ده شـورچه بیـرون زده بود و بـر ده می‌تابیـد. اکثر مـردم در مزارع مشـغول کار روزانه بودنـد. چند هفته‌ای می‌شـد کـه ذوالفقـار بـه منطقـه‌ی ممنوعه رفتـه بـود و هیچ خبری هـم از او نبـود. به‌خاطـر همیـن، همـه‌ی حرف‌هـا و خبرهـای مجالـس و هم‌نشـینی‌ها و شب‌نشـینی‌ها در دو ده در مـورد رفتـن ذوالفقـار و ناپدید شـدن او در منطقـه‌ی ممنوعـه بود. مـردم هم دم به دم سـراغ امام اصغری‌شـان می‌رفتند و از او سـئول می‌کردنـد و می‌خواسـتند کـه امام‌شـان بـه آنهـا بگویـد چـه بر سـر ذوالفقـار آمـده اسـت. البتـه به‌خاطـر قطع صـدای نی بعـد از پیدا شـدن امـام اصغـری، حـالا مردم ده خیـال می‌کردند معجـزه‌ی امام‌شـان باعث ترس جن‌هـا شـده و صـدای نـی را کـه جن‌هـا سـال‌های سـال می‌زدنـد را خفـه کـرده اسـت. به‌همیـن خاطـر هـم بـود کـه بـاور داشـتند او می‌توانـد آنهـا را از شـر جن‌هـا نجـات بدهـد. بـرای همیـن دم بـه دم بـه دیـدن امام‌شـان می رفتنـد و ول کـن او نبودنـد و می‌خواسـتند امام‌شـان بـاز معجـزه‌ای کنـد و از سرنوشـت ذوالفقـار بـرای آنهـا خبـری دسـت و پـا کند. امـام اصغـری هم هر دفعـه یک‌جـوری شـر آنهـا را بـا وعـده و وعیدهایش از سـر خود بـاز می‌کرد. عـده‌ای هـم به‌خاطـر گفته‌هـای امـام اصغری‌شـان کم‌کـم از بیـرون آمدن در شـب ترسـی نداشـتند. مردم دیگـر از برگشـتن ذوالفقـار ناامید شـده بودند و

کم‌کم داشتند او را هم جزو قربانیان جن‌های منطقه‌ی ممنوعه‌بحساب می‌آوردند و ذوالفقار هم داشت به فراموشی سپرده می‌شد.

در این میان انگار تنها مردعلی و کربلایی اکبر بودند که هنوز امیدشان را به برگشتن ذوالفقار از دست نداده بودند. در ابتدا مردعلی برای مدتی هر روز بالای قبرستان پیدا می‌شد و به بازی و سرگرم کردن خود مشغول شده و منتظر برگشت ذوالفقار از منطقه‌ی ممنوعه بود. بعد از مدتی او هم ناامید شده و حالا گاه‌گاهی پیدایش می‌شد و بالای قبرستان روی تخته‌سنگی می‌نشست و به بیابان خیره می‌شد و هر کس هم که به او نزدیک می‌شد صدایش بلند می‌شد:

- جن‌ها ذوالفقار را خوردند... جن‌ها خون ذوالفقار رو مکیدند...

و بعد هم خنده‌اش چاشنی گفتارش می‌شد و گفتارش را تکرار می‌کرد. کربلایی اکبر هم هر روز روی سکوی جلوی خانه‌اش می‌نشست و چشم به بیابان و منطقه‌ی ممنوعه داشت تا شاید از ذوالفقار خبری شود. ولی او هم از ترس دیگر گیوه‌هایش را پایین سکو نمی‌گذاشت و حتی از پایش هم بیرون نمی‌آورد. البته حسین کچل که تازگی‌ها خبرچین و جیره‌خوار و مشاور و بزن بهادر امام اصغری شده بود و دستورهای امام را بدون چون و چرا اجرا می‌کرد با یکی دو نفر دیگر به نوبت در دو هفته‌ی اول روزی چندبار به آنجا سر می‌زدند که اگر ذوالفقار پیدایش شد، مطمئن باشند که ذوالفقار را اول به خدمت امام برده و خبرهای منطقه‌ی ممنوعه اول به امام اصغری رسیده باشد ولی آنها هم بعد از مدتی ناامید شده و دیگر روزی یکبار بیشتر پیدایشان نمی‌شد و آن هم برای چند دقیقه‌ای بیش نبود.

در همین گیرودار بود که در یک بعدازظهر داغ تابستانی، کربلایی اکبر طبق عادت همیشگی از صبح روی سکوی جلوی خانه‌اش نشسته بود و چشم به بیابان دوخته بود و در انتظار برگشت ذوالفقار نشسته بود. حتی ناهارش را هم زن پیرش جلوی سکو به او می‌داد. البته بدون غر زدن هم

امکان نداشت ناهاری به او بدهد ولی انگار که گوش‌های کربلایی اکبر کر بودند. کربلایی اکبر آن روز چنان حواسش به بیابان بود که انگار سحر و جادو شده بود. پلک‌هایش دم به دم روی هم می‌رفت و باز می‌شد. در یکی از این باز و بسته شدن‌ها، از گوشه‌ی چشم‌هایش شبحی را از دور دید که داشت آرام از طرف بیابان و منطقه‌ی ممنوعه به‌طرف ده می‌آمد. باورش نمی‌شد که درست می‌بیند. گمان می‌کرد که چشم‌هایش به علت آنکه شب گذشته را خوب نخوابیده و همه‌ی شب را خواب دیده بود، خواب‌آلود شده و حالا خیالاتی شده بود.

سر کربلایی اکبر از زیر طاقی جلوی در خانه بیرون آمد و به طرف ده خیره شد. انگار داشت دنبال رفیقش، مردعلی می‌گشت که بر حسب اتفاق آن روز هر دیر کرده و خبری از او نشده بود. همیشه با اشاره و داد و بی‌داد، مردعلی و کربلایی اکبر گزارش هر چیزی را که می‌دیدند و می‌شنیدند با یکدیگر رد و بدل می‌کردند. برای همین هم کربلایی اکبر دنبال مردعلی می‌گشت که نظر مردعلی را در مورد شبحی که دیده است، جویا شود و مطمئن شود که اشتباه نمی‌کند ولی هیچ جنبنده‌ای نبود که کربلایی اکبر با او صلاح و مشورت کند. حالا سکوت محض حکومت می‌کرد و فکر و خیال و ترس از اینکه نکند جنی دارد به طرفش می‌آید، تمام وجود کربلایی اکبر را برگرفت. فکر می‌کرد نکند مردعلی چیزی می‌دانسته که آن روز پیدایش نشده است. نگاه کربلایی اکبر حالا به‌طرف بیابان و شبح خیره شده بود و به‌سختی می‌توانست چشم‌هایش را باز نگه دارد. با نزدیک‌تر شدن شبح، کربلایی اکبر خودش را جمع و جور کرده و از جایش بلند شد. در این فکر بود که به خانه رفته و در را پشت سرش ببندد ولی گمان می‌کرد اگر این کار را بکند، اگر شبح، جن باشد که در بسته و باز نمی‌شناسد. از در و دیوار هم رد شده و دنبالش آمده و هم کلک او را می‌کند و هم کلک زن پیر و بی‌چاره‌اش را.

در همین احوال که کربلایی اکبر سرش را کمی بیشتر از سکو بیرون آورده و به بیابان خیره شده بود، صدای واق واق سگی پشتش بلند شد. با بلند شدن ناگهانی صدای سگ کربلایی اکبر از ترس چنان به هوا پرید که حتی خودش هم نمی‌دانست مثل مرغ پرکنده‌ای که از دست شغال در رفته است از سکو پایین پریده و چند قدمی هم از جلوی در و سکو دور شده بود. صدای فریادش هم چنان بلند شده بود که تا وسط ده هم رسیده بود. سر کربلایی اکبر با رنگ پریده‌اش برگشت به‌طرف صدای سگ ولی چنان ترس و لرز وجود و روح و روان او بی‌چاره را گرفته بود که چند لحظه طول کشید تا متوجه شود که مردعلی از پشت دیوار خانه‌ی او بیرون پریده و صدای سگ درآورده بود که با کربلایی اکبر به خیال خودش شوخی کرده باشد. حالا از شوخی خودش چنان خوشحال بود که دور و بر کربلایی اکبر می‌رقصید و صدای خنده و مزاح او صدها متر آن‌طرف‌تر هم می‌رسید:

- کین ترس و... کین ترس و...

مردعلی با پس‌گردنی محکمی که از کربلایی اکبر خورد پا به فرار گذاشت. حالا کربلایی اکبر با سنگ و کلوخ به‌دنبال مردعلی بود و مردعلی هم از دست او در می‌رفت و هنوز خنده‌هایش به‌راه بود. رقص و بازی مردعلی و کربلایی اکبر چنان آنها را سرگرم کرده بود که انگار کربلایی اکبر شبحی که داشت از طرف بیابان به‌طرف آنها می‌آمد را پاک فراموش کرده بود.

در همین گیرودار که آن دو مشغول بازی و نبرد بودند دوباره صدای پاس سگی بلند شد. کربلای اکبر به‌قدری از مردعلی خشمناک شده بود که هنوز هم خیال می‌کرد که این مردعلی است که دوباره دارد صدای سگ درمی‌آورد:

- زهر مار...

کربلایی اکبر درحالی‌که به‌دنبال مردعلی می‌دوید با ایستادن ناگهان مردعلی به او رسید و همین‌جور به زدن پس‌گردنی به او ادامه می‌داد تا بالاخره متوجه شد که مردعلی اصلاً به کربلایی اکبر و پس‌گردنی زدن او هیچ اهمیتی نمی‌دهد و همین‌طور به پشت کربلایی اکبر و به‌طرف بیابان خیره شده است. کربلایی اکبر برگشت و چشم‌هایش روی ذوالفقار افتاد که در چند قدمی آنها ایستاده و سرش رو به هوا بود:

- سلام و العلیکم...

ولی کربلایی اکبر چنان متعجب شده بود که نه صدای سلام دادن ذوالفقار را می‌شنید و نه صدای پاس سگ آقا ذوالفقار را که کنار او ایستاده بود و انگار با پاس کردن داشت به آنها سلام می‌داد. کربلایی اکبر و مردعلی برای چند لحظه چنان گیج و گنگ شده بودند که نزدیک به دقیقه‌ای طول کشید تا دو ریالی مردعلی و کربلایی اکبر بیافتد و باورشان شود که این ذوالفقار است که سر و مر و گنده و صحیح و سالم جلوی آنها ایستاده و این سگ تازه‌ی آقا ذوالفقار بود که این بار به صدا آمده بود. ولی هنوز نمی‌دانستند و مطمئن نبودند که ذوالفقار خودش بود و یا جن‌ها بودند که در جلد و شکل ذوالفقار رفته و ظاهر شده بودند. خصوصاً که برای اولین باری بود که ذوالفقار که از سگ متنفر بود حالا سگ‌دار هم شده و از سگ هم بدش نمی‌آید و بالاخره خنده‌های مردعلی هم باز گل کرد و صدایش بلند شد:

- ذوالفقار جن شده... ذوالفقار جن شده... ذوالفقار سگ‌دار شده...

و مردعلی درحالی‌که خنده‌هایش به‌راه بود، فریادکنان و دوان دوان راهی ده شد:

- ذوالفقار جن شده... ذوالفقار جن شده... ذوالفقار جن شده و برگشته...

با در رفتن مردعلی حالا ترس و لرز کربلایی اکبر بیشتر هم شد و کربلایی اکبر کم‌کم و با ترس و لرز عقب عقب به‌طرف در خانه‌اش و زیر سکو حرکت کرد و هنوز گیج و گنگ، با ناباوری به ذوالفقار خیره شده بود. هنوز هم مطمئن نبود که واقعاً خود ذوالفقار است و یا جن‌ها در جلد او ظاهر شده‌اند:

- آقا ذوالفقار... راستش رو بگو ... خودتی؟...

صدای کربلایی اکبر از ترس به‌سختی از ته حلقش بیرون می‌آمد و بریده بریده به گوش ذوالفقار می‌رسید.

درحالی‌که کربلایی اکبر گیج و گنگ در تماشای ذوالفقار گم شده بود، مردعلی در کوچه، پس‌کوچه‌های ده، دوان دوان می‌رفت و چنان معرکه‌ای به‌پا کرده بود که بیا و ببین:

- ذوالفقار برگشته... ذوالفقار جن شده... ذوالفقار جنا را خورده... آمده همه رو بگیره و ببره... سر قبرستانه... ذوالفقار جن شده و برگشته... ذوالفقار سگ شده... سگ‌دار شده...

با بلند شدن و شنیدن فریاد مردعلی مردم از در و دیوار خانه‌های خود بیرون ریختند. در ابتدا آنها هم گیج و گنگ شده بودند که چه باید کنند و در این شک بودند که حرف‌های مردعلی را قبول کنند یا نه. آخر مردم کم‌کم دیگر ذوالفقار از یادشان رفته بود. آنها در این خیال بودند که ذوالفقار را جن‌ها برده‌اند. برای همین هم بود که چندی طول کشید تا دو ریالی‌شان بیافتد و قبول کنند که ذوالفقار برگشته است. مردعلی دوان دوان به مسجد رسید و داخل شد. با وارد شدن به مسجد و دیدن حسین کچل صدایش را هم بلندتر کرد. رقصش هم هیجان بیشتری به‌خود گرفت و چنان از خود بی‌خود شده بود که نمی‌دانست که با گیوه‌های خاکی‌اش وارد صحن مسجد شده است. صدایش حالا حال و احوال و رنگ روضه و نوحه‌خوانی را هم به‌خود گرفته بود. با وارد شدن

مردعلی به صحن مسجد، امام اصغری و یکی دو نفر دیگر که گرم گفتگو بودند، حواسشان پاک پرت مردعلی شد. حسین کچل و یکی دو نفر دیگر از جیره‌خواران امام اصغری هم به‌دنبال مردعلی وارد صحن مسجد شده و دنبال او کرده و سرش داد می‌زدند که چرا با گیوه وارد صحن مسجد شده است و طبق معمول نمایش من گرممه بازی مردعلی و حسین کچل و بقیه در حال اجرا بود. ولی هوش و حواس امام اصغری چنان پرت خبر برگشتن ذوالفقار شده بود که یاد گفتگویش با یکی دو نفر دیگر رفت و بلند شد و جلوتر از مردعلی و حسین کچل از صحن مسجد خارج شد.

مرد علی و حسین کچل و بقیه به‌دنبال امام اصغری از صحن مسجد خارج شده و وارد حیاط مسجد شدند ولی تا حسین کچل و دار و دسته‌اش آمدند گیوه‌هایشان را جلوی در مسجد به پا کنند، مردعلی از حیاط مسجد بیرون زد. حسین کچل و دار و دسته‌اش بعد از پا کردن گیوه‌هایشان قصد دنبال کردن مردعلی را داشتند که صدای امام اصغری آن‌ها را متوقف کرد. دیدند که امامشان همین‌جور به چرخ چاه مسجد خیره شده و در فکر و خیال گم بود. پرمسلم بود که امام اصغری رفته بود در فکر اینکه حسین کچل و دار و دسته‌اش باید هرچه زودتر و قبل از هر کس دیگری خودشان را به ذوالفقار برسانند و پرس و جو کنند که چه بر سر او آمده و ذوالفقار را اول و قبل از اینکه با دیگران گفتگویی داشته باشد به خدمت امام اصغری بیاورند.

- خاک عالم تو سرتون... یه دیوانه از شما بیشتر جرئت و عرضه داره... چرا دنبال خله افتادید... خبر مرگتون... مجتهد سر قبرستونه و شما افتادید دنبال متولی... دنبال یه دیوونه... جلد باشید برید سراغ ذوالفقار و قبل از اینکه زبونش رو پیش کسی وا کنه بیاریدش اینجا...

نمایش مردعلی در کوچه، پس‌کوچه‌های ده شورچه ادامه داشت.

مردم ده هم هنوز در مورد خبر برگشتن آقا ذوالفقار به‌خودشان نیامده بودند که حسین کچل و دار و دسته‌اش از وسط زمین‌های زراعی میان‌بر زده و از چندتا دیوار کوتا و بلند بالا و پایین پریدند و مثل باد خودشان را رساندند به کوچه‌ای که به قبرستان و سر جاده‌ای که به‌طرف منطقه‌ی ممنوعه می‌خورد. حالا فقط خانه‌ی کربلایی اکبر جلوی چشم‌هایشان بود و قبرستان و در دوردست بیابان و منطقه‌ی ممنوعه دیده می‌شد. خانه‌ی کربلایی اکبر آخرین خانه و بیرون ده افتاده بود. با شنیدن خبر برگشتن ذوالفقار از منطقه‌ی ممنوعه جمعیت هم کم‌کم به طرف قبرستان کنده شده بودند. حسین کچل و دار و دسته‌اش هر چه اطراف را جستجو کردند ذوالفقاری در کار نبود. با ندیدن ذوالفقار انگار کمی هم ترس و وحشت به تنبانشان افتاد تا آنجا که خودشان هم نمی‌دانستند که حالا به جلوی در خانه‌ی کربلایی اکبر رسیده بودند. بالاخره با دیدن ذوالفقار که زیر تاقی جلوی در خانه‌ی کربلایی اکبر، روی سکو، کنار او نشسته و سرش روی هوا بود، آقا حسین کچل و دار و دسته‌اش جلوی سکو خشکشان زد. دیدند که کربلایی اکبر چنان به ذوالفقار خیره شده و از خود بی‌خود شده که انگار از وجود حسین کچل و دار و دسته‌اش هیچ خبری نیست.

حالا حسین کچل و دار و دسته‌اش با شک و تردید به ذوالفقار و کربلایی اکبر خیره شدند. در این شک بودند که نکند جن‌ها توی جلد ذوالفقار و کربلایی اکبر رفته باشند و آنها خودشان نباشند. برای همین هم کربلایی اکبر این چنین از خود بی‌خود شده که حتی پلک هم نمی‌زند. برعکس داخل ده که جار و جنجال و نمایش مردعلی هنوز ادامه داشت، جلوی خانه‌ی کربلایی اکبر سکوت محض بود و بس. جیک از هیچ‌کس درنمی‌آمد. حسین کچل و همراهانش همه خشکشان زده بود. با صدای پاس ناگهانی سگ ذوالفقار حسین کچل و همراهانش چنان از جای خود پریدند که حتی جمعیتی را که حالا به آنها رسیده بود را

ندیدنـد. هیچ‌کـدام انتظـار پـاس سـگی را نداشـتند. حتـی سـگ را کـه روی سـکو پشـت ذوالفقـار دراز کشـیده بـود را ندیـده بودنـد. حالا داشـتند سـگ را می‌دیدنـد کـه کنـار ذوالفقـار روی سـکو ایسـتاده بـود و به‌طـرف آنها پاس می‌کـرد. کربلایـی اکبـر هـم هیچ‌گونـه اعتراضی به بودن سـگ روی سـکو که همـه آن را نجـس می‌دانسـتند را نکـرده بود. بالاخـره ذوالفقـار از جایش بلند شـد و از سـکو پاییـن آمـد و صدایـش بلند شـد:

- نترسـید ... مجنـون سـگ بی‌آزاریسـت... همـراه و همـدم منـه... خیلـی هـم باوفاسـت... اون مـن رو از دسـت جن‌هـا نجـات داد...

بعـد از شـوخی‌اش بـا حسـین کچـل و یارانـش کـه سـگ او را از دسـت جن‌هـا نجـات داده، آقـا ذوالفقـار از زیـر طاقـی بیـرون زد و سـرش رفت روی هـوا و گوش‌هایـش هم تیز شـدند. سـگش هـم کنارش ایسـتاده و به حسـین کچـل و دار و دسـته‌اش خیـره شـده بـود و انـگار که مـردم را که حـالا کوچه را پـر کـرده بودنـد و هنـوز هـم داشـتند می‌آمدند را تماشـا می‌کـرد. ذوالفقار در چنـد قدمـی حسـین کچل ایسـتاده بود. بعدش هم سـرش به‌طـرف بیابان برگشـت و چنـد لحظـه‌ای بـه طـرف بیابـان خیره شـد. بـا بلند شـدن صدای حسـین کچـل کـه از ترس به‌سـختی از ته گلویـش درمی‌آمد بالاخره سـکوت شکسـت و سـر ذوالفقار بـه طرف او برگشـت:

- آقا ذوالفقار؟... آد... می...

سـر ذوالفقـار چنـدی به طرف حسـین کچل خیره شـد. گرچه چشـم‌های ذوالفقـار نمی‌دیـد ولـی می‌توانسـت حـس کنـد کـه آنهـا از تـرس دل تـوی دل‌شـان نیست:

- نه... آدم نیستم... من و سگه جن شدیم ...

بعـد هـم آقـا ذوالفقـار به‌طـرف ده بـه‌راه افتـاد. چند قدمـی برنداشـته بود که دوباره ایسـتاد و سـرش برگشـت به‌طرف حسـین کچل و دار و دسـته‌اش:

- شاید هم سگ شده باشم... مثل مجنون...

ذوالفقـار دوبـاره به‌طـرف ده راه افتـاد. بـا رسـیدن ذوالفقـار و به‌دنبالـش سـگش به جمعیت، مردم بلافاصله و بااحتیاط از سـر راه آن دو کنار می‌رفتند و راه را برایشـان بـاز می‌کردنـد. بـرای اولین‌بـار هـم بـود که هیچ‌کـس جرئت سـنگ برداشـتن و حملـه بـه سـگ ذوالفقار را نداشـت. چـرا که هنـوز در آدم یـا جن بودن ذوالفقار و سـگش شـک داشـتند و گویا شـوخی ذوالفقـار را حالا جـدی گرفتـه بودنـد. چندیـن متری می‌شـد که ذوالفقار و سـگش از حسـین کچـل و دار و دسـته‌اش دور شـده بودنـد کـه بالاخـره آنهـا به خودشـان آمده و در شـک شـدند کـه شـاید ذوالفقـار بـا آنهـا شـوخی کـرده باشـد که سـگ جـن اسـت ولـی مطمئن نبودند. حسـین کچـل و به‌دنبـال او دار و دسـته‌اش به‌طـرف ذوالفقـار بـه‌راه افتادنـد و طولی نکشـید که فقـط کربلایـی اکبر باقی مانـده بـود و سـکوت زیـر طاقـی. هیچ‌کـس هـم نمی‌دانسـت ذوالفقـار چـه چیـزی بـه کربلایـی اکبر گفته کـه او را متحیـر و از خود بی‌خود کرده اسـت.

حسـین کچـل و دار و دسـته‌اش بالاخـره با عجله خودشـان را بـه ذوالفقار رسـاندند. ولـی بـا دیـدن سـگ، آهسـته کـرده و نمی‌دانسـتند چـه بایـد می‌کردنـد. هنـوز مطمئـن نبودنـد کـه سـگ و یـا ذوالفقـار واقعاً سـگ و آدم بودنـد و یـا اینکـه جن‌هـا به جلـد آنها رفته‌انـد. بـرای همین هم چنـد قدمی دورتـر و دنبـال آنهـا حرکـت می‌کردنـد. حسـین کچل می‌دانسـت کـه دیر یا زود بایـد تکلیـف خـودش را بـا آقـا ذوالفقـار یک‌سـره کـرده و می‌فهمیـد که ذوالفقـار جـن اسـت و یـا آدم. ذوالفقار و سـگش دیگر وارد کوچه‌ای که از سـر قبرسـتان بـه ده می‌خـورد شـده بودنـد. مـردم هم دسـته دسـته می‌رسـیدند و بـا دیـدن ذوالفقـار و دیگـران سـکوت کـرده و بـه او و سـگش خیره شـده و بـا رسـیدن ذوالفقـار و سـگش بـه آنهـا بلافاصلـه از سـر راه کنـار می‌رفتنـد. حسـین کچـل هم حـالا تا اندازه‌ای مطمئن شـده بـود آقا ذوالفقار جن نشـده ولـی هنـوز جانـب احتیـاط را حفظ کـرده و همان‌طـور کـه دورادور دنبال آقا

ذوالفقار قدم برمی‌داشت و خیلی هم تلاش می‌کرد که یک‌دفعه پاهایش به سگ نخورد و یا به سگ نزدیک نشود، کم‌کم شجاع شده و با آقا ذوالفقار وارد صحبت شد:

- آقا ذوالفقار برگشتی... خوش آمدی... ولی یادت نره دعا و وساطت امام اصغری بید که سالم برگشتی... امام هم حالا توی مسجد منتظرته آقا ذوالفقار...

یکی دیگه از آدم‌های حسین کچل به صدا آمد:

- معلومه که دعای آشیخ اصغر پشتش بیده...

هنوز حرف طرف تمام نشده بود که یکی دیگر از آنها محکم زد توی سرش و صدایش را خفه کرد:

- الاغ زبونت رو گاز بگیر... امام... نه شیخ... دعای امام اصغری پشتش بیده...

- خوب من بی‌سواد چه گناهی کردم که خرم و فرق بین امام و شیخ و آخوند و ملا رو نمی‌فهمم... آخه اولا ملا بود و بعد هم یک دفعه آشیخ شد... بعدش هم یک دفعه امام...

می‌خواست درستش کند که خراب‌تر شد ولی صدای یکی دیگر از جیره‌خواران امام بلند شد و صدای او را دوباره کشت:

- خوب معلیمه... اگه ذوالفقار خفت کنه و اول به زیارت امام نره... امام اصغری عاقش می‌کنه و اگه عاقش کنه... آقا ذوالفقار صاف می‌ره تو جهنم...

یکی دیگر از آنها هم پرید میان حرف رفیقش:

- جهنمی که می‌شه که هیچ... سنگ می‌شه... و دیگه جاش توی این ده نیست...

حسین کچل خطاب به ذوالفقار صدایش بلند شد:

- آقا ذوالفقار خودش می‌دونه که اول باید خدمت امام برسه... می‌دونه که خبرهای خوب و بد رو اول باید به عرض امام برسونه...

هنوز حسین کچل و دار و دسته‌اش مشغول رام کردن و ندا دادن به ذوالفقار بودند که سر و صدای مرد علی بلند شد. چند کلمه‌ی دیگر از دهان حسین کچل خارج نشده بود که جمال مردعلی که از ته کوچه پیچیده بود، دیده شد که بین تعدادی جوانک قد و نیم‌قد و در پیشاپیش آنها می‌دوید. در بین جوان‌ها و کنار مردعلی و جلوی جمعیت جوانکی هم بود که سوار بر خرش در حرکت بود. مردعلی هنوز به آنها نرسیده بود که حسین کچل برای خفه کردن مردعلی دست به‌کار شد. برای اینکه مردم را هم همراه خودش کند، داد صلوات داد:

- الهم صل علی محمد و آل محمد...

و جمعیت هم به ندای حسین کچل جواب داده و حالا صدای صلوات مردم تا چند آبادی آن‌طرف‌تر هم می‌رفت. حسین کچل معطل نکرد و رهبری جمعیت را به دست گرفت و دار و دسته‌اش هم پامنبری را به عهده گرفته و هر آنچه از دهن حسین کچل بیرون می‌آمد تکرار می‌کردند و دور و بر ذوالفقار را گرفته و با زدن به سینه‌ی خود مردم را هم تشویق به همکاری می‌کردند:

- به‌خاطر سلامتی امام زمان و چهارده معصوم صلوات بلندتر ختم کن...

مردم هم دم داده و آقا ذوالفقار هم گیج شده بود و حالا سگش هم بین جمعیت گم شده و پشت جمعیت و دنبال آنها حرکت می‌کرد و پاسش هم ادامه داشت. مردم هم که کم‌کم ترسشان از جن بودن ذوالفقار و سگ ریخته بود، با سنگ به‌طرف سگ حمله کرده و از خودشان دورش می‌کردند ولی سگ باز برمی‌گشت و دنبال جمعیت پاس می‌کرد و دنبال ذوالفقار می‌گشت.

جمعیـت بـا سـلام و صلـوات بـه مردعلـی و جوانـک خرسـوار رسـیدند و مردعلـی فـوری سـردمدار شـد و دادش بلنـد شـد و چوب دستی‌اش در حکم شمشیر حضرت علی و حسین روی هـوا می‌چرخیـد و انـگار آمـاده می‌شـد کـه بـه نبـرد شـمر ذی الجوشـن بـرود. حسـین کچـل بـا رسـیدن بـه جوانـک خرسـوار کـه منتظـر بـود تـا جمعیـت رد شـده و بـه راهـش ادامـه بدهـد او را گرفـت و از خـرش پاییـن کشـید و بـه جیره‌خوارانـش اشـاره کـرد کـه آقـا ذوالفقـار را سـوار خـر کننـد. داد و فریـاد جوانـک هـم بلنـد شـده و در نبـرد بـود کـه خـرش را پـس بگیـرد ولـی پرمسـلم بـود کـه زورش بـه چندیـن مرد مفت‌خـوری کـه حـالا ذوالفقـار را روی هوا بلند کرده و داشـتند سـوار خر می کردنـد، نمی‌رسـید ولـی جوانـک دست‌بـردار نبـود و داد و فریادش بلنـد شـده و در تـلاش بـود کـه خـرش را پـس بگیـرد:

- خرم رو بدید... مگه شما دین و ایمون ندارید... خرم رو بدید...

ولـی به‌جـای پـس دادن خـر، بی‌چاره‌ی بدبخـت بـا حملـه‌ی یکـی دو تا از چماق‌داران امـام اصغـری روبـرو شـد و طولـی نکشـید کـه سـر و کلـه‌اش هـم خونـی شـد ولـی جوانـک کوتـاه بیـا نبـود و در تلاش بـود کـه خـودش را از چنـگال لشـکر شـمر کـه خودشـان را در سـیرت و ضمیـر لشـکرهای امـام حسـین نمایـان کـرده بودنـد، رهـا کـرده و سـراغ خرش بـرود ولـی کار آسـانی نبـود و زورش بـه آنهـا نمی‌رسـید؛ فقـط می‌توانسـت ببینـد کـه ذوالفقـار روی خـرش قـرار گرفتـه و یکـی از آدم‌هـای امـام اصغری افسـار خـرش را گرفتـه و خـرش و آقـا ذوالفقـار را بـه زور به‌طـرف محـل امـام اصغـری می‌بـرد. مردم هم بـا سـلام و صلـوات داشـتند زوار حضـرت فیـل را دنبـال می‌کردنـد.

آقـا ذوالفقـار هـم حـالا گیـج و گنـگ روی خر نشسـته و سـرش روی هـوا بـود و خـودش هـم نمی‌دانسـت کـه چـه اتفاقـی داشـت برایش می‌افتـاد. ولی یک‌بـاره سـر آقـا ذوالفقـار برگشـت به‌طـرف دشـت سرسـبزی کـه پشـت دیوار کوتاهـی از جـاده جـدا شـده بـود. انـگار داشـت شـیخ احمـد را می‌دیـد کـه لبخند

به لب از میان سبزه‌زار و ردیف درختان می‌رفت به طرف ده و به‌دنبالش هم ستار و آسیه حرکت می‌کردند. نگاهشان هم به طرف ذوالفقار بود و لبخندی ملایم بر چهره داشتند. اگرچه ذوالفقار با چشم‌های کورش داشت شیخ احمد و ستار و آسیه را می‌دید، ولی عده‌ی زیادی که از اطراف شیخ و لابه‌لای درخت‌زار به‌طرف کوچه می‌آمدند انگار هیچ‌کدام از اینکه در حال عبور از لابه‌لای شیخ احمد و ستار و آسیه رد می‌شدند هیچ اطلاعی نداشتند و آنها را نمی‌دیدند. با دیدن شیخ احمد و ستار و آسیه حالا ذوالفقار پاک یادش رفت که روی خر نشسته و مردم دارند، شاه داماد را به حجله می‌برند. حتی وقتی هم که از دشت رد شد و به خانه‌های ده رسید و دیگر نه دشتی دیده می‌شد و نه شیخ احمد و ستار و آسیه‌ای، هنوز هم سر ذوالفقار به عقب بود و به‌طرف دشت و دنبال شیخ احمد و ستار و آسیه می‌گشت.

با خوردن شمشیر چوبی مردعلی که روی هوا می‌چرخید و در نبرد با شمر ذی الجوشن بود، به دست ذوالفقار، ذوالفقار از فکر و خیال شیخ احمد و ستار و آسیه بیرون آمد. ذوالفقار آن‌قدر تیزهوش بود که حتی صدای مردعلی را از وسط آن‌همه صدا خوب می‌شنید:

- آقا ذوالفقار رو خر کردند... سوار خرش کردند... آقا ذوالفقار رو خر کردند... سوار خرش کردند...

در طول راه هم مردم از در و دیوار بیرون می‌زدند و به جمعیت می‌پیوستند. حالا برای گرفتن افسار خری که ذوالفقار سوارش بود بین جوان‌ها و حتی مسن‌ترها هم مبارزه‌ی سختی درگرفته بود و البته هر که زور و قدرت بیشتری داشت، مسلما شانس بیشتری هم برای رسیدن حداقل دستش به پالان و افسار خر را داشت که زیارتش قبول شود.

جوانک صاحب خر هم هنوز با سر و کله‌ی خونی به‌دنبال پس گرفتن خرش بود و چماق‌داران امام هم همین‌جور بر سرش می‌زدند و او را روی

زمین ولو می‌کردند. اما جوانک تصمیم به عقب‌نشینی نداشت و برای گرفتن خرش دنبال جمعیت بود و دشنام می‌داد و نمی‌خواست خرش را همین‌جور مفتی مفتی ازش بگیرند و ببرند، حالا بغضش هم ترکیده و به گریه افتاده بود ولی مثل گلوله از زمین بلند می‌شد و دوباره برای گرفتن خرش به جیره‌خواران امام حمله می‌کرد.

- بی‌دینا... خرم رو پس بدید... بابام می‌کشدم... خرم رو پس بدید... مگه شما دین و ایمون ندارید...

بالاخره جمعیت به رهبری حسین کچل و پامنبری چماق‌داران‌اش و با شمشیرکشی مردعلی درحالی‌که حالا افسار خر را هم گرفته بود، به مسجد رسید. چنان جوی مردعلی و بقیه را گرفته بود که نمی‌دانستند چه می‌کنند و به کجا می‌روند. حالا مردعلی و خر و سوارش چند قدمی هم از جمعیت جلو افتادند. مردعلی بدون اینکه یادش باشد که دارد وارد حیاط مسجد می‌شود، چوب‌دستی‌اش را روی هوا می‌چرخاند و صدای رجزخوانی و تعزیه‌خوانی‌اش هم از همه بلندتر بود. خر و سوارش ذوالفقار را وارد حیاط مسجد کرد و تا مردم برسند، مردعلی از حیاط مسجد هم رد شد و خر و سوارش ذوالفقار وارد صحن مسجد شدند. با وارد شدن به صحن مسجد، مردعلی افسار خر را ول کرد و خودش دوان دوان داخل مسجد می‌چرخید و به نوحه‌خوانی‌اش ادامه می‌داد و به‌دنبال پیدا کردن شمر ذی الجوشن در جلو و اطراف امام اصغری و یکی دو نفر دیگر که کنار منبر نشسته و منتظر رسیدن ذوالفقار بودند، می‌چرخید. سر آقا ذوالفقار بدبخت هم چنان محکم به بالای در مسجد خورد که از روی خر پرت شد و مثل آبی که روی زمین پاشیده باشند روی زمین ولو شد و یارای حرکت نداشت. خر هم گیج و گنگ شده و ندای عرعر سر داد.

چنان جوی مردم را گرفته بود که چندی بعد از ورودشان به صحن مسجد تازه متوجه شدند که آقا خره هم به داخل صحن مسجد آمده تا

پـای روضـه‌ی امـام اصغـری بنشـیند. در یـک لحظه همـه چنان جـا خوردند کـه جیـک از هیچ‌کـس در نمی‌آمـد. امـام اصغـری هـم کـه بـا یکـی دو نفـر پـای منبـر نشسـته و منتظـر رسـیدن ذوالفقـار بـود، حالا بـا تعجب بـه خر و ذوالفقـار کـه کـف مسـجد ولـو شـده بـود و مردعلـی که هنـوز داخـل صحن مسـجد و جلوی امام اصغری به تعزیه‌خوانی مشـغول و با شـمر ذی الجوشـن در جنـگ بـود، نـگاه می‌کـرد. مردعلـی بـا دیدن خـر در صحن مسـجد، خر را کـه عرعـرش هـم هنوز بلنـد بـود در رجزخوانـی و جنگ بـا شـمر قاطی کرد و حـالا از خـر می‌خواند:

- دور آخـر زمـون شـده... دیگـه خـر هـم آدم شـده و آمـده بـره منبـر... خـر آخونـد شـده... ای شـمر ذی الجوشـن...

بـا شـنیدن صـدای مـرد علی کـه می‌خواند ‹خـر آمده بـره منبـر... خر هم آخونـد شـده...› حسـین کچـل و چمـاق‌داران امـام اصغـری و مـردم کـه حالا همه وارد صحن مسـجد شـده بودند، تازه به خودشـان آمده و با مشـت و لگد و دشـنام بـه جان مردعلـی افتادند و طبـق معمول من گرممه بـازی مرد علی بـا چمـاق‌داران امـام اصغـری شـروع شـد و درحالی‌کـه به خـر اشـاره می‌کرد بیـن مـردم می‌رفـت و کتکـش را هم می‌خـورد و کوتـاه بیا هـم نبود:

- خـوب مگـه کفـر گفتـم... خـوب خـر هـم آمـده روضـه دیگـه... خـوب مگـه فـرق ما بـا خر چیـه... مگه خـر آدم نیسـت؟... خوب مثـل مـا آمـده روضـه دیگه...

مردعلـی و بـه دنبالـش خر، از صحن مسـجد خـارج شـدند و طبق معمول همیشـه سـلام و صلـوات آغاز شـد و آقا ذوالفقـار را هم بالاخـره از روی زمین جمـع کـرده و برده و بـا احترام کنـار امام اصغری نشـاندند.

در همیـن احـوال جوانـک صاحـب خـر، خونیـن و مالیـن و با هـر زحمتی شـده بـود خـودش را بـه حیـاط مسـجد رسـاند تـا خـرش را پس بگیـرد ولی نـه خـری بـود و نـه پالونی. حـالا جوانـک بی‌چـاره‌ی بدبخت بغض‌اش بیشـتر

ترکید. خرش را که به زور برده بودند هیچ، با اعتراض چماق‌داران امام اصغری هم روبرو شده و تازه یک چیزی هم بدهکار شده بود. چماق‌داران امام اصغری هم دوباره با مشت و لگد به جانش افتاده و می‌گفتند خُب سهم امام دادی و چهار دست و پای جوانک خونین و مالین را گرفته و برده و از در مسجد به بیرون پرت کرده بودند و هیچ‌کس هم لب از لب باز نکرده بود که بگوید بابا دارید چه کار می‌کنید؟ حالا فقط سگ ذوالفقار بود که بعد از برگشتن و وارد شدن چماق‌داران به مسجد خودش را به جوانک رسانده و مشغول کمک و وارسی او شده بود. مردم بدون توجه وارد و خارج مسجد می‌شدند و بخاطر اینکه سگ کنار جوانک بود، حتی خودشان را از جوانک دور می‌کردند و بعضی‌ها هم با حمله به سگ، می‌خواستند که راهش را بگیرد و از جلوی در مسجد دور شود.

در همان زمانی که سگ ذوالفقار مشغول لیس زدن خون‌های جوانک از سر و صورتش بود، داخل صحن مسجد سر ذوالفقار به یک‌باره به هوا رفته و خیره شده بود به‌طرف در پشتی مسجد که کمی دورتر و درست پشت سر امام اصغری قرار داشت. ذوالفقار اگرچه کور بود ولی انگار می‌توانست نور زیادی را که از در به داخل می‌تابید را راحت ببیند. وسط جدار در شیخ احمد ظاهر شده بود و با لبخند و لباس کهنه و مندرس‌اش به ذوالفقار خیره شده بود:

- شی یخخ... شیخ...

امام اصغری که نمی‌دانست ذوالفقار داشت اسم شیخ احمد را زمزمه می‌کرد و به خیال اینکه ذوالفقار با صدای اسم او به لکنت زبان افتاده است، دستش را دراز کرد و دستی به سر ذوالفقار کشید:

- من اینجا هستم آقا ذوالفقار... نگران نباش...

ولی چیزی را که امام اصغری نمی‌دانست این بود که ذوالفقار با دیدن شیخ احمد در جدار در همه‌ی صداهای داخل مسجد و اطراف

برایش مرده بود و فقط صدای شیخ احمد بود که به گوش او می‌خورد و صدا برایش آشنا بود:

- نگران نباش دوست من... همه‌ی این اتفاقات باید بیافتد... تا مردم صدمه‌اش را نخورند، هیچ‌وقت تفاوت حق و ناحق را نمی‌فهمند... تازه بعد از آن هم فقط عده‌ی کمی خواهند بود که حق و حقیقت را قبول کنند... تا خرافات پابرجا باشد، بنده‌های خدا در عذاب خواهند بود....

با سخنان شیخ احمد آرامش خاصی تمام وجود ذوالفقار را گرفت و خنده بر لب‌ها و چهره‌اش ظاهر شد:

- پس... پس همه‌ی این‌ها نقشه‌ی خداست شیخ... که مردم حقیقت رو بفهمند؟...

و با شنیدن سخن ذوالفقار امام اصغری که خیال می‌کرد ذوالفقار دارد نمایشی را که برایش تدارک دیده بود را بازی می‌کند، به ذوالفقار نزدیک شد و با صدای بلند بانگ الله اکبر و صلوات داد. مردم هم با او همراه شده و همهمه‌ای داخل مسجد به‌راه افتاد که بیا و ببین. حسین کچل و به‌دنبالش یکی دو نفر دیگر هم بلند شده و درحالی‌که میان دید ذوالفقار و شیخ احمد قرار گرفته بودند برای بوسیدن دست امام اصغری در مبارزه بودند و صدای حسین کچل بلند شد:

- مردم خودتون دیدید و شنیدید که آقا ذوالفقار گفت همه‌ی تمام این اتفاقات همه و همه‌اش نقشه‌ی خدا بوده که امام اصغری را بر ما نازل کرده و این خواسته‌ی امام اصغری بوده که اون فرستاده به بیابان و سراغ جن‌ها. اگر دعاها و خواسته‌های امام اصغری نبود، خیال می‌کردید ذوالفقار سالم و سلامت از دست جن‌ها درمی‌رفت...؟ هرگز...

مردم نادان و خرافاتی هم با شنیدن صدای حسین کچل دوباره به‌طرف اما اصغری هجوم آورده و برای بوسیدن دست و پای امام اصغری سر و دست می‌شکستند.

❋ ❋ ❋ ❋ ❋

فصل ۹

غریبه‌ای که در ده شورچه آتش به‌پا کرد؟

با برگشتن ذوالفقار از منطقه‌ی ممنوعه، آن هم سالم و سر و مر و گنده، اصغر بوگندو و دار و دسته‌اش معطل نشده و با هر حیله و تزویری با عوام فریبی، مردم را خر کرده و به آنها قبولاندند که این معجزه‌ی امام اصغری است که ذوالفقار از دست جن‌ها قسر در رفته و جان سالم به‌در برده است. خلاصه از آن روز به بعد دوباره بازار دکان مکاره‌کاری و سرکیسه کردن مردم توسط امام اصغری و دار و دسته‌اش شلوغ‌تر هم شد. مردم با هدیه‌های خود برای دیدن و شفا گرفتن از او سر و دست می‌شکستند. عده‌ای هم شروع کردند امام اصغری را نایب امام صدا کنند. ذوالفقار هم پاک فراموش کرده بود که در منطقه‌ی ممنوعه چه گذشته بود و سنگ‌تمام گذاشته و چه قصه‌های جور واجوری که نساخته و نپرداخته بود. مردم هم با حرص و ولع پای قصه‌های او می‌نشستند و سیر هم نمی‌شدند. هر روز هم قصه‌ی جدیدی را ساخته و پرداخته می‌کرد و تحویل مردم می‌داد و همیشه در کنارش گریزی هم به امام اصغری می‌زد و اینکه او به ذوالفقار کمک کرده تا در مقابل جن‌ها مقاومت کند و آنها را شکست بدهد. برای همین هم آقا ذوالفقار حالا نور چشمی امام اصغری شده بود. او به خواسته‌ها و رهنمودهای امام عمل می‌کرد و امام اصغری هم خوب به او می‌رسید. هدف هم این بود که مردم متوجه نشوند که در آنجا جنی نیست. در حقیقت به مردم قبولانده بودند که جن وجود

دارد و این فقط امام اصغری است که می‌تواند جلوی آنها بایستد و از شر آنها خلاص شود. ذوالفقار سیاست‌مدارانه، در عین حال که با امام اصغری همراه بود ولی تمام و کمال حقیقتِ بودن گدا لاله در منطقه‌ی ممنوعه را برای او فاش نمی‌کرد؛ چرا که با این کار در دکان خود را تخته می‌کرد و دیگر امام اصغری به او هیچ احتیاجی نداشت و دیگر به او محلی نمی‌گذاشت. بنابراین به نوعی امام اصغری را روی هوا و نوک انگشت‌های خودش نگه داشته بود. طوری‌که امام به آقا ذوالفقار برای برگشتن به منطقه‌ی ممنوعه و آوردن خبر بیشتر احتیاج داشت. او را به این خیال واداشته بود که جن‌ها با آقا ذوالفقار رفیق شدند و کاری با او ندارند. از طرفی هم نمی‌خواست پای مردم به آنجا باز شود و صلح و آرامش گدا لاله را در این آخر عمری برهم بزنند.

بعد از چندی که تب برگشتن ذوالفقار در ده شورچه فروکش کرد، او یواشکی در صبح کله‌ی سحر از خانه‌ی امام اصغری بیرون زد و راهی ده تیکن شد و بساط قصه‌گوی‌اش را آنجا هم پهن کرد و انعام خوبی هم از رستم‌خان که حالا جای پدرش نشسته و همه کاره شده بود، گرفت.

یکی دو هفته از برگشتن ذوالفقار گذشته بود. او می‌دید که کم‌کم دیگر مردم داشتند از قصه‌گویی‌های او خسته می‌شدند و بازارش از رونق افتاده بود. امام اصغری هم که استفاده‌ای را که باید از ذوالفقار می‌برد، برده بود و دیگر به ذوالفقار چندان توجهی نمی‌کرد. حالا آقا ذوالفقار که باسیاست که صدتا مثل امام اصغری را لب چشمه برده و تشنه برمی‌گرداند؛ می‌دانست که باید برای سرکیسه کردن مردم دکان دیگری باز کند. برای همین هم برای اولین بار شروع به سخن گفتن از گدای لالی کرد که این‌بار با رفتنش به منطقه‌ی ممنوعه دیده بود و با این کار تازه‌اش طولی نکشید که ذوالفقار دوباره نورچشمی شد و مردم هم دوباره کار و زندگی‌شان را ول کرده و گوش به گوش اطراف آقا ذوالفقار جمع می‌شدند و گوش و ذهن و جسم و روحشان

در اختیـار آقـا ذوالفقـار قـرار می‌گرفـت و حقـا کـه آقـا ذوالفقـار هم چه سـنگ تمامی می‌گذاشـت. حالا دوباره بازارش داغ و گل سرسـبد مردم دو ده شـورچه و تیکـن شـده بـود و انگار که دسـت همـه‌ی روضه‌خوان‌ها و نقال‌ها را هم از پشـت بسـته بـود. داد سـخن از مرد قدبلنـدی را مـی‌داد که در منطقـه‌ی ممنوعه دیده بـود. بـه خیـال ذوالفقـار انـگار او گـدا لالـه بـود یا جنـی بود کـه به جلـد او رفته بود. از سبیـل‌های پرپشتش، ریش و موهـای سفید و بلندش، عبـای خاکستری و بلنـدی که تا سـاق پایش را می‌پوشـاند و پیراهن بدون یقه‌ی خاکسـتری‌اش سـخن می‌گفـت کـه نشـان از غیرعـادی بـودن او بود. یکـی هم نبود که بپرسـد آخـر ذوالفقـار کـور چطـور شـکل و شـمایل او را دیـده و تشـخیص داده بـود که حتـی چـه رنـگ پیراهنـی هم بر تن داشـته اسـت. البته مـردم هم اخبـار جدید آقـا ذوالفقـار را می‌خریدنـد. چراکـه سـال‌های پیـش چـو افتـاده بـود کـه وقتی نوکـران کریم‌خـان رباط‌کریمـی به‌دنبـال گـدا لالـه رفته بودنـد، او از دسـت آنها به‌طـرف منطقـه‌ی ممنوعـه فـرار کـرده بـود و می‌گفتند جن‌هـا او را گرفتـه و با خودشـان برده‌انـد و دیگـر هیچ‌کـس اثـری از او ندیـده بود.

حـالا بـا خبرهـای تـازه‌ای کـه ذوالفقـار مخابـره کرده بـود، دوبـاره قصه‌ی جن‌هـا کـه در مـورد منطقـه‌ی ممنوعـه و درخـت توت گفته و شـنیده شـده بـود در دو ده شـورچه و تیکـن بیشـتر و داغ‌تـر هـم شـده بـود. انـگار بین دو دِه مسـابقه‌ای هـم بـه جریـان افتاده بـود که قصه‌ی کـدام ده بهتـر و جالب‌تر و نمایشـی‌تر اسـت. خصوصـاً کـه از گفتـار ضـد و نقیـض ذوالفقار سـر و وضع درویـش و گـدا لالـه بـه هـر کسـی می‌خـورد و به هیچ کسـی هـم نمی‌خورد. گاهـی او را بـه درویش‌هـا تشـبیه می‌کـرد و گاهـی هـم بـه گـدا لالـه و برای همیـن هـم مـردم گیج‌تـر هـم شـده بودنـد. در ثانـی چوپان‌علـی کـه هیـچ درویشـی را ندیـده بـود. حـالا با قصه‌هایـی که مـردم از چوپان‌علـی و ذوالفقار شـنیده بودنـد قصـه و معمـای منطقـه‌ی ممنوعـه با پیدا شـدن درویـش و یا گـدا لالـه پیچیده‌تـر هم شـده بود.

دیری نگذشت که حکایت یک کلاغ، چهل کلاغ شروع شد. عده‌ی زیادی ادعا می‌کردند که مخفیانه برای دیدن گدا لاله راهی بیابان شده‌اند. مردم هرچه دیده و ندیده بودند را با سه، چهارتا هم که از خودشان می‌ساختند و رویش می‌گذاشتند، تحویل همدیگر می‌دادند. هرکس هم چیزی می‌گفت. یکی درویشی را دیده بود و بعضی‌ها هم گدا لاله را. حالا آنها از خودشان چه قصه‌هایی که در مورد رفتار و کردار و لباس‌های عجیب و غریب آدم‌هایی که در منطقه‌ی ممنوعه دیده بودند، می‌ساختند و تحویل دیگران می‌دادند، بماند. خلاصه همه قصه‌گو شده بودند و مردم ساده و خصوصاً بچه‌ها خیلی از این قصه‌ها لذت می‌بردند و از شنیدن آنها سیر نمی‌شدند. خیلی زود حکایت‌هایی که نه به چشم دیده شده و نه به عقل باورپذیر می‌آمد، ساخته و پرداخته شد و دهان به دهان می‌چرخید. آخر قصه‌ها هم به این ختم می‌شد که گدا لاله یا درویش اصلاً آدم نیستند و روح و جن و پری هستند. بعضی هم ادعا می‌کردند که چند آدم مختلف آنجا دیده‌اند. حتی توسط آنهایی که ادعا می‌کردند مخفیانه به بیابان رفته بودند چو افتاده بود که آنها تیر و تفنگ و فشنگ هم دارند. برای همین هم از ترس اینکه اگر به آنجا نزدیک شوند ممکن است آنها را با تیر بزنند و بکشند، عده‌ای از مردم که این قصه‌ها را خریده و باور کرده بودند گاه‌گاهی کمی به آن منطقه نزدیک می‌شدند و از دور مخفیانه به تماشا می‌نشستند تا شاید چیزی ببینند و یا دستگیرشان بشود. بعد هم بعضی از آنها به دروغ ادعای چیزی را کرده و قصه‌ای هم می‌ساختند.

البته مسجدها و حمام‌های عمومی ده هم از این دروغ پراکنی‌ها و خبر چینی‌ها استثنا نبودند. مردم در حمام‌ها، مسجدها و شب‌نشینی‌ها، دور هم جمع می‌شدند و قصه و افسانه‌هایی را که ساخته و پرداخته و یا شنیده بودند را با آب و تاب تحویل یکدیگر می‌دادند. حالا از کوله‌بارش، از بیل و

کلنـــگ‌اش، تبر و داس‌اش، از چاه آب و سطل آن، از ماله و طناب و بیلچه‌اش و از سگش حرف می‌زدند. از تفنگ یک لول و دو لولش می‌گفتند. از عبای مندرس و بلندش، از اینکه پا برهنه در بیابان و کوه و کمر در حرکت است و خم هم به ابرو نمی‌آورد، سخن می‌راندند. امام اصغری هم بیکار ننشسته و برای سرگرم و سرکیسه کردن مردم ساده‌دل از هر اتفاق ساده‌ای کمال استفاده را برده و برای اینکه آش و نان خود را داغ‌تر کرده و به مردم بفروشد، روی منبر داد سخن و نوحه‌خوانی گذاشته و در آخر امر هم بالاخره یک جوری مطلب را به دین و امام‌ها و پیغمبر، علی و عاشورای حسینی ربط می‌دادند. و البته که حالا ظهور قصه‌ی درویش یا گدا لاله در صحنه‌ی نمایش برای امام اصغری دردسر هم شده بود. خصوصاً اینکه امام اصغری مخالف سرسخت درویش‌ها هم بود و آن‌ها را کافر می‌خواند. خلاصه اوضاع برای امام اصغری پیچیده‌تر و پردردسرتر شده بود.

بالاخره بعد از مدتی که خبرهای ذوالفقار در مورد غریبه و جن‌ها در بیابان و منطقه‌ی ممنوعه داغ شده بود، مردم به این فکر افتادند که باید تکلیف خودشان را با جن‌ها و درویش و یا غریبه‌ای که ذوالفقار از حضورش در منطقه‌ی ممنوعه خبر داده بود، یکسره کنند و کار به جایی رسید که عده‌ای هر روز پیش امام اصغری رفته و از او می‌خواستند که از معجزه‌های خود که تا حالا نشان داده بود، استفاده کرده و راهی بیابان و منطقه‌ی ممنوعه شده و برای همیشه شر جن‌ها را از سر آن‌ها خلاص کند و ول کن او هم نبودند. البته امام اصغری که خودش از رفتن به منطقه‌ی ممنوعه وحشت داشت، برای رد گم کردن و اینکه مسئولیت را از گردن خود باز کند و به گردن کدخدا و حاجی غضنفر که حالا جای حاجی امیر سابق را گرفته بود بیاندازد، حسین کچل و دار و دسته‌ی جیره‌خوارهای اطرافش را به‌راه انداخته بود و آن‌ها هم هر روز راهی دیدن کدخدا که نماینده‌ی قانون در ده بود و حاجی غضنفر که پولدارتر از همه

در ده شورچه بود، می‌شدند. حاجی غضنفر همیشه دماغ کدخدا و آخوندها و به‌خصوص امام اصغری را با بخشش‌های خودش چاق و بساطشان را کوک می‌کرد و به‌خاطر همین هم همیشه از حمایت آنها برخوردار بود. خر حاجی غضنفر در ده خیلی می‌رفت و هیچ اتفاقی در ده نمی‌افتاد که حاجی غضنفر از آن بی‌اطلاع باشد یا حرفی در مورد آن نزند.

واضح بود که از همان ابتدا و در خفا، همیشه بین امام اصغری و حاجی غضنفر، برای کسب بیشتر قدرت و خودنمایی رقابت بود ولی حاجی غضنفر و امام اصغری ظاهر امر را همیشه حفظ می‌کردند در خفا به جنگ یکدیگر می‌رفتند و هرگز چیزی به روی هم نمی‌آوردند.

خلاصه کار به جایی کشید که بالاخره امام اصغری و حاجی غضنفر و کدخدا چاره‌ای نداشتند جز اینکه به خواسته‌های مردم جواب بدهند. بنابراین عزمشان را جزم کردند و تصمیم گرفتند یک روز معینی عازم بیابان شده و تکلیف خود را با جن‌ها و درویش و گدا لاله و منطقه‌ی ممنوعه یکسره کنند. کدخدا و امام اصغری و حاجی غضنفر را سوار سه قاطر کرده و یکی دونفر هم افسار قاطرها را در دست گرفتند. قاطرها در جلو و جمعیت هم به‌دنبال آنها حرکت کردند. در طول راه امام اصغری بسیار ساکت بود و فقط لب‌هایش گاهی تکان می‌خورد. حسین کچل علم‌دار جمعیت بود و دم به دم هم از مردم می‌خواست تا صلوات ختم کنند و جماعت هم همراهی‌اش می‌کردند. مردم هرچه دعا داشتند به گردن آویخته و مطمئن شده بودند که دعاهایشان روی سینه‌هایشان خوب قابل دیدن باشد که جن‌ها آنها را ببینند. بعضی هم دو سه‌تا دعا به گردن آویخته بودند. عده‌ای هم قرآن‌های کوچک و بزرگی در دست داشتند. مردعلی هم جلوتر از جمعیت در حرکت بود و چوب دستی‌اش هم همین‌طور توی هوا می‌چرخید و طبق معمول نوحه‌خوانی‌اش برای رفتن به جنگ شمر ذی الجوشن هم برپا بود و برایش هم مهم نبود

جمعیت چه می‌کردند و چه سر می‌دادند. مردعلی کار خودش را می‌کرد و گاه‌گاهی هم دمی با جمعیت می‌گرفت. به نزدیکی منطقه‌ی ممنوعه که رسیدند، داد حسین کچل بلند شد و مردم را متوقف کرد. اعلام کرد که امام اصغری مشغول خواندن دعای مصونیت از شر جن‌ها برای مردم است، بنابراین همه باید ساکت باشند که دعای امام به بیابان و منطقه‌ی ممنوعه برسد. نگاه مردم میان امام اصغری که ساکت به دعا خواندن ادامه می‌داد و منطقه‌ی ممنوعه مدام در سفر بود. سکوت محض بود و بیابان و فکر و خیال که در عالم سکوت حالا در فکر و ذهن مردم بازی آغاز کرده بود. انگار بعد از کمی سکوت و با یادآوری جن‌ها بعد از چندی، جماعت از شور و هیجان افتادند، یک‌باره ترس و لرزی بر جان و روان همه نشست که بیا و ببین. حالا این فقط لب‌های امام اصغری نبود که تکان می‌خوردند بلکه انگار حالا همه‌ی لب‌ها لقوه گرفته بودند. مردعلی هم چند قدمی دور از جماعت آن‌ها را همراهی می‌کرد و البته که مزاح و خنده و نوحه‌خوانی‌اش حتی وقتی همه برای خواندن دعای مصونیت امام اصغری از شر جن‌ها ساکت شده بودند هم ادامه داشت:

- امروز جن و پری‌ها امام رو می‌خورند....

فکر و خیال جماعت آن‌قدر درگیر جن‌ها و درویش و گدا لاله شده بود که انگار صدای مردعلی به گوش آن‌ها نمی‌رسید و یا اگر هم می‌رسید، به روی خود نمی‌آوردند و یا این‌بار جرئت اعتراض و دنبال کردن مردعلی را نداشتند. جمعیت با حرکت امام اصغری دوباره به‌راه افتاد ولی همه انگار لال شده بودند. جیک از هیچ‌کس در نمی‌آمد فقط لب‌ها که همه لقوه گرفته بودند و بدون صدا تکان می‌خوردند.

چندی گذشت و اتاقک بالای تپه و درخت توت بلند کنارش پیدا شد و سرانجام مردم در چند قدمی اتاقک و با ترس و لرز متوقف شدند. اگرچه از زبان لال شده بودند ولی چشم‌ها همین‌جور در اطراف می‌چرخید.

آن‌قدر ترس از جن‌ها آنها را گرفته بود که آب نهر کوچکی که از بالای تپه و کمی دورتر از درخت توت سرچشمه گرفته و از کنار آنها رد می‌شد و به استل کوچکی می‌ریخت و یا کرت‌هایی که معلوم بود برای کشت و کار درست شده و حتی درخت‌زار اطراف خود را نمی‌دیدند. خلاصه همه کر و لال شده بودند به‌غیر از مردعلی که دور از جمعیت هنوز به نوحه‌خوانی ادامه می‌داد و شمشیرش هم هنوز توی هوا برای جنگ با شمر ذی الجوشن می‌چرخید و پارچه رنگ و وارنگی را هم به دور سرش پیچیده بود. حالا هر سه نفر بزرگان از قاطرها پیاده شده بودند. پر مسلم بود که حاجی غضنفر، کدخدا و امام اصغری هر سه نفرشان دل توی دلشان نبود و ترس ته دلشان را گرفته بود ولی به روی خودشان نمی‌آوردند و همین ترس آنها هم باعث شده بود که حالا هر کدام برای اولین‌بار تمام سعی و کوشش خود را به کار می‌بردند که به آن دیگری احترام بگذارد و یکدیگر را برای جلو افتادن دعوت می‌کردند. سعی خارج از حد آنها برای پیش‌انداختن دیگری چنان برای مردمی که آنها را همراهی می‌کردند مشهود بود که حالت مسخره و خنده‌داری به خود گرفته بود. برای مردم همراه که آن سه را خوب می‌شناختند، کاملا مشخص بود که تعارفی که به یکدیگر می‌کردند از ترس‌شان سرچشمه می‌گرفت. جماعت همچنان منتظر بودند و می‌دیدند که حاجی غضنفر و کدخدا و خصوصاً امام اصغری همچنان با یکدیگر تعارف می‌کردند که آن دیگری بزرگتر است و باید جلو بیافتد. تعارف آنها تا حدی پیش رفت که بالاخره صدای مردعلی کم عقل را بلند کرد:

- کین ترسوها... حاجی... کدخدا... امام اصغری... کین ترسواند... امام کین ترسو شده...

ولی این‌بار انگار برای مبارزه با ترسی که از جانب جن‌ها به جان و تن حسین کچل افتاده بود و برای خالی کردن دق و دلی‌اش از جن‌ها حسین

کچـل معطـل نکـرده و خـودش را بـه مردعلـی رسـانده و چنـان پس‌گردنـی محکمـی نثـار مردعلـی کـرد کـه فریـاد مردعلـی از درد بـه جن‌هـای منطقه‌ی ممنوعـه هـم رسـید. بعـد هـم حسـین کچـل بـا آن هیکـل گنـده‌اش و یکـی دو نفـر دیگـر طبـق معمـول بـه دنبـال مردعلـی افتـاده و نمایـش مردعلـی خله که کوتـاه بیـا هـم نبـود بـاز شـروع شـد. تنهـا تفاوتـش ایـن بـود کـه این‌بـار خنده‌هـای مردعلـی بیشـتر رنـگ و بـوی درد‌آلـود و خشـمگینی را به‌خـود گرفتـه بـود:

- مگـه کفـر گفتـم... خـب می‌ترسـند دیگـه... خـب مگـه دروغ می‌گـم... خـب نـگا کنیـد... امـام کیـن ترسـوه دیگـه... اگـه نمی‌ترسـه پـس چـرا نمـی‌ره تـو اطاقـه؟...

حـالا حرف‌هـای مردعلـی بـرای حاجـی غضنفـر و کدخـدا و خصوصـاً امام اصغـری گـران آمـده و باعـث شـده بـود کـه هـر سـه نفـر آنهـا مجبـور شـوند برای حفـظ آبـروی خودشـان هـم کـه شـده کاری بکننـد و درحالی‌کـه هـر کـدام آن دیگـری را گرفتـه بـود و هـل می‌داد کـه جلـو بیافتد، سـه نفـری به‌طرف اتاقـک حرکـت کـرده و بالاخـره بـا تـرس و لرز خودشـان را بـه اتاقـک رسـاندند ولـی بـا رسـیدن بـه اتاقـک بـاز بیـرون و جلـوی در اتاقـک متوقـف شـدند. حالا دیگـر رنگشـان از تـرس و وحشـت پریـده و مثـل گـچ سـفید شـده بودنـد. چنـدی اطـراف را جسـتجو کردنـد ولـی هیـچ خبـری از هیـچ جنبنـده‌ای نبـود. فقـط سـکوت بیابـان بـود و بـس. هنـوز هـم هیـچ کـدام جرئـت وارد شـدن بـه اتاقـک را نداشـتند. بـاز هـم صـدای مردعلـی بلنـد شـد:

- خـب صداشـون بزنیـد... جن‌هـا، پریـا، درویـش، گدا لالـه... بیاییـد بیریـن مـردم رو بگیریـد ببریـد بخوریـد....

ولـی هیـچ جوابـی از داخـل شـنیده نشـد. حاجـی غضنفر بعـد از بلنـد شـدن صـدای مردعلـی جرئـت پیـدا کـرد و خطـاب بـه کدخـدا و امام اصغـری بـه صـدا آمـد:

- کدخـدا، امـام... اگـه آدمـی اینجـا بـوده، شـاید بیچـاره از سـرما

مـرده باشـه... خـدا را خـوش نمیـاد... کدخـدا شـما اینجـا مـرد قانون هسـتید و شـیخ شـما مـرد خدا و امـام مسـلمین... برید تو و ببینیـد بالاخـره چی شـده؟...

کدخـدا و امـام اصغـری هـم داد بزرگتـر بـودن حاجی غضنفـر را زده و از او می‌خواسـتند کـه اول وارد اتاقـک شـود. مردعلـی دوباره طاقتش طاق شـد و صدایـش در آمـد و داد خنـده و مزاحـش بلند شـد:

- بابـا ایـن کـه دیگه تـرس نـداره... نگفتم امـام و حاجـی و کدخدا کین ترسـواند...

بعـد هـم تـا حسـین کچـل و دار و دسـته‌اش فرصتـی پیـدا کننـد کـه باز بـر سـر و کـول او بکوبنـد خنـدان و دوان از حاجـی غضنفـر و امـام اصغـری و کدخـدا رد شـد و وارد اتاقـک شـد. حـالا همه‌ی چشـم‌ها بـه در اتاقک دوخته شـد تـا خبـری از مردعلـی بگیرنـد. سـکوت همه‌جـا را گرفتـه بـود. نفـس از هیچ‌کـس در نمی‌آمـد و هیـچ صدایـی هـم از مردعلـی شـنیده نمی‌شـد. حالا چنـان تـرس همـه را برداشـت که بـدون اینکـه خودشـان بدانند چنـد قدمی بـه عقـب برداشـته و بـاز لب‌های همـه لقـوه گرفتند.

دوبـاره همـه‌ی چشـم‌ها بـه حاجـی غضنفـر و کدخـدا و خصوصـاً امـام اصغـری کـه از همه بیشـتر ترسـیده بـود، دوخته شـد. همه منتظـر بودند که آنهـا کاری بکننـد و قدمـی بردارنـد و ببیننـد چه بر سـر مردعلی آمده اسـت، ولـی آن سـه نفـر خود بیشـتر از بقیه ترسـیده بودنـد و به یکدیگـر خیره و هر کـدام منتظـر بودنـد کـه آن دیگـری پیش‌قدم شـود. سـکوت محـض همه‌جا را فراگرفتـه بـود. مـردم آن‌قـدر ترسـیده بودنـد کـه از صـدای باد هـم به‌خود می‌لرزیدنـد. بـا بیـرون پریـدن ناگهانـی مردعلـی و بـا فریـاد بلنـدش، حاجی غضنفـر و امـام اصغـری و کدخـدا کـه جلـوی همـه بودنـد از تـرس چنـان به عقـب پریدنـد که امـام اصغری و کدخدا حتی نتوانسـتند تعـادل خود را حفظ کننـد و نقـش زمیـن شـدند. مردم هـم از ترس عقب‌گـرد کرده و عـده‌ای هم

از ترس پا به فرار گذاشتند. مردعلی هم جلوی در ایستاده و به ریش همه می‌خندید. بعد هم صدایش دوباره بلند شد:

- دیوانه‌ها... دیر آمدید... ترسیده... مثل شما کین ترسوها... ترسیده و در رفته...

چندی طول کشید تا جمعیت به خود بیایند و متوجه شوند که این مردعلی بود که از اتاقک بیرون پرید و نه جن و یا گدا لاله و درویش پیر تفنگ به دست. با شنیدن صدا و دیدن مردعلی یکباره شجاعت حاجی غضنفر و کدخدا و امام اصغری دوباره عود کرد. چند نفری بلافاصله کمک کرده و آنها را از زمین بلند کردند. امام اصغری با دیدن مردعلی مثل قرقی و با عصبانیت از او از زمین کنده شد. حسین کچل و چند نفر دیگر دوباره به‌دنبال مردعلی افتادند. مردعلی هم درحالی‌که از دست آنها در می‌رفت تا کتک نخورد، کوتاه بیا هم نبود و داد خودش را ادامه می‌داد:

- خب شوخی کردم... گناه کبیره که نکردم... آخه مگه امام هم باید از جن بترسه...

امام اصغری برای اینکه از حاجی غضنفر و کدخدا عقب نیافتد و آنها زودتر وارد اتاقک نشوند با سرعت بطرف اتاق در حرکت شد. دوباره رقابت بین امام اصغری و حاجی غضنفر و کدخدا شروع شد و هر کدام سعی داشتند از آن دیگری پیشی بگیرد. پر مسلم بود که دیگر منتظر یکدیگر شدن و احترام گذاشتن و تعارف بی‌جا معنی نداشت. طبق معمول این امام اصغری بود که از همه پیشی گرفت و زودتر از بقیه وارد اتاقک شد. حاجی غضنفر و کدخدا هم به‌دنبال امام اصغری و بقیه جماعت همه به دنبال آنها بالاخره وارد اتاقک شدند.

اتاقک حالا گوش تا گوش پر از جمعیت شده بود. جای سوزن انداختن نبود. جماعت باقی مانده هم از پشت در و پنجره‌ها به داخل سر می‌کشیدند تا ببینند داخل اتاقک چه می‌گذرد. صدا از کسی بیرون

نمی‌آمد. جماعت آن‌قدر در خود بودند که حتی متوجه مردعلی که ساکت و بی سر و صدا و بااحتیاط دوباره وارد اتاقک شده بود، نشدند. مردعلی کنار پنجره و با لبخند تمسخرآمیزش به تماشای جماعت ایستاده بود.

حالا سکوت محض سراسر اتاقک محقر و کوچک را فرا گرفته بود. انگار همه لال شده بودند یا نمی‌خواستند زبان باز کنند. چه می‌توانستند بگویند. اتاقک خالی بود و هیچ اثری از جن و پری که باعث شده بود تا آن‌ها سال‌ها با ترس و لرز زندگی کنند و یا از توپ، تانک، تفنگ و فشنگی که مردم آمده بودند پیدا کنند، نبود. جز یک حصیر کهنه گوشه اتاقک افتاده بود و دوتا بشقاب، دوتا کاسه‌ی کهنه و از رنگ و رو رفته، و دوتا قاشق و دوتا قابلمه‌ی کوچک و کوزه‌ای قدیمی که لبش هم پریده بود و دوتا قوری کهنه کنار کپه‌ی خاکستر، چیز دیگری دیده نمی‌شد.

دوباره این مردعلی بود که سکوت را با صدایش شکست و درحالی‌که با پا مثل اینکه توپی را شوت می‌کند به کپه‌ی خاکستر انباشته شده، کوبید و همراه خنده‌ی همیشگی‌اش صدایش بلند شد:

- امام... خاکسترهای توپ و تفنگش رو... نگاه کن...

از ضربه‌ی پای مردعلی به کپه‌ی خاکستر، که می‌خواست به آن‌ها خاکستر توپ و تفنگ جن‌ها را نشان بدهد، خاکسترها تو هوا پخش شده و روی سر و کول امام اصغری و کدخدا و حاجی غضنفر و مردم پاشید. دیگر چشم، چشم را نمی‌دید. البته دوباره خوش‌خدمتان به یاری امام اصغری شتافته و به‌دنبال مردعلی افتادند. مردعلی هم دوباره همین‌طور که حرف خودش را تکرار می‌کرد از اتاق با پس‌گردنی‌ها و مشت و لگدهای حسین کچل و خوش‌خدمتان امام اصغری به بیرون رانده شد ولی کوتاه بیا نبود و با اینکه پس‌گردنی و لگدها را می‌خورد باز هم حرف خودش را تکرار می‌کرد:

- مگه کفر گفتم... مگه امام نمی‌گفت جن و پری اینجاست؟

پـس کـو جـن و پـری؟ ... مگـه نمی‌گفتـن تـوپ و تفنـگ داره... خـوب خاکسترهای تـوپ و تفنگشـه دیگـه...

در ایـن میـان صـدای تملق‌گویانـه‌ی حسـین کچـل هـم دوبـاره بلنـد شـد و درحالی‌کـه خـودش را بـه امام اصغری رسـاند و مشـغول بوسـیدن دسـت و پـای او شـده بـود، صدایش بلند شـد:

- بـا صـدای هرچـه بلندتـر بـرای سـلامتی امـام مسـلمین کـه بـا معجـزه‌ی خـودش مـا را از شـر جن‌ها خـلاص کرد صلـوات بلند ختم کـن...

بـا بلنـد شـدن صـدای حسـین کچـل حـالا دوبـاره تـرس مـردم ریخـت و شـجاع شـده و صـدای صلـوات فرستادن‌شـان بلنـد شـد و به‌طرف امام اصغری کنـده شـدند و بـرای بوسـیدن دسـت و پـای او سـر و دسـت می‌شکسـتند. همه دوبـاره منتظـر امام‌شـان بودنـد کـه سـخنی بگویـد و جوابـی بـرای آنها داشـته باشـد. از حکایـت جن‌هـا و درویـش و گـدا لالـه و اینکـه چـه بـر سـر آنها آمده اسـت ولـی قبـل از اینکـه امـام مـردم ده شـورچه زبـان بـاز کنـد ایـن کدخدا بـود کـه آغاز سـخن داد:

- حتمـاً کاسـه‌ای زیـر نیم‌کاسـه‌اش بیـده و وقتـی فهمیـده ما داریـم میایـم سـراغش... در رفته کـه لـو نـره...

و خلاصه دوبـاره نطـق همگان بـاز شـد و هر کـس نظـری می‌داد:

- حتما گداست و رفته گدایی و برمی‌گرده...
- شـاید دزده و بـرای رد گـم کـردن اینجـا را انتخاب کـرده کـه لـو نره...
- از کجـا کـه مامـور دولـت مرکـزی نباشـه و بـرای جاسوسـی نیامـده باشـه... حاجی باید از او برحذر باشـیم...
- از کجـا کـه جـن و پـری نباشـه... مـا از کجـا می‌دونیـم کـه جن

۱۶۸

و پری‌ها چجوری زندگی می‌کنند؟ هان حضرت امام... شما می‌دونید؟...

و باز همه‌ی چشم‌ها و نظرها به امام اصغری دوخته شد و منتظر شدند که امام اصغری‌شان زبان باز کند و از جن‌ها و درویش و گدا لاله و اینکه چطور زندگی می‌کنند و چه بر سر آنها آمده، سخن بگوید. امام اصغری هم پاک در فکر فرو رفت و دنبال حقه‌ی دیگری بود تا مردم را دوباره خر کند. بالاخره صدای امام اصغری بلند شد:

- چشم من آب نمی‌خوره که این حقه، کار تیکنه‌ای‌های پدرسوخته است... که یک عمری شورچه‌ای‌ها را دست‌انداخته بودند...

- حق با امامه... آخه جن و پری که نمی‌تونه اتاق بسازه... نمی‌تونه آتیش درست کنه و تو ظرف آب و نون بخوره... امام درست می‌گه کار کار آن تیکنه‌ای‌های بی‌پدر و مادره... مگه نه حاجی غضنفر... شما که مرد خدا هستی باید بهتر بدونی...

حسین کچل با پامنبری‌اش و خطاب کردن حاجی غضنفر به‌عنوان مرد خدا حالا چنان هندوانه‌ای زیر بغل او گذاشت و او را خر کرد که حاجی غضنفر هیچ چاره‌ای نداشت جز اینکه مهر قبولی بر حرف‌های حسین کچل بزند:

- آره آقا حسین من هم قبول دارم که کار کار تیکنه‌ای‌های بی‌دین و ایمانه...

بعد هم با تایید حرف‌های امام اصغری توسط حاجی غضنفر و کدخدا انگار قضیه جن و پری‌ها و گدا لاله و درویش برای مردم حل شد و همه‌ی گناه‌ها به گردن مردم تیکن افتاد و امام اصغری با حیله‌ی خودش

دوباره مردم را با یک چیز دیگر برای مدتی خر و سرگرم کرد. هنوز تعارف‌ها و بده و بستان حاجی غضنفر و حسین کچل تمام نشده بود که صدای زوزه‌ی چند گرگ در گوش‌ها پیچید و به‌دنبال آن هم فریاد مردعلی که جمعیت را به وحشت انداخت:

- یا ابولفضل عباس... گرگ‌ها را تیکنه‌ای‌ها فرستادند... حاجی و امام رو بخورن... مردم در رید... گرگا حمله کردند... در برید... گرگ نیستند جن هستند... در برید...

به دقیقه نکشید که بعد از دیدن گرگ‌ها که بالای تپه‌ی کوچک مشرف به اتاقک جمع شده و به جمعیت خیره شده بودند، مردم دوباره ترس به تنبان‌شان افتاد و دیگر درویش و گدا لاله و جن و پری را از یاد برده و همگی به‌دنبال مردعلی پا به فرار گذاشتند. امام اصغری و حاجی غضنفر و کدخدا هم فوری سوار قاطرهایشان شده و وسط جمعیت می‌تاختند که اگر گرگ‌ها حمله کردند، آنها وسط جمعیت باشند. چند نفری هم در حال فرار گیوه‌هایشان را از دست دادند ولی جرئت توقف و برگشتن و برداشتن گیوه‌های خود را هم نداشتند.

بالاخره از ترس گرگ‌ها همه دم‌شان را روی کولشان گذاشتند و با دست و پای زخمی و شکسته به خانه‌هایشان برگشتند و وقت و موقعیت این را که اطراف اتاقک و درخت توت را بیشتر وارسی کنند را پیدا نکردند و به‌غیر از یکی دو نفر هیچ‌کس چاه پر آبی را که آن‌طرف درخت توت زده شده بود و یا قبرهای پای درخت توت را ندیده بود. یکی دو روز بیشتر نگذشته بود که دوباره ماشین‌های قصه چاپ کنی و قصه‌پردازی و خبرپراکنی امام اصغری توسط حسین کچل و دار و دسته‌اش مردم را دوباره سرگرم کردند. جن‌ها و خصوصاً درویش و گدا لاله تمام محافل و مجامع را به خود اختصاص داده بودند. عده‌ای هم چو انداختند که بعضی‌ها با چشم خودشان دیده‌اند که شب‌ها گدا لاله و یا درویش را

توی ده دیده‌اند و حتی چند دزدی که در ده اتفاق افتاده بود را به آن دو نسبت می‌دادند. بعد هم حسین کچل توسط عواملش توی ده چو انداخت که این تیکنه‌ای‌ها هستند که خودشان را به‌صورت درویش و گدا لاله در آورده و شب‌ها به ده شورچه شبیخون و لطمه می‌زنند. البته امام اصغری می‌دانست که با تحریک مردم و دشمن جلوه دادن مردم ده تیکن می‌تواند دشمنی را بین دو ده که مدتی بود متوقف شده بود، دوباره علم کند و مردم را با درگیر کردن در جنگ و دعوا با تیکنه‌ای‌ها سرگرم و سرکیسه کند و برای تشدید ترس مردم حسین کچل و دار و دسته‌اش با نقاب در شب به یکی دو نفر هم حمله کرده بودند و خوب آنها را زده بودند. خانه‌ی چند نفر را هم غارت کرده و گناه همه‌ی این‌ها را هم به گردن تیکنه‌ای‌ها انداخته بودند.

خلاصه بعد از مدتی کار به جایی رسید که دوباره از ترس حمله‌ی تیکنه‌ای‌ها از آغاز غروب، تمام درها توی ده مهر و موم می‌شدند و دید و بازدیدها مختصر شده بود. اگر هم گاهی مجبور می‌شدند، مردم با چراغ توری و پرنور و آن هم چند نفری و به‌طور دسته‌جمعی حرکت می‌کردند. سر راهشان هم از پای هر خانه‌ای که رد می‌شدند و چراغش روشن بود، از ترس، صاحب خانه را صدا کرده و با او چاق سلامتی می‌کردند.

عده‌ای هم گاه و بی‌گاه جرئتی پیدا کرده و سری به بیابان می‌زدند و دزدکی و از راه دور جویای دیدن درویش و یا گدا لاله می‌شدند ولی نه اثری از درویش بود و نه نشانی از گدا لاله. مثل این بود که آن دو آب شده و به درون زمین رفته بودند.

در این میان ذوالفقار هم خیلی کم‌پیدا شده بود. هیچ‌کس هم نمی‌دانست ذوالفقار کجا وقت می‌گذراند و چرا دیگر حرفی هم با مردم نمی‌زند و میان مردم و در ده کمتر آفتابی می‌شود. به هر علتی بود دیگر به مردم هم گزارش نمی‌داد که گاه‌گاهی به اتاقک گدا لاله سری می‌زند

و گاهی هم شب‌ها آنجا بیتوته می‌کند ولی ذوالفقار با همه‌ی هوشی که داشت، هنوز نمی‌دانست که گدا لاله کسی جز کلاعباس معروف ده شورچه نیست. این را هم نمی‌دانست که او، خودش را به لالی زده تا مبادا از روی صدایش او را شناسایی کنند.

❋ ❋ ❋ ❋ ❋

و دوباره سکوت بود و خاموشی. ولی ذوالفقار چاره‌ای نداشت جز ادامه دادن و منتظر شدن:

- کی فکر می‌کرد تو این دور و زمانه که خشک سالی داره همه جا غوغا می‌کنه... و داره دمار از روزگار همه در می‌آره... تو این بیابان برهوت آب پیدا بشه... تو باید مرد باخدایی باشی... یا خدا خیلی دوستت داشته باشه؟...

ولی هنوز هم که هنوز بود جوابی نگرفت. هوا دیگه تاریک شده بود و سرما کم‌کم داشت همه‌ی تن و جان ذوالفقار را می‌گرفت و نگرانی، فکر و روح ذوالفقار را پاک مشغول کرده بود:

فصل ۱۰

وقتی آدم دنیا را رها می‌کند ولی مردم دنیا او را رها نمی‌کنند، چه می‌توان کرد...؟!

روزها و شب ها تکرار می شدند. زمستان سرد و برفی جای برگ‌های زرد و قرمز پاییز را گرفت. بعد هم شکوفه‌های رنگارنگ بهاری که نوای شادی و طرب در دل‌ها و روح‌ها می‌نواختند، به پیشواز تابستان گرم و داغ رفتند. زمان و مکان در تغییر بود، ولی گدا لاله هنوز در انتظار رسیدن به مقصود، وقت می‌گذراند و در انتظار سرنوشت جلوی اتاقک می‌نشست و به تپه‌ها و صخره‌ها خیره می‌شد و مجنون سگ باوفایش که کاری جز لم دادن در کنارش نداشت، تنها همدم او بود. چند سالی بود که گدا لاله دیگر دوره‌گردی نمی‌کرد. بعد از پیدا کردن ستار کم‌کم آنجا ماندگار شده بود. حالا بعد از مرگ و خاک کردن ستار کنار آسیه، جای ستار را گرفته بود و زمین کوچکی را هم لِک و لِک و با اینکه پیر هم شده بود، کشت و کار می‌کرد و سبزیجات‌اش هم به‌راه بود. وقتی هم کاری نداشت روی سکوی کنار اتاقک به تماشای پاییز و زمستان و بهار و تابستان می‌نشست و روز و شب را می‌گذراند. در تمام این مدت گدا لاله در انتظار بود که سرانجام سعادت یاری‌اش کند و روح او هم بالاخره آزاد شود و به پرواز آمده و از شر مشقات این دنیا خلاص شود. ذوالفقار هم حالا بیشتر وقت خود را با گدا لاله می‌گذراند. در تمام مدت شبانه‌روز یک کلام هم

از زبان گدا لاله شنیده نمی‌شد ولی ذوالفقار به خاموش بودن یا نبودن گدا لاله اهمیتی نمی‌داد و برای خودش، هم سخن می‌گفت و هم جواب خودش را به‌جای گدا لاله می‌داد. مجنون هم گاهی قاطی گفتگوی یک نفره‌ی ذوالفقار می‌شد.

تیغه‌ی آفتاب از گوشه‌ی پنجره‌ی کوچک اتاقک دزدکی داخل شده و صورت گرد و ته‌ریش ذوالفقار را که روی گلیمی خوابیده و با چادرشبی روی خودش را پوشانده بود، گرم می‌کرد. هنوز صبح نشده بود که مگس‌ها دست به کار شدند و یکی بعد از دیگری روی دست و صورت ذوالفقار به بازی مشغول بودند، ولی ذوالفقار بی‌تفاوت بود و انگار نه انگار که مگس‌ها از سر و کول او بالا می‌روند و جشن گرفته‌اند. گدا لاله در رختخواب مندرساش تکیه داده و پاهایش را دراز کرده و روی خود را با چادرشبی پوشانده بود. مجنون هم جلوی در خوابیده و چرت می‌زد. همه‌چیز و همه‌جا ساکت و کور بود.

صدای جار و جنجال در بیرون و دوردست گدا لاله را از خواب بیدار کرد. چشم‌های گدا لاله باز شد و روشنایی جای تاریکی را گرفت. خوب گوش داد تا بفهمد چه خبر شده و صدا از کجا می‌آید. دید که سر مجنون به‌طرف صدا روی هوا بلند شد و خرخر خفیف‌اش در فضای ساکت اتاقک پیچید. گدا لاله خودش را جمع و جور کرد و بلند شد و از پنجره‌ی پشت خانه که به‌طرف ده باز می‌شد به بیرون خیره شد. خوب که گوش داد، مطمئن شد که صدا از طرف ده شورچه می‌آید. فریاد جارچی‌ها خوب به گوش می‌رسید:

- آهای رعیت‌های حاج حیدر بیایید هرانگ... آهای خانواده‌ی کربلایی اکبر بیایید هرانگ... آهای خانواده‌ی غفوری بیایید کمک... بیایید هرانگ...

در زمان‌های قدیم در دهات وقتی می‌خواستند جوی آب‌ها را لایروبی

کنند، به این معنی که همه‌ی علف‌های هرز و آشغال و خاک‌های اضافه را که در طول سال در جوی آب جمع شده و مانع حرکت سریع آبی می‌شد که به زمین های کشاورزی می‌رسید را از جوی پاک کنند، روز معینی را انتخاب می‌کردند و این روز را روز هرانگ می‌گفتند. هرانگ در اصل به معنای لاروبی و تمیز کردن جوی‌های بزرگی بود که آب در آنها جریان داشت. این روز معمولاً در مسجد به‌وسیله‌ی ریش‌سفیدان و بزرگان ده معین می‌شد و در آن روز معین، ابتدا کدخدا اول صبح بیرون می‌آمد و با چند نفر شروع به صدا کردن مردم می‌کردند که آهای رعیت‌های فلانی... و آهای خانواده‌های فلانی... بیایید هرانگ و معمولاً از هر خانواده یک نفر برای کمک به لایروبی جوی‌های آب که آب را به زمین‌های کشاورزی می‌رساندند، می‌آمدند و علف‌های زیادی و خاک‌های اضافی را از جوی آب‌ها پاک می‌کردند تا آب سریع‌تر در جریان باشد. گدا لاله این رسم و رسومات را خوب می‌دانست و این را هم خوب می‌دانست که پاییز فصل هرانگ رفتن نبود. هرانگ همیشه در آواخر فصل زمستان که همه‌ی کشاورزها بیکار بودند، انجام می‌شد. برای همین هم گدا لاله پاک در فکر فرو رفت. پس حکایت هرانگ رفتن مردم اول پاییز برای چه می‌توانست باشد. گدا لاله برگشت و چشم‌هایش به ذوالفقار که حالا با مگس‌ها در نزاع بود، افتاد. می‌خواست بداند که ذوالفقار خواب است یا بیدار. انگار می‌خواست نظر ذوالفقار را بداند و فکر می‌کرد که شاید ذوالفقار جوابی داشته باشد. ذوالفقار معمولاً جواب همه‌ی سؤال‌ها را داشت و از هر اتفاقی که قرار بود توی دهات اطراف بیافتد، اطلاع داشت.

حالا با سر و صدای مردم ده، ذوالفقار از خواب پرید. سرش را طبق معمول بالا گرفت و گوشش تیز شد. گدا لاله دید که ذوالفقار هم در تعجب شده و معلوم بود از آن‌چه داشت در ده اتفاق می‌افتاد، او هم بی‌اطلاع است. ته دل گدا لاله آگاهی می‌داد که در ده باید اتفاقاتی افتاده

باشد که مردم را در این موقع از سال برای هرانگ صدا می‌کنند. بالاخره دلش طاقت نیاورد و از اتاقک بیرون زد و طبق معمول سگش مجنون هم همراهش شد. گدا لاله نگران، خودش را رساند به بالای تپه که دید بهتری به ده شورچه داشت. مجنون هم کنارش بود و انگار هر کاری گدا لاله می‌کرد او هم تکرار می‌کرد. انگار مجنون نگرانی گدا لاله را حس کرده بود و می‌خواست با او شریک باشد. انگار می‌دانست، بعد از اینکه ستار مرد، گدا لاله در آرزو بود که تا مرگ به سراغ‌اش بیاید آنجا جای خالی ستار را پر کند و در آرامش کنار قبر آسیه، ستار و مشهدی حسن گورکن این چند صباح عمر را در آرامش بسر برد. گدا لاله می‌دانست که اگر پای مردم به آنجا باز شود آرامش او بهم می‌خورد. بیشتر هم نگران این بود که مردم به هویت او پی برده و بفهمند که گدا لاله کسی جز کلاعباس معروف نیست که حالا امام اصغری عمارت خانوادگی‌اش را به زور تصاحب کرده و جانشین و صاحب املاک

او شده است. اگرچه گدا لاله از هویت اصلی امام اصغری قاتل برادرش و چوپان‌شان هیچ اطلاعی نداشت، ولی این را می‌دانست که بالاخره امام اصغری برایش دردسر درست می‌کند و این چیزی نبود که گدا لاله در انتظارش باشد. گدا لاله حتی دیگر به سفر گدایی هم نمی‌رفت و با اندک خوراکی که از یکی دو تکه زمین و درخت‌های میوه‌ی آنجا تهیه می‌کرد و مقدار اندکی که گاه‌گاهی هم ذوالفقار می‌آورد، امرار معاش می‌کرد. دیگر پیر و تا اندازه‌ای هم ناتوان شده بود. حتی به قبرستان ده که بالای ده بود هم سر نمی‌زد تا فاتحه‌ای برای پدر و مادرش بخواند.

روی بلندی نشسته و همین‌طور به‌طرف ده خیره شده و در فکر و خیال گم شده بود. مجنون هم کنارش لم داده بود و گاه‌گاهی هم سرش را بلند می‌کرد و به‌طرف ده و صدا خیره می‌شد. انگار مجنون هم مثل گدا لاله می‌خواست بداند که این بار دیگر امام اصغری چه نقشه و یا

حقه‌ای توی آستین دارد و چه آشی را برای مردم تدارک دیده و مشغول پختن آن است. گدا لاله در این فکر بود که هرانگ رفتن چه ربطی به جمع شدن سر قبرستان دارد. معمولاً مردم جلوی مسجد جمع می‌شدند یا لب جوی آبی که باید لایروبی می‌شد. در ثانی اگر کسی هم مرده بود چه ربطی داشت به هرانگ رفتن. خلاصه گدا لاله پاک در فکر فرو رفته بود که زوزه‌ی مجنون که با دیدن ذوالفقار در پایین تپه که در حال عزیمت به ده بود، بلند شد و او را از فکر و خیال بیرون آورد. ذوالفقار با شنیدن صدا از طرف ده دلش آرام نداشت و با عجله راهی ده شد تا از ته و توی اینکه چرا مردم را به هرانگ رفتن دعوت می‌کنند، سر در بیاورد. انگار دلگیر هم شده بود که چرا از چیزی که در ده داشت اتفاق می‌افتاد از قبل اطلاع پیدا نکرده است. ذوالفقار پشت تپه‌ها گم شد و باز گدا لاله باقی ماند و مجنون و سکوت تپه‌ها.

ذوالفقار که انگار همه چیز را می‌دید بالاخره به جمعیت رسید و راهش را گرفت و رفت و نشست بر روی تخته‌سنگ بزرگی که روی یک بلندی و مشرف به جمعیت بود. بعد هم نی‌اش را از جیب بیرون آورد و درحالی‌که نی را آماده می‌کرد سرش روی هوا رفت و گوش‌هایش تیز و هوش و حواس او به جمعیت و صداهای اطراف بود. از بلند شدن صدای حسین کچل و به‌دنبالش صداهای جمعیت دانست که باید سر و کله‌ی امام اصغری، کدخدا و حاجی غضنفر از طرف ده پیدا شده باشد و طبق معمول مشخص بود که سه نفری با هم مسابقه گذاشته‌اند که هر کدام زودتر خود را به جمعیت برسانند. از یک طرف، حاجی غضنفر که پولدارترین مرد ده بود و همیشه به امام اصغری خمس و ذکات زیادی می‌داد و در انتخاب کدخدا هم خیلی نقش داشت و خودش را ارباب و آقای ده می‌دانست و خیال می‌کرد که او باید حرف اول و آخر را در ده بزند. از طرفی امام اصغری که خودش را رهبر مذهبی مردم ده و

نماینده‌ی ولی و امام زمان و خدا می‌دانست و فکر می‌کرد که حرف او از همه مقدم‌تر است. از آن طرف هم کدخدا که خودش را نماینده‌ی قانون و دولت می‌دانست و در این باور بود که احترام به او واجب‌تر است و باید حرف او قبل از بقیه خریدار داشته باشد. کدخدا با سیاستی موازی که در پیش گرفته بود گاهی با حاجی غضنفر بود و گاهی واجب می‌دید با امام اصغری باشد و با این کار هر دو را از خود راضی نگه می‌داشت. ولی چیزی که مسلم بود این بود که هر سه نفر جلوی مردم ظاهر قضیه را همواره حفظ می‌کردند ولی در خفا و پشت پرده به هر کاری دست می‌زدند تا حرف اول را بزنند و نقل مجلس باشند. برای همین هم بود که مسابقه‌ی رسیدن به صف مردم دوباره در جریان بود و بالاخره امام اصغری با وجود جثه‌ی چاقالو و قد کوتاهش از کدخدا و حاجی غضنفر پیشی گرفت و هرجور بود، برای اینکه مبادا حاجی غضنفر و یا کدخدا زودتر از او لب باز کنند و از او پیشی گرفته و نوبت را از او بگیرند هنوز به جمعیت نرسیده صدای سلام و صلوات ختم کردن‌اش بلند شد و روی تخته‌سنگی رفت و شروع به سخنرانی کرد:

- مردم مسلمان شورچه که از سایر دهات مسلمان ترید... برای شما واجب است از نظر دینی و عرفی به این امر خیر کمک کنید... و با این کار جهنم را از خود دور کرده و در عوض بهشت را برای خود بخرید... من به شما قول می‌دم که با این کار جای همه‌ی شما حتماً در وسط بهشت خواهد بود و خدا تمام گناه‌های شما را می‌بخشد...

حاجی غضنفر روی تخته‌سنگی که بالاتر از امام اصغری قرار داشت، رفت و کلام اما اصغری را قطع کرده و با حرارت و بلندتر از امام اصغری داد سخن داد:

- ای مردم غیور و مسلمان ده شورچه... امام اصغری راست

می‌گه... باید به حرف نماینده‌ی خدا و پیغمبر و امام گوش بدیم... ساختن این جاده به مزرعه‌ی شورچه واجبه... ما اگر دست به کار نشیم، تیکنه‌ای‌های پدرسوخته‌ی نامسلمان کافر این کار رو می‌کنند و مزرعه‌ی شورچه رو صاحب می‌شند...

- آره واجبه... بریم بیابان بچریم...

مردعلی طبق معمول مزه‌پرانی کرده و میان کلام حاجی غضنفر پرید و بعد هم دوباره آدم‌های امام اصغری دنبالش کردند و بازی من گرممه‌ی آنها شروع شد. در این میان کدخدا هم از فرصت استفاده کرد و دنبال کلام حاجی غضنفر را گرفت و مهر قبولی را روی صحبت‌های امام اصغری و حاجی غضنفر زد تا از قافله عقب نیافتد. امام اصغری ساکت نماند و روی تخته‌سنگ بلندتری که حاجی غضنفر ایستاده بود، رفت و شروع کرد به روزه‌خوانی و مسئله گفتن و گوی و میدان را از حاجی غضنفر و کدخدا دوباره گرفت. امام اصغری نطق آخر را هم کرد و خودش هم چندتا سنگ برداشت و به کناری انداخت و با سلام و صلوات شروع کار جاده سازی را اعلام کرد. مردم هم با بیل و کلنگ و پتک به جان زمین افتادند و کار جاده سازی شروع شد. حسین کچل و دار و دسته‌اش هم بیکار ننشستند و دم به دم صدای صلوات ختم کنیدشان بلند بود و کار جاده سازی ادامه یافت. عده‌ای هم مشغول دود کردن اسفند شده و عده‌ای دیگر هم دور و بر کارگران می‌چرخیدند و با آب و شربت دهان و مزاج آنها را تازه می‌کردند.

ذوالفقار هنوز گیج و گنگ نشسته و در این فکر بود که مردم به کجا جاده می‌زنند. از خود سؤال می‌کرد که مزرعه‌ی شورچه دیگر چه صیغه‌ای است و کجا است که مردم دارند به‌طرف آن جاده می‌سازند. نی‌اش هم پاک و آماده شده بود. برای اینکه از قافله عقب نیافتد، صدای نی‌اش بلند شد و حقا که قشنگ هم می‌زد و مردم هم از آن لذت برده و خوشحال می‌شدند. حالا صدای نی ذوالفقار با سر و صدای پتک و بیل و

کلنگ و داس و تبر و صدای مردم قاطی شده بود و خودش حکم این را داشت که انگار کنسرت یا نمایشی در حال اجراست. از طرفی هم ذوالفقار هنوز ذهن‌اش گیج و گنگ داشت حرف‌هایی را که از زبان حاجی غضنفر و امام اصغری شنیده بود را سبک و سنگین می‌کرد و به اینکه جاده را به کجا می‌زدند فکر می‌کرد ولی هنوز دو ریالی‌اش کامل نیافتاده و گیج و هاج و واج مانده بود.

مردم با بیل و کلنگ، تبر و پتک و هر وسیله ای که در دست داشتند مشغول کار بودند. حتی بچه‌ها هم کمک می‌کردند و بیشتر تکه‌سنگ‌ها و کمرهای بریده شده را که در بیل‌ها جا نمی‌گرفتند را به کنار جاده حمل می‌کردند. چندی طول نکشیده بود که الاغ‌ها بار شده و به حرکت افتادند. ریش‌سفیدها و زن‌ها هم بیکار ننشسته بودند و شربت به‌دست و کوزه‌ی آب به‌کول، کام مردمی که مشغول بودند را شیرین و تر می‌کردند. همه و همه مشغول بودند. صدای پتک‌ها که روی صخره‌ها می‌خورد بلندتر و بلندتر می‌شد. ذوالفقار هم گاه‌گاهی نفسی چاق می‌کرد و سرش را در هوا می‌چرخاند و به مردم گوش می‌داد و دوباره به نی زدن ادامه می‌داد. حالا صدای پتک‌های مردمی که مشغول کار بودند و به پایین صخره‌ای که ذوالفقار بالایش نشسته بود رسیده بودند، بلندتر و بلندتر شده بود. سنگ‌ریزه‌ها در اثر اصابت پتک‌ها به صخره‌ها و با شکستن کمرها به اطراف پخش و پلا می‌شدند و حالا سر و صورت آقا ذوالفقار را هم نشانه گرفته بودند. ذوالفقار چاره‌ای نداشت جز اینکه حرکتی کند. حس می‌کرد که دارد نشیمن‌گاه‌اش را از دست می‌دهد و بالاخره و به‌ناچار صدای نی ذوالفقار قطع شد و او در جستجوی رهایی از شر سنگ‌ریزه‌ها که به سر و کول‌اش می‌خورد، فرار را بر قرار ترجیح داد. انگار ذوالفقار برای مردم وجود خارجی نداشت و نامرئی بود و هیچ کدام از بودن او خبر نداشتند و یا هیکل گنده‌ی او را نمی‌دیدند.

انگار که مثل او کور بودند. خلاصه آقا ذوالفقار کور، عصازنان خودش را از شر سنگ‌ریزه‌ها دور کرد.

ذوالفقار هنوز خودش را جمع و جور نکرده بود که حسین کچل بغل‌اش کرده و چندتا ماچ آبدار بر سر و روی او زد:

- آقا ذوالفقار می‌دونی که نور چشمی امام اصغری هستی... اما اگر به خاطر تو نبود هیچ‌کس نمی‌دانست توی مزرعه‌ی گدا لاله چاه آب زده‌اند و پر آب هم هست... نمی‌دانستند که قنات داره... با این خبر حتماً میری بهشت...

ذوالفقار با شنیدن «تو مزرعه‌ی گدا لاله چاه آب زده‌اند» گیج شده بود.

- آره آقا ذوالفقار چاه آب مردم رو که لو دادی و بخشیدی... میری بهشت... مال مردم رو هم لو دادی و بخشیدی... می‌ری وسط جهنم...

ذوالفقار هنوز در سبک سنگین کردن حرف‌های حسین کچل بود که صدای مردعلی که حالا کنار او ایستاده و به تماشا نشسته بود، پاک ذوالفقار را از این رو به آن رو کرد. تا آنجا که انگار دیگر حرف‌های حسین کچل را نمی‌شنید و یا نمی‌خواست بشنود. پر مسلم بود که گفتار مردعلی بیشتر او را غمگین کرد و از خودش بدش آمد. برای همین هم با هر زحمتی بود خودش را از توی بغل حسین کچل خلاص کرد و از لابه‌لای جمعیت که حالا نوحه‌خوانی را هم آغاز کرده بودند، خودش را از جمعیت دور کرد. آقا ذوالفقار تازه دوریالی‌اش افتاد که مردم مشغول جاده سازی به‌طرف مزرعه‌ی گدا لاله بودند. ذوالفقار تازه یادش افتاد که چند سالی می‌شد که خشک‌سالی در آن منطقه داشت غوغا می‌کرد. خصوصاً در دو ده شورچه و تیکن که اوضاع و احوال‌شان بدتر از دیگر دهات اطراف بود. بعد هم یادش افتاد که در یک شب سرد که در مسجد خوابیده بود و یکی از پیرزن‌های مهربان برایش غذا آورده بود تا گرسنه نخوابد، به دعا کردن برای او پرداخته

و در میان دعا از خشک‌سالی سخن گفته بود:

- کی فکر می‌کرد تو این دور و زمانه که خشکه سالی داره همه جا غوغا می‌کنه... و داره دمار از روزگار همه در می‌آره... تو اون بیابون مزرعه‌ی به اون سر سبزی باشد و تو این بیابان برهوت آب چاه و قناتش از قنات شورچه بیشتر... همه اش بخاطر مرد خدا بیدن است و بست... اگر مردم صدقشان را پاک کنند آب قنات ده هم مثل چاه پر آبی که در مزرعه‌ی بالای ده و منطقه‌ی ممنوعه زده‌اند، آب قنات آنها هم زیاد می‌شود...

چیزی را که ذوالفقار نمی‌دانست این بود که در کمتر از یک هفته همه‌ی ده از بودن چاه پر آب در منطقه‌ی ممنوعه اطلاع پیدا کرده بودند. بعد هم از چپ و راست و شب و روز خدمت امام اصغری رفته و باز از او خواسته بودند که معجزه کند و خشک‌سالی را از بین ببرد. امام اصغری هم می‌دانست که تنها راهی که می‌تواند جواب خواسته‌های مردم را بدهد، این است که منطقه‌ی ممنوعه را قبل از اینکه تیکنه‌ای‌ها از وجود چاه آب و قنات در مزرعه‌ی کوچک گدا لاله مطلع شوند و ادعای مالکیت آن را بکنند، از ده شورچه فوری به آنجا جاده زده و ادعای مالکیت مزرعه را بنام شورچه کرده و آب آن را به داخل ده شورچه بیاورد. برای همین هم بود که مردم داشتند از ده شورچه به آنجا جاده می‌زدند که بگویند آنجا متعلق به ده شورچه است. حتی اسم هم برایش انتخاب کرده بودند. «مزرعه‌ی شورچه...»

ذوالفقار همین‌طور مات مانده بود. می‌دانست که باعث و بانی همه این‌ها اوست. چندان معطل نکرد و با عجله به‌طرف خانه‌ی گدا لاله به‌راه افتاد ولی هیچ اطلاعی هم نداشت که جلوتر از آقا ذوالفقار حاجی غضنفر، امام اصغری و کدخدا و چند نفر دیگر از ریش‌سفیدهای ده هم خندان و بذله‌گویان عازم خانه‌ی گدا لاله هستند. البته آنها در این خیال

بودنـد کـه هیچ‌کـس در آنجـا سـکونت نـدارد و اگـر هـم کسـی بـه آنجـا می‌آیـد، گاه‌گاهـی سـر می‌زنـد و مـی‌رود. ذوالفقـار هـم دورادور پشـت سرشـان عصازنـان بـدون اینکـه بدانـد آنهـا را دنبـال می‌کـرد. معمـولاً وقتـی ذوالفقـار عجلـه داشـت، بـه ایـن معنـی بـود کـه حامـل خبرهـای دسـت اولـی اسـت.

گـدا لالـه هـم هنـوز روی تپـه در دوردسـت نشسـته بـود و چپق‌اش را دود می‌کـرد و مجنـون هـم کنـارش بـود. مجنـون از جـا بلنـد شـد و به‌طـرف ده و پاییـن تپـه خیـره شـد و از خرخرش هـم می‌شـد فهمیـد کـه از مهمان‌هـای ناخوانده‌ای کـه در پاییـن تپـه ظاهـر شـده و بذله‌گویـان و خنـدان می‌آمدنـد، چنـدان خشـنود نیسـت. گـدا لالـه هـم بـا دیـدن جماعـت فهمیـد کـه مقصـد آنهـا بایـد خانـه‌ی او باشـد و نـه جـای دیگـری. نگـران و افسـرده بلنـد شـد و رفتـه و وارد اتاقـک شـد. بعـد هـم از پنجره‌ی کوچـک اتاقـک مشـرف بـه پاییـن تپـه آمـدن جماعـت را زیـر نظـر داشـت. حـالا دیگـر شـکی نداشـت کـه مقصـد آنهـا خانـه‌ی اوسـت. کنـار دیـوار و زیـر پنجـره نشسـت و دوبـاره چنـد لحظـه در فکـر و خیـال گذشـته شـد و اینکـه چـه بـر سـرش آمـده اسـت. بـه ایـن فکر می‌کـرد کـه بعـد از یـک عمـر متوجـه شـده بـود کـه از بسـیاری از رفتـار و کـردار گذشـته‌اش پشـیمان شـده و می‌خواسـت از مـردم طلـب بخشـش کنـد. تـازه معنـی زندگـی را فهمیـده بـود. فهمیـده بـود کـه زندگـی درسـت مثـل شـب و روز میمانـد. مثـل روزی کـه بـا طلـوع آفتـاب زیبایـی و گرمـا و روشـنایی و خوشـبختی و شـادی را بـه ارمغـان می‌آورد. ولـی انـگار کـه چنـد سـاعتی هـم بیشـتر طـول نمی‌کشـد کـه همـه و همـه بـا آمـدن شـب و تاریکـی از بیـن می‌رونـد و غـم و غصـه و تاریکـی و سـردی و ظلمـات جـای آن را می‌گیـرد و بعـد هـم دو بـاره تکـرار اسـت و تکـرار. گـدا لالـه از ایـن تکـرار خسـته شـده بـود. مـدت زیـادی در تنهایـی سـر کـرده بـود و شـب و روزهـای زیـادی را فقـط بـا تفکـر گذرانـده و درس‌هـای زیـادی از زندگـی گرفتـه بـود. در ایـن مـدت همیشـه بـه بدی‌هـا و خوبی‌هـا، بـه سـختی‌ها و راحتی‌هـا، بـه خوشی‌هـا و

ناخوشی‌ها، دوستی‌ها و دشمنی‌ها، بسیار اندیشیده بود. این آخر عمری فهمیده بود که همه و همه‌ی این‌ها در آخر به یک راه ختم می‌شوند. همه و همه در طول زمان دفن می‌شوند و از یادها می‌روند و انگار هرگز وجود نداشته‌اند. درست مثل شب و روز. برای همین هم از طرفی فکر می‌کرد که چه خوب می‌شد اگر او مردم را به‌خاطر همه‌ی بدی‌هایی که به او و ستار و آسیه کرده بودند، ببخشد و مردم هم او را به‌خاطر کارهایی که کرده بود، ببخشند. می‌خواست مردم بدانند که او جزای بدی‌های خود را داده است و حالا بگذارند توی خلوت خودش این زمان کوتاه آخر عمری را با صلح و آرامش پشت سر بگذارد.

گدا لاله در فکر خودش گم شده بود که صدای پاس مجنون بلند شد. می‌دانست که باید مهمان‌های ناخوانده به اتاقک رسیده باشند. مجنون پاس کنان چند بار از جلوی در رد شد. بعد هم صدای امام اصغری و یکی دو نفر دیگر بلند شد:

- بزنید این سگ نکبت نجس رو از از اینجا دورش کنید...

بعد هم صدای حسین کچل و یکی دو نفر دیگر بلند شد که با سنگ‌پرانی به طرف مجنون حمله‌ور شده و بالاخره مجنون را از اطراف خود دور کردند ولی مجنون دست‌بردار نبود و داخل حیاط پشتی رفته و همین‌جور پاس می‌کرد و کوتاه بیا هم نبود. پاس مجنون به تدریج کمتر و کمتر شد. گدا لاله از کاری که با سگش کرده بودند چندان راضی نبود. ولی در تمام این مدت چشم به زمین دوخته بود و در فکر و خیال گم شده بود و بالاخره صدای امام اصغری دوباره از بیرون بلند شد:

- از سگه معلومه که باید کسی داخل آلونک باشه... غریبه... مهمان ناخوانده نمی‌خواهی...؟

گدا لاله حالا نمی‌دانست چه باید کند. باز صدای مهمان‌های ناخوانده بلند شد و این‌بار صدای حاجی غضنفر شنیده شد:

- درویش مهمان حبیب خدا است... داخل هستی یا نه...؟ شیخ نکنه خانه نباشه...؟

بعد هم کدخدا به صدا آمد:

- نکنه برای همسایه‌ی ما اتفاقی افتاده باشه...؟ بهتره داخل رو وارسی کنیم...؟ ما که امر خیر داریم و نه خیال بد... در ثانی حاجی می‌دونیم که زن و بچه هم نداره که نامحرم باشیم...

حاجی غضنفر تو حرف کدخدا پرید و حرف امام اصغری را هم که می‌خواست شروع شود را قطع کرد:

- امر خیر داریم که هیچ... بلکه می‌خواهیم از سهل‌انگاری‌هایی که به همساده خودمان تا حالا کردیم و به او نرسیدیم طلب بخشش کنیم و جبران کنیم... تا آنجا که من دیدم و شنیدم و می‌بینم، آزار و اذیت این بنده خدا به هیچ مورچه‌ای هم نرسیده... امام اصغری، کدخدا... البته که ما باید زودتر به دیدارش می‌آمدیم...

امام اصغری با صدای بلندتری میان حرف حاجی غضنفر پرید و شروع به روضه‌خوانی کرد:

- حاجی، کدخدا در آیین عرف و مذهب، رسیدن به همسایه را از نماز و روزه‌ی یک مسلمان هم واجب‌تر دانسته‌اند... از رسیدن به خانواده‌ی خودی هم واجب‌تر می‌دونن... خصوصاً اگر همسایه، همسایه‌ی غریب و بی‌آزاری هم باشه... که در آن صورت هم واجب‌تر است... می‌گم حاجی، خدا نکرده نکنه برای همسایه‌ی ما اتفاق ناگواری افتاده باشه و ما از کمک به او کوتاهی کرده باشیم که آن گناه کبیره است...»

و بالاخره امام اصغری با احتیاط و ترس در را باز کرد و بعد از بفرما،

بفرما و تعارف به یکدیگر امام اصغری و بعدش هم حاجی غضنفر و پشت سر آنها هم کدخدا وارد شدند. بقیه‌ی همراهان میان در و پشت پنجره‌ها ایستاده و نظاره‌گر بودند. دیدند که گدا لاله روی حصیر کهنه‌ای گوشه‌ی دیوار چمباته زده و انگار که تازه از خواب بیدار شده است و یا مشغول راز و نیاز با خداست. گدا لاله همین‌طور ساکت نگاهش را به زمین دوخته و نمی‌دانست چه کند و چه بگوید. می‌دانست که زبانش باید خاموش می‌ماند. به یاد داشت که در تمام عمری که گدا لاله با آنها سر و کار داشت فهمیده بود که آنها از چه قماشی‌اند. می‌دانست که مردم ده با قلب باز و دوستانه به دیدن او نیامده‌اند که هیچ، بلکه همین سه نفر حاجی غضنفر، کدخدا و امام اصغری چه کارها که نکرده‌اند تا از شر گدا لاله راحت شوند. اگرچه آنها ولی نعمت خود کلاعباس را نشناخته و پاک از یاد برده بودند. ولی کلاعباس خوب حاجی غضنفر و کدخدا را می‌شناخت و می‌دانست از کجا به اینجا رسیده‌اند. می‌دانست که پسر کسانی بودند که مال و منال او را وقتی که لو رفته بود، خورده و حالا بر و بیا پیدا کرده بودند. ولی گدا لاله همین‌جور به امام اصغری خیره شده بود. خیال می‌کرد او را از یک جایی می‌شناسد ولی نمی‌دانست از کجا. البته تنها این ذوالفقار بود که با گدا لاله خو گرفته بود و بیشتر وقتش را با گدا لاله می‌گذراند.

گدا لاله حالا می‌دید همان آدم‌هایی که یک روزی حرف از دشمنی و بیرون کردن او از آنجا را می‌زدند. همان‌ها که وقتی کلاعباس بود و نه گدا لاله اگر می‌توانستند سایه‌ی او را از هفت فرسخی با تیر می‌زدند. آنها که خانه و آشیانه‌اش را به اسم اسلام و دین بالا کشیده‌اند حالا جلوی او سبز شده و حرف از دوستی و صداقت و همسایگی و برادری و برابری و دین و ایمان و مذهب می‌زنند. ولی گدا لاله هم دیگر آن آدم قدیمی نبود و تمام وجود گدا لاله از عشق و محبت مملو شده بود و از صلح و دوستی

می‌گفت. خلاصه گدا لاله مهمان‌های ناخوانده‌اش را بیشتر توی خماری نگذاشت و بدون اینکه کلامی به زبان بیاورد، به‌طرف قوری‌ها رفته و یکی را برداشت و به‌نظر می‌رسید که مشغول درست کردن چای برای مهمانان شده است ولی هنوز لب از لب باز نکرده بود. جماعت که حالا حرکت گدا لاله را به عنوان خوش‌آمد به آنها تلقی می کردند، از اینکه او مشغول درست کردن چای برای آنها شده، خوشحال شدند و خیالشان هم کمی راحت شد. حالا همگی نگاهی دوباره به اطراف اتاقک کوچک انداختند ولی هنوز جز همان یک تکه حصیر کهنه و یکی دو تا لحاف و متکای کهنه و چند تکه ظرف و قوری و استکان چیز دیگری ندیدند. بعد هم همه مات و مبهوت به هم نگاه می‌کردند که چه بکنند و بیرون باید بنشینند یا داخل که بالاخره امام اصغری دوباره به حرف آمد:

- حاجی، کدخدا بهتره بیرون روی سکو بنشینیم... آفتاب خوبه و تو دست و پای همسایه هم نیستیم... هوای گوارایی هم هست...

بعد هم همه در بیرون و روی سکوی جلوی در که در دو طرف در درست شده بود مقابل هم نشستند و گرم گفتگو شده و منتظر چایی داغ بودند. ولی گدا لاله هنوز داخل اتاقک در فکر بود و به اطراف خیره شده بود و نمی‌دانست چه کند. از پنجره‌ی کوچک اتاقک مجنون را دید که بالاتر از اتاقک روی تخته‌سنگی ایستاده و به جماعت خیره شده بود و از خرخرش می‌شد فهمید که از بودن آنها راضی نیست. بعد هم مردعلی را دید که چوب به‌دست به سگ نزدیک شد و سگ هم انگار صد سال است که او را می‌شناسد به‌طرف مردعلی رفت و به‌نظر می‌رسید مشغول احوال‌پرسی شده‌اند. سگ از این که حداقل یک نفر آدم را پیدا کرده که او را نجس نمی‌داند و به بازی با او سرگرم شده است، پاک امام اصغری و دیگران از یادش رفت. اما گدا لاله چندان خرسند و خندان نمی‌نمود.

او سال‌های زیادی می‌شد که به تنهایی عادت کرده بود و می‌دانست که با پیدا شدن سر و کله‌ی مردم، آرامش و سکوت زندگی‌اش از بین خواهد رفت و همین هم گدا لاله را آزرده خاطر و خیالش را نگران کرده بود. در ثانی چرا آن‌ها یک‌دفعه یاد گدا لاله و محل او افتاده و به‌سراغش آمده بودند و برای گدا لاله بیشتر معما شده بود که قبل از آمدن آن‌ها صدای بیایید هرانگ را هم شنیده بود. بنابراین می‌دانست آمدن آن‌ها و صدای مردم برای هرانگ آمدن باید به هم ربط داشته باشد. گدا لاله پاک در فکر و خیال گم شده بود که صدای امام اصغری باز بلند شد:

- همسایه کمک نمی‌خواهی...؟

گدا لاله برگشت و متوجه سر امام اصغری شد که جلوی در ظاهر شده و داشت او را برانداز می‌کرد. گدا لاله به خودش آمد و منقل را برداشت و از در پشتی رفت توی حص پشت و شروع کرد به آتش کردن منقل. مجنون با دیدن گدا لاله به‌طرف حص آمد و دوباره شیر شد و پاس کردن را شروع کرد و دوان دوان از دیوار کوتاه حص بالا پرید و آمد در کنار گدا لاله و می‌خواست مطمئن شود که گدا لاله صحیح و سالم است. مردعلی که هم‌بازی خودش را از دست داده بود اخمش توی هم رفت و روی تخته‌سنگی نشست و پاک در فکر فرو رفت ولی خودش هم نمی‌دانست به کی و به چی فکر می‌کند.

حال و روز گدا لاله هم بهتر از مردعلی نبود. فکر و ذکرش همه‌جا بود غیر از آن‌جا. حتی نمی‌دانست مجنون کنارش ایستاده و یا مردعلی هم به جمع بازدید کنندگان اضافه شده است. همین‌طور به شعله‌ی آتش که توی منقل گر گرفته و زبانه می‌کشید خیره شده و در این فکر بود که چه باید می‌کرد. بعد یادش آمد که باید برود و قوری را بیاورد. برگشت به داخل تا قوری را ببرد و چای درست کند. باتعجب به سکوی خالی جلوی اتاقک خیره شد که هیچ‌کس روی آن ننشسته بود و یا جلوی در

دیـده نمی‌شـد. متعجـب شـد و بـه وارسـی اطـراف بـرای یافتـن مهمان‌هـای ناخوانـده از پنجـره‌ی کوچکـی کـه به‌طـرف درخـت تـوت باز می‌شـد نگاهش افتـاد بـه جماعـت ناخوانـده کـه حـالا همـه آن‌طرف‌تـر از درخـت تـوت سـر آب چـاه ایسـتاده و داشـتند چـاه آب و اطـراف آن را وارسـی می‌کردنـد. بعـد هـم متوجـه شـدند کـه کمـی پایین‌تـر، آب از دهانـه‌ی قنات کوچکـی بیرون مـی‌زد. به‌نظرشـان رسـید کـه بایـد چندتـا چـاه زده و قنات کوچکی درسـت کرده باشـند.

بعـد هـم نگاهـش بـه یکـی دو نفـر افتـاد کـه اطـراف قبـر آسـیه و سـتار ایسـتاده و انـگار بـه قبرهـا خیـره شـده بودنـد. بـا دیدن مـردم کنار چـاه آب و سـر قبـر آسـیه و سـتار اخـم گـدا لالـه بیشـتر در هم رفـت و دوبـاره فکر و نگرانـی وجـودش را گرفـت. فکـر می‌کـرد کـه نکنـد مـردم از محـل قبرهـای آسـیه و سـتار با خبر شـده باشـند؟ نکنـد ذوالفقـار از همه‌ی ماجرای آسـیه و سـتار و گـدا لالـه مطلع شـده و لب بـاز کرده باشـد و به مردم گفته باشـد که گـدا لالـه کیسـت؟ خلاصـه تمام فکـر و ذکر او مشـغول بـه نکند، نکند شـده بـود. حـالا فکـر گـدا لاله همه‌جـا بود غیـر از آنجا که صـدای داد امـام اصغری کـه گـدا لالـه را جلـوی پنجـره دیده بـود دوباره بـا صـدای بلند بطـرف او در صحبـت شـد و او را به‌خـود آورد:

- همسـایه... دارم چـاه آب را تبـرک می‌کنم... دارم برای سـلامتش دعـا می‌کنـم... آب تـوی ایـن دوره زمانه نعمتی اسـت... با همه‌ی اینکـه خشک‌سـالی همه‌جـا غوغـا کـرده و همـه را بدبخـت... برو دعـا کـن که حتمـاً بایـد بنده‌ی خـاص خدا باشـی و مسـلمان و بـا ایمـان... خـدا بایـد خیلی خاطـرت رو بخواد که چنیـن نعمتی را بهـت عطـا کـرده... دارم تبرکـش می‌کنـم کـه یک‌دفعـه مثـل قنات‌هـای اطـراف آبش کـم و خدا نکرده خشـک نشـه...

گـدا لالـه از حرف‌هـای امام اصغری خشـنود نشـد که هیچ، حتـی دل‌نگران

هم شد. تازه دو ریالی گدا لاله افتاد که حکایت آمدن آنها در چه می‌تواند باشد. گدا لاله که نمی‌خواست با امام اصغری دم به دم بشود و مجبور شود به او جوابی بدهد، برگشت و کوزه‌ی آب را برداشت و قوری‌ها را پر کرد به حص برد تا چای درست کند. شعله‌های آتش دیگر شدت قبل را نداشت و کمی آرام‌تر شده بود. گدا لاله قوری‌ها را داخل منقل کنار آتش گذاشت و به آتش خیره شده و در خود رفته و غرق فکر شده بود که چه باید می‌کرد. به فکر افتاد که باز بزند به کوه و صحرا ولی می‌دانست که پیر شده و دیگر توان قبلی را ندارد و می‌خواست آنجا بماند تا اجل به سراغ او بیاید. صدای مجنون گدا لاله را به‌خود آورد. برگشت و دید که مجنون دارد به‌طرف چند نفری که سر و کله‌شان از بیرون و پشت دیوار نسبتاً کوتاه حص ظاهر شده بود پاس می‌کرد. گدا لاله به آنها خیره شد. هنوز هم قدرت نگاه او پشت هر مردی را می‌لرزاند. بعد از سلام و احترام به گدا لاله و با اینکه جوابی هم از گدا لاله نگرفتند، مشغول تعمیر دور حص شدند. گدا لاله هرچه فکر کرد، هیچ‌کدام را به جا نیاورد. مجنون هنوز پاس می‌کرد ولی جرئت حمله به آنها را نداشت. گدا لاله حالا بیشتر در فکر فرو رفته بود. در این فکر که آنها از کجا و چرا یک‌دفعه به فکر کمک کردن به او افتاده‌اند. در ثانی او همه‌ی مردم ده شورچه را از کوچک و بزرگ می‌شناخت ولی هیچ‌کدام از آنها به چشم او آشنا نمی‌آمدند. به فکر افتاد که این‌ها دیگر از کجا پیدا شدند. ولی عقلش به جایی قد نداد که هیچ، بلکه بیشتر هم در تعجب شد:

- تیکنه‌ای‌ها هم آمدند دزدی... که از شورچه‌ای‌ها عقب نیافتند... سلام ارباب...

گدا لاله با شنیدن صدای مردعلی برگشت و دید که او روی دیوار کوتاه حص نشسته و لبخند همیشگی‌اش را هم بر چهره دارد و همین‌جور با دستش تیکنه‌ای‌ها را که به تعمیر دیوار حص مشغول بودند را نشان می‌داد:

- نگاشون کن... آنها هم آمدن چاه آبت رو بدزدند... آب دزدند...

با شنیدن صدای مردعلی و دیدن او، مجنون فوری به‌طرف مردعلی رفت و با رسیدن سگ به او دوباره پاک حواس مردعلی پرت شد و مشغول بازی با سگ شد. ولی گدا لاله دراین تعجب بود که آیا مردعلی او را شناخته بود یا نه؟ گدا لاله هم بالاخره منقل را برداشت و بداخل اتاقک برد و در جای همیشگی گذاشت.

جماعت شورچه حالا دوباره برگشته و روی سکوی جلوی در نشسته بودند و بذله‌گویی‌شان هم ادامه داشت و روح‌شان هم از بودن تیکنه‌ای‌ها که خودشان را به آنجا رسانده و سخت مشغول تعمیر دیوارهای حص گدا لاله بودند، خبر نداشت. گدا لاله در یکی از قوری‌ها را برداشت و یک مشت چای در آن ریخت و در را گذاشت. همین‌طور که دنبال قند می‌گشت، از پنجره‌ی کوچک بیرون را نگاه کرد و دید که تعداد تیکنه‌ای‌ها هی زیادترهم می‌شود. سگ و مردعلی هم فارغ از این دنیا مشغول بازی بودند و بزرگان ده شورچه هم زیر تاقی مشغول اختلاط و منتظر چای داغ بودند. بعد هم چشم گدا لاله به ذوالفقار افتاد که سرش را بالا گرفته و با عجله بطرف اتاقک در حرکت بود و هنوز به اتاقک نرسیده صدایش بلند شد و این بار داد هم می‌زد:

- آ گدا لاله بیا که برات خبرهای داغی دارم... کجایی آدرویش گدا زاده... همساده کجایی...

با بلند شدن صدای ذوالفقار جماعت جلوی سکو ساکت شده و به قصد دست انداختن او جیک از هیچ‌کس درنمی‌آمد. عصای ذوالفقار کمی نمانده بود به پای امام اصغری که جلوی سکو ایستاده بود بخورد. ولی با عقب رفتن پای امام اصغری از جلوی او، عصا به باغچه‌ی جلوی در خانه خورد. ذوالفقار به باغچه تکیه داد و عصایش را کنارش گذاشت و سرش رفت بالا و توی هوا و به اطراف می‌چرخید. انگار چیزی را اطراف

خود حس کرده بود. همه‌ی جماعت ساکتِ ساکت بودند و جیک از کسی درنمی‌آمد و داشتند سرتاپای ذوالفقار را وارسی می‌کردند. بعد که ذوالفقار صدایی نشنید، کلاهش را برداشت و دستمالش را از جیب بیرون آورد و مشغول خشک کردن عرق پیشانی‌اش شد. با اینکه پاییز شده بود ولی گل‌های آفتاب گردان در دو باغچه‌ی جلوی دو سکو هنوز برپا بودند و قدشان تا سقف خانه می‌رسید. چند زنبور هم از گلبرگی به گلبرگ دیگر می‌پریدند و شهد گل‌ها را می‌مکیدند و فاتحانه به بالا و بر فراز خانه پرواز می‌کردند و در هوا گم می‌شدند. ذوالفقار کلاهش را بر سر گذاشت و صدایش دوباره بلند شد:

- آگدا لاله بیا بیرون و ببین این مردم پدرسوخته دارند چه می‌کنند... مثل اینکه فکر قنات که آبش هر روز داره کمتر می‌شه از سرشان پریده... حالا می‌خواند برات جاده درست کنند... آگدا لاله کجایی... بوی چاییت داره میاد...

ذوالفقار عصایش را برداشت و درحالی‌که سرش را بالا گرفته بود رفت و جلوی در و بین دو تا سکو و دوباره به‌خاطر شک کردن به اینکه آیا کسی اطراف هست یا نه، ایستاد و به‌طرف جاده خیره شد. امام اصغری و کدخدا و حاجی غضنفر و بقیه هنوز ساکت نشسته بودند و نفس هیچ‌کس درنمی‌آمد. حالا آن‌ها هم همه در تعجب مانده بودند که چه باید بکنند. همه با لبخند ساکت و تمسخرآمیز خود فقط داشتند ذوالفقار را برانداز می‌کردند. ذوالفقار هم بی‌خیال از همه‌جا و بدون اینکه از حضور ریش‌سفیدان و بزرگان ده و حاجی‌زاده‌ها و داش‌زاده‌ها در جلوی اتاقک روی دو طرف سکو اطلاعی داشته باشد، به مزاح خودش با گدا لاله و مسخره کردن مردم ادامه داد و دوباره زبانش باز شد:

- آگدا لاله بیا و ببین مردم چه جوری رنگ عوض کردند... تا دیروز می‌خواستند از خانه بیرونت کنند... اما امروز دارند

برات جاده سازی می‌کنند و می‌خواند دوست و رفیقت باشند... آگدا لاله بیا که نانت تو روغنه... بیا که وقت سواری گرفتنه... بیا و ببین که این دفعه دیگه امام اصغری و حاجی غضنفر چه آشی برات پختند... آ گدا لاله بیا و ببین که چاه آبت حالا عزیز عام و خاصت کرده... روی چشم شورچه‌ای‌ها و تیکنه‌ای‌ها جا داری... بیا آ گدا لاله که می‌تونی خرشون کنی و سواری بگیری...

برای یک لحظه وقتی هیچ صدایی از هیچ‌جا بلند نشد، ذوالفقار لحظه‌ای به‌خود آمد و مات‌زده و میخ‌کوب شد و سرش را دوباره بالا گرفت و اطراف را وارسی کرد. کدخدا و حاجی غضنفر و امام اصغری حالا دیگر خونشان به‌جوش آمده بود. حالا کارد به استخوان امام اصغری و حاجی غضنفر می‌زدی خونشان درنمی‌آمد. همه هنوز مات‌زده داشتند قد و بالای ذوالفقار را برانداز می‌کردند و فکر می‌کردند که با ذوالفقار چه باید بکنند. می‌دانستند که شاید گدا لاله به ذوالفقار خو گرفته و نمی‌خواستند کاری کنند که گدا لاله را رنجیده خاطر کنند و با آنها کج بیافتد. ذولفقار هم همین‌جور که هنوز در شک و تردید بود، صدایش باز بلند شد و بااحتیاط و شک و تردید تصمیم گرفت که روی سکو بنشیند:

- امام تقلبی اصغریت هم فردا فوری یک آیه دیگه نازل می‌کنه و حکم می‌ده که مزرعه و آلونکت و آب چاهت وقف و خمس و زکات امامه و حلالشون می‌کنه... همه را به اسم سهم امام بالا می کشند ...

حرف‌های ذوالفقار هنوز تمام نشده بود که ماتحتش درست نشست در دامن امام اصغری.

هنوز ماتحت ذوالفقار کامل دامن امام اصغری را لمس نکرده بود که دست‌های امام بالا رفت و محکم بر فرق سر ذوالفقار کوبیده شد و او را

چنان به جلو هل داد که آقا ذوالفقار پرت شد و روی سکوی مقابل داخل دامان حاجی غضنفر متوقف شد. حالا نوبت حاجی غضنفر شد که دق و دلی‌اش را سر ذوالفقار خالی کند و او هم معتل نکرد و توسری محکم‌اش او را چنان هل داد که ذوالفقار بیچاره بین دو سکو محکم به زمین خورد. هنوز به‌خودش نیامده بود که لشکر شمر ذی الجوشن به سرکردگی امام اصغری و جیره‌خواران امام به جان ذوالفقار افتاده و در یک چشم بهم زدن ذوالفقار به جای نشستن در دامان گرم امام اصغری و حاجی غضنفر حالا روی زمین سخت و سرد بین دوتا سکو دراز شده بود. حتی حاجی غضنفر و کدخدا هم بیکار ننشسته و با مشت و لگد به جان ذوالفقار بیچاره افتادند. حالا مشت و لگدهای امام اصغری و دار و دسته‌اش بی‌امان بر فرق سر و کمر و تن ذوالفقار فرود می‌آمد و هیچ توجه و رحمی هم به التماس و لابه‌ی ذوالفقار نمی‌کردند. ذوالفقار هم با هر توانی که داشت گدا لاله را به کمک می‌طلبید و در تلاش بود که خودش را از زیر دست و پای سربازان شمر خارج کند و وارد اتاقک شود. در این تلاش جلوی در اتاقک دست‌هایش به پای گدا لاله که حالا با سینی چایی ظاهر شده بود، گیر کرد و محکم آن را گرفت. با گرفتن پای گدا لاله سینی چای از دست او رها شده و استکان‌ها و نعلبکی‌ها از سینی پر از چای داغ، هوار شد و ریخت روی سر و گردن و صورت ذوالفقار. آقا ذوالفقار که سر و صورتش از چای داغ به جلز و ولز افتاده بود، شروع به دست و پا زدن کرد تا از مهلکه در برود. ولی دوباره امام اصغری و کدخدا و حاجی غضنفر دست به‌کار شده و قصد رضایت دادن هم نداشتند و انگار که به جنگ کور اصلان رفته بودند. همگی با گیوه‌های چرمی و کلفت خود پشت و ماتحت و سر و صورت ذوالفقار را لگدمال کردند.

در همین احوال صدای پاس سگ از جلوی سکو بلند شد و به‌دنبالش هم صدای مردعلی:

- آخه مگه شما مسلمون نیستید... چرا کور بدبخت رو می‌زنید... اگه مردید و زورتون می‌رسه خوب برید اون تیکنه‌ای‌ها را بزنید...

و البته مردعلی با عصبانیت و درحالی‌که داد و فریادش هم بلند بود به کمک ذوالفقار شتافت و لای دست و پای سربازان امام حسین می‌چرخید و درحالی‌که او هم از شر مشت و لگدها در امان نبود، مهاجمان را کنار می‌زد و ذوالفقار را هل می‌داد به‌طرف داخل اتاقک. بالاخره ذوالفقار کورمال کورمال خودش را از دست مهاجمان رها کرد و از لای پای گدا لاله خودش را کشید به داخل اتاقک. جماعت که هنوز نمی‌خواستند کوتاه بیایند قصد وارد شدن به داخل اتاق را داشتند که خودشان را رو در روی گدا لاله دیدند که حالا چشم‌هایش از خشم داشت از حدقه بیرون می‌زد. گدا لاله و امام اصغری حالا روبروی هم قرار گرفته و چشم در چشم هم دوخته و به هم خیره شده بودند. حاجی غضنفر و کدخدا و بقیه عقب‌گرد کردند ولی امام اصغری نمی‌خواست کوتاه بیاید و هنوز در چشمان گدا لاله خیره شده بود و چیزی نمانده بود که امام اصغری که حالا در خشم می‌جوشید به گدا لاله حمله‌ور شود که بالاخره صدای حاجی غضنفر بلند شد و امام اصغری را به‌خودش آورد:

- شیخ، امام... دیگه گه خورد... غلط کرد امام ... ولش کن بیا بنشین... کوره و بی‌حیا... کور که چشم و حیا نداره... خونت رو زیاد کثیف نکن... وقت زیاده... به حسابش می‌رسیم...

- راست میگه دیگه... کور که حیا نداره... خب ولش کنید ... گناه داره کوره بیچاره... چرا زورتون به یه کور بدبخت می‌رسه... اگه مردید برید تیکنه‌ای‌ها رو که مثل شما آمدند آب دزدی بگیرید و بزنید...

حالا تنها چیزی که از اعتراض مردعلی به گوش حسین کچل خورد

«مگه شما که روشنید حیا دارید که اون که کوره داشته باشه...»

همین هم کافی بود که امام اصغری به او حمله ور شود و مردعلی هم پا به فرار گذاشته و کوتاه بیا نبود که نبود:

- از اینجا بره گم شه دیونه‌ی چله خل تا دو شقت نکردم...
- خب مگه کفر می‌گم ... چرا زورتون فقط به یه کور بدبخت می‌رسه... اگه مردید خب برید تیکنه‌ای‌ها رو که مثل شما آمدند آب دزدی بگیرید و بزنید... ببینید از شما جلو افتند و دارند دیوارها را تعمیر می کنند...

البته هیچ‌کدام از جماعت جلوی سکو منظور مردعلی را نفهمیدند. حالا همه‌ی آنها چنان از ذوالفقار خشمناک شده بودند که جلوی چشم خودشان را هم نمی‌دیدند چه برسد به تیکنه‌ای‌ها که پشت حص مشغول تعمیر دیوار آن بودند. امام اصغری هم بالاخره با وساطت حاجی غضنفر و کدخدا کوتاه آمد و رفت و مقابل حاجی غضنفر روی سکو نشست ولی هنوز نگاهش را از گدا لاله برنداشته بود. گویا امام اصغری چیزی را در نگاه گدا لاله خوانده بود که بقیه نخوانده بودند. ساکت نشست و همین‌جور به گدا لاله که داشت استکان‌ها و نعلبکی‌های شکسته و ریخته بین دو سکو را جمع و جور می‌کرد، خیره شده بود. سکوت همه‌جا را فرا گرفته بود. حالا فقط گاهی صدای غرغر مردعلی و پاس سگ به گوش می‌خورد. گدا لاله همه‌ی استکان‌ها و نعلبکی‌ها را که مقداری از آنها هم شکسته بود را جمع کرد و به اتاقک برد. امام اصغری که هنوز از خشم داشت درون خود می‌سوخت سکوت را شکست و شروع کرد به زمین و زمان بد و بیراه گفتن. بقیه‌ی جماعت هم به امام اصغری پیوسته و با کلمات قصارشان با یکدیگر بده و بستان می‌کردند. این وسط یکی از نوچه های امام اصغری هم دور گرفت:

- از قدیم و ندیم گفته‌اند که کور بی‌حیا است و شرم و حیا

سرش نمی‌شه... امام اگه دستور صادر کنه خونش رو در راه دین می‌ریزم...

امام اصغری با صدایی که نفرت و خشم در آن موج می‌زد، میان حرف او پرید:

- حاجی خودمان به این گدا گشنه‌های پدرسوخته‌ی بی‌حیای از خدا و پیغمبر بی‌خبر، کین نشور، دیم نشور، رو دادیم که حالا تو روز روشن می‌خواند سوارمون بشند... و به دین و ایمان محمدی اهانت می‌کنند...

کدخدا حرف امام اصغری را قطع کرد:

- اگر از اول زبونشون رو می‌بریدیم حالا کارمون به اینجا نمی‌کشید...

امام اصغری دوباره دنبال ذوالفقار به داخل اتاقک خیره شد ولی باز چشم‌هایش به چشم‌های خشمناک گدا لاله افتاد.

در همین احوال صدای الله اکبر مردم از پشت خانه‌ی گدا لاله که به ساختن جاده مشغول بودند، بلند شد. صدای یاعلی، یا حضرت عباس گفتن‌شان از یک فرسخی گوش را کر می‌کرد. مجنون سگ گدا لاله هم حالا دور برداشته بود و با پاسش جواب آنها را می‌داد و کوتاه هم نمی‌آمد. حضاری که روی سکو نشسته بودند و انتظار نداشتند که مردم به این زودی تا خانه‌ی گدا لاله را جاده سازی کرده باشند و به آنجا رسیده باشند همه ساکت شده و حالا دیگر ذوالفقار از یادشان رفت و همه باتعجب به‌طرف صدا خیره شدند. دیدند که مردعلی هم حالا حرارتی شده بود و دوباره شمشیر چوبی‌اش توی هوا می‌چرخید و نوحه‌خوانی‌اش هم آغاز شده و آماده رفتن به جنگ شمر ذی الجوشن شده بود:

- مردم چه نشستید که خاک تو سرتون شد... تیکنه‌ای‌ها

جلوتر از شما رسیدند که آب رو بدزدند... ترسوها بلند شید... تیکنه‌ای‌ها خانه را گرفتند...

هنوز همه گیج و گنگ بودند و هیچ‌چیز از حرف‌های مردعلی دستگیرشان نشده بود تا اینکه صدای حسین کچله که تازه از راه رسیده بود, بلند شد:

- امام، حاجی آقا، کدخدا چه نشستید که تیکنه‌ای‌ها دستمون رو گذاشتند تو حنا... آنها جلوتر از ما جاده‌شون رو تمام کردند... نگاه کنید رسیدند به خانه و دارن خانه و مزرعه را تعمیر می‌کنند...

برای چند لحظه جماعت درست نفهمیدند که حسین کچل از چه حرف می‌زند. همه گیج شده بودند. جماعت در تعجب گم شده بودند و همه فوری از جایشان بلند شده و از زیر سکو بیرون رفته و دیدند که این تیکنه‌ای‌ها بودند که ندای یاعلی و یاحضرت عباس گذاشته و مشغول تعمیر دیوارهای خانه‌ی گدا لاله و پایین‌تر هم عده زیادی از آنها مشغول تعمیر جاده به طرف ده تیکن بودند. چند لحظه همگی از تعجب جا خورده و بهم خیره شدند و صدایی از هیچ‌کس در نمی‌آمد.

گدا لاله از پنجره‌ی کوچک به جماعت بیرون خیره بود و در همین حال دستمالی را به دست ذوالفقار داد تا خودش را تر و تمیز کند. ذوالفقار درحالی‌که مشغول تمیز کردن خود بود با شک آمیخته به ترس و خجالت خودش را جمع و جور کرد و سرش را بالا گرفت و گوشش را تیز کرد و به صداهای بیرون گوش می‌کرد و انگار دانستن اتفاقی که داشت در بیرون می‌افتاد برایش مهم‌تر از تر و تمیز کردن خودش بود. گدا لاله یک چای توی یک کاسه‌ی کوچک ریخت و چندتا قند هم داخلش انداخت و هم زد و به دست ذوالفقار داد و بعد هم در کنارش نشست. ذوالفقار در یک چشم بهم زدن چای را با دو سه قلپ

سر کشید. گدا لاله چپقش را چاق کرد و بی‌خیال از اینکه بیرون چه می‌گذرد، چند پک به چپقش زد و بعد چپق را به دست ذوالفقار داد. در یک چشم بهم زدن ذوالفقار دود چپق را چنان راه انداخت که چشم‌های گدا لاله باز ماند از اینکه او چطور این‌چنین دود را به درون می‌کشید و بیرون می‌داد. گدا لاله سرش را به دیوار تکیه داد و در فکر فرو رفت. حالا دود چپق ذوالفقار همه‌ی اتاق را گرفته بود. چشم‌های گدا لاله روی هم رفته بود. انگار نمی‌خواست ببیند و یا فکر کند که در بیرون بین تیکنه‌ای‌ها و شورچه‌ای‌ها چه مسئله‌ای در جریان است.

دود چپق آنها از پنجره بیرون می‌زد و در هوا گم می‌شد. انگار نه انگار که بیرون اتاقک جنجالی برپا بود. گدا لاله حالا خیلی دلش گرفته بود. می‌دانست که دیگر نمی‌تواند در خلوت خودش باشد و با راز و نیازهایش روز را شب کند. می‌دانست که تازه این اول کار است. می‌دانست که اگر شورچه‌ای‌ها سراغ او آمده‌اند حتماً حکمتی دارد و آنها بی‌خودی لاف خویشی و برابری و برادری نمی‌زنند و تازه ول کن هم نخواهند بود. حالا می‌دانست که همه و همه‌اش سر چاه آب بوده است. می‌دید که شورچه‌ای‌ها که در باطن چشم نداشتند گدا لاله را ببینند حالا و در ظاهر گدا لاله نور چشمی آنها شده بود. حتی اسم هم روی آنجا گذاشته بودند و آنجا را مزرعه‌ی شورچه صدا می‌کردند. گدا لاله این را هم می‌دانست که خانه‌اش درست وسط دو ده شورچه و تیکن واقع شده است و برای همین هم بود که تیکنه‌ای‌ها زودتر از شورچه‌ای‌ها دست به‌کار شده بودند و قصد همه‌ی آنها چیزی نبود جز ادعای مالکیت کردن خانه و ملک گدا لاله که از ستار به او رسیده بود. چرا که آب آن برای هر دو ده امرحیاتی داشت. تیکنه‌ای‌ها برای اینکه عقب نیافتند حتی بیشتر جاده از تیکن تا اتاقک را هم یواشکی و بدون سر و صدا ساخته بودند. و عده‌ای از آنها هم جلو جلو راه افتاده بودند و آمده بودند تا از خانه‌ی گدا لاله شروع

کنند و هدفشان این بود که در وسط راه به هم برسند. البته معلوم بود که می‌خواهند جلوتر از شورچه‌ای‌ها آنجا باشند و جلوتر ادعای حاکمیت و مالکیت کنند و اسم خانه گدا لاله را هم گذاشته بودند مزرعه‌ی تیکن. حالا خانه‌ی گدا لاله دو تا اسم داشت و دو ده ادعای مالکیت آن را می‌کردند و انگار نه انگار که اصلاً گدا لاله آدم بود و بحساب می‌آمد. جالب این بود که هیچ‌کس نمی‌دانست که هیچ سند مالکیتی هم برای آنجا صادر نشده و تا چند ماه پیش هیچ‌کس جرئت رفتن به آنجا را نداشت. حقیقت امر این بود که هیچ‌کس از ستار که آنجا را درست کرده بود اطلاعی نداشت و حالا همه گدا لاله را مالک عرفی و شرعی مزرعه می‌دانستند و دو ده می‌دانستند که هیچ‌گونه حقی روی مزرعه نداشته و نباید داشته باشند. در حقیقت ادعای مالکیت مزرعه‌ی گدا لاله توسط دو ده شورچه و تیکن به نفع گدا لاله هم شده بود وگرنه یکی از آن‌ها یا یکی مثل امام اصغری یواشکی می‌رفت و انعامی می‌داد و آن را به اسم خودش ثبت می‌کرد و بعد هم گدا لاله را خیلی راحت بیرون می‌انداختند. خلاصه حالا گدا لاله می‌دید که هر دو ده تیکن و شورچه سر مال و منال او به جان هم افتاده بودند و بزن و بکش و کشت و کشتارشان هم به‌زودی شروع می‌شد و بعد هم سر و کله‌ی امنیه‌ها پیدا می‌شد.

ولی آن‌چه مسلم بود امام اصغری کسی نبود که پا عقب بگذارد و همین‌طور به‌آسانی بگذارد تیکنه‌ای‌ها بیایند و خشک و خالی بیافتند روی خانه‌ی گدا لاله و صاحب آن‌همه زمین و آب بشوند.

گدا لاله حالا صدای امام اصغری و کدخدا و حاجی غضنفر را از بیرون می‌شنید که داشتند سر تیکنه‌ای‌ها که مشغول تعمیر خانه‌ی گدا لاله و جاده‌ی جلویش بودند داد و بی‌داد می‌کردند و کوتاه هم نمی‌آمدند. مجنون سگ گدا لاله هم ول کن نبود و هی پاس می‌کرد. مردعلی هم به رجزخوانی و نوحه‌خوانی ادامه می‌داد. این وسط امام اصغری هم گاه‌گاهی

سر مجنون دادی می‌زد و می‌خواست که خفه شود ولی مجنون کوتاه بیا نبود که نبود. گدا لاله و ذوالفقار از سر و صدای مجنون می‌توانستند بفهمند که کم‌کم بین دو طرف داشت بزن بزن و مرافعه درمی‌گرفت. امام اصغری مرد زیرکی بود و می‌دانست که عده‌ی تیکنه‌ای‌ها در مقایسه با آنها خیلی بیشتر است و اگر با آنها سرشاخ شوند کتک سختی می‌خوردند. خصوصاً که امام اصغری برای مردم تیکن هیچ اعتباری نداشت و او را دزد و کلاهبردار می‌دانستند. در ثانی همه‌ی شورچه‌ای‌ها پیر و مسن بودند و هیچ کدام اهل بزن بخور و دعوا و مرافعه نبودند. امام اصغری که خوب می‌دانست کی و کجا باید کوتاه بیاید، حاجی غضنفر و کدخدا را کنار کشید و یواشکی در گوش آنها خواند که باید کوتاه بیایند و اول دنبال کمک بفرستند. کدخدا فوری حسین کچل را راهی ده شورچه کرد و بعد هم جماعت شورچه تا کمک برسد بی‌کار ننشسته و به سرکردگی و دستور امام اصغری و حاجی غضنفر، آستین‌هایشان را بالا زده و کنار چاه آب رفته و شروع به تمیزکاری و درست کردن اطراف چاه آب شدند. امام اصغری هم دائم نوحه سر می‌داد و از امام حسین و رفتن و آوردن آب فرات حرف می‌زد و بعد در گوش حاجی غضنفر خواند که:

- اصل کاری این مزرعه همین چاه آبه و قناتش که ما گرفتیم حاجی... این دعوا آخرش به امنیه و محکمه می‌کشه و آنجاست که ما مدعی می‌شیم که هر کی هر کجا را گرفته، مالشه... می‌خوان زمین خشک و بیابان بی‌علف رو بردارند... بذار بردارند... نوش جونشون... آب رو به روشون می‌بندیم و بعدشم آنها دمشون رو می‌گذارند روی کولشون و می‌رند پی کار پدر پدرسوخته‌شون...

مردعلی هم هرچه امام اصغری می‌گفت در نوحه‌خوانی‌اش قاطی می‌کرد و دوباره تحویل آنها می‌داد.

گدا لاله هم هنوز توی اتاقک کنار ذوالفقار نشسته بود و توی خلوت خود چپق دود می‌کرد. گدا لاله حالا داشت از پنجره‌های چهار طرف اتاقک می‌دید و می‌شنید که مهمان‌های ناخوانده‌اش در بیرون داشتند مالش را تقسیم می‌کردند و انگار نه انگار که گدا لاله وجود دارد و او صاحب خانه و ملک است. گدا لاله می‌دید که روی خانه و زندگی‌اش افتاده‌اند طوری‌که سگ هم صاحب خودش را نمی‌شناسد. تمام آن همه حرف‌های دوستی و همسایگی همه در عرض چند دقیقه آب شد و رفت به زیر خاک.

دیری نگذشت که آدم‌های هر دو طرف سر رسیده و نعره‌کشان با بیل و چوب و چماق و قمه و سنگ و هر چیز دیگری که دم دست بود به جان هم افتادند و البته جماعت به دشنام‌کاری به مادر و خواهر و پدر و اجداد همدیگر آواز هم سر داده بودند. حالا بزن و بکوب در گرفته و جنگ عاشورای حسینی سر آب فرات شروع شده بود. دیگر سگ هم صاحبش را نمی‌شناخت. گدا لاله هم در اتاقک آرام نشسته و در فکر و خیال گم شده بود و داشت چپق دود می‌کرد. مجنون هم از ترس به بالای تپه فرار کرده بود و یک‌بند پاس می‌کرد. مردعلی هم در اطراف سگ سوار بر اسب چوبی‌اش شده و تعزیه‌خوانی سر داده بود و با سگ بده و بستان داشت. چند گرگ هم بالای تپه‌ها پیدا شده و به‌نظر می‌رسید آنها هم با دیدن مردم دو ده گیج شده و فقط لم داده و تماشاگر شده بودند. ذوالفقار هم از ترس اینکه یک‌دفعه مردم تو نریزند و دعوا و بزن و بکش به داخل کشیده نشود فوری و کورمال کورمال رفت و همه‌ی در و پنجرها را بست و تا آنجا که می‌توانست پشت آنها را گذاشت ولی گدا لاله از جای خود تکان نخورد و همین‌جور چپق دود می‌کرد. ذوالفقار پشت یکی از پنجره‌ها ایستاد و سرش را بالا گرفت و به هوا خیره شده و به‌گوش نشست. عکس العمل صورت ذوالفقار چنان بود که انگار می‌دید که چه کسی، دیگری را می‌زند و چه کسی سر و کله‌ی چه کسی را می‌شکند. گو اینکه داشت می‌دید که

خون از سر و کله‌ی چه کسی سرازیر می‌شود.

امام اصغری هم که نمی‌خواست درگیر معرکه شود و کتکی نوش جان کند همین‌جور که نوحه سر داده بود، اول رفت روی یک تخته‌سنگ ولی دید که فایده ندارد و دید از چوب و چماق‌هایی که بالا و پایین می‌روند در امان نیست. بنابراین هرجوری بود خودش را به در اتاقک رساند تا داخل شود ولی با در بسته روبرو شد. در را باعجله چندبار زد ولی در باز نشد. بعد هم که دید بزن و بکش به کنارش رسیده تأمل نکرد و از ترس مثل گنجشک چابکی پرید روی سکوی جلوی خانه و بعد هم داخل باغچه‌ی پر گل کنار سکو. چندتا از گل‌های بلند آفتابگردان را هم پامال کرد و از آنجا مثل قرقی، تند و تیز از دیوار بالا رفت و خود را به پشت بام اتاقک رساند. حالا امام اصغری روی پشت بام شروع کرد به داد زدن و مثل روز عاشورا تعزیه‌ی امام حسین و نوحه‌خوانی سر داد و از شجاعت امام حسین و حضرت عباس می‌گفت و از بالای پشت بام و بیرون گود زد و خورد را رهبری می‌کرد. حاجی غضنفر هم همین‌جور از معرکه در رفته و دستور می‌داد. گاهی هم تک نگاهی به امام اصغری که روی پشت بام نوحه‌خوانی سر داده بود می‌انداخت و توی دلش به او چند دشنام آبدار هم می‌داد و به چابکی و زرنگی امام اصغری حسادت می‌کرد. کدخدا هم که سیاستش دوباره این وسط گل کرده بود باعجله خود را به حاجی غضنفر رسانده و در گوش او زمزمه کرد که بهتر است آنها قبل از تیکنه‌ای‌ها برای شکایت به امنیه‌خانه بروند. بعد هم گفت که اگر شورچه‌ای‌ها اول شکایت کنند حق با آنها خواهد بود و آنها مظلوم شناخته خواهند شد. کدخدا ادعا کرد که قانون را می‌داند و نیز سرامنیه را هم می‌شناسد و بهتر است زود برود و دم او را ببیند و سبیلش را چرب کند تا طرف آنها را بگیرد. خلاصه کدخدا فلنگ را بست و زد بچاک و از تپه سرازیر شد و در بیابان گم شد. مردم بدبخت و بیچاره هم که داشتند

لت و پار می‌شدند و سر و کله‌ها بود که می‌شکست و خون تمام خاک و زمین‌های اطراف خانه‌ی گدا لاله را سرخ کرده بود.

داد و بی‌داد و دشنام به زن و مادر و پدر و اجداد یکدیگر که چه عرض شود فضای تپه و کوه‌پایه‌ها را پوشانده بود و چنان هم بلند بود که دیگر صدای سگ هم درون آن گم شده بود و حتی اگر هم کنارش بودی صدای پاس مجنون را نمی‌شنیدی. حالا همه خونین و مالین شده بودند. کنترل هم دیگر از دست همه در رفته بود و خون جلوی چشم همه را گرفته بود و همه وحشیانه برای شکستن سر و دست و پای یکدیگر در مسابقه بودند. اگر هم یکی این وسط می‌خواست میانجی‌گری کند و دعوا را خاتمه بدهد، نمی‌دانست چطور و چه کار باید بکند. معمولاً وقتی دعوایی رخ می‌داد، عده‌ای بی‌طرف میانجی می‌شدند و طرفین را از هم جدا می‌کردند و بالاخره دعوا خاتمه پیدا می‌کرد. ولی در این درگیر حلوا خیرات نمی‌کردند و میانجی‌گر هم وجود نداشت. امام اصغری و حاجی غضنفر و حتی سرکرده‌ها و بزرگان تیکنه‌ای‌ها مثل رستم‌خان و مشاوران او، که آن‌ها هم رسیده و همه از دور و بیرون گود مشغول تماشا بودند هم حالا مانده بودند که چه کنند و معرکه را چطور تمام کنند. امنیه‌ها هم که فرسنگ‌ها دور بودند و یکی دو روز طول می‌کشید که برسند.

در تمام این مدت گدا لاله همین‌طور ساکت و آرام گوشه‌ی اتاقک نشسته بود و سومین بار بود که چپق را از توتون پر می‌کرد. دود چپق گدا لاله دوباره بلند شد. ذوالفقار هم همین‌جور سرش را بالا گرفته و به بیرون و هوا خیره شده بود و گاهی هم صدای امام اصغری را که از روی پشت بام داد می‌زد و دستور می‌داد را که می‌شنید به سقف خیره می‌شد:

- آن‌ها اجنبی هستند و خونشان حلاله... بکشید... روز جهاد است... کافر را بکشید بهشتی هستید...

در این هنگام یک‌باره صدای نعره‌ی یک نفر از وسط دعوا بلند شد

که فریاد می‌زد:

- پدرسوخته‌ها کشتیدش... مرد... جوان مردم مرد... دست بردارید... امنیه‌ها می‌ریزند و پدر همه‌مون رو درمی‌آرند... مرده... حالا خون رو دستمان مونده... خانه و زندگی‌مون رو می‌گیرند و می‌برند... جوان مردم رو دستی دستی کشتید... مرد...

با فریادهای پیرمردی که وسط جمعیت با دیدن خونی که از سینه‌ی یک جوان حدود پانزده ساله بیرون زده و نقش زمین شده بود، مردم کم‌کم به‌خود آمدند. گدا لاله با شنیدن فریادهای پیرمرد بالاخره بلند شد و در اتاقک را باز کرد و بیرون رفت. نگاهش افتاد به جوانی که جلوی سکو روی خاک دراز کشیده و خون، سینه و تمام اطرافش را پوشانده بود. گدا لاله خودش را به جوان زخمی رساند و کنارش نشست. دستش را روی پیشانی خونین جوان گذاشت تا بفهمد هنوز زنده است یا نه. بعد هم که دید هنوز زنده است فوری دست به‌کار شد تا ببیند چه کمکی می‌تواند به زنده ماندن او بکند. پیرمرد درحالی‌که جوان غرقه به‌خون را در بغل گرفته بود، همین‌جور داد می‌زد و به زمین و زمان دشنام می‌داد و هرچه از دهانش درمی‌آمد نثار همه می‌کرد. مردم هم حالا با دیدن خون، خودشان را گم کرده بودند. چند دقیقه طول نکشیده بود که بالاخره یکی یکی به‌خود آمده و ترس برشان داشت و پا به فرار گذاشتند و در یک چشم بهم زدن همه از تپه سرازیر شده و پشت تپه‌ها مثل آبی که توی زمین رفته باشد، ناپدید شدند. امام اصغری هم به همان چابکی که بالای بام رفته بود از پشت خانه پایین پریده و خودش را باعجله به حاجی غضنفر که در حال فرار بود رساند و دو نفری پشت تپه‌ها گمشان زد. چنان هم تند قدم برمی‌داشتند که حتی مردعلی که او را هم ترس گرفته و پا به فرار گذاشته بود پشت سر گذاشتند و انگار نه انگار که جوان بدبختی که خونین و مالین داشت جان می‌کند آدم بود و

بـه کمـک نیاز داشـت. در این وسـط حـالا فقط پیرمـرد باقی مانده بـود و گدا لالـه و ذوالفقـار و جـوان خونیـن مالین که دسـت پیرمرد و گدا لالـه را محکم گرفتـه بـود و بـا نگاهـش التمـاس می‌کرد تـا کمکـش کنند و داشـت با مرگ و زندگـی دسـت و پنجـه نـرم می‌کـرد. ولـی آنها تنهـا کاری که می‌توانسـتند بکننـد دعا بـود و اشـک ریختن.

مجنـون سـگ گـدا لالـه حـالا از پاس کـردن افتـاده بـود و به جوانـی که با مـرگ دسـت و پنچـه نـرم می‌کرد خیره شـده بـود. زوزه کشـیدن آرام و سـری کـه بـه اطـراف خم و راسـت می‌کرد، نشـان می‌داد که سـگ بیچاره هم داشـت غصـه‌ی حـال و روز جـوان را می‌خورد. ذوالفقـار هم حالا از اتاقـک بیرون آمده بـود و بـالای سرشـان ایسـتاده و طبـق معمـول سـرش را بـالا گرفتـه و بـه هوا خیـره شـده و زنـگ به‌گـوش بـود و دقیقه بـه دقیقه می‌پرسـید:

- بیچاره مرد... بیچاره مرد...

انـگار سـگ داشـت می‌دیـد و حـس می‌کرد که دسـت جـوان که در دسـت گـدا لالـه نشسـته بود، محکم دسـت او را می‌فشـرد و جوان بی‌چاره بـا زل زدن در چشـم‌های گـدا لالـه التمـاس کمـک می‌کـرد و می‌گفـت کـه نمی‌خواهـد از ایـن دنیـا چشـم ببنـدد و بـرود. گـدا لالـه دیگـر نمی‌توانسـت سـاکت و آرام باشـد. حـالا اشـک جلـوی چشـم‌های گـدا لالـه و پیرمـرد و ذوالفقـار و سـگه را گرفتـه بـود و به‌سـختی می‌توانسـتند جـوان را کـه داشـت جـان می‌کنـد و آخریـن نفس‌هـای زندگی‌اش را می‌کشـید، ببینند. اشـک‌های گدا لالـه از روی گونه‌هـای چـروک خورده‌اش یک یک جدا شـده و در خون انباشـته شـده روی سـینه‌ی جـوان می‌افتادنـد و داخـل خونهـا را سـوراخ می‌کردنـد و بعـد هـم با خون‌هـا یکـی می‌شـدند و می‌مردنـد. بالاخره دسـت جوان شـل شـده و دسـت گـدا لالـه را رهـا کـرد. جـوان بی‌چـاره دیگر مـرده بود. دسـت ناتـوان و خونین گـدا لالـه کـه چشـم‌های بـاز جـوان نـاکام را می‌بسـت از وزش ملایم باد سـرد شـده بـود. سـردی دسـتش چنـان بود کـه همچـون جـوی روان آبی بـه آرامی

پیش می‌رفت و خاک سر راهش را آبیاری می‌کرد و در روح و روان گدا لاله در جریان بود و تمام بدن و وجود او از سردی به لرزه افتاد. همه‌جا ساکت و کور بود و فقط هق هق و گریه‌ی پیرمرد شنیده می‌شد:

- بی‌چاره مرد؟

و این صدای ذوالفقار بود که دوباره سکوت زمین و زمان را شکست. مجنون سگ گدا لاله حالا روی زمین خوابیده بود و صورتش را بین دو دست گرفته بود و به جوان مرده خیره شده بود و زوزه‌ی خفیف و غمناکی از او شنیده می‌شد. گاه‌گاهی هم دست‌هایش را به صورت و چشم‌هایش می‌مالید. درست مثل اینکه داشت اشکی که برای جوان می‌ریخت را از جلوی چشم‌هایش پاک می‌کرد.

حالا زبان گدا لاله قفل شده بود و چشم‌هایش کور. گدا لاله به این فکر می‌کرد که دوباره بدبختی به سراغش آمده و نمی‌دانست چه باید می‌کرد. البته گدا لاله حالا یه میش هم داشت. شیر میش بیشتر از نیازش هم بود و این وسط ذوالفقار بیشتر لذتش را می‌برد تا خود او. ستار در اوقات بیکاری‌اش در طول این سال‌ها تمام اطراف اتاقک را درخت کاری کرده بود و انواع درخت‌های میوه را داشت که بارور هم شده بودند. از گردو گرفته تا بادام، از زردآلو و سیب تا آلبالو. یکی دو تکه زمین هم صاف و صوف کرده بود و در آن کشت و کار می‌کرد و امرار معاش و حالا گدا لاله بود که داشت لذت همه‌ی زحمات ستار را می‌برد ولی حالا گدا لاله می‌دید که بودن در خلوت خود دیگر بر باد رفته است. خوب می‌دانست که وقتی قتلی اتفاق می‌افتد سر و کله‌ی امنیه‌ها فوری پیدا می‌شد و مثل مور و ملخ درون دو ده می‌ریختند و قتل هم که در کنار خانه‌ی گدا لاله اتفاق افتاده بود و دعوا هم که سر تنبان او بوده و بنابراین گدا لاله اگر چه هیچ دخالتی هم در قتل نداشت و توی این شلوغی تنها میش او را هم دزدیده و برده بودند، ولی باز هم باید استنطاق می‌شد

و جواب پس می‌داد. حالا باید می‌گفت کیست و از کجا آمده و شاید هم قبرهای آسیه و ستار را هم امنیه‌ها پیدا می‌کردند و خودش برای گدا لاله می‌شد تنبان فاطمه عره و این آخرین چیزی بود که گدا لاله می‌خواست برایش اتفاق بیافتد.

حدس گدا لاله درست بود. آفتاب هنوز غروب نکرده بود که سر و کله‌ی امنیه‌ها پیدا شد و مثل مور و ملخ به دو ده و مزرعه گدا لاله ریختند. جسد جوان بی‌چاره هنوز جلوی خانه‌ی گدا لاله دراز بود و او نمی‌خواست به آن دست بزند تا مبادا برایش دردسر درست بشود. فقط روی او را با چوب و شاخه‌های درخت پوشاند و سنگ‌های سنگینی روی آنها چید تا مبادا طعمه‌ی گرگ‌ها شود. گدا لاله روی قبرهای آسیه و ستار را هم با چوب و سنگ پوشاند تا نظر امنیه‌ها به قبرها جلب نشود و گدا لاله بیشتر به دردسر نیافتد. پیرمرد بی‌چاره که مرد خوبی هم بود همان‌جا مانده و گدا لاله را تنها نگذاشته بود. وقتی هم که امنیه‌ها پیدایشان شد، اولین کاری که کرد این بود که به آنها گفت که گدا لاله هیچ‌گونه دخالتی در این قتل نداشته و در تمام مدت زد و خورد مردم دو ده داخل اتاقک بوده است. ولی این دلیل نمی‌شد که گدا لاله زیر استنطاق نرود.

٭ ٭ ٭ ٭ ٭

فصل ۱۱

وقتی‌که سیاست ایجاب می‌کند که دوست، دشمن قلمداد شود و دشمن، دوست...

چند ماهی از قتل جوان بی‌چاره گذشت. رفت و آمد امنیه‌ها به شورچه و تیکن و اتاقک گدا لاله و تحقیق در مورد قتل همچنان ادامه داشت. البته چلو و پلو و کباب امنیه‌ها به‌راه بود و اهالی هر دو ده را چنان سرکیسه کرده بودند که زندگی بر همه، خصوصاً آدم‌هایی مثل حاج غضنفر زهرمار شده بود. در این وسط مادر پیر اهل تیکن که پسر جوانش را از دست داده بود به هیچ عنوان حاضر به رضایت دادن نبود. هیچ‌کس هم نمی‌توانست بگوید که چه کسی باعث مرگ جوان ناکام شده بود. فقط می‌دانستند که وسط درگیری یک نفر چاقو را در قلبش فرو کرده و کشته است. البته یکی دو نفر دیده بودند که چاقوی حسین کچل بود که سینه‌ی جوان بی‌چاره شکافته بود، اما جرئت لب باز کردن نداشتند. ولی این وسط به غیر از مشکل مرگ جوان، حالا مسئله‌ی خانه و مزرعه‌ی گدا لاله و چرایی اتفاقی که در وحله‌ی اول رخ داده بود و چرا دو ده بر سر تنبان گدا لاله دعوا و مرافعه داشتند، پیش آمده بود. هر دو ده هم شکایت کرده و ادعای مالکیت مزرعه و خانه را می‌کردند. همین امر باعث چند برابر شدن مشکل امنیه‌ها شده بود. حالا گدا لاله هم باید جواب پس می‌داد که از کجا آمده و نام او چیست و چه‌کاره بوده

است. خلاصه هر روز یا امنیه‌ها به سراغش می‌آمدند و یا باید راه افتاده و به شهر و امنیه‌خانه می‌رفت. از خانه‌ی گدا لاله تا امنیه‌خانه هم چند ساعت راه بود و گدا لاله مجبور بود پیاده برود و برگردد. به‌تازگی دچار پادرد هم شده و راه رفتن برایش چندان راحت نبود. البته ذوالفقار در طول این مدت هیچ‌وقت گدا لاله را تنها نگذاشته و در حقیقت وکیل و وصی و زبان گدا لاله شده بود. مجنون هم که همیشه دنبال آنها بود و از کنارشان تکان نمی‌خورد و وقتی هم که گدا لاله و ذوالفقار به داخل امنیه‌خانه می‌رفتند، بیرون در منتظر می ماند تا برگردند و معمولاً سگ بی‌چاره چندتا سنگ هم از آدم‌های مردم‌آزار می‌خورد و فرار می‌کرد ولی باز برگشته و به انتظار آنها می‌نشست تا برگردند. گدا لاله هم که چاره‌ای جز لب بستن نداشت، راه سکوت و سلوک را پیش گرفته بود. حرفش هم این بود که او از بچه‌گی گدا و لال بوده است و از فرسنگ‌ها دورتر آمده و کارش سفر کردن است و جا و مکان برایش معنی و مفهوم ندارد. هیچ‌وقت هم شناسنامه نداشته و پدر و مادرش هم سال‌های پیش مرده‌اند و حالا هم که دیگر پیر شده و قوه و توان قدیم برایش نمانده است، تصمیم گرفته تا زمان مرگش در آن بیابان زندگی کند. ولی برای سرامنیه روشن نبود که چرا گدا لاله در این سرزمین پهناور، درست آمده و در آن بیابان خانه ساخته است. در ثانی گدا لاله حتی اسم خودش را هم نمی‌دانست و اسم و فامیل خود را هم از یاد برده بود. وقتی هم که سرامنیه به شوخی و مزاح خطاب به گدا لاله گفت:

- حتما اسمت باید صالح باشه...؟

ذوالفقار به سخن آمده و گفت:

- صالح که حتماً بهش می‌خوره سرکار... بیشتر از صالح هم بهش می‌خوره سرکار... سرکار خدا گواهه که اگر امروز به من بگند پیغمبره من بهش سجده می‌کنم... سرکار خدا

گواهه در یک ماه شاید یک‌بار هم لب باز نکنه... خدا شاهده سرکار من که صداش رو هنوز که هنوزه بعد از این همه سال نشنیدم... به‌خاطر اینکه هیچ‌وقت حرف نمی‌زنه... فقط خیال می‌کنم یک‌دفعه صدایی به گوشم خورد ...شکسته پکسته شنیدم... صلاح یا صالح... حالا نمی‌دانم صدای خودش بید... یا جن و پری... اسمش رو می‌گم سرکار... درست مثل اینکه با رمز با خدا صحبت می‌کنه... سرکار از اطراف هم می‌آیند دیدنش که شفاشون بده... سرکار من خودم دیدم که شفا هم گرفتند... سرکار اگر من دروغ می‌گم انشاالله که خدا منو همین الان بکشه... از این هم کورترم کنه...

سرامنیه با مزاح رو به یکی دیگر از امنیه‌ها که صورت جلسه را می‌نوشت، گفت:

- خوب اسمش که صالحه... پس این‌جوری که این آقا کوره می‌گه فامیلش هم باید پیغمبر باشد... پس اسم مزرعه اش هم حتما باید صالح پیغمبره...!؟

باز حرف زدن ذوالفقار گل کرد و سرش را بالا برد و به هوا خیره شد و گفت:

- سرکار استغفرالله... خدا من رو ببخشه سرکار من که به امامی قبولش دارم... سرکار من که چشم ندارم ولی بعضی شب‌ها که می‌ره کنار توت و دعا می‌کنه مثل اینکه همه‌جا را نور می‌گیره... همه‌جا نورانی می‌شه.... حتی منِ کور هم نور و می‌بینم... من فکر می‌کنم علت زیاد شدن آب چاه هم به همین خاطر باشه...

دوباره سرامنیه پوزخندی زد و رو کرد به سایر امنیه‌ها و به مزاح کردن ادامه داد:

- خـب حتمـاً وقتـی هـم کـه گـدا لالـه بمیـره همـان جـا خاکش می‌کننـد و آنجـا می‌شـه امامـزاده...؟ صالـح پیغمبـره...!؟

بـا شـنیدن صدای سـرامنیه کـه گفته بود شـاید هم یه‌وقت آنجـا امام زاده شـده و خصوصـا بـا خـوردن اسـم امامـزاده بـه گوشـش، یک‌باره چشـم‌های امـام اصغـری کـه تاکنون سـاکت بود و داشـت بـه همه‌چیز گوش مـی‌داد، باز و گوش‌هایـش تیـز شـد. کدخـدا و حاجـی غضنفر کنـار امام اصغری نشسـته بودنـد. رسـتم‌خان و دار و دسـته‌ی تیکـن هـم آن‌طـرف اتاق نشسـته و حاضر بودنـد. حـالا امـام اصغریغـرق در فکـر و خیال شـده بـود و کم کـم لبخند در صـورت مرمـوزش ظاهـر شـده و زیـر لب با خـود زمزمـه می‌کرد:

- اسـمش که صالحـه... فامیلـش هم که پیغمبـر... صالـح پیغمبر... نورانـی هم که هسـت...؟

بعـد امـام اصغری معطل نکـرده و برای اینکـه از قافله عقب نیافتد، سـخن آغاز کرد:

- سـرکار مـا هـم حرف‌هـای زیـادی در مـورد نـور شـنیده بیدیم... گاهـی وقت‌هـا مـا خودمـان هـم از دور نـور رو می‌دیدیـم... مـن خـودم دیـدم بـا چشـمای خـودم... حاجـی غضنفر و کدخـدا هم خودشـان اینجا شـاهد هسـتند یک شـب کـه توی ایـوان حاجی داشـتیم قلیـان می‌کشـیدیم... یک‌دفعـه بیابـان بـرای چنـد لحظـه نورانـی شـد... خـب البتـه مـا زیـاد بهـش فکـر نکردیـم... و ترسـیدیم اگـر ازش حـرف بزنیـم می‌گـن خرافاته... اما سـرکار مـن خیـال می‌کنـم این‌هـا همـش خواسـت خـدا بـوده کـه این اتفاقـات بیافتـه و حقیقـت روشـن بشـه... مـن فکـر می‌کنـم این هشـدار خـدا بوده که می خواسـته به مـا بندگان گمراهـش... راه درسـت رو یـاد بده... سـرکار افتادن ایـن اتفاقات حکمتـی داره و بی‌حکمـت نیسـت... شـاید هـم حکمتـش در ایـن بیده کـه خانه

و ملک گدا لاله حتماً باید وقف امام بشه و مردم برای دعا و ثنا برند آنجا... در این صورت مشکلی بین ده شورچه و ده تیکن باقی نمی‌مانه که برای آن داد و بی‌داد و جار و جنجال و بزن و بکش کنند... سر مال امام که نمی‌شه جنگید سرکار... می‌شه؟ نه... مال مال امامه...

چند دقیقه سکوت همه‌جا را فرا گرفت و همه در فکر فرو رفتند. رستم‌خان هم همین‌طور در فکر و خیال گم بود. در تمام این مدت گدا لاله همین‌جور نشسته و به زمین خیره شده بود. حاجی غضنفر و بقیه‌ی نماینده‌های تیکن و امنیه‌ها هم در فکر بودند. امام اصغری دوباره سکوت را شکست و برای اینکه گدا لاله و ذوالفقار را هم با خودش همراه و هم‌عقیده کند، رو به ذوالفقار کرد و ادامه داد:

- سرکار کی بهتر از آقا ذوالفقار که بعد از مرگ گدا لاله از آنجا نگهداری کنه... جا و مکانی هم که نداره... برای کوری و پیری آقا ذوالفقار هم نور علی نوره و رضایت خدا هم برآورده شده... گدا لاله هم که خودش می‌دونه که آقا ذوالفقار همیشه در کنارشه و رفیق و شفیق و مونس و همدم اونه... تا بره بهشت...

سرامنیه کمی با سبیل بلند و چرخیده‌اش بازی کرد و درحالی‌که به ذوالفقار که با شنیدن سخنان امام اصغری خوشحالی تمام وجودش را فرا گرفته و خنده روی صورتش گل انداخته بود، نگاه می‌کرد، همه را برانداز کرد و چندی در فکر شد. سرامنیه در این فکر بود که امام اصغری چندان بد هم نگفته بود. چراکه هرچه فکر می‌کرد راهی برای حل مشکل بین دو ده به فکرش نرسیده بود. بالاخره صدای سرامنیه بلند شد:

- دو شرط دارد؟ شرط اول اینکه رضایت صاحب مرده باید جلب بشه و خسارتش داده بشه...

بعد هم رو کرده بود به گدا لاله و ادامه داد:

- شرط دوم هم اینه که ما که نمی‌تونیم مال مردم رو ببخشیم... این گدا لاله است که باید بگه می‌خواد مالش را وقف کنه یا نه... می‌خواد ذوالفقار را هم نماینده و متولی مالش بکنه یا نه...؟

حالا همه‌ی نگاه‌ها روی گدا لاله بود که هنوز آرام نشسته و داشت به زمین نگاه می‌کرد. سکوت دوباره همه‌جا را فرا گرفت. نگاه گدا لاله روی ذوالفقار افتاد. ذوالفقار سرش را بالا گرفته و هوا را نگاه می‌کرد و بی‌صبرانه منتظر صدای گدا لاله بود. بالاخره گدا لاله با تکان دادن سرش رضایت خود را داد و قبول کرد که مالش وقف امام شود و ذوالفقار هم نماینده و متولی آن باشد و ذوالفقار تا زنده است آنجا جا و مکان داشته باشد.

- خب مبارکه... مبارک آقا ذوالفقار هم باشه...

ذوالفقار با شنیدن صدای امام اصغری، قند توی دلش آب شد و حالا آقا ذوالفقار با دم خود گردو می‌شکست. بعد هم با وساطت امنیه‌ها هر دو ده خسارت مرده را دادند و رضایت صاحب مرده هم جلب شد و قضیه بالاخره خاتمه پیدا کرد. خانه و زمین‌های اطراف خانه‌ی گدا لاله وقف امام اعلام شد و ذوالفقار هم شد امین و متولی آن.

بالاخره سر و صدا و دعوا و مرافعه سر مال گدا لاله برای مدتی خاموش شد. ولی چیزی را که سرامنیه و بقیه نمی‌دانستند این بود که امام اصغری کسی نبود که ساکت بماند و مفتی مفتی زمین و چاه پر آب و قنات مزرعه‌ی گدا لاله را وقف کند و از آن دست بشوید. او باز زیرکانه کار خود را کرده و حقه‌ی خود را به همه و خصوصاً تیکنه‌ای‌ها زده و دست تیکنه‌ای‌ها را به خیال خودش در حنا گذاشته بود. اولاً که مزرعه وقف شده و هیچ‌کدام از دو ده نمی‌توانستند حقی در آن داشته باشند. ولی با متولی کردن ذوالفقار حالا ذوالفقار خودش را مدیون امام اصغری

و شورچه‌ای‌ها می‌دانست و طرف آنها را می‌گرفت و آب را به آنها می‌داد. وقتی هم که آب‌ها از آسیاب افتاد، اگر ذوالفقار تسلیم خواسته‌های امام اصغری نمی‌شد، وقت کافی داشت که او را سربه‌نیست کند و کس دیگری را جای ذوالفقار متولی کند تا تمام خواسته‌های آنها را برآورده کند و در هر دو صورت مزرعه و آب قنات آن در کنترل و اختیار شورچه‌ای‌ها و در رأس آن امام اصغری درمی‌آمد. خلاصه هیچ‌کس نمی‌دانست که پشت این سیاست امام اصغری حقه‌های بیشتری خوابیده و بعد از اینکه آب‌ها از آسیاب بیافتد، می‌تواند آنها را کم‌کم و یکی یکی عملی کند و دست تیکنه‌ای‌ها را از چاه و املاک گدا لاله کوتاه کند. خصوصاً که رستم‌خان که جای پدرش را گرفته بود، سیاست و تدبیر پدرش اسعدخان را نداشت و زود گول می‌خورد. بعد از آن روز حالا ذوالفقار از احترام خاصی برخوردار شده بود و باد هم به غبغب آقا ذوالفقار افتاده و خدا را هم بنده نبود و به زمین و زمان فخر می‌فروخت.

ولی چیزی را که امام اصغری نخوانده و به آن فکر نکرده بود این بود که با همه‌ی این حرف‌ها هنوز مردم ده تیکن کوتاه بیا نبودند و هنوز هم چشم در پی مزرعه و قنات گدا لاله داشتند و دست‌بردار هم نبودند و هنوز هم چون گذشته، رقابت بین دو ده برای تصاحب و کنترل مزرعه‌ی گدا لاله و قناتش زنده و در جریان بود. حالا رقابت برای تصاحب دل و نظر گدا لاله و ذوالفقار بین دو ده آغاز شده بود. برای همین هم مردم هر دو ده از چپ و راست به گدا لاله و ذوالفقار می‌رسیدند و برای آنها هدیه می‌فرستادند. حاجی غضنفر با راهنمایی امام اصغری میشی را برای گدا لاله فرستاد و بلافاصله در کمتر از یک روز تیکنه‌ای‌ها یک گاو برای او آورده و جلوی اتاقک گدالاله بسته بودند. بعد شورچه‌ای‌ها الاغ هدیه کردند و تیکنه‌ای‌ها برایش اسب آوردند. خلاصه یکی نان می‌آورد و آن دیگری عسل و کشمش و این وسط ذوالفقار هم صورت جلسه می‌کرد و خبر اینکه چه کسی چه آورده

و کدام ده بیشتر آورده‌اند را به هر دو ده می‌رساند. ذوالفقار می‌دانست که هرچه بیشتر میان دو ده را رقابت ایجاد کند، بیشتر آنها را تیغ خواهد زد و منافع او بیشتر خواهد بود. دیری نگذشت و تا مردم ده شورچه به‌خود بیایند، تیکنه‌ای‌ها ظرف یکی دو ماه، یک طویله‌ی کوچک هم کنار اتاقک گدا لاله برای حیوانات اهدایی به او ساختند. بعد از خبر ساختن طویله به‌وسیله‌ی تیکنه‌ای‌ها مردم ده شورچه بلافاصله یک کاهدانی کنار طویله زدند که از تیکنه‌ای‌ها عقب نیافتند.

این وسط گدا لاله هم بدون توجه به دیگران و هدیه‌هایی که برایش می‌آوردند، غرق در خودش بود و با راز و نیازش روزگار می‌گذراند. ولی مردم دو ده کاری نداشتند که گدا لاله چه می‌کند و چه نمی‌کند. آنها به مسابقه‌ی خودشان برای تصاحب دل و در آخر بالا کشیدن مال و منال گدا لاله در رقابت بودند. بعد هم شروع کردند به درخت‌کاری اطراف خانه‌ی گدا لاله و حالا دو تا جاده هم به خانه‌ی گدا لاله زده شده بود. یکی از ده شورچه و یکی هم از ده تیکن. این کارهای مردم دو ده نه تنها گدا لاله را خوشحال نکرده بود بلکه بیشتر و بیشتر غمگین و افسرده و گوشه‌گیر کرده بود و حالا گدا لاله وقت بیشتری را در تنهایی خود به راز و نیاز می‌گذراند و بیشتر به تنهایی رو آورده بود و در آرزوی پیوستن به آسیه و ستار روزشماری می‌کرد. هیچ توجهی هم به مردم نمی‌کرد و طرف هیچ‌کدام از دهات شورچه و تیکن را هم نمی‌گرفت. در حقیقت دست رد به سینه‌ی هر دو ده زده بود و با هیچ‌کدام کنار بیا نبود و مثل همیشه حتی با آنها یک کلام هم حرف نزده بود. هر چند قلبش را غم سنگینی گرفته بود. خیلی دلش می خواست زبان باز کند و به رستم خان حقیقت ستار برادرش را و اینکه او بوده که این خانه و مزرعه را بنا کرده است. اما در این خیال می شد که باید به همه می گفت او کلا عباس است و هویت خودش لو می رفت.

در این میان امام اصغری بیشتر و بیشتر مزاحم گدا لاله می‌شد و حسین کچل و دار و دسته‌اش دائماً اطراف اتاقک گدا لاله می‌چرخیدند و سعی داشتند که او را راضی کنند تا اجازه بدهد مردم ده شورچه چند چاه دیگر بزنند و آنها را به چاه‌های قنات فعلی وصل کنند تا آب ده بیشتر شود و با این کارشان هم ادعا کنند که آنها قنات را زده‌اند و بالاخره صاحب قنات شده و آب را به ده شورچه برسانند و زمین‌های زراعتی را آبیاری کنند.

البته گدا لاله با ده تیکن هم همین حکایت را داشت و رابط آنها شیخ باایمان و باخدایی بود که او را شیخ گنابادی صدا می‌کردند. شیخ گنابادی خیلی پیر و ناتوان بود و همیشه با الاغ پیرش به دیدن گدا لاله می‌آمد. زمین تا آسمان هم با بقیه‌ی ملاها و آخوندها و خصوصاً امام اصغری تفاوت داشت. هیچ به فکر مال دنیا نبود و حق و حقیقت، راه و روش و مسلک او بود. اگرچه نماینده‌ی مردم تیکن بود و آنها انتظار داشتند که طرف آنها را بگیرد و گدا لاله را راضی کند تا همه‌ی آب را به آنها ببخشد ولی در خفا شیخ گنابادی به گدا لاله می‌گفت که حق در این است که آب را بین مردم دو ده به‌طور مساوی تقسیم کند، آن هم اگر گدا لاله صلاح می‌دانست و تمایل به این کار داشت. شیخ گنابادی به ذوالفقار هم اطمینان نداشت و در نبود او چنین پیشنهادی را به گدا لاله داده بود. در ضمن گفته بود که حتی با تقسیم آب بین دو ده هم دشمنی آنها حل نخواهد شد، چرا که بسیاری در دو ده هستند که همیشه می‌خواهند آب گل باشد و دیگران ماهی‌ها را در آن نبینند تا خودشان از آب گل‌آلود ماهی بگیرند و در حقیقت همه‌چیز را برای خودشان می‌خواهند و نمی‌گذارند صلح و صفا بین دو ده برقرار شود. برای همین صداقت شیخ، گدا لاله به او علاقه پیدا کرده بود و فقط پیش او زبان می‌گشود، تازه آن هم در نبود ذوالفقار. به همین خاطر هم بود که گدا لاله همه‌ی حقیقت ستار

و آسیه و خودش را پیش شیخ فاش کرده بود و البته چیزی را که آن دو نمی‌دانستند، این بود که در زمانی که شیخ گنابادی و گدا لاله گرم گفتگو بودند، ذوالفقار سر رسیده و پشت در خاموش و ساکت ایستاده و همه‌ی سخنان آنها را شنیده بود ولی خودش را به کوچه‌ی علی چپ می‌زد و هیچ به روی خود نمی‌آورد و یا پیش آنها فاش نمی‌کرد که از قصه‌ی آسیه و ستار و هویت گدا لاله اطلاع دارد و صد البته که واسطه‌ی هر دو ده هم کسی غیر از آقا ذوالفقار نبود که حالا لنگر انداخته بود و کنگر می‌خورد و با سیاست خود هر دو ده شورچه و تیکن را هم سر کار گذاشته بود و سرکیسه می‌کرد.

خلاصه حکایت موش و گربه بازی بین مردم دو ده و گدا لاله بعد از این همه مدت به هیچ‌جا نرسید. در این میان صبر و حوصله‌ی امام اصغری دیگر به سر آمده بود. جسته و گریخته هم شنیده بود که گدا لاله به شیخ گنابادی علاقه‌مند شده و به او احترام خاصی می‌گذارد. برای همین هم می‌ترسید که گدا لاله تسلیم شیخ گنابادی شده و مزرعه و قنات را در اختیار تیکنه‌ای‌ها قرار بدهد و سر شورچه‌ای‌ها کلاه برود. در ثانی اگر این‌چنین می‌شد، به معجزه‌ی امامی او لطمه می‌خورد و پیش مردم ده، دیگر آن ارج و قرب گذشته را که تا حالا با دوز و کلک و دروغ و حقه‌بازی و زورگویی به‌دست آورده بود را از کف می‌داد. برای همین بود که فوری دست به‌کار شد و می‌خواست شر گدا لاله را از آنجا برای همیشه بکند. این را هم می‌دانست که نمی‌تواند گدا لاله را سر به نیست کند. می‌دانست که تیکنه‌ای‌ها بیکار نمی‌نشینند و دنبال قضیه را خواهند گرفت. از طرفی هم بیم از این داشت و می‌ترسید که با کشتن و سر به نیست کردن گدا لاله آخر امر خودش و اینکه چه کسی است و از کجا آمده لو رفته و این وسط خودش هم گرفتار قانون شود. برای همین هم چاره را در این دید که از راه دیگری کلک گدا لاله را بکند. از حسین کچل شنیده بود که کنار

درخـت تـوت انـگار دوتـا قبـر دیـده اسـت پـس او را صـدا کـرده و از او خواسـت کـه سـری بـه گدالالـه زده و مطمئـن شـود کـه قبرهـا وجـود دارنـد. حسـین کچـل هـم راهـی مزرعـه‌ی گـدا لالـه شـد و مقـداری هـم سـور و سـات بـرای ذوالفقـار بـرد و درحالی‌کـه آدم‌هایـش بـا ذوالفقـار گـرم گرفتـه بودنـد و گدا لاله داخل اتاق زیر شـمد کهنه‌اش چمباتمـه زده بـود که با مخ‌خوری حسـین کچـل و آدم‌های او طـرف نشـود، حسـین کچـل خـوب کنـار درخـت تـوت را وارسـی کـرد و مطمئن شـد کـه دوتـا قبـر کنـار درخـت وجـود دارد. بعـد هـم برگشـت و خبـر داغ خـود را بـرای اربابـش امام اصغری برد.

امـام اصغـری کـه حـالا راه مبـارزه بـا گـدا لالـه را پیـدا کـرده بـود، فـوری دسـت به‌کار شـد و توسـط جارچی‌هایـش به سـرکردگی حسـین کچل چو انداخـت کـه گـدا لالـه یـک دزد و قاتـل اسـت و صاحب مزرعـه را کشـته و آن‌جـا را بـه زور صاحب شـده اسـت. هیچ‌کـس هـم نمی‌دانسـت ایـن خبـر را چـه کسـی پخـش کـرده اسـت. بعـد هـم هـر روز مـردم را تحریـک می‌کـرد کـه برونـد امنیه‌خانـه و خبرهـای ساختگی او را بـه امنیه‌خانه کـه در آن زمـان همه‌کاره بـود گـزارش بدهند. طولـی نکشـید کـه خبـر دزد و قاتـل بـودن گدا لالـه همه‌جـا پیچیـد و مـردم بیـکار هـم دوبـاره چـه حکایت‌هایی که نساخته و تحویـل خـاص و عـام ندادنـد. هیچ‌کـس هـم نمی‌دانسـت کـه مرجـع و مرکز همـه‌ی ایـن حکایت‌هـا و قصـه‌ی دروغیـن و ساختگی هـم امام اصغری و دار و دسته‌اش هسـتند. خلاصـه شـب و روز مـردم بیـکار، چـپ و راسـت تـوی امنیه‌خانـه بسـت نشسـته و مـوی دمـاغ امنیه‌ها می‌شـدند.

* * * * *

فصل ۱۲

وقتی اتفاقی ساده، بنیاد آدم و عالم را بر هم می‌ریزد...!؟

زمستان سردی بود. اتاقک و مزرعه و درخت توت دوشاخه و درخت‌های اطراف آنها به زیبایی با برف بزک شده ه بودند، طوری‌که انگار که به زمین و زمان فخر می‌فروختند. دو شاخه‌ی درخت توت یکی به‌طرف مشرق و دیگری به‌طرف مغرب بر فراز دو قبر کوچک و ساده و اتاقک گسترده شده و مانند چادری که بر سر زنی کرده باشند، آنها را زیر چتر خود پنهان کرده بودند. حتی بعد از پوشیده شدن از برف هنوز هم روی قبرها دیده می‌شد که با قلوه‌سنگ‌های کوچک و بزرگی بزک شده‌اند.

دود چپق گدا لاله که روی سکوی جلوی در اتاقک نشسته و در سکوت خود گم شده بود در زیر تاقی رقصیده و از بالای آن بیرون می‌زد و توی هوا و برف‌ها گم می‌شد. سر و صورت گدا لاله از موهای سفید بلندی پوشانده شده بود و معلوم بود که سال‌های سال است که دستی به سر و صورت خود نزده است. سکوت محض همه‌جا را فرا گرفته بود و پرنده پر نمی‌زد. تا چشم کار می‌کرد سفیدی بود و سفیدی و سکوت. هوا به‌قدری سرد بود که سنگ را می‌ترکاند. گدا لاله فکر می‌کرد طبیعت برف گرچه سرد است ولی با همه‌ی سردی‌اش زیبایی خاصی به طبیعت بی‌جان زمستان می بخشد. خاصیت برف این است که زمین و درخت و دیوار و خرابه‌ها و آبادی‌ها را یکسان می‌بینند و همه را با چادر سفیدش

بـه یـک شـکل می‌آرایـد و از خرابه‌هـا منظـره‌ای سـفید و زیبـا می‌سـازد. گدا لالـه چپـق را در باغچـه‌ی کنـارش روی برف‌هـا خالـی کرده و بعـد دو باره آن را از توتـون تـازه پـر و چـاق کرد. دود چپق گـدا لاله دوباره در هـوا می‌رقصید و پشـت دیـوار و بـالای سـقف اتاقـک گـم می‌شـد و او دوباره در سـکوت خود بـه کوه‌هـا خیـره و در افکارش گـم بود.

هنـوز یکـی دو پـک بـه چپـق تازه چـاق شـده‌اش نـزده بود که چشـمش بـه چنـد نقطـه‌ی سـیاه افتـاد کـه داشـتند از دوردسـت و از پاییـن تپه‌ها بالا و بـه طـرف اتاقـک می‌آمدنـد. نقطه‌ها کم‌کم درشـت و درشت‌تـر می‌شـدند. حـالا دیگـر می‌توانسـت تشـخیص بدهـد که چند سـوار از سـمت ده شـورچه می‌آینـد ولـی نمی‌دانسـت سـوارها کـه هسـتند و چـه می‌خواهند. امـا در آن موقـع از سـال و وقتـی که برف به آن سـنگینی روی زمین می‌نشسـت سـابقه نداشـت کـه کسـی آن طرف‌هـا پیدایش شـود. ذوالفقـار هم آن روز نبـود و به ده رفتـه بـود و بـرف کـه نشسـته بـود، دیگر نتوانسـته بـود که برگـردد. برای همیـن هـم گـدا لالـه تـک و تنهـا بـود. بـا نزدیک‌تـر شـدن آنها کم‌کـم خلق او تنـگ شـد. خـود را کمـی روی سکـو جمـع کـرد. آن‌قـدر حواسـش پـرت شـده بـود کـه بـدون اینکـه متوجـه شـود کـه تـازه تنباکـوی چپـق را عوض کـرده اسـت، دوبـاره مشـغول چـاق کـردن چپـق شـد. نقطه‌هـای سـیاه حالا درشـت‌تر شـده بودنـد و می‌توانسـت آنهـا را بهتر ببیند. می‌دانسـت که اسـب سـوارها کسـی جـز امنیه‌هـا نمی‌تواننـد باشـند. از تغییـر خلق و خـوی او هم معلـوم بـود کـه از امنیه‌هـا چندان دل خوشـی نـدارد. فکر می‌کرد کـه دوباره شـورچه‌ای‌ها و یـا تیکنه‌ای‌هـا بـرای شـکایت رفته‌انـد و بـرای همیـن دوبـاره سـر و کلـه‌ی امنیه‌ها در آن برف سـنگین پیدا شـده است. خیـال می‌کرد که این‌بـار بایـد بسـیار مهم باشـد کـه در این برف سـنگین بـه سـراغش آمده‌اند. بـرای همیـن هم بیشـتر از گذشـته از آمـدن امنیه‌ها نگران و دلگیر شـده بود. حـالا دیگـر از تـوان هـم افتـاده بـود و حتـی نایبیرون آمـدن از اتاقـک را هم

نداشت ولی شورچه‌ای‌ها و امام اصغری این چند روز آخر عمری را هم به او حرام کرده بودند. هر روز آرزو می‌کرد تا اجل به سراغش بیاید و او را ببرد و از شر این دنیا و آدم‌هایش خلاص کند. بالاخره سوارها به نزدیکی اتاقک رسیدند. برف همه‌ی بدنشان را پوشانده بود. فقط از کلاه‌هایشان می‌شد فهمید که امنیه‌اند.

امنیه‌ها کمی دورتر از اتاقک ایستاده و همین‌جور به گدا لاله و اطراف خیره شدند. گدا لاله هم خودش را به کوچه‌ی علی چپ زد و وانمود می کرد که آنها را ندیده و از جای خود جنب هم نخورد و نگاهشان هم نکرد. همین‌طور آرام و ساکت چپق می‌کشید و به برف‌های جلویش خیره شده بود. بالاخره سرامنیه، سرکار تیمورخان که معلوم بود که باید هم سن و سال گدا لاله باشد، سوار بر اسبش حرکت کرد و در چند متری اتاقک دوباره ایستاد و به گدا لاله که زیر تاقی ساکت و بی‌حرکت نشسته بود، خیره شده و او را وارسی کرد. گدا لاله هنوز نگاهش روی برف‌های مقابلش عکس شده بود و انگار نه انگار که سرکار تیمورخان جلوی او ایستاده و یا او را دیده است. گدا لاله هم‌چنان سکوت اختیار کرده بود. سرکار تیمورخان تفنگ خود را درآورد و با حرکت او بقیه‌ی امنیه‌ها که در چند متری و پشت او ایستاده بودند هم حالا تفنگ‌هایشان را آماده کردند. سرکار تیمورخان گلنگدن تفنگ خود را کشید و همین‌طور که به‌طرف اتاقک و گدا لاله نشانه رفته بود به‌آرامی به‌طرف گدا لاله حرکت کرد. برف هم همین‌طور می‌بارید. گدا لاله هنوز هم از جایش تکان نخورده و به‌آرامی به چپق پک می‌زد و دود آن در فضای سرد از بالای سقف تاقی می‌رقصید و در هوا و برف‌ها گم می‌شد. هنوز همه‌چیز مرده و ساکت بود. بالاخره صدای غرش تیر سرکار تیمورخان در سینه‌ی کوه پیچید و تا گدا لاله آمد سرش را برگرداند، گرگ سفیدی از بالای پشت بام سقوط کرد و جلوی سکو روی برف‌ها دراز شد. با صدای شلیک

تیـر و سـقوط گـرگ در جلـوی تاقـی، بالاخره گدا لالـه از جایـش جنبید و به گـرگ زخمـی و خونیـن کـه روی برف‌هـای جلـوی تاقی دراز شـده و داشـت بـا مـرگ دسـت و پنجـه نرم می‌کـرد خیره شـد. با پیچیـدن دوبـاره‌ی صدای کشـیدن گلنگـدن تفنـگ سـرکار تیمورخـان در گـوش گـدا لالـه، انـگار کـه شُـکی بـه او وارد شـد. گدا لالـه فوری پریـد و جلوی گرگ ایسـتاده و خودش را جلـوی تیـررس سـرکار تیمورخـان قـرار داد. انـگار می‌دانسـت کـه سـرکار تیمورخـان می‌خواهـد گـرگ را بـا شـلیک یکـی دو تیـر دیگر خـلاص کند و بـا قـرار دادن خـود جلـوی گـرگ بی‌چاره از سـرکار تیمورخـان خواسـت که گـرگ را بـه حـال خود بگذارد. سـرکار تیمورخـان هم رضایـت داده و تفنگش را پاییـن آورد.

طولـی نکشـید کـه خـون گـرگ بی‌چاره کـه داشـت تـلاش می‌کـرد تـا از معرکـه‌ی مـرگ، خـودش را نجـات دهـد، برف‌هـای سـفید جلـوی تاقـی را رنگیـن کـرد. گـدا لالـه برگشـت و دوبـاره سـر جایـش روی سـکو نشسـت و سـاکت و آرام همین‌جـور بـه گـرگ زخمـی و خونین کـه حالا با هـر زحمتی شـده بـود داشـت خـودش را تـوی برف‌هـا می‌کشـید و بـه برف‌هـای خونـی کـه مثـل جـاده‌ی باریکی پشـت سـر گرگ کشـیده می‌شـد، خیره شـده بود. سـرکار تیمورخـان هـم از اسـب پایین آمده و جلـوی گدا لاله بین دو تا سـکو ایسـتاده و بـه او خیـره شـده بـود. سـرکار تیمورخـان خیـال می‌کرد کـه گدا لالـه به چشـم او آشـنا می‌آیـد ولی یـادش نمی‌آمد کـه او را کجا دیده اسـت. گـدا لالـه هنوز تـوی صـورت سـرکار تیمورخان نـگاه نکـرده بود.

سـرکار تیمورخـان بـا تفنگـش در اتـاق را هـل داده و باز کـرد و بااحتیاط داخـل اتاقـک را وارسـی کرده و وارد شـد. در همیـن احوال دیگـر امنیه‌ها هم بـا تفنگ‌هـای آمـاده برای شـلیک بـه وارسـی حص پشـت طویلـه و کاهدانی کنـارش و اطراف آنجا مشـغول شـدند.

گـدا لالـه پـاک در فکـر و خیـال گذشـته گم شـده بـود. هرچه بیشـتر به

امنیه‌ها نگاه می‌کرد، خلقش تنگ‌تر و نگران‌تر می‌شد. دود چپق دوباره روی هوا بلند شده بود. سرکار تیمورخان مشغول نوشیدن چای داغی که برای خودش ریخته بود، از داخل اتاقک رفتار و کردار گدا لاله را زیر نظر داشت. مثل اینکه چای داغ حالش را در آن سرمای سخت برفی جا آورده بود، دومی را هم ریخت و درحالی‌که آن را نوش جان می‌کرد، بیرون زد و چندی جلوی گدا لاله ایستاد و به وارسی اطراف مشغول شد. بعد هم روی سکوی مقابل گدا لاله نشست و به او خیره شد. گدا لاله هنوز هم ساکت و آرام داشت چپق دود می‌کرد و ساکت و آرام به گرگی که در تلاش برای نجات خود از مرگ بود، خیره شده بود. انگار نه انگار هم که کسی دور و بر اوست.

البته بعد از اینکه امام اصغری برای از پا درآوردن گدا لاله به او تهمت قتل را زده بود و قصه‌ی گدا لاله همه‌جا پیچیده بود، یک روز بارانی که سرکار تیمورخان در قهوخانه‌ای مشغول نوشیدن چای بود، قصه‌گویی یکی دو نفر که در کنار او نشسته بودند را شنیده بود که درباره‌ی گدا لاله و منطقه‌ی ممنوعه قصه سر می‌دادند و در وسط حرف‌هایشان هم یکی از آنها گریزی به اسم کلاعباس زده و گفته بود:

- من قسم می‌خورم این گدا لاله باید همون کلاعباس راهزن معروف فراری باشد که تا حالا از دست قانون در رفته و خودش را آنجا پنهان کرده است...

با شنیدن اسم کلاعباس چای سرکار تیمورخان نیمه‌تمام مانده، استکان را گذاشته و مستقیم به امنیه‌خانه رفته بود. اگرچه سرکار تیمورخان فقط گاه‌گاهی سر خدمت حاضر می‌شد ولی باید خودش می‌رفت تا بفهمد که گدا لاله کیست؟ بعد هم با چند امنیه فوری راهی دیار گدا لاله شده بود. حالا هم همین‌جور به گدا لاله خیره شده بود:

- پیرمرد زبان داری یا بی‌زبانی...؟ لال که نیستی...؟ مریض‌حال

هم که نمی‌تونی باشـی...؟ چاق و چله‌ای... پــس چــه مرگته...؟ نکنـه از قانـون در میری و آمـدی اینجـا قایـم شـدی و زیـر آب رفتی کـه لو نـری...؟ اسـمت چیه...؟

سـرکار تیمورخـان بالاخره سـکوت را شکسـت ولـی گدا لاله انـگار نه انگار کـه صـدای سـرکار تیمورخان را شـنیده باشـد، نگاهش هنوز به گرگ آغشـته بـه خـون بـود. گـرگ زخمـی حـالا با هـر زحمتی شـده بـود صد متری خود را تـوی برف‌هـا کشـید و به‌دنبـال خـود برف‌هـا را از خـون خـود قرمـز کـرد. گـدا لالـه می‌خواسـت بلنـد شـده و به گـرگ کمک کنـد ولی رمقی نداشـت.

حـواس سـرکار تیمورخـان چنـد لحظـه بـه دیگـر امنیه‌هـا افتاد کـه تمام اطـراف را وارسـی کـرده بودنـد و هیـچ چیـزی هـم دست‌گیرشـان نشـده بـود. همـه‌ی امنیه‌هـا حـالا جلـوی سـکو جمـع شـده و بـه گـدا لالـه خیـره شـده بودنـد. سـرکار تیمورخـان اسـتکان و نعلبکـی خالـی را به‌طـرف یکی از هم‌قطاری‌هایـش دراز کـرد و بـا اشـاره آنهـا را بـه خـوردن چای دعـوت کرد. یکـی از امنیه‌هـا نعلبکـی را از دسـت سـرکار تیمورخـان گرفـت و وارد اتاقک شـده و مشـغول ریختن چای شـد. نگاه سـرکار تیمورخان هم دوباره برگشـت روی گـدا لالـه کـه هنـوز نگاهـش بـه گـرگ زخمـی عکس بـود. حالا سـرکار تیمورخـان پـاک رفتـه بـود تـوی فکـر و یقین داشـت که گـدا لالـه به‌نظرش آشـنا می‌آیـد ولـی هنوز در شَـک بود که او کلاعباس اسـت و یـا کس دیگری. هـر کسـی بـود بـه چشـم او آشـنا می‌آمـد و او می‌خواسـت تـا تـه و تـوی قضیـه را در بیـآورد و بفهمـد گـدا لاله کیسـت. سـکوت همه‌ی فضـا را گرفته بـود. جیـک از هیچ‌کـس در نمی‌آمـد. فقـط صـدای چـای خـوردن امنیه‌هـا شـنیده می‌شـد که به نوبت از تنها دو اسـتکانی که گدا لاله داشـت اسـتفاده می‌کردنـد. نـگاه سـرکار تیمورخـان هـم روی گـدا لالـه بـود و هنوز نـگاه گدا لالـه هـم هم‌چنـان بـه گـرگ زخمـی دوخته شـده بـود. بالاخـره ایـن صدای سـرکار تیمورخـان بـود که دوباره سـکوت را شکسـت:

- پیرمرد مردم می‌گن تو زدی و صاحب بدبخت این‌جا رو کشتی که روی مال و منال او بیافتی... من هم آمدم ته و توی قضیه را در بیارم... در هم میارم... اگر لازم باشه نبش قبر هم کنم، می‌کنم... تا ته و توی قضیه را هم در نیارم از این تپه پایین نمی‌رم... حالیت شد؟

گدا لاله تازه متوجه شد که چرا سرکار تیمورخان به سراغ او آمده است. فهمید که برای تحقیق در مورد مرگ صاحب مزرعه ستار که چو افتاده بود که گدا لاله او را کشته تا اموالش را صاحب شود، به دیدن او آمده است. جالب این بود که هیچ‌کس هم نمی‌دانست صاحب اصلی مزرعه‌ی آنجا کیست و اسمش چیست و اهل کجا بوده است. فقط گدا لاله می‌دانست و بس. حالا سرکار تیمورخان با دیدن گدا لاله و رفتار و کردارش بیشتر کنجکاو شده بود که بفهمد او کیست. سرکار تیمورخان داشت به حرفش ادامه می‌داد که گدا لاله را به حرف بیاورد ولی گدا لاله هم‌چنان به گرگ خیره شده بود و لب از لب باز نمی‌کرد که هیچ، هنوز به غیر از تک نگاه زیرچشمی که اتفاقی به سرکار تیمورخان انداخته بود در تمام مدت چشم‌هایش به گرگ دوخته شده بودند ولی با همان تک نگاهش مشخص بود که انگار گدا لاله هم سرکار تیمورخان را شناخته بود. به‌نظر می‌رسید که انگار گدا لاله انتظار آمدن سرکار تیمورخان را داشت، دلش می‌خواست با دوستش تنها باشد و نه در جمع امنیه‌ها. انگار گدا لاله می‌خواست آخر عمری و قبل از مرگ با رفیقش درد دل کند ولی در خودش گم شده بود و نمی‌دانست از کجا شروع کند و نمی‌خواست جلوی دیگر امنیه‌ها لب باز کند. سرکار تیمورخان می‌دید که بالاخره نگاه گدا لاله روی تک تک امنیه‌ها سفر کرد و بعد هم روی او ایستاد. بعد هم نگاهش بین امنیه‌ها و سرکار تیمورخان در سفر رفت و برگشت بود. بالاخره سرکار تیمورخان متوجه خواسته‌ی رفیقش شد.

فهمید که گدا لاله می‌خواهد با رفیقش تنها باشد، برای همین رو کرد به بقیه‌ی امنیه‌ها:

- برید خانه‌ی کدخدا... منم بعد میام آنجا... راه بیافتید... برید.... از اینجا هم حرفی به کسی نزنید... یک کلاغ چل کلاغ می‌کنند... آنجا باشید تا من پیدام بشه...

امنیه‌ها که کمی هم گیج و گنگ شده بودند که چرا سرکار تیمورخان عذر آنها را خواست، سوار بر اسب‌های خود شده و سر اسب‌های خود را کج کرده و به‌طرف ده به‌راه افتادند. طولی نکشید که سرکار تیمورخان دیگر آنها را نمی‌دید. با رفتن امنیه‌ها نگاه سرکار تیمورخان به‌طرف گدا لاله برگشت و دید که او هم‌چنان به گرگ زخمی که هی می‌افتاد و باز با هر زحمتی بود، از جایش بلند می‌شد و به تلاش خود برای رهایی از مرگ ادامه می‌داد خیره شده بود. مشخص بود که هرچه بیشتر به گرگ نگاه می‌کرد و گرگ هرچه بیشتر از او دور می‌شد، انگار به گدا لاله نزدیک‌تر می‌شد و او را به یاد زندگی گذشته‌ی خود می‌انداخت. سرکار تیمورخان دوتا چای ریخت و آورد. یکی را گذاشت جلوی گدا لاله و بعد هم رفت و روی سکوی روبه‌رو نشست و درحالی‌که مشغول نوشیدن چای خودش بود، صدایش دوباره بلند شد:

- دیگه وقتشه که دلت رو باز کنی... من تمام این مدت بازنشسته نشدم که فرصتی مثل حالا پیدا بشه که قصه‌ی تو رو بدونم... از این کوه هم که برم پایین، دیگه بازنشسته‌ام...

حالا فقط دوتا رفیق قدیمی بودند و سفیدی برف‌ها و سکوت. تیمورخان منتظر گدا لاله بود که زبان باز کرده و سفره‌ی دلش را برای رفیقش تیمورخان باز کند. بالاخره سرکار تیمورخان کار خودش را کرد و فکر و خیال گدا لاله را پاک برد به زندگی گذشته‌اش. گدا لاله پکی حسابی به چپق زده و دود از چاک دهان و دماغش بیرون زد و رقص‌کنان

توی هوا و بالای اتاقک در سفر بود و انگار دود چپق گدا لاله را هم با خود به سفر گذشته برد و او را یاد گذشته‌اش انداخت. گدا لاله به حرف آمد و داشت آخرین وداع را با رفیقش می‌کرد و به او می‌گفت که بر گدا لاله چه گذشته است و انگار گدا لاله باز کلاعباس شده بود.

پانزده سال قبل...

«باد ملایمی شاخه‌ها و برگ‌های درخت توت و بقیه‌ی درخت‌های اطراف اتاقک را به رقص گرفته بود. جلوی اتاقک و روی سکو گدا لاله چمباتمه زده بود و دود چپقش در هوا می‌رقصید و با باد ملایم یکی می‌شد و در سفر به نامعلوم گم می‌شد. چشم‌های گدا لاله روی شمد خاکستری رنگی که پای درخت توت و کنار قبری که با قلوه‌سنگ‌های کوچک و بزرگ رویش را پوشانده و از بقیه جدا می‌کرد، دوخته شده بود. ولی این‌بار می‌دانست چه کسی زیر شمد نشسته است. اما باورش نمی‌شد که ستار با آن سن و سال پیرش بتواند ساعت‌ها بی‌حرکت زیر شمد بنشیند و به راز و نیاز با آسیه مشغول شود. حتی نمی‌توانست در تمام آن مدت روی سکو بنشیند و چپق دود کند. سگ ستار هم روی سکوی روبه‌رو در جای همیشگی خود لمیده بود و سرش را بین دست‌هایش لم داده بود و شمد و ستار که زیرش نشسته بود را زیر نظر داشت. با هر صدا و حرکتی هم نگاهش به طرف صدا برمی‌گشت تا مطمئن شود که خطری ستار را تهدید نمی‌کند.

حالا بیشتر از یک ماه می‌شد که گدا لاله ستار را پیدا کرده بود. از همان دقیقه‌ی اول تشنه‌ی این بود که بداند در تمام این سال‌ها بر ستار چه گذشته است. می‌خواست بداند که چطور سال‌های سال بالای دهات شورچه و تیکن سر کرده و هیچ جنابنده‌ای هم از بودن او اطلاعی پیدا نکرده است. حتی خود کلاعباس در زمانی که برو و بیا داشت و اگر پشه‌ای

هر گوشه‌ی ده و بالا و خارج و اطراف ده پرواز می‌کرد کلاعباس می‌فهمید و از آن اطلاع پیدا می‌کرد با این حال از بودن ستار در بالای کوه‌پایه‌های ده خبری نداشت. حالا آن‌قدر در ابتدا در شُک بود که ساعت‌ها فقط به ستار نگاه و او را برانداز می‌کرد. انگار می‌خواست مطمئن شود که این خود ستار است که بعد از بیشتر از چهل پنجاه سال جلویش نشسته است. ستار هم لب باز نکرده و فقط با متانت و لبخند بر لب به او خوش‌آمد گفته و از بودنش خوشحال و مسرور بود. چندین هفته طول کشید تا ستار کم‌کم برای گدالاله تعریف کرد که وقتی از سربازی در رفته بود و پنهانی از همان تپه‌هایی که گدا لاله وقتی از دست آدم‌های کریم‌خان در رفته و بالا آمده بود در یک روز برفی در همان محلی که قبر آسیه بود با مشهدی حسن گورکن برخورد کرده بود و بدون اینکه بداند و از روی ترحم و کمک به مشهدی حسن گورکن خودش با دست خودش قبر آسیه زنش را که به دست مردم کشته شده بود را کنده بود. و همین باعث شده بود که سال‌های سال طول بکشد تا خودش را ببخشد. بعد هم تصمیم گرفته بود آسیه را در آن بیابان تنها نگذارد و در کنار عشق از دست رفته‌اش بماند و با او راز و نیاز کند. درخت توتی هم که حالا به درخت تنومندی تبدیل شده بود، وقتی که نهال کوچکی بیشتر نبود سر قبر آسیه نشانده بود تا قبر را گم نکند.

صدای خرخر سگ، گدا لاله را از فکر و خیال آن‌چه ستار برایش تعریف کرده بود بیرون آورد و او به‌خودش آمد. با خرخر سگ نگاه گدا لاله به سمت او برگشت و همین هم سبب شد تا یادش بیاید که ستار به او گفته بود که این همان سگی است که وقتی گداها بر سرش ریخته بودند و داشتند او را می‌زدند و می‌کشتند، با سر و صدا و پاس کردن به کمکش آمده بود. بعد هم گفته بود که روح ستار توی تاریکی تمام اتفاقات را تماشا کرده بود. تازه گدا لاله فهمیده بود که ستار یاد گرفته

بود که بعد از ماه‌ها نشستن و به خلسه رفتن روح خود را از بدنش جدا کند و برود به ده برای دیدن مادر و پدرش. خلاصه گفته‌های ستار همین‌طور در ذهن و روح گدا لاله زنده می‌شدند و می‌مردند. حالا سگ یادش انداخته بود که ستار به او گفته بود که سگ یک شب در تاریکی همین‌جور دنبال مشهدی حسن گورکن راه افتاده و آمده بوده آنجا و بعد از آن هم از آنجا تکان نخورده بود ولی چیزی که بیشتر برای گدا لاله جالب بود سرنوشت مشهدی حسن گورکن بود که برای گمراهی ذوالفقار و مردم که به آن منطقه‌ای که آسیه را دور از چشم مردم خاک کرده بود توجهی نکنند و پا نگذارند، چطور ذوالفقار و یکی دو نفر دیگر را که توی قبرستان بودند را به بازی گرفته و ترسانده بود. گفته بود که مشهدی حسن گورکن از همه‌ی کارها و رفت و آمد ستار به ده و خانه‌ی آسیه و شیخ احمد اطلاع داشت و او را همراهی می‌کرد. برای همین هم وقتی روح ستار و یا شیخ احمد به ده سر می‌زدند با حرکت و جابه‌جا کردن اشیای اطراف مشهدی حسن گورکن به او می‌فهماندند که آنجا حاضرند. البته در ابتدا مشهدی حسن گورکن را ترس برداشته بود و نزدیک بود سکته هم بکند ولی بعد از اینکه ستار ماجرا را برایش تعریف کرده بود کم‌کم به آن عادت کرده بود و برای او هم تبدیل به یک نوع سرگرمی شده بود. برای همین هم بود که وقتی مشهدی حسن گورکن تصمیم گرفته بود ذوالفقار را برای فکر کردن و رفتن به منطقه‌ای که آسیه را آنجا خاک کرده بودند، منصرف کند و بترساند روح ستار آنجا حاضر شده بود و روح او بود که بیل را جلوی مشهدی حسن گورکن حمل می‌کرد و همه را به ترس انداخته بود. مشهدی حسن گورکن هم متوجه شده بود که باید روح ستار و یا شیخ احمد باشد که به کمکش آمده‌اند با آنها همراه شده بود و به منطقه‌ی ممنوعه رفته بود. بعد از آن هم مشهدی حسن گورکن ترجیح داده بود که در کنار ستار بماند. می‌دانست که

اگر برمی‌گشت باید جواب پس می‌داد و دیگر مردم از بودن جن در آن منطقه ترس و واهمه ای نداشتند و بالاخره پای آنها به آنجا باز می‌شد و محل قبر آسیه لو می‌رفت. بعد هم از بودن در کنار ستار و همدمی با او خوشحال‌تر بود تا بودن در ده شورچه و هم‌زیستی با مردم ده. کمک بزرگی هم به ستار شده بود که با هم کلبه‌ای را که ستار شروع کرده بود تمام کنند. گاه به گاه هم شب‌هنگام خودش و یا با ستار به ده و مزارع و باغات ده می‌زدند و سور و سات جور می‌کردند و می‌بردند. بعد هم کم‌کم اطراف کلبه را درخت‌کاری کرده بودند و برای خودشان کشاورزی هم می‌کردند. یکی دو چاه آب دیگر هم به کمک هم زده و یک قنات کوچک برای خودشان درست کرده بودند که به استل کوچکی می‌ریخت. (استل به جایی می‌گفتند که وقتی آب قنات کم بود در ابتدا آب را در محل وسیعی که دور آن را بسته بودند جمع می‌کردند و بعد از پر شدن جلوی آن را باز می‌کردند و آب به مقدار زیادی به جریان می‌افتاد و به زمین‌های کشاورزی و یا درخت‌زارها می‌رسید.) البته شب‌هایی هم که به ده می‌زدند، اگر اتفاقی کسی با آنها برخورد می‌کرد کافی بود کمی سر و صدای غیرعادی توی تاریکی تولید کنند و مهم نبود چند نفر باشند، به خیال اینکه جن دیده‌اند جرئت نزدیک شدن به آنها در شب را نداشتند و فوری مثل موش داخل خانه‌های خود گم می‌شدند و در و پنجره‌ها فوری قفل و مهر و موم می‌شد و دست به دعا و ثنا و تسبیح و نماز می‌کردند و دست به دامان خدا و پیغمبر و امام که آنها را از شر جن‌ها مصون بدارند ولی در تمام این چهل پنجاه سال هنوز که هنوز بود نه خدا و نه پیغمبر و نه امامی صدا و یا دعای آنها را نشنیده بود و به کمک آنها نیامده بود ولی مردم هنوز این را نفهمیده و هنوز به قصد گرفتن کمک از خدا و پیغمبر و امام به دعا و ثنا متوصل می‌شدند...»

برگشت به زمان حال:

سفیدی برف‌ها هنوز خود را حفظ کرده بود. هوا ابری بود و تار. دود چپق تیمورخان هنوز به بالای تاق سکوی جلوی در اتاقک نرسیده در هوای ابری گم می‌شد. گدا لاله از جایی که نشسته بود هنوز تکان نخورده بود. چپق هم در دستش بود و هنوز همین‌جور به رد خونی که مثل جاده‌ی باریکی توی برف‌ها پشت گرگ درست شده بود، خیره بود. به‌نظر می‌رسید آخرین حرفش را هم به رفیقش تیمورخان زده بود:

- جای قبر من هم این طرف آسیه است. کندنش رو شروع کردم... اما تمام نشده... همین روزها باید تمومش کنم... اگر دیر نشه...

و بعد از آن هم نگاه گدا لاله به‌طرف گرگ زخمی برگشته بود و همین‌جور به آن خیره شده بود. تیمورخان هم هنوز منتظر بود که گدا لاله دوباره لب باز کند و بقیه‌ی قصه‌ی زندگی‌اش را تعریف کند. چندی هم به‌طرف گرگ که حالا خودش را مقدار زیادی از جلوی اتاقک دور کرده بود، نگاهی انداخت ولی رگه‌های خون گرگ را روی برف‌ها تا چند قدمی بیشتر نمی‌توانست ببیند. گرگ در هوای گرفته گم شد ولی گدا لاله خوب گرگ را می‌دید که تا دویست متری از اتاقک فاصله گرفته بود. می‌دید که خون گرگ از جلوی اتاقک برف‌ها را گلگون کرده بود تا جایی که دیگر قوت و توانش را از کف داده بود. اگرچه هوا گرفته و ابری بود ولی به هر دلیلی که بود گدا لاله خوب داشت گرگ را می‌دید که روی برف‌ها دراز کشیده و به او زل زده بود و انگار داشت مستقیم توی چشم‌های گدا لاله نگاه می‌کرد و با او حرف می‌زد. گدا لاله نمی‌دانست چرا حس می‌کرد که گرگ زخمی دارد آخرین نفس‌هایش را می‌کشد. بعد هم سر گرگ به‌آرامی روی برف‌ها نشست و از حرکت افتاد ولی هنوز چشم‌هایش باز و به چشم‌های گدا لاله دوخته شده بود.

به‌نظر می‌رسید گرگ می‌دانست که حال و روز گدا لاله هم با او فرقی ندارد. برای همین حالا روح گرگ جلوی سکو ایستاده بود و داشت گدا لاله را وارسی می‌کرد ولی به تیمورخان که حالا صدایش بلند شده بود اهمیتی نمی‌داد. تیمورخان هم روح گرگ را که بین او و گدا لاله میان دو سکو ایستاده و در حقیت منتظر گدا لاله بود، را نمی‌دید:

- کلا... حالا می‌خوای چه کنی...؟ همین‌جا بمانی...؟

تیمورخان چندی منتظر جواب شد ولی دید که گدا لاله فقط به‌طرف گرگ زل زده و انگار نه انگار که صدای تیمورخان به گوش او می‌رسید. صدای تیمورخان دوباره بلند شد:

- کلا...؟ کلا...؟

تیمورخان کمی بیشتر منتظر شد تا صدای گدا لاله بلند شود. ولی انتظارش هیچ فایده‌ای نداشت. تیمورخان که حالا نگران شده بود از جا بلند شد و از سکو پایین آمد و پیش گدا لاله رفت. تیمورخان خودش هم نمی‌دانست که پاهایش از وسط روح گرگ رد شد و گرگ هم هنوز همان‌جا ایستاده بود و به آن دو نگاه می‌کرد. تیمورخان با تکان دادن گدا لاله بالاخره فهمید که انگار رفیق چندین ساله‌اش تمام کرده است. حالا تیمورخان چنان جا خورد که خودش هم نمی‌دانست چه می‌کرد و یا چه باید می‌کرد. بدون اینکه بداند کنار کلا به سکو تکیه داد و در فکر و خیال گم شد و نمی‌دید که روح گدا لاله و گرگ حالا کنار هم داشتند به او نگاه می‌کردند. بعد هم توی برف‌ها به حرکت در آمدند و در دوردست گم شدند. حالا فقط سکوت بود و سکوت. تیمورخان بدون اینکه خودش بداند چپق را برداشته و بین لب‌هایش نشانده بود و دود آن زیر سکو به‌راه افتاده بود و صدای آخرین کلامی که گدا لاله به رفیقش تیمورخان گفته بود، در گوش‌هایش تکرار می‌شد:

- جای قبر من هم این طرف آسیه است... کندنش رو شروع کردم... اما تمام نشده... همین روزها باید تمومش کنم... اگر دیر نشه...

*****

آفتاب ملایمی برف‌های پوشیده شده در تپه‌های بالای ده شورچه را نوازش می‌داد. عصای ذوالفقار هم در برف‌ها فرو می‌رفت و بیرون می‌آمد. چند روزی می‌شد که ذوالفقار از گدا لاله خبری نداشت. روحش هم خبر نداشت که امنیه‌ها و تیمورخان به دیدن گدا لاله رفته بودند. حالا تا آفتاب شده بود، آقا ذوالفقار فکر کرده بود که از فرصت استفاده کرده و خودش را به گدا لاله برساند. همه‌جا ساکت بود و شکل و شمایل و صدای هیچ جنابنده‌ای دیده و یا شنیده نمی‌شد. سکوت بود و سفیدی برف‌ها و صدای حرکت عصای ذوالفقار در داخل برف‌ها.

طولی نکشید که آقا ذوالفقار هرجوری که بود خودش را به اتاقک رساند. با رسیدن به اتاقک جلوی سکو ایستاد و گدا لاله را صدا زد:

- سلام کلا... بیرونی یا تو...؟

تازگی‌ها کلا بالاخره به ذوالفقار گفته بود که کلا صدایش کند:

- چند روزی بید که برف بند نمی‌آمد... نگرانت شده بیدم... تا برف بند آمد و آفتاب شد، آمدم سراغت...

ذوالفقار که هیچ جوابی از گدا لاله نگرفت، کمی نگران شد و سرش دوباره رفت توی هوا و گوش‌هایش تیز شد تا شاید صدایی به گوشش بخورد. حالا وسط دو سکو و جلوی در ایستاده بود. به‌نظرش می‌رسید کسی اطرافش نیست و حرف نمی‌زند. سرش را توی هوا چرخاند و گوش‌هایش را تیزتر کرد:

- کلا...؟

بعـد از اینکـه جوابـی نگرفـت، عصایـش بـه کار افتـاد و روی سـکو چرخیـد تا بفهمد کسی روی سکو نشسته است یا نه. عصایش به کسی که روی سکو نشسـته بـود، خـورد. ذوالفقار کـه کمی خیالش راحت شـده بـود درحالی کـه بـه مکالمـه‌ی یک‌جانبـه‌اش ادامه می‌داد، رفت و روی سـکوی مقابل نشست:

- پـس هنـوز زنـده‌ای الحمدللـه... کاریـت نشـده کلا... برفـه سـنگین بیـد و نگرانـت شـده بیـدم... چایـت حاضـره کلا...؟

ولـی هنـوز صدایـی از کسـی در نیامـده بـود. ذوالفقـار بـاز کمـی نگـران شـد و بـا شـنیدن صدایـی از پشـت اتاقـک سـرش دوبـاره روی هـوا رفـت و گوش‌هایـش تیـز شـد. هنـوز خـودش را جمـع و جـور نکـرده بـود کـه سـر و کلـه‌ی چنـد امنیـه جلـوی اتاقـک و سـکو پیـدا شـد. ذوالفقـار نمی‌دیـد کـه چه کسـی جلویـش ایسـتاده اسـت، فقـط می‌دانسـت بایـد چنـد اسب‌سـوار باشـند:

- امنیـه هستیـد...؟

ولـی امنیه‌هـا بـا دیـدن رئیس‌شـان سـرکار تیمورخـان کـه روی سـکو، جلـوی در چمباتمـه زده و شـمدی روی شـانه‌هایش انداختـه بـود، چنـان جـا خـورده بودنـد کـه حتـی صـدای ذوالفقـار را هـم نمی‌شـنیدند. سـرکار تیمورخـان لبـاس فرمش را هـم بـر تـن نداشـت. دسـت و پـا و پوتیـن و پیراهـن و شـلوارش هـم خـاک آلـود و گلـی بودنـد. اسـبش هـم داخـل اتاقـک بـود. معلـوم بـود کـه تمـام شـب را نخوابیـده اسـت. بعـد از اینکـه سـرکار تیمورخـان بعـد از یکـی دو روزی پیـداش نشـده بود نگـران شـده و آمـده بودنـد دنبالـش. نـگاه یکـی دو نفـر از امنیه‌هـا بـه پـای درخـت تـوت افتـاد کـه برف‌هایـش بـا گل و خـاک قاطـی شـده بـود و معلـوم بـود کسـی آنجـا گـودی کنـده و بعـد رویـش را بـا گل و برف پوشـانده بـود:

- سـرکار حالت خوبـه...؟ چی شـد...؟ پیرمرده کـو...؟

بـا بلنـد شـدن صـدای یکـی از امنیه‌هـا تـازه آقـا ذوالفقـار دو ریالـی‌اش افتاد کـه کسـی کـه عصایـش بـه او خـورده اسـت، سـرکار تیمورخـان بـوده اسـت،

نه کلا. حالا گوش‌های ذوالفقار تیزتر هم شد و سرش از روی هوا تکان نمی‌خورد و به سقف تاقی خیره شده بود.

یکی دوتا از امنیه‌ها از اسب‌هایشان پایین آمدند و یکی از آنها وارد اتاقک شد و اسب را بیرون آورد و یکی دیگر از آنها خودش را به سرکار تیمورخان رساند و جویای سلامتی او شد:

- سرکار حالت خوبه...؟ اینجا چی پیش آمد...

و بالاخره سرکار تیمورخان از جای خود بلند شد و صدایش که بسیار آرام هم شنیده می‌شد بلند شد که:

- هیچی نشد... همه‌چیز درست و کامله...

- پیرمرده چی...؟ اون چی شد...؟

- هیچی... راهش رو گرفت و از اینجا رفت که رفت... دیگر هم برنمی‌گرده... کار ما رو راحت کرد...

بعد هم سرکار تیمورخان درحالی‌که همه‌ی امنیه‌ها با تعجب به او نگاه می‌کردند سوار اسبش شد ولی هنوز نمی‌دانست که لباسش را نپوشیده است. یکی از امنیه‌ها ژاکتش را که کنار سکو جا گذاشته بود، برداشت و به او داد:

- هوا سرده سرکار، جاکتت رو تنت کن... سرما می‌خوری...

سرکار تیمورخان مشغول پوشیدن ژاکتش شد. چندی سکوت بود و همه به هم نگاه می‌کردند تا شاید بفهمند واقعاً آنجا چه گذشته است:

- سرکار کلا نگفت کی برمی‌گرده؟

با بلند شدن صدای ذوالفقار که هنوز سرش روی هوا بود و گوش‌هایش تیز، تازه سرکار تیمورخان متوجه او شد و همین‌جور به او نگاه می‌کرد:

- می‌بخشید سرکار که پرسیدم... آخه ما به کلا عادت کردیم... رفیق شده بیدیم... برای همین هم پرسیدم که کی

برمی‌گرده؟
- هیچ‌وقت... رفت که رفت... دیگه‌ام برنمی‌گرده...

ذوالفقار با شنیدن جواب سرکار تیمورخان کمی جا خورد و رفت توی فکر و خیال. امنیه‌ها حرکت کردند ولی سرکار تیمورخان با رسیدن به پای درخت توت ایستاد و به قبرها که از برف و گل پوشیده شده بودند نگاه می‌کرد. حالا تعداد قبرها سه‌تا شده بود ولی بقیه‌ی امنیه‌ها نمی‌دانستند سرکار تیمورخان داشت با دوستش کلا که کنار آسیه خاکش کرده بود، وداع می‌کرد:

- سرکار اگه اون دیگه هیچ‌وقت برنگرده یعنی حکم مردن رو داره... پس تکلیف اینجا چی می‌شه سرکار...؟

سرکار تیمورخان با صدای ذوالفقار که از زیر سکو داد زد تا صدایش به او برسد از فکر کلا و قبرش بیرون آمد و برگشت و به ذوالفقار نگاه کرد و بعد از کمی فکر کردن گفت:

- اینجا رو بخشید به تو... می‌دانست که تو جا و مکان نداری... گفت تو متولی خوبی می‌تونی برای اینجا باشی...
- متولی...؟ مگه اینجا امامزاده است که متولی داشته باشه سرکار...؟
- دنیا را چه دیدی...؟ شاید یه روزی هم امامزاده شد...

بعد هم سرکار تیمورخان حرکت کرد و بقیه هم به‌دنبالش و چند دقیقه طول نکشید که در دوردست گم شدند. حالا فقط ذوالفقار باقی مانده بود و اتاقک و سکوت و خاطرات ستار و آسیه و کلاعباس و سگشان مجنون. سرکار تیمورخان هم شش ماه بعد از آن شب در خواب سکته کرده و مرده بود.

✱ ✱ ✱ ✱ ✱

فصل ۱۳

وقتی خرافات جای دین را می‌گیرد و دین در خدمت کلاه‌برداران دینی در می‌آید...

یکی دو ماهی از مرگ و خاک کردن گدا لاله گذشت. برف‌ها هم آب شده بودند و دیگر هیچ‌جا سفیدی نمی‌زد. ولی سکوت و باد ملایم همیشگی تپه‌ها هنوز برقرار بود. ذوالفقار جلوی اتاقک و روی سکو نشسته و به تپه‌ها خیره شده بود. در تمام این مدت ذوالفقار وقت کافی داشت که در خلوت خود به همه چیز فکر کند. به محلی که یک روز به منطقه‌ی ممنوعه و محل زندگی جن‌ها معروف بود و هیچ‌کس جرئت پا گذاشتن به آنجا را نداشت. حالا جن‌ها مرده بودند و دیگر منطقه‌ی ممنوعه‌ای وجود نداشت. حرف‌های سرکار تیمورخان این یکی دو ماهه همین‌جور در ذهن و فکر و روح ذوالفقار زنده می‌شدند و می‌مردند. خیلی هم خوشحال بود و فکر می‌کرد که آخر و عاقبت جا و مکانی پیدا کرده است تا در روزگار پیری آنجا بماند و بمیرد. خوب می‌دانست به‌محض اینکه مردم ده شورچه و تیکن از مرگ گدا لاله آگاه شوند، باز هم بلافاصله برای تصاحب آنجا به رقابت می‌افتند و روزگارش را سیاه می‌کنند. خوب می‌دانست که سال‌های سال است که هر دو ده داشتند از خشکسالی رنج می‌بردند و با آب فراوانی که آنجا بود، شکی نداشت که فوری دعوا و بزن و بکش برای تصاحب آنجا بین دو ده درمی‌گیرد. مهم هم نبود

که گدا لاله به سرکار تیمورخان چه گفته بود. اولاً که سرکار تیمورخانی نبود که شهادت بدهد. از آن گذشته اگر شهادت هم می‌داد، گوش کی بدهکار بود؟ این را هم می‌دانست که نمی‌تواند به تنهایی در آنجا سر کند. می‌دانست که حداقل به یکی از دهاتهای شورچه و یا تیکن نیاز دارد که با آو کنار بیاید. بعد از یکی دو هفته فکر و سبک و سنگین کردن به این نتیجه رسید که ده شورچه منفعت بیشتری برای او دارد. چراکه تازه امام اصغری هم آنجا پیدایش شده بود و تا حالا اگر چه به ظاهر هم شده بود با ذوالفقار کنار آمده بود. در ثانی ذوالفقار می‌دانست با هر کسی کنار می‌آمد امام اصغری دست‌بردار او نبود و بالاخره زهرش را به او می‌ریخت. برای همین هم تصمیم گرفت تا دیر نشده و مردم ده تیکن از خبر مرگ گدا لاله آگاه نشده‌اند به دیدن امام اصغری رفته میخ خودش را محکم بکوبد.

هوا تازه داشت تاریک می‌شد که ذوالفقار راهی ده شورچه شد. ذوالفقار می‌دانست که بعد از هر مراسمی که مربوط به ده بود سران قوم مثل حاجی غضنفر و کدخدا و بقیه‌ی حاجی‌ها در عمارت غصبی امام اصغری جمع می‌شدند که پیروزی خود را جشن بگیرند و نتیجه‌گیری کنند که چه شده و چه نشده است. ذوالفقار هم یک‌راست به خانه و خدمت امام اصغری رفت. هوا دیگر تاریک شده بود که ذوالفقار به خانه‌ی امام اصغری رسید و بدون دعوت در زد و گفت که عرض مهمی با امام دارد و اجازه‌ی دخول گرفت. بزرگان ده گوش تا گوش نشسته بودند و چای و قلیان و میوه و شیرینی به‌راه بود. با ورود ناگهانی ذوالفقار آن هم بعد از اتفاقی که جلوی اتاقک گدا لاله در زمان جاده سازی افتاده بود، ذوالفقار مورد خشم و غضب امام اصغری و حاجی غضنفر و کدخدا قرار گرفته بود و دیگر در ده شورچه پیدایش نمی‌شد و اگر هم می‌آمد شب هنگام و در خفا بود و بیشتر آمد و رفتش به ده تیکن بود. برای

همیـن هـم بـود کـه حالا همـه‌ی حضار بـا دیدن ذوالفقـار تـوی ده آن هم در خانـه‌ی امـام اصغـری متعجب شـده بودند. حالا بـرای همه علامت سؤال بود کـه ذوالفقـار چگونـه جرئت کـرده بود، خـودش را آنجـا آفتابی کنـد. جماعت می‌دیدنـد کـه ذوالفقـار تمـام مشـکی پوشـیده و از چشـم‌های اشـک‌آلودش خـوب پیـدا بـود کـه اتفاق بـدی افتـاده اسـت. قبـل از در زدن کمـی هم زور زد کـه چنـد دانـه اشـک در گوشـه‌ی چشـم‌هایش ظاهـر شـود و بـرای اینکه مطمئـن شـود کـه مـردم ببیننـد کـه گریـه کـرده اسـت بـا نـوک انگشـتش مقـداری آب دهـان بـه گوشـه‌ی چشـم‌هایش مالیـده بـود . خلاصـه حتی اگر کـور هـم بـودی می‌توانسـتی ببینـی و بفهمـی ذوالفقـار گریـه کـرده و هنـوز چشـم‌هایش اشـک‌آلود اسـت ولـی چیـزی را کـه مـردم و سـرکردگان دو ده شـورچه و تیکـن نمی‌دانسـتند ایـن بود کـه سیاسـتمدار انگلیسـی مآبی مثل ذوالفقـار کـور همـه‌ی آنها را رنگ کرده و سـوار آنها شـده بود و داشـت از آنها سـواری می‌گرفـت. ذوالفقـار خـودش را چنـان بـه مظلومـی زده بـود کـه دل هـر سـنگ‌دلی را هـم بـه رحم مـی‌آورد. خلاصـه همه را خـر کرده بـود و هم از توبـره می‌خـورد و هـم از آخـور و حـالا کـه گـدا لاله مـرده بود، می‌دانسـت کـه بایـد جـای خـودش را تـوی خانـه و آشیانه و مزرعـه‌ی گـدا لالـه محکم کنـد و مقیـم بشـود. بـرای رسـیدن بـه نیـت خـود می‌دانسـت کـه بـه کمک امـام اصغـری نیـاز دارد. در یکی دو هفته‌ی گذشـته و در تمام طول راه نقشـه کشـیده و تمریـن کـرده بـود. ذوالفقـار اگـر در مـورد سـتار و اینکـه او آنجا را سـرپا کـرده و سـال‌ها آنجـا زندگـی کـرده بـود، لـب بـاز می‌کـرد مزرعـه بـه تیکنه‌ای‌هـا و رسـتم‌خان بـرادر سـتار می‌رسـید زیـرا که سـتار اهـل ده تیکن بـود. بنابرایـن می‌دانسـت کـه اگـر امـام اصغری قصـد نامهربانـی بـا او را کرد، ذوالفقـار بـه خدمـت رسـتم‌خان می‌رسـید و قضیه‌ی سـتار را فـاش می‌کرد و قبـر سـتار را بـه او نشـان مـی‌داد و عزیـز رسـتم‌خان می‌شـد. خلاصـه همه‌ی زیـر و بم نقشـه‌اش را بررسـی کـرده بود. می‌دانسـت که بایـد دو ده را بر علیه

هم بازی دهد و از آب گل‌آلود ماهی بگیرد و کاری کند که عزیز هر دو ده باشد و هر دو ده به او نیاز داشته باشند.

خلاصه با دیدن ذوالفقار آن هم با آن سر و شکل همه می‌دانستند که ذوالفقار باید خبر مهمی داشته باشد که سر زده خدمت امام اصغری آمده بود. درست وقتی که حسین کچل وارد شد و ذوالفقار را دید و قصد بیرون انداختن او را داشت:

- این کور بوگندو اینجا چه کار می‌کنه... بی‌حیا بیا بره بیرون...
- حسین، آقا ذوالفقار مهمان هستند و مهمان حبیب خداست...

صدای امام اصغری که مرد زیرکی بود و با دیدن ذوالفقار در چهره‌ی او فوری چیزی را دیده و خوانده بود که دیگران متوجه نبودند، شنیده شد. حسین کچل عقب‌گرد کرد و ذوالفقار مهمان امام و حبیب خدا شده بود. درست مثل خصلت تمام ملاها و آخوندها که هر لحظه و هر وقت که لازم بدانند فوری حرف و جهت خود را عوض می‌کنند و به نرخ روز نان می‌خورند و هر آن که لازم بدانند رنگ عوض می‌کنند و یک‌جوری آن را به دین و اسلام ربط می‌دهند، امام اصغری هم صلاح را در این دید که دشمنی در مورد آقا ذوالفقار را در آن لحظه تمام و به دوستی تبدیل کند. چرا که می‌دانست برای تصاحب مزرعه‌ی بالای ده و آب آنجا به ذوالفقار نیاز دارد. برای همین هم با ظاهر شدن خنده در چهره‌ی امام اصغری، دیگر حضار هم آرام گرفتند و برای چند لحظه هم که شده، همه‌ی اتفاقات گذشته را به فراموشی سپردند و ذوالفقاری را که تا چند لحظه پیش در حکم دشمن می‌پنداشتند و به چشم تنفر به او نگاه می‌کردند، یک‌باره لباس دوستی تنش کرده و بااحترام آقا ذوالفقار صدایش می‌کردند. بعد ذوالفقار را با عزت و احترام برده و وسط امام اصغری و حاجی غضنفر نشاندند. امام اصغری و حاجی غضنفر هم فوری چای و شرینی تعارفش کردند. حسین کچل هم فوری قلیان تازه چاق

شده‌ای جلوی آقای ذوالفقار گذاشت. عزت و احترامی به او گذاشته می‌شد که انگار امام زمان یا شاه یلان وارد مجلس شده است. آقا ذوالفقار هم که جو گرفته بودش بی‌اختیار زد زیر گریه و درحالی‌که یک قلوپ از چای می‌خورد و یک پکی هم به قلیان می‌زد، زبان سخن باز کرد:

- ای حضرت امام، حاجی غضنفر، کدخدا، خدا شاهده من که دیگه می‌ترسم برم سراغ خانه‌ی گدا لاله... نمی‌دونید چی شده... یک‌دفعه همه‌جا نورانی شد... نور آن‌قدر زیاد بود که چشمای من کور هم که نور را نمی‌دید را داشت کور می‌کرد... شیخ احمد و شیخ گنابادی هم هر دو از ترس زمین افتاده و لال شده بودند...

امام اصغری با شنیدن اسم شیخ احمد و شیخ گنابادی میان حرف ذوالفقار پرید و سخنش را قطع کرد و استکان چای را برداشت و به دست ذوالفقار داد:

- اول چایت رو بخور که حالت بهتر بشه آقا ذوالفقار...

بعد هم با زیرکی بغل گوش ذوالفقار زمزمه کرد:

حرف شیخ احمد و شیخ گنابادی رو اینجا نزن...

ذوالفقار گلویش را با قلوپی که به استکان زد با چای تازه کرد و ادامه داد:

- حالا که امام اصغری اجازه دادند باید همه‌ی حقیقت رو بگم... در وسط این همه نور یک‌دفعه شکل و شمایل امام رو دیدم... امام اصغری رو... که وسط نورها ایستاده بود و لبخند بر لب داشت و داشت به گدا لاله نگاه می‌کرد... گدا لاله هم داشت با نگاه‌هایش از امام طلب استغفار و بخشش می‌کرد... امام هم با بزرگواری خودشان اون رو بخشید... بعد هم گدا لاله به امام گفت که مزرعه رو وقف کرده و من

متولی‌اش هستم و امام هم همه‌کاره‌ی آنجا... بعد هم یک فرشته کنار امام ظاهر شد و نور زیادتر شد... چنان‌که چشم دیگر به سختی می‌دید... ولی می‌تونستم ببینم و بفهمم که گدا لاله با رضایت چشمش را بست و مرد... بعد من نفهمیدم چی شد امام دستش رو زد به زمین و زمین باز شد و گدا لاله داخل گورش بود و خاک‌ها خودشون همین‌جور که امام نگاه می‌کرد ریخته شدند رو امام... ببخشید زبونم گرفت... ریخته شدند رو گدا لاله و اون زیر خاک‌ها غیبش زد... بعد امام دست من رو گرفتید و گفتید ذوالفقار کمرت رو ببند... تو متولی مادام العمر اینجا هستی... بعدش هم من از ترس غش کردم... وقتی به هوش آمدم نه امام بود و نه گدا لاله... برای همین آمدم دست‌بوس امام...

بعد هم آقا ذوالفقار دست امام اصغری را گرفت و بوسید و به‌دنبال او حسین کچل باعجله خودش را به امام رساند و مشغول بوسیدن دست امام شد و با یک چشم بهم زدن باز برای بوسیدن دست امام سر و دست می‌شکست. امام هم با فروتنی آقا ذوالفقار را ساکت کرد:

- آقا ذوالفقار دیگه از معجزات سخن نگید... بعضی از معجزات باید ناگفته بمونه... مرد خدا شدی آقا ذوالفقار... چاییت رو بخور...

ذوالفقار که دید رضایت امام را به‌دست آورده و در ضمن میخ خودش را هم محکم در زمین کوبیده، دیگر گریه کردن یادش رفت و صورتش گلگون شد و مشغول خوردن و نوشیدن شد. بعد از چندی تأمل باز ذوالفقار که مجلس را به نفع خودش گرم و تنور را داغ می‌دید مشغول پختن نان بیشتری شد و باز نطقش گل کرد:

- امام شما خودت یکی دو دفعه به من گوشزد کرده بیدی که توی آن خاک حکمتی است... امام تو خودت به من گفته

بیـدی کـه تـو خودت با چشـم‌های خـودت نور تـو آنجـا دیدی... گفتـی کـه حـالا مصلحـت نیسـت بـا مـردم دربـاره‌اش حـرف بزنـی... گفتـی کـه بایـد اول نـدا بهـت برسـه... مـنِ کـور احمـق گمـراه بـاورت نکـردم... امـام تـو روحـت می‌دونسـت کـه گفتـی بایـد آنجـا وقـف بشـه و امـامزاده بشـه و اسـم گذاشـتی بـراش... امـام... حاجـی... کدخـدا حتـی الان هـم نـور رو بایـد بتونیـد از اینجـا ببینیـد... نـگاه کنید...

حـالا ذوالفقـار بلنـد شـد و رفـت تـوی ایوانـی کـه مشـرف بـه دشـت و کوه‌پایه‌هـا و درخت‌هـای مزرعـه‌ی گـدا لالـه بـود. سـر راهـش همـه را هـم دعـوت کـرد و جماعـت هـم بـا بلنـد شـدن امام و همـراه شـدنش بـا ذوالفقار معطـل نکردنـد. بـه دقیقـه نکشـید که همـه دور و بـر امـام و ذوالفقـار داخل ایوانـی کـه همیشـه سـگ کلاعبـاس مجنـون کشـیک آسـیه را مـی‌داد جمع شـده و همـه‌ی چشـم‌ها حـالا به‌طـرف بیابـان و مزرعـه دوختـه شـده بودند. بـازی و نمایـش ذوالفقـار هـم ادامـه داشـت. ذوالفقـار می‌دانسـت حـالا کـه فرصـت دسـت داده و مناسـب اسـت و تنـور داغ، بایـد تا آنجا که می‌توانسـت، نـان می‌پخـت. بایـد چنـان میـخ خـودش را می‌کوبید کـه هیچ نـره گاوی هم نتوانـد آن را بِکنـد. بـرای همیـن هـم همین‌جور داشـت خمیر را بـه تنور داغ مـی‌زد و نـان بعـد از نـان می‌پخـت و انبـار می‌کـرد:

- نـگاه کنیـد... نگفتـم... تـو این شـب تاریک هـم هنوز کـه هنوزه می‌شـه مزرعـه را دیـد... اثـر نورها هنوز هـم باقی اسـت و از بین نرفته... نـگاه کنید...

همه‌جـا تاریـک بـود. چشـم، چشـم را نمی‌دیـد. همـه‌ی نگاه‌هـا به‌طـرف مزرعـه‌ی گـدا لالـه خیـره شـده بود و همـه در تلاش دیـدن نـور، در مزرعه‌ی گـدا لالـه بودنـد. همه‌چیز و همه‌جا سـاکتِ سـاکت بود و صدایـی از هیچ‌کس درنمی‌آمـد. انـگار همـه منتظـر بودنـد که یکـی از آنهـا بالاخره زبان بـاز کرده

و بگوید که آیا نور را می‌بینند یا نه. ولی ذوالفقار هر چه منتظر شد، صدایی از کسی در نیامد. شانس به او رو نکرد و همه، حتی امام اصغری هم ساکت بود. ذوالفقار که دید، پای چراغ تاریک است و صدایی از هیچ‌کس درنیامد و اقرار به دیدن نور نکردند، رو کرد به‌طرف امام اصغری:

- امام... برای من مثل روز روشنه اگه هیچ‌کس نور را نبیند تو که مرد خدا هستی حتماً باید نور را ببینی... قبل از اینکه من دیده باشم تو خودت دیده بیدی... امام ساکت باشی خدا را خوش نمیاد... خودت گفته بیدی مردم خودشون باید ایمان داشته باشند و به خدا نزدیک باشند که بتونند نور رو ببینند... اما امام همه که مثل شما عالم و فاضل که نیستند که بخدا آن‌قدر نزدیک باشند... شما باید آنها را به خدا نزدیک کنید... با ایمانتون... حاجی غضنفر شما هم مرد خدا هستی و ساکت باشی خدا رو خوش نمیاد... امام، حاجی غضنفر شماها باید زودتر و قبل از اینکه تیکنه‌ای‌ها دست به کار بشند و بیافتند رو مزرعه‌ه و آن همه آب رو صاحب بشند حرف حق رو به مردم بگید... مرد خدا خاموش باشه گناه است... امام... یادته...؟ خودت این رو گفتی... مسلمانی که ایمان نداشته باشد نور را نمی بیند...

حالا همه‌ی نگاه‌ها روی امام اصغری عکس شده و منتظر بودند ببینند جواب امام چیست؟ می‌خواستند بدانند که آیا امام باایمان آنها هم نور را مثل ذوالفقار می‌بیند یا نه. بالاخره ذوالفقار، امام اصغری را که تا حالا فقط به‌طرف مزرعه خیره شده بود و به این فکر می‌کرد که با ذوالفقار هم‌عقیده شود یا نه، در جایی گذاشته بود که دیگر نمی‌توانست خاموشی پیشه کند و مجبور بود وظیفه‌ی امامی‌اش را اجرا کند و به مردم جواب بدهد که یا نور را مثل ذوالفقار می‌دید یا نه. ذوالفقار هم کار را برایش

راحت و جاده را صاف کرده بود. در همین احوال صدای حاجی غضنفر به گوش امام اصغری رسید که با شک و تردید قصد اظهار نظر داشت:

- البته که...

ولی امام اصغری معتل نکرد و از ترس اینکه حاجی غضنفر زودتر از او اظهار دیدن نور را بکند و خود را متدین‌تر جلوه دهد، توی حرف حاجی غضنفر پرید:

- خدایا... خدایا از گناه‌هایی که ندونسته یا دونسته مرتکب شدیم ما رو ببخش... خدایا معجزه‌ات رو دارم می‌بینم... چه نوری... انگار که از آسمان راست آمده و داره روی درخت توت و چاه آب می‌تابه... داره یک‌راست می‌تابه توی چاه آب... خدایا... از سر تقصیر ما بگذر... البته که نور رو دارم می‌بینم... اما آقا ذوالفقار همان‌طور که اظهار کردیم هر کسی که نمی‌تونه نور خدا رو ببینه... مردم خودشان باید به آن درجه از تدین برسند و به خدا نزدیک شند که نور رو ببینند...

حالا امام اصغری گوی و میدان سخن و تزویر را از ذوالفقار و حاجی غضنفر که می‌خواست بگوید هیچ نوری را نمی‌بینند ربود و داشت به موعظه‌ی خود ادامه می‌داد و بقیه هم همین‌جور مانده بودند که چه کنند و چه بگویند و هر چه بیشتر نگاه می‌کردند هیچ نوری را نمی‌دیدند و بالاخره یکی از پیرمردها حاجی محمد با خیال شوخی و مزاح لب باز کرد:

- پس چشمای ما باید حتما کم‌سو شده باشه که نور رو نمی‌بینه...

هنوز کلام حاجی محمد پیرمرد تمام نشده بود که داد امام اصغری بلند شد:

- اگه مسلمون واقعی بیدی و به خدا اعتقاد داشتی چشمت

کور هم که بود می‌تونستی نور به این زیادی رو ببینی... مثل آقا ذوالفقار...

بعد هم امام اصغری رو کرد به حاجی غضنفر:

- حاجی شما که باید ببینید... شما که به خدا نزدیک هستید و مسلمون واقعی هستید... باید ببینید...

حاجی غضنفر چندی به‌طرف بیابان خیره شد و ساکت ماند و بالاخره زمزمه‌ی او بلند شد:

- نگاه کن... حاجی محمد... ذوالفقار با اون چشمای کورش داره می‌بینه و تو نمی‌بینی...؟ من هم دارم می‌بینم... امام چه رنگ آبی زلالی...؟

- حاجی معلومه قلبت با خداست... حقا که حجی که رفتی درست رفتی و قبولت باشه... کسی که نور به آن پرنوری را نبیند که مسلمان نیست... دین و ایمان نداره... کافر کافره... اینجا است که مسلمان بودن و نامسلمان بودن آدم‌ها مشخص می‌شه...

و این امام اصغری بود که حاجی بودن حاجی غضنفر را به‌خاطر اقرار دروغین دیدن نور تایید کرد و نامسلمان بودن کسانی را که نور را نمی‌دیدند، اعلام می‌کرد. بعد از تایید حاجی غضنفر از دیدن نور کم‌کم همه یک‌باره یکی بعد از دیگری به دیدن نور نائل شده و داشتند نور را می‌دیدند که از آسمان می‌تابید و درخت توت و چاه آب گدا لاله را نورانی و تبرک کرده بود. حالا یک‌دفعه همه مسلمان شده بودند و خداشناس و قلب‌های همه یک‌دفعه پاک شده و تمام بیابان جلوی چشم‌هایشان نورانی شده بود. همه به غیر از حاجی محمد که نور را نمی‌دید. حالا همه‌ی مسلمانان حتی اگر در حقیقت تا دو متری خود را در تاریکی شب به‌سختی می‌توانستند ببینند ولی باید به دروغ هم که شده بود همراه

دیگران به دیدن نور اقرار می‌کردند که یک‌باره به مسلمان بودنشان لطمه‌ای نخورد و خدا نکرده برچسب نامسلمان بودن به آنها نچسبد.

به ساعت نکشید که خبر نورانی شدن بیابان و چاه آب گدا لاله در سراسر ده پیچید و جماعت چراغ به‌دست توی تاریکی شب به سرکردگی حسین کچل و امامی امام اصغری، عازم خانه‌ی گدا لاله بودند که تبرک شوند و بهشت را برای خود بخرند. حالا سراسر بیابان از نور چراغ‌های دستی زنبوری که مردم در دست داشتند و راهی خانه گدا لاله بودند، مثل روز روشن شده بود. جالب هم این بود که هیچ‌کس هم نمی‌پرسید که اگر نور از آسمان می‌تابد و بیابان را روشن کرده، پس به چراغ زنبوری چه نیازی بود که هرکس یکی در دست داشت و عجیب این بود که همه هم نور را می‌دیدند و اگر می‌گفتی نوری را نمی‌بینی برچسب نامسلمان بودن روی سینه‌ات نصب می‌شد و محارب با خدا شناخته می‌شدی. بنابراین وقتی امام اصغری گفت که نور را می‌بیند، باید می‌گفتی که من هم می‌بینم. طولی نکشید که جماعت با سلام و صلوات به خانه‌ی گدا لاله رسیدند و درخت توت و چاه آب با پارچه‌های رنگ و وارنگ تزیین شد. دخیل‌ها بسته و نذرها کردند. امام اصغری هم منبر رفت و همان چهار پنج موضوعی را که حفظ کرده بود و همیشه تکرار می‌کرد که یکی از آنها روضه‌ی امام حسین بود و جنگ آب فرات را با آواز خوش تکرار کرد. بعد نماز دسته‌جمعی خوانده و گریه‌ی سیری هم سر دادند. البته خانم‌ها که چه عرض شود از اشک‌های خودشان چاه آب را که از نور پر شده بود پرنورتر کرده بودند. نزدیکی‌های صبح هم جماعت خسته و کوفته تبرک شده و بعد از اینکه بهشت برین را برای خود خریده بودند همه به خانه‌های خود برگشتند. البته همه یک راز را با خود به خانه برگردانده و خاک کرده بودند و آن این بود که پیش خودشان از درگاه خدا می‌خواستند که به آنها هم مثل امام اصغری و

حاجی غضنفر و ذوالفقار گوشه‌ی چشمی بیاندازد و مسلمان واقعی‌شان کند و قدرت دیدن نور را به آنها هم عطا کند و آنها مجبور نباشند به دروغ ادعای دیدن نور را کرده و با دروغ گفتن جهنم را برای خود بخرند و انگار که قصه‌ی اعتراف ندیدن نور بعدها با همه غیر از یکی دو نفر در گور خاک شد که مبادا آبروی آنها بین مردم و در و همسایه‌ها برود و بر همه معلوم شود که چون آنها نور را ندیدند پس مسلمان واقعی نیستند.

※ ※ ※ ※ ※

فصل ۱۴

وقتی خرافات بر دین ارجحیت پیدا کند...

روز از نیمه گذشته و آفتاب گرمی ده شورچه را منور کرده بود. مردم بی‌کار ده دوباره دور و بر امام اصغری و حاجی غضنفر و کدخدا بالای ده و کنار قبرستان روی تپه‌ی کوچکی که کنار جاده‌ای که به مزرعه‌ی منطقه‌ی ممنوعه می‌خورد جمع شده بودند. دسته دسته هم به جمعیت افزوده می‌شد. در چند متری آنها چند نفر مشغول کندن دو چاله بودند. با هر بیل پُری که از چاله‌ها بیرون می‌آمد، به سرکردگی حسین کچل، صدای سلام و صلوات مردم بلندتر و بلندتر می‌شد. یکی دو متر دورتر از چاله‌ها یکی دوتا گوسفند هم آماده‌ی قربانی شدن بودند. بع بع و التماس و مقاومت گوسفندهای بیچاره توی صدای سلام و صلوات و سینه‌زنی مردم گم شده بود. چاقوهای قصابان بی‌رحم تیز می‌شدند و گوسفندهای زبان‌بسته که انگار می‌دانستند چه بلایی زیر اسم دین و خدا و خرافات قرار است بر آنها نازل شود به قاتلان خود خیره شده و به درگاه آنها التماس رهایی می‌کردند.

بالاخره ذوالفقار هم پیدا شد و سر قبرستان به جمعیت پیوست. حالا با آمدن ذوالفقار جمع‌شان جور شده بود. ولی ذوالفقار هنوز گیج و گنگ بود از اینکه چرا مردم دوباره سر قبرستان و پایین تپه‌ی منطقه‌ی ممنوعه و سر جاده‌ای که به مزرعه‌ی منطقه‌ی ممنوعه می‌رفت، جمع

شـده بودنـد. شمشـیر چوبـی مردعلی هـم روی هوا بـود و با رسـیدن ذوالفقار رفـت و کنـار او نشسـت و صدایـش هـم طبـق معمول بلند شـد:

- عروسیه ذوالفقار... دارن عروس می‌آرند...

ذوالفقـار بـا شـیندن صـدای مـرد علـی که گفـت عروسـی اسـت و دارند عـروس می‌آورند، بیشـتر گیج شـده بود. مـردم بیشـتر و بیشـتر می‌شـدند و بـه عـده‌ی سـینه‌زنان، نقـالان و نوحه‌خوان‌هـا هـم رفتـه رفته اضافه می‌شـد. قصـاب‌ها چاقوهـای خـود را بـرای سـلاخی تیـز می‌کردنـد و جـدال بـر سـر خـوردن و نخـوردن آب بیـن مـردان تنومنـد و گوسـفندها ادامـه داشـت. ولـی همچنـان گوسـفندهای بیچـاره بـا هر توانـی که داشـتند از خـوردن آن خـودداری می‌کردنـد و قصـد تسـلیم شـدن هـم نداشـتند.

نـگاه قصاب‌هـا و بقیـه‌ی جمعیـت، همـه و همـه به‌طـرف بـالای جـاده‌ای کـه بـه شـهر می‌خـورد دوختـه شـده و به‌نظر می‌رسـید کـه منتظر مسـافری بودنـد. و بالاخـره بـا پیـدا شـدن سـر و کلـه‌ی چنـد الاغ و چنـد نفر از پشـت تپـه‌ی بـالای جـاده، یک‌بـاره جماعـت به شـور و شـوق آمدند و صدای سـلام و صلـوات مـردم بلنـد شـده و به آسـمان هشـتم هم می‌رسـید.

- عروس پیدا شد... عروس رو آوردند...

مردعلـی بـا اعـلام آمـدن عـروس، از جـا کنـده شـد و شمشـیر به‌دسـت به‌دنبـال عـده‌ای کـه به‌طرف‌الاغی کـه بـار بزرگـی را حمـل مـی کـرد در راه شـدند. باره الاغ با پارچه‌ی سـبزی رویش پوشـیده شـده و پیدا نبود. مردعلی و همراهانـش در نیمـه‌ی راه بـه الاغ وبـارش و عـده‌ای کـه الاغ را همراهـی مـی کردنـد، رسـیدند و حالا بـرای لمـس و زیارت بـار الاغ بین آنهـا آن‌چنان مسـابقه‌ای برپـا شـده بـود کـه بیـا و ببیـن. حتـی چـوب و لگد و مشـت یکی دو نفـر کـه الاغ و بـار آن را همراهـی می‌کردنـد، کـه بـر سـر و دسـت و پـای زواران تـازه رسـیده کوبیده می‌شـدند، فایده‌ای نداشـت. انگار کـه پیغمبر خدا بـه آنهـا نـازل شـده و هرجـوری بـود می‌خواسـتند بـرای یک‌بار هم که شـده

دست آنها او را لمس کرده و حاجتشان برآورده شود و بهشت برین را برای خود خریده باشند. شمشیر چوبی مردعلی هم باز روی هوا به چرخش در آمد و او با نوحه‌خوانی‌اش آماده‌ی رفتن به جنگ شمر ذی الجوشن بود. شمشیرش گاهی هم حکم اسب را پیدا می‌کرد و بین دو پای او قرار می‌گرفت و مردعلی سوار بر آن دور و بر بار الاغ می‌تاخت تا به شمر ذی الجوشن برسد و با شمشیر چوبی‌اش فرق او را دوتا کند.

با پیدا شدن و نزدیک شدن الاغ و بارش بین قصاب‌ها، برای بلند کردن گوسفندها روی هوا و زمین زدن آنها، مسابقه شروع شد. انگار می‌خواستند با زمین زدن گوسفند و صدایی که از زمین خوردن آن بلند می‌شد ثابت کنند زور کدام‌یک بیشتر از آن دیگری است. حالا پاها و باسن قصاب‌ها روی گوسفندها نشسته و با هر زوری که داشتند روی آنها فشار می‌آوردند که تکان نخورند. یکی دو نفر هم دست و پای گوسفندهای زبان‌بسته را محکم گرفته و نگه داشته بودند. خرخره‌ی گوسفندها در دست قصابان دین‌نما قرار گرفته بود و لبه‌ی تیز چاقوی آنها بر خرخره‌ها گذاشته شده بود و چشم‌های قصابان جلاد به الاغ و بارش بود تا برسند. بالاخره الاغ و بارش رسیدند و سیل جمعیت با صدای هولناک سلام و صلوات به‌طرف آنها حمله‌ور شد. حسین کچل و دار و دسته‌اش هم شروع کردند به زدن توی سر و کله‌ی مردم که آنها را از اطراف بار دور کنند ولی هیچ فایده‌ای نداشت. بو و دود اسفندهای مشت مشتی که روی آتش منقل‌های در دست زن‌ها ریخته می‌شد، چیزی نمانده بود چشم همه را کور کند. جمعیت هم داشت زیر آب گلاب‌هایی که روی آنها و بار حیوان پاشیده می‌شد حمام می‌کردند. بوی اسفندها و گلاب قمصر کاشان با هم قاطی شده و حتی هر مرده‌ای را هم مست می‌کرد.

با رسیدن بار الاغ به لب چاله‌ها، قصابان برای بریدن خرخره‌ی گوسفندها در مسابقه شدند. انگار می‌خواستند ثابت کنند کدام‌یک زودتر می‌تواند سر

گوسـفندش را بـا یـک ضربه‌ی چاقو از تن جدا کند و جـان او را بگیرد و بهترین جـلاد شِـود و اجـر آن را هـم از امـام خـود بگیرد. سـر گوسـفندها بریده شـد و درحالی‌کـه هنـوز دسـت و پا می‌زدنـد، گلوی آنهـا را به لبه‌ی چاله‌ها کشـیدند و خـون آنهـا داشـت داخـل چاله‌هـا کـه حـالا دو تا پایـه‌ی تابلـو بزرگـی را که الاغ آورده بـود را هـم داخلـش کار گذاشـتند، گلگـون می‌کـرد. صدای سـلام و صلـوات مـردم هنـوز بلند بود. نعـش گوسـفندهای بی‌چاره هـم بی‌حرکت روی زمیـن دراز شـده بـود. مـردم نـادان و خرافاتی هم برای بوسـیدن تابلو و دسـت امـام اصغـری در مسـابقه بودنـد. از چپ و راسـت حضـور امام اصغـری و حاجی غضنفـر و کدخـدا تبریک و تهنیـت می‌گفتند:

- انشاالله که امام، امام زاده نور مبارک باشه...

ذوالفقـار هـم همین‌طـور دور از جمعیـت ایسـتاده و در فکر فـرو رفته بود. تـازه دو ریالـی‌اش افتـاده بـود که به‌دسـتور امـام اصغـری تابلوی امـام‌زاده نور شـورچه‌ای‌ها را سـفارش داده بودنـد و بـالای تپـه مشـرف بـه مزرعـه، کنـار ده شـورچه نصـب کـرده بودنـد کـه دسـت تیکنه‌ای‌هـا را در حنـا بگذارند. به ذوالفقـار هـم نگفتـه بودنـد تا نکنـد یک‌دفعه خبـرش را برای گرفتـن انعام به تیکنه‌ای‌هـا بدهد.

امـام اصغـری و حاجـی غضنفـر و کدخـدا حـالا بـا نصـب تابلوی امـام‌زاده و نام‌گـذاری آن بـه نـام امـام‌زاده نـور، بـه خیـال خـود سـند مالکیـت مزرعه را بـه اسـم ده شـورچه امضـاء و ثبـت کـرده بودنـد. خیـال می‌کردنـد حـالا هرکـه بـه آنجـا بـرود بایـد از ده شـورچه رد شـود و بـا نشـان دادن راه رفتـن بـه امـام‌زاده از سـر جـاده‌ی بالای ده شـورچه خوشـحال بودند. نـور را هم که مـردم ده شـورچه دیـده بودنـد و حـق مسـلم خـود می‌دانسـتند که امـام‌زاده را نـور نام‌گـذاری کننـد. اگرچـه ذوالفقار حقیقت آسـیه و سـتار و گـدا لاله را هـم بـه امـام اصغـری گفتـه و گوشـزد کـرده بود که آسـیه، زن سـتار بـوده و حـالا هـر سـه نفـر آنجـا درون خاک هسـتند. ولـی امـام اصغری کـه خود می

دانسـت وقتـی و قبـل از اینکـه نامش را از محـرم بوگندو به اصغـر عوض کند، خـودش آسـیه را کشـته بـود، بـه ذوالفقـار گوشـزد کـرد که اسـمی از آسـیه و سـتار نبـرد و فقـط اسـم کلاعبـاس را بـه زبـان آورد و بـه همـه بگویـد کـه کلاعبـاس شـوهر آسـیه بـوده و بـا هم آنجـا زندگـی می‌کردند و ایـن خودش مزرعـه را مـال ده شـورچه می‌کـرد. چـرا که کلاعباس و آسـیه هـر دو اهل ده شـورچه بودنـد. بلافاصلـه هـم امـام اصغـری یک‌بـاره فتـوا داد و آسـیه را یک شـیرزن اسـلام معرفی کـرد و یک‌باره آسـیه‌ای را که از ده بیـرون کرده بودند و هـرزه می‌دانسـتند، حـالا یک‌شـبه زن پـاک و عفیف سـتم‌دیده شـده بود و بـا حضـرت زهـرا و معصومـه مقایسـه می‌شـد. یکـی دو روزی طول نکشـیده بـود کـه بـه علـت دیدن نـور در آنجـا بعضی‌ها هـم او را یـک جوری بـه دار و دسـته و نـوه و نتیجه‌هـای امـام هـم وصـل کـرده بودنـد و می‌گفتنـد که این امام‌هـا و پیغمبـر بودنـد کـه بـرای پاک کـردن آسـیه و کلاعباس نور بـه آنجا فرسـتادند تـا به مـردم هشـدار بدهند.

بعـد هـم شـورچه‌ای‌ها ادعـا کردند کـه چون آسـیه و شـوهرش کلاعباس شـورچه‌ای بوده‌انـد پـس بـا خـاک شـدن آسـیه و کلاعبـاس در آنجـا، عرفاً و شـرعاً و قانونـاً مزرعه حق شـورچه‌ای‌ها اسـت. حـالا آنجا را یک‌شـبه امام‌زاده کـرده و اسـم نـور را هـم انتخاب کـرده و امـام‌زاده نور برپا شـده بـود. خلاصه خیال‌شـان راحـت شـد که حـالا مزرعه به ده شـورچه تعلـق دارد. امام اصغری در ایـن فکـر بـود کـه بعد هم وقتـی که آب‌هـا از آسـیاب افتاد، رفتـه و جوی آبـی بزننـد و آب مزرعـه را بـه ده بیاورنـد و زمین‌هایشـان را آبیـاری کننـد و در اصـل بـا ایـن کار چشـم همه‌ی مـردم تیکن را از حسـودی کور کـور کرده و دسـت آنهـا را در حنـا گذاشـته بودنـد و مفت مفتـی مزرعـه و آب و قنات را صاحب می‌شـدند.

ولـی خوشـحالی امام اصغـری و حاجی غضنفـر و بقیه‌ی مردم ده شـورچه بیشـتر از یـک شـب طول نکشـید. فـردای آن روز خبر آمد که چه نشسـته‌اید

که مردم ده تیکن هم سر جاده‌ی ده خود که به مزرعه‌ی گدا لاله می‌رسید، تابلوی بزرگتری از تابلوی شورچه‌ای‌ها زده‌اند و اسم امامزاده را هم صالح پیغمبر گذاشته‌اند و همه‌ی پارچه‌های رنگ و وارنگ مردم شورچه را که روی درخت توت و اطرافش پیچیده و آویزان شده بود را پاره کرده و سوزانده‌اند و بعد با پارچه‌های رنگارنگ خودشان دوباره درخت توت را بزک کرده‌اند و حتی یک تابلو هم به درخت توت نصب کرده‌اند. چیزی را که شورچه‌ای‌ها نمی‌دانستند این بود که تیکنه‌ای‌ها توی ده شورچه جاسوس گذاشته بودند و هر اتفاقی چه کوچک و چه بزرگ که در شورچه می‌افتاد، فوری در شب‌هنگام خبرش به تیکنه‌ای‌ها می‌رسید و آنجا هم چون ده شورچه رستم‌خان همه کاره بود و شیخ گنابادی و کدخدا محمد که از بزرگان ده بودند و با رسیدن خبر از ده شورچه آنها هم فوری دست بکار شده و در کمتر از یک روز، تابلوی خودشان را هم در سر جاده‌ای که از ده تیکن به‌طرف مزرعه می‌رفت، نصب کردند. اسم امامزاده را هم خیلی زیبا، صالح پیغمبر نوشته بودند، نامی که سرامنیه پیشنهاد کرده بود. تنها فرق تیکنه‌ای‌ها با شورچه‌ای‌ها در این بود که آنها بی سر و صدا کار خود را می‌کردند ولی مردم ده شورچه به‌خاطر امام اصغری با ساز و دهل و سر و صدا و هیاهو کار می‌کردند. البته تیکنه‌ای‌ها و حتی شورچه‌ای‌ها خوب می‌دانستند که این جار و جنجال‌ها عاقبتش به امنیه‌کشی می‌رسد و پیش خودشان هم فکر کرده بودند که با نام‌گذاری صالح پیغمبر، بر سر امنیه‌ها منت و احترام گذاشته بودند. بنابراین احتمال اینکه امنیه‌ها طرف آنها را بگیرند بیشتر بود. تیکنه‌ای‌ها حتی به زدن تابلو سر جاده هم اکتفا نکرده و فردای آن روز که شورچه‌ای‌ها شبانه درخت توت را تبرک کرده بودند و دورش پارچه‌های رنگ و وارنگ آویخته بودند، یک تابلوی کوچک دیگر هم روی درخت توت به‌طرف ده تیکن و به نام صالح پیغمبر زده بودند و

سه تا سنگ قبر هم روی قبرهای گدا لاله، ستار و آسیه گذاشته بودند و روی آن نوشته بودند وقفی ده تیکن. خلاصه با این کارشان وانمود کرده بودند که گدا لاله و دو تا مرده‌ی دیگر همه اهل ده تیکن بوده‌اند و بنابراین مزرعه‌ی گدا لاله متعلق به ده تیکن است. هیچ حرفی هم از آسیه و کلاعباس نبود. هیچ‌کدام از دهات تیکن و شورچه از وجود ستار هیچ اطلاعی نداشتند. فقط ذوالفقار و سرکار تیمورخان و امام اصغری بودند که همه‌ی حقیقت را می‌دانستند. البته پر مسلم بود که خبر شیرین‌کاری تیکنه‌ای‌ها مثل توپ نادری توی ده شورچه پیچید و دیری نگذشت که معرکه‌ی امامزاده و اسم‌گذاری آن و اینکه چه دهی صاحب امامزاده و اموال گدا لاله است صد برابر قبل بالا گرفت.

خلاصه بعد از مرگ گدا لاله دشمنی و رقابت بر سر تصاحب مزرعه‌ی گدا لاله بین دو ده شورچه و تیکن نه تنها خاتمه نیافت، بلکه شدیدتر هم شد. حالا هر دو ده مشغول حفر قنات به طرف ده خود بودند که قنات مزرعه را به قنات خودشان وصل کنند. به اینهم اکتفا نکرده و مشغول تعمیر ساختمان امامزاده کنار قبرها و خود قبرها هم شده بودند. بعد هم شورچه‌ای‌ها هم سنگ بزرگتری برده و سنگ قبر تیکنه‌ای‌ها را کنده و خرد کرده بودند و سنگ خودشان را در جای آن گذاشته و روی آن نوشته بودند وقفی ده شورچه. یک سنگ دیگر هم روی قبر آسیه گذاشته و روی آن هم نوشته بودند شهید راه حق، اهل ده شورچه. حالا خرد کردن و عوض کردن سنگ قبرها توسط مردم دو ده شورچه و تیکن کار و کاسبی سنگ‌فروش‌ها را سکه کرده بود.

خلاصه جنگ و دعوا بین دو ده دوباره کار امنیه‌ها را هم سکه کرده بود. حالا امنیه‌ها دوباره توی ده ریخته بودند و در دو ده به کباب خوری وقت می‌گذراندند و لنگر انداخته و کنگر می‌خوردند و مخارج خورد و خوراک آنها هم توسط مردم دو ده پرداخت می‌شد و پر مسلم بود که در چنین مواقعی

بزرگان دو ده برای پرداخت مخارج امنیه‌ها به سرکیسه کردن مردم مشغول شده بودند و برای پرداخت مخارج امنیه‌ها و محکمه از مردم بی‌چاره و بدبخت کمک مالی جمع می‌کردند و اسمش را هم گذاشته بودند سهم امام و اینکه دارند در راه خدا و پیغمبر می‌دهند و مردم با کمک خود بهشت را برای خود خریده‌اند. ولی در این میان رهبران مفت‌خور مذهبی مثل امام اصغری، از این کمک‌هایی که از مردم بی‌چاره جمع‌آوری می‌کردند، بی‌بهره نمی‌ماندند و شکی نبود که بیشتر پول‌های جمع‌آوری شده از مردم می‌رفت توی جیب و شکم آنها و مقدار کمی از آن هم خرج امنیه‌ها می‌شد. خلاصه حالا نه تنها کار و بار امنیه‌ها کوک شده بود، بلکه بساط و سور و سات امام اصغری جورتر و سکه‌تر از امنیه‌ها بود و نانش تو روغن بود و گور پدر مردم بدبخت که بدبختی‌اش را می‌کشیدند و البته این وسط دوباره بازنده‌ی اول و آخر مردم بی‌چاره و فقیر بودند. هر وقت هم که سر و صداها می‌خوابید و صلح و آرامش برقرار می‌شد، طولی نمی‌کشید که دوباره یکی از طرفین بهانه‌ای پیدا کرده و انگولکی می‌کرد و دوباره زد و خورد و دعوا شروع می‌شد و سرکیسه کردن مردم آغاز می‌شد و دوباره روز از نو و روزی از نو و باز مردم بی‌چاره به جان هم می‌افتادند و توی سر و کله‌ی هم می‌زدند و چشم‌شان کور، ضررش را می‌کشیدند. از آن‌طرف رهبران دو طرف باز در نان و روغن غرق می‌شدند و در خفا و دور از زد و خورد مردم و چشم آنها نشسته و کباب و جلو خوردنشان و تریاک کشیشان براه بود. البته هر دو طرف بهانه و علت نزاع و دعوا را یک‌جوری به اعتقادات مذهبی مردم ربط می‌دادند و احساسات آنها را جریحه‌دار می‌کردن و مردم بی‌چاره و بی‌گناه و بدبخت را به جان هم می‌انداختند. مردم نادان هم بی‌اطلاع از اصل و اساس مذهب خود، چشم و گوش بسته، دنباله‌روی رهبران مذهبی خود بودند و به حرف آنها اعتقاد داشتند و چشم‌بسته حرف آنها را قبول می‌کردند و به خیال خودشان داشتند برای خدا و آخرتشان زد و خورد و کشت و کشتار

می کردند و جایشان آخر کار و بعد از مرگ تو ناف بهشت برین خواهد بود و نمی‌دانستند که در حقیقت اگر بهشت و جهنمی وجود داشت، جهنم را برای خود خریداری کرده بودند.

خلاصه حکایت جار و جنجال و زد و خورد و دوست و دشمنی بین دو ده شورچه و تیکن همین‌جور ادامه داشت و دوباره به آنجا رسید که هر دو ده در این تصمیم شده بودند که تنها با توصل به زور بود که می‌توانستند مزرعه و قناتش را تصاحب کنند و مشکل آن را برای همیشه حل کنند. برای همین هم امام اصغری دوباره احساسات مردم را جریحه‌دار کرده و به‌دنبال اجرای حکم جهادی که امام داده بود، مردم چوب و چماق به‌دست راه افتاده و به سرکردگی حسین کچل صدای شعار آنها گوش آسمان را هم کر می‌کرد و در راه تصاحب مزرعه و قنات بودند. امام اصغری و حاجی غضنفر هم سوار بر خرشان دنبال جمعیت آنها را همراهی می‌کردند. حتی این وسط احساسات مردعلی هم جریحه‌دار شده و سوار بر اسب چوبی‌اش نوحه‌خوانی و رجزخوانی‌اش بلند شده و در جلوی جمعیت در حرکت بود و دوباره داشت به جنگ شمر ذی الجوشن می‌رفت تا جلوی آب فرات را باز کند. لشکر امام اصغری به سرکردگی حسین کچل هنوز به اتاقک نرسیده بود که دار و دسته‌ی تیکنه‌ای‌ها هم در یک زمان سر رسید و راه را بر آنها بست. رستم‌خان هم که حالا سن زیادی از او گذشته بود، آرام‌تر از زمان‌های جوانی شده بود و سوار بر اسب در بالای تپه‌ای ایستاده و آدم‌هایش را نظاره می‌کرد. امام اصغری و حاجی غضنفر و کدخدا هم روی تپه‌ی طرف ده شورچه، سوار بر خرشان، نظاره‌گر زد و خورد و بزن و بکش مردم دو ده بودند. حسین کچل و دار و دسته‌اش هم بیرون معرکه می‌چرخیدند و هر کس را که به هر نوعی پشیمان شده و قصد فرار از معرکه و جنگ و دعوای امام اصغری را داشت، با زور و تهدید هل می‌داد و به صحنه‌ی جنگ و زد

و خـورد برمی‌گردانـد. فقـط مردعلی از دسـت آنهـا در امان بـود و کمی دورتر از معرکـه شمشـیر چوبـی‌اش تـوی هـوا می‌چرخیـد و سـوار اسـب خیالی‌اش بـه نوحه‌خوانـی ادامـه مـی‌داد و مشـغول جنگ با شـمر ذی الجوشـن بود. هر وقـت هـم هـر کـس بـه او نزدیـک می‌شـد، فـرار را بـر قـرار ترجیـح مـی‌داد. جالـب ایـن بـود کـه مـرد علـی خـودش هـم نمی‌دانسـت کـدام طرف شـمر اسـت و کـدام امـام حسـین. ذوالفقار هـم از تجربیات گـدا لاله یـاد گرفته بود و بیـرون معرکـه دور از میـدان زد و خـورد داخل اتاقک تنها نشسـته و سـرش روی هـوا بـود و گوش‌هایـش تیـز. خـوب هـم می‌دانسـت کـه در آن زمـان طـرف هیچ‌کـدام را نبایـد بگیـرد و بـه گـروه هیچ‌کـدام نبایـد نزدیـک شـود و بایـد در انظـار عمومـی بی‌طرفـی اختیـار کند بعد هر کـدام که جنـگ را برد، ذوالفقـار بـه آنهـا متمایـل شـده و سـفره‌اش بـاز و پهن باشـد و پـر نعمت.

در همیـن احـوال کـه زد و خـورد و بـزن و بکـش مـردم دو ده که بـا بیل و کلنـگ و چـوب و چمـاق بـه جـان هم افتـاده بودنـد و داشـتند بی‌رحمانه سـر و کلـه‌ی یکدیگـر را می‌شکسـتند، بالاخـره سـر و کلـه‌ی شـیخ گنابـادی از دور پیـدا شـد. شـیخ در یـک کلبـه‌ی محقـر روی تپه‌ی بسـیار کوچکی بیـن دو ده تیکـن و شـورچه زندگـی می‌کـرد و زمیـن کوچکی هم پشـت کلبه‌اش داشـت کـه در آن کشـاورزی می‌کـرد و محـل امـرار معـاش او بـود. هیـچ وقـت تـوی مسـجد هـم پیدایش نمی‌شـد ولی چـون کلبه‌اش بـه ده تیکن خیلـی نزدیکتر بـود او را تیکنـه‌ی می‌دانسـتند. طبـق معمـول لبـاس سـاده‌ای بر تن داشـت و فقط یک کلاه سـاده‌ی سـیاه بر سـر و لباس پوشـیدن او بیشـتر شـبیه آدم‌های عـادی بـود و نـه مثل بقیـه‌ی معمم‌هایی که بـا انتخاب و پوشـیدن لباس عربی خـود را از مـردم متمایـز کـرده و بالاتـر می‌دانسـتند. شـیخ گنابـادی عقیـده داشـت که شـبیه سـازی در اسـلام حرام اسـت و نباید لباس عربی را به اسـلام ربـط داد. می‌گفـت عبـا و عمامـه جـواز ایـن را می‌دهـد کـه مردم را سرکیسـه کننـد و خودشـان را از مـردم عـادی متمایـز دانسـته و بالاتـر بداننـد. بـر ایـن

عقیده بود که گرفتن هدیه و دستمزد برای ارشاد اسلامی حرام است. برای همین هم از هیچ‌کس برای ارشاد دینی پول و یا هدیه‌ای به‌عنوان خمس قبول نمی‌کرد. خودش یک تکه زمین داشت که در آن روزها مثل بقیه‌ی مردم عادی کار می‌کرد و شب‌ها به ارشاد مردم می‌پرداخت. هر وقت هم مردم برایش خمس اسلامی می‌آوردند، شخص خمس دهنده را مستقیم با کسانی که نیازمند بودند طرف می‌کرد و خمس مستقیم به نیازمندان داده می‌شد. برای همین بود که او مثل شیخ احمد ده شورچه که ناپدید شده بود و هیچ‌کس نمی‌دانست که زنده است یا مرده، مورد خشم دیگر ملایان و آخوندها قرار داشت. ولی رستم‌خان از پدرش یاد گرفته بود که به آدم‌هایی مثل شیخ گنابادی بیشتر احترام بگذارد تا بقیه‌ی ملاها. اسعدخان و رستم‌خان و کلاعباس ملایان را مغلطه‌کار و دروغگو می‌دانستند و در این عقیده بودند که آبروی دین واقعی اسلام را برده‌اند و دین را وسیله‌ی مغلطه‌کاری و حقه‌بازی خود قرار داده‌اند. برای همین بود که در زمان بودن آنها هیچ ملایی اجازه و قدرت و فرصت خودنمایی و مغلطه و سرکیسه کردن مردم را نداشت.

خلاصه درست زمانی که حکایت جار و جنجال و بزن و بکش مردم دو ده به بالاترین حد رسید، شیخ گنابادی پیدایش شد. یک چوب‌دستی هم در دست داشت و بی‌خیال و بی‌توجه به دعوای دو طرف وارد معرکه شد و داشت برای خودش چیزهایی زمزمه می‌کرد. چیزی هم نمانده بود که شیخ گنابادی هم آن وسط خُرد و خاکشیر شود. ولی در تمام مدت زد و خورد شیخ گنابادی مشغول شوخی و مزاح و دعا خواندن بود و انگار نه انگار که مردم دو ده داشتند سر و کله‌ی یکدیگر را خورد می‌کردند و به پدر و مادر و خواهر هم بد و بی‌راه می‌گفتند. جالب این بود که این وسط هیچ‌کس هیچ‌گونه بد و بیراهی به برادر دیگری نثار نمی‌کرد و برادرها از دشنام و بد و بی‌راه در امان بودند. خلاصه در اوج زد و خورد

بعضی‌ها متوجه شدند که شیخ گنابادی داشت با خودش حرف می‌زد و انگار نه انگار مردمی آنجا بودند و داشتند توی سر و کله‌ی یکدیگر می‌زدند و کم‌کم عده‌ی کسانی که جلب شیخ گنابادی و تماشاگر او می‌شدند بیشتر و بیشتر می‌شد و دعوا و زد و خورد کمتر و کمتر و این امر چندان به مزاج امام اصغری و دیگر امام‌های دو ده خوشایند نبود.

در همین حول و حوش صدای تیر و تفنگ امنیه‌ها هم بلند شد و خودشان را به صحنه‌ی جنگ رساندند. خلاصه با رسیدن امنیه‌ها و شلیک هوایی آنها و حضورشان میان جمعیت آنها با قنداق تفنگ خود به جان مردم افتادند که آنها را از هم جدا کنند. بالاخره مردم دو ده یکی یکی و با وساطت ریش‌سفیدان دو طرف و امنیه‌ها دست از زد و خورد کشیدند. حالا تمام لشکران دو ده به تماشای شیخ گنابادی و امنیه‌ها نشستند. امنیه‌ها هم وسط دو گروه سوار بر اسب‌های خود و با نگه داشتن تفنگشان توی هوا کشیک می‌دادند که کسی دست از پا خطا نکند. حالا حتی امنیه‌ها هم به شیخ گنابادی خیره شده بودند. شیخ گنابادی تنها با خودش حرف نمی‌زد بلکه درست مثل اینکه مشغول بازی نمایش‌نامه‌ای بود و به بازی خود ادامه می‌داد و انگار که با یکی گفتگو می‌کرد و مردم فقط جواب شیخ گنابادی را می‌شنیدند و بس. تمام بزرگان دو ده حضور داشتند. ذوالفقار هم طبق معمول سرش را روی هوا گرفته و گوشش را تیز کرده و عصا زنان دنبال شیخ گنابادی راه افتاده بود. مردعلی هم دنبال آن دو و حرف‌های شیخ گنابادی را تکرار می‌کرد. مردم هم ساکت و مات و مبهوت دنبال شیخ گنابادی راه افتاده بودند و سعی داشتند چیزی از گفت و شنود شیخ گنابادی با فرد یا افراد نامرئی که او در گفتگو با آنها بود و مردم هم آنها را نمی‌دیدند دستگیرشان شود. ولی مردم هرچه بیشتر گوش می‌دادند کمتر چیزی دستگیرشان می‌شد. شیخ گنابادی راه افتاد و به‌طرف درخت توت رفت و دو طرف درخت را

نگاه کرد. بعد هم دو تا تابلوهای امامزاده نور و صالح پیغمبر را که به وسیله‌ی مردم دو ده از توت دو شاخه کنده شده و روی زمین افتاده بود را برداشت و به آنها خیره شد:

- بهشون می‌گم... حتما... آره فهمیدم... این طرف نور و آن‌طرف صالح پیغمبر... فکر بدی نیست...

امام اصغری با زیرکی به ذوالفقار نزدیک شد و زیر گوش ذوالفقار زمزمه کرد:

- می‌دونی داره با کی حرف می‌زنه؟
- با گدا لاله... نه با کلاعباس... شاید هم ستار...

حاجی غضنفر به آنها پیوست:

- خیال می‌کنم با گدا لاله...
- گدا لاله؟ گدا لاله که مرده!؟ چی دارند بلغور می‌کنند؟
- مگه تو صدای گدا لاله را می‌شنوی...؟

شیخ گنابادی در عین حال که داشت به بازی نمایشی خود ادامه می‌داد و از طرفی هم حواسش به صحبت‌های امام اصغری و ذوالفقار هم بود و به آنها گوش می‌داد و برای همین بلندتر و قبل از اینکه ذوالفقار جوابی برای امام اصغری داشته باشد، به‌طرف آنها برگشت و جواب داد:

- حتماً که متولی امامزاده باید صدای آقاشو که آن زیر خوابیده بشنوه... وگرنه که متولی نمی‌تونه باشه...

با شنیدن صدای شیخ گنابادی لبخند در صورت ذوالفقار ظاهر شد و یک‌باره تمام وجود ذوالفقار را هیجان گرفت و در یک آن طرفدار شیخ گنابادی شد. بعد هم بی‌توجه به امام اصغری از او جدا شد و به‌طرف شیخ گنابادی به‌راه افتاد. حالا سرش هم بیشتر روی هوا رفته بود و عصایش هم محکم‌تر روی زمین کوبیده می‌شد. مردعلی هم سوار بر اسب چوبی‌اش

به دنبال ذوالفقار و شیخ گنابادی افتاده بود و هرچه آنها می‌گفتند برای دو طرف تکرار و ترجمه می‌کرد. مردم هم حالا واقعاً گیج شده بودند که قضیه چیست و گدا لاله چطور مشغول گفتگو با شیخ گنابادی است و چطور شیخ گنابادی می‌تواند با مرده حرف بزند. خلاصه حالا کنجکاوی همه گل کرده بود و نفس هیچ‌کس در نمی‌آمد. خون‌هایی که از سر و کله و صورت لشکر امام و کفار مشغول چکیدن بود و یا حالا روی سر و صورتشان خشک شده بود، دیگر فراموش شده و هیچ‌کس آنها را نمی‌دید و حس نمی‌کرد. شیخ گنابادی می‌توانست از نگاه یک یک آنها بخواند که حالا ترس وجود همه‌ی مردم را گرفته و چیزی نمانده بود که مردم از ترس فرار را بر قرار ترجیح بدهند. ولی شیخ گنابادی نمی‌خواست مردم از ترس فرار را بر قرار ترجیح دهند. می‌خواست نمایشی را که شروع کرده بود تمام کند که شاید مشکل دو ده را برای همیشه حل کرده باشد. بنابراین حالا بلندتر حرف می‌زد و خطابش هم بزرگان دو ده بود. انگار حتی امنیه‌ها را هم ترس برداشته بود و آنها هم ساکت به تماشای شیخ گنابادی نشسته بودند و سکوت اختیار کرده و لب از لب باز نمی‌کردند. شیخ گنابادی ذوالفقار را هم به کار گرفته بود و حقا که ذوالفقار نقش خود را از شیخ گنابادی هم بهتر بازی می‌کرد:

- کاملاً حق با شماست کلاعباس، ستارخان... باشه الان بهشون می‌گم... پس می‌خواید مالِتون رو بین دو تا ده تقسیم کنید... آره منظورم این نیست که تقسیم کنید... می‌دونم مال شما که دیگه نیست و مال وقفی است و مال امام است... می‌خواید این طرف درخت توت بشه امامزاده صالح پیغمبر...

بعد هم شیخ گنابادی رفت و تابلویی که رویش نوشته بود صالح پیغمبر را برداشته و برد و در قسمت شمالی درخت توت که به سمت تیکن بود برد و مشغول نصب تابلو روی شاخه‌ی درخت توت شد. شیخ

گنابادی با نگاهش از مردم تقاضای کمک برای نصب تابلو کرد. هیچیک از مردم ده شورچه تکان نخوردند ولی مردم تیکن که تابلوی امامزاده خودشان را در دست شیخ گنابادی دیدند به کمک شیخ گنابادی شتافته و تابلو را از دست شیخ گنابادی گرفته و مشغول نصب آن روی قسمت شمال درخت توت شدند. حالا شادی و شعف تمام وجود تیکنه‌ای‌ها را گرفته بود و ناراحتی و غم و اخم و تخم و خشم صورت و وجود امام اصغری و حاجی غضنفر و همه‌ی شورچه‌ای‌ها را. امام اصغری که خشم وجودش را گرفته بود، توان تحمل و صبر و شکیبایی را از دست داد و آماده‌ی سر و صدا راه انداختن بود ولی بلافاصله لوله تفنگ سرکار امنیه توی سینه‌اش قرار گرفت و او را خاموش کرد.

ولی نه شادی و شعف تیکنه‌ای‌ها چندان طول کشید و نه غم و غصه و ناراحتی شورچه‌ای‌ها. چرا که دیدند که شیخ گنابادی تابلویی که روی آن نوشته شده بود امامزاده نور را از روی زمین برداشت و رفت و روی شاخه‌ی دیگر درخت توت که به‌طرف جنوب و ده شورچه بود گذاشت و مشغول نصب آن شد ولی این‌بار مردم ده شورچه منتظر درخواست کمک از شیخ گنابادی را نشده و چند نفری با دیدن تابلوی امامزاده‌ی خود به کمک او شتافته و تابلو را از دست شیخ گنابادی گرفته مشغول نصب آن شدند. حالا شادی و شعف تمام وجود شورچه‌ای‌ها را هم گرفت. امنیه‌ها هم این وسط تمام همکاری را با شیخ گنابادی می‌کردند و یکی دو نفری را هم که قصد اعتراض داشتند فوری سر جای خود نشانده و خاموش کردند. بعد هم شیخ گنابادی رو کرده بود به تیکنه‌ای‌ها و ادامه داد:

- ستار و کلاعباس می‌گن حالا شما تیکنه‌ای‌ها می‌تونید این طرف درخت توت را امامزاده‌ی خودتون صالح پیغمبر بدونید و دعا کنید....

بعد هم به‌طرف مردم ده شورچه برگشت:

- و شما شورچه‌ای‌ها این‌طرف امامزاده‌ی خودتون... نور...

و بعد هم نگاه شیخ گنابادی افتاد روی آقا ذوالفقار و نمایش خودش را ادامه داد:

- و آقا ذوالفقار هم متولی هر دو تا امامزاده است... مردعلی هم کمک متولی... ستار و کلاعباس هم می‌خواهند که با هم دیگه کاری نداشته باشید... و اذیت و آزار هم به یکدیگر نکنید... اگر هم خواستید می‌تونید به زیارت امامزاده همدیگه هم برید... صوابتون دو برابر می‌شه... این‌ها حرف‌های من نیست... این‌ها حرف‌های روح آسیه خانم، ستار و کلاعباسه که آنجا ایستادند و دارند به من می‌گند... مجنون، سگ کلا هم هست...

حالا با شنیدن اسم ستار و آسیه و کلاعباس و مجنون سگ کلاعباس و ظاهر شدن روح آنها همه گیج و گنگ شده بودند و نمی‌دانستند چه بکنند و چه بگویند. سکوت همه‌جا را فرا گرفته بود. در تمام این مدت رستم‌خان ساکت مانده بود که شیخ گنابادی کار خودش را بکند. هرچه او صلاح می‌دید برای رستم‌خان قابل قبول بود. مردعلی هم حالا باتعجب همین‌جور دنبال شیخ گنابادی بود و او هم ساکت شده و دیگر سخنان شیخ را تکرار نمی‌کرد و لب‌هایش هم مهر و موم شده بودند ولی توی صورت و وجود امام اصغری می‌شد خواند که هنوز از اتفاقی که افتاده است راضی نیست که هیچ، بلکه خشم و نفرت از شیخ گنابادی وجودش را هم گرفته است و بالاخره صبرش لبریز شد و صدایش بلند شد و رو کرد به حاجی غضنفر و مردم سنگسیر:

- همه‌ی این پدرسوختگی‌ها زیر سر این شیخ گنابادی غوغاییه حقه‌بازه که حق مردم مظلوم شورچه رو داره می‌گیره و می‌ده به تیکنه‌ای‌های خودشون... آن‌وقت ما همه ساکت نشسته و

داریم تماشا می‌کنیم آن تیکنه‌ای‌های کافر بی‌دین و ایمانِ از خدا برگشته حقمون رو بخورند... حاجی غضنفر گیریم که هرکس امام‌زاده خودش رو داشته باشه پس تکلیف آب و قنات چی می‌شه؟... ولی چاه آب متعلق به شورچه‌ای‌هاست به‌خاطر اینکه آسیه اهل ده شورچه بیده... کلاعباس هم اهل ده شورچه بیده... و این آسیه و کلاعباس بیدند که قبل از گدالاله توی این مزرعه و زیر این درخت خاک شده بیدند... اصلا مگه خود ما این درخت را به‌خاطر آسیه نکاشتیم... یادت میاد حاجی تو خودت آنجا با من بیدی...

حاجی غضنفر هم حالا با حرف‌های امام اصغری به هیجان آمد و در تصدیق حرف‌های او ادامه داد:

- خب با کاشتن درخت توت پر معلیمه بنای اینجا را شورچه‌ای‌ها گذاشتند... بنابراین صاحب شرعی و عرفی اینجا آسیه و کلاعباس هستند... هر دوی آنها هم شورچه‌ای بیدند و درخت را هم که ما کاشتیم و پس این مردم شورچه هستند که حق عرفی به اینجا و چاه آبش دارند...

در همین احوال صدای مردعلی درآمد که انگار با مجنون سگ عباس جوان در گفتگو و بازی شده بود:

- مجنون... خودتی...؟ دوباره زنده شدی...؟ من و یادت میاد... بیا بازی... بده... بده... روز عاشوراست... آمدیم شمر رو بکشیم و جلوی آب فرات رو وا کنیم... بده... بیا بجنگ...

و مردعلی سوار اسب چوبی‌اش شد و بین امنیه‌ها که وسط جمعیت دو ده اطراق کرده و خوب مواظب بودند که مردم دو ده دوباره به هم نزدیک نشوند و به جان هم نیافتند در حال سواری و خنده و بازی با مجنون بود. ولی مردم هرچه نگاه می‌کردند هیچ سگی را نمی‌دیدند و

فقط مردعلی را می‌دیدند. در همین احوال صدای پاس سگی آن هم فقط یک‌بار شنیده شد ولی باز هیچ‌کس هیچ سگی را نمی‌دید ولی آنها که با صدای مجنون سگ کلاعباس جوان آشنایی داشتند، می‌توانستند خوب صدا را تشخیص داده و به‌یاد بیاورند که صدا صد در صد شبیه مجنون سگ عباس جوان بود:

- من هم می‌تونم پاس کنم... ببین...

مردعلی هم حالا مشغول پاس کردن و درآوردن صدای سگ شد. مردم دوباره چهارچشمی هرچه اطراف را نگاه کردند هیچ سگی را ندیدند. در آخر هم در این خیال شدند که صدای سگ را یا مردعلی خودش درآورده و یا آنها خیالاتی شده‌اند. در این میان ذوالفقار هم لال و گنگ سرش روی هوا بود و گوش‌هایش هم تیز که هیچ‌چیز را از دست ندهد. ولی طبق معمول امام اصغری که می‌دید اوضاع بر وقف مرادش پیش نمی‌رود و داشت از اختیارش خارج می‌شد، دوباره صدای اعتراضش بلند شد:

- حاجی غضنفر، کدخدا، آخه بین این همه آدم خداشناس و مسلمان و مؤمن فقط این شیخ تیکنه‌ای حقه‌باز باید باشه که روح ستار و کلاعباس و آسیه را ببینه و یه دیوونه‌ی ولگرد... آخه چرا چشمتون رو وا نمی‌کنید و نمی‌بینید این شیخ حقه‌باز و شارلاتان داره حق شورچه رو با حقه‌بازی می‌دزده و می‌ده به تیکنه‌ای‌ها...

با سر و صدا راه انداختن امام اصغری و تحریک‌های حسین کچل و دار و دسته‌اش کم‌کم صدای اعتراض مردم شورچه جسته و گریخته داشت از گوشه و کنار بلند می‌شد.

البته مسلم بود که تیکنه‌ای‌ها هم به این راحتی کوتاه نمی‌آمدند و با دیدن روضه‌خوانی‌های امام اصغری و پامنبری حسین کچل و دار و دسته‌اش، کم‌کم سر و صدا و اعتراض تیکنه‌ای‌ها هم بلند شد و دوباره

دو طرف داشتند به‌طرف هم حمله‌ور می‌شدند ولی صدای غرش دوتا تیری که باقرخان سرامنیه در هوا خالی کرد، همه متوقف شده و امنیه‌ها بین دو طرف قرار گرفتند. ولی حالا همه می‌دیدند که سرامنیه، باقرخان به شیخ گنابادی خیره و انگار مرید او شده بود. بنابراین همه‌ی نگاه‌ها دوباره برگشت و روی شیخ گنابادی افتاد. رستم‌خان با شنیدن اسم ستار خودش را به شیخ گنابادی رساند و دنبال فرصتی مناسب می‌گشت که از او جویا شود که ستار را زنده می‌دید یا مرده. همه‌ی نگاه‌ها دوباره به شیخ گنابادی متمرکز شد و می‌دیدند که شیخ باتعجب به درخت توت خیره شده و انگار لال شده است. حالا مردم خوب می‌دیدند که شیخ گنابادی، آن شیخ گنابادی همیشه نبود. می‌دیدند که رنگ صورتش پریده و با چشم و دهن باز به درخت توت خیره شده است. مردم اشتباه نکرده بودند. شیخ گنابادی حالا خودش هم گیج شده و باور نمی‌کرد که روح کلاعباس و ستار و آسیه و مجنون سگ کلاعباس را می‌دید که کنار درخت توت ایستاده و به او لبخند می‌زدند و شیخ دیگر نمایش بازی نمی‌کرد. حالا در این شک بود که واقعاً داشت روح آنها را می‌دید و یا خیالاتی شده بود:

- سلام ارباب... کلاعباس برگشتی... پس زندون نبیدی... پس این امنیه‌های پدرسوخته دوروغ می‌گفتند که تیر زدند و کشتندت... آسیه خانوم هم که هست، چقدر جوون شدید ارباب...؟ پس اون مرده کیه کنارت...؟

شیخ گنابادی اگر تا به حال کوچکترین شکی هم از دیدن روح ستار و کلاعباس و آسیه در دل داشت، وقتی دید و شنید که مردعلی هم آنها را دیده و با آنها در حال گفتگوست، تمام شکی که داشت برطرف شد و به جای کلاعباس جواب مردعلی را داد:

- مردعلی اون یکی ستار پسر اسعدخان تیکنه‌ای است... شوهر

آسیه خانوم که کنارش ایستاده... ستار پسر اسعدخان تفنگ داره...؟

- یا امام حسین... با تفنگش می‌زنه و هشت‌در آدم رو درمی‌آره... باید در رفت...

حالا با شنیدن صحبت‌های مردعلی و شیخ گنابادی مردم بیشتر گیج شده و بسیاری هم ترس برشان داشته بود. هرچه هم دوباره به اطراف نگاه می‌کردند هیچ نشانی از ستار و کلاعباس و آسیه و مجنون نمی‌دیدند. در همین احوال صبر و طاقت رستم‌خان پایان یافت و جلو آمد و شیخ گنابادی را زیر سؤال گرفت:

- شیخ ستار رو که می‌بینی زنده است یا مرده...؟
- من روح آنها رو دارم می‌بینم...
- پس مرده!؟ شیخ ازش بپرس این همه وقت کجا بیده و کجا خاکه...؟
- تمام این‌وقت توی همین بیابون و با آسیه و کلا عباس بوده... آسیه دختر رحیم شیره‌ای زنش بید. هر سه تا اینجا خاکند... آسیه تو قبر وسطی خاکه...

شیخ گنابادی رفت کنار قبرها و داشت قبرها را به رستم‌خان نشان می‌داد. مردم هم حالا بیشتر از همیشه گیج شده بودند و جیک از هیچ‌کس درنمی‌آمد ولی دوباره این امام اصغری بود که سر و صدا و اعتراضش بلند شد:

- الهم صل علی محمد و آل محمد...

و به‌دنبال امام اصغری دوباره حسین کچل و دار و دسته‌اش شروع به اعتراض و سر و صدا کردند و قصد بهم زدن اوضاع را داشتند ولی دوباره سرامنیه سرکار باقرخان امام اصغری و حسین کچل را لال کرد. بعد هم

سرکار باقرخان رو کرد به شیخ گنابادی:

- شیخ، شما که دارید روح آن‌ها را می‌بینید و با آنها حرف می‌زنید ازشون بپرسید تکلیف این مزرعه بالاخره چی باید بشه...؟ سندی... کاغذی چیزی هست و اگر هست کجا است...؟

- به سرکار بگو نماینده‌ی ما شما شیخ گنابادی هست... شیخ شما هستی که باید تصمیم بگیری آب متعلق به چه دهی است... ما شما را قبول داریم...

با به سخن آمدن ستار و کلاعباس شیخ گنابادی که هنوز در تعجب گم شده بود به اطراف نگاهی انداخت و مردم دو ده شورچه و تیکن را چندی برانداز کرد و بعد به‌طرف آنها برگشت:

- آخه وقتی حرص و طمع وجود آدم رو می‌گیره... دیگه خدا هم نمی‌تونه آنها را به عقل بیاره... حالا من که بنده‌ی حقیر خدا هستم... چجوری می‌تونم این کار رو بکنم... این از دست من خارجه...

- آره شیخ هم کین ترسوست... از امام اصغری می‌ترسه... می‌ترسه با معجزه اونو سنگ کنه...

با کلام مردعلی خنده بر چهره‌های سه‌تا روح نشست و مردعلی که آنها را می‌دید باز به کلام آمد:

- دارند می‌خندند... مگه مرده هم می‌خنده... نگا کن شیخ...

و باز ستار به صدا در آمد:

- نباید نگران باشید شیخ... شیخ احمد به شما کمک می‌کنه... شما نماینده‌ی ده تیکن و شیخ احمد نماینده‌ی ده شورچه که حرفی توش درنیاد...

- شیخ احمد...؟
- آره... شیخ نگران نباش... شیخ احمد میاد کمکت...

شیخ گنابادی تمام اطرافش را وارسی کرد، ولی هیچ نشانی از شیخ احمد نمی‌دید ولی با شنیدن اسم شیخ احمد روحش تازه و خندان شد. در حقیقت چیزی را که آن سه نمی‌دانستند این بود که قبل از ستار شیخ گنابادی از شاگردان اولیه شیخ احمد بود که از گناباد هجرت کرده و به دیدن او آمده بود و مخفیانه به دیدن او می‌رفت و بعد هم آنجا ماندگار شده بود. با بلند شدن صدای دوباره‌ی ستار و درحالی‌که به‌طرف ده شورچه نگاه می‌کرد، شیخ گنابادی از فکر و خیال بیرون آمد:

- شیخ... نگران نباش... تو راهه... می‌رسه...
- آره... شیخ نگران نباش... تو راهه... می‌رسه... بزار ببینم داره میاد یا نه...؟

شیخ گنابادی که حالا خودش هم مثل مردم گیج و گنگ شده بود به دنبال مردعلی که هرچه روح‌ها می‌گفتند را تکرار می‌کرد چند قدمی به‌طرف ده شورچه برداشت و از جلوی اتاقک که دیدی به جاده نداشت رفت آن‌طرف‌تر و به جاده‌ای که از ده شورچه به مزرعه می‌خورد خیره شد، ولی باز هم شیخ احمد را ندید. حالا همه‌ی مردم ساکت و مات و مبهوت داشتند شیخ گنابادی را دنبال و تماشا می‌کردند. ذوالفقار هم همین‌جور سرش روی هوا بود و همراه مردعلی هردو، قدم به قدم دنبال شیخ گنابادی بودند. ذوالفقار که نمی‌خواست از قافله عقب بیافتد صدایش بلند شد:

- شیخ قسمت آخر رو من نفهمیدم کلاعباس چی گفت...؟

قبل از اینکه شیخ گنابادی جوابی بدهد صدای مردعلی بلند شد:

- خب مگه کری... کلاعباس که حرف نزد... آقا ستار گفت شیخ احمد نماینده‌ی مردم شورچه است و شیخ هم نماینده‌ی ده

تیکنـه ... حـالا هم تـو راهه...

ذوالفقار باز به صدا آمد:

- تا اینجا رو شنیدم... بقیه‌ی حرفهاشو نفهمیدم...
- خب نفهمی دیگه... خب نفهمی یا کری... خب بره حکیم...

و باز مردعلی بود که ذوالفقار را سر جایش نشاند.

سـرکار باقرخـان حالا احسـاس می‌کرد که یکی از روح‌ها داشـت شـانه‌اش را لمـس می‌کـرد. اشـتباه هـم نکـرده بـود. کلاعباس دسـتش را گذاشـته بود روی شـانه‌های سـرکار باقرخـان. بـرای همیـن هـم در یـک لحظـه تـرس و دلهـره بـه دل سـرکار باقرخـان افتـاد ولـی نمی‌خواسـت بـه روی خـودش و خصوصـاً دیگـران بیاورد. بااحتیاط و دلهره دسـتش روی شـانه چپش نشسـت کـه شـاید دسـت روحی را کـه روی شـانه‌ی چپش نشسـته بـود را لمس کند و در همـان حـال چشـم‌هایش بـه اطـراف می‌چرخیـد که شـاید او هم کسـی را کـه شـانه‌اش را لمـس می‌کـرد ببیند ولی هیچ فایده‌ای نداشـت و کسـی را ندیـد و لمـس نکـرد. هنـوز هم کـه هنوز بـود فقط شـیخ گنابـادی و مردعلی روح‌هـا را می‌دیدنـد ولـی بـا اتفاقاتـی کـه افتـاده بـود حـالا سـرکار باقرخـان همـه‌ی حرف‌هـای شـیخ گنابـادی را قبـول کـرده و مریـد او شـده بـود و این بـرای امـام اصغـری که داشـت آنهـا را تماشـا می‌کرد، چنـدان راحـت و مورد قبـول نبـود و داشـت در آتـش حسـادت و خشـم می‌سـوخت. ولی یکـی دوتا امنیـه جلویـش ایسـتاده و خـوب سـفت و سـخت مواظبـش بودند که شـلوغ بـازی راه نیانـدازد. البتـه امـام اصغـری بیشـترین ترسـش از ایـن بـود که اگر شـیخ گنابـادی و مردعلـی روح سـتار و کلاعبـاس و آسـیه را می‌دیدنـد و داشـتند بـا آنهـا صحبت می‌کردنـد، روح‌ها باید حتمـاً در مورد امـام اصغری و اینکـه او واقعـا کیسـت بداننـد و او را لـو بدهند و گیـر امنیه‌ها بیافتد. سـرکار باقرخـان ادامه داد:

- خب شیخ پس حالا که شما سعادت داری که آنها را ببینی آنها هم شما و شیخ احمد را وکیل کرده‌اند... به ما بگو... تکلیف فصل آخر این ماجرا به کجا ختم می‌شه؟... انگار که حالا سر نخ و قیچی دست شماست... حالا چه باید کرد...؟ بهشون هم گوشزد کنید دست رو شانه‌ی ما هم ندارند... قلبما درست کار نمی‌کنه...

قبل از اینکه شیخ گنابادی لب باز کند باز صدای مردعلی بلند شد:

- عجب کوری هستیم ما... خوب شیخ احمد که لب استل ایستاده... اینا چه جوری یه دفعه همه رفتند اونجا لب استل...

با بلند شدن صدای مردعلی نگاه شیخ گنابادی به‌طرف استل برگشت و شیخ احمد را دید که با ستار و آسیه و کلاعباس همه لب استل ایستاده بودند. مردعلی در حال دویدن به‌طرف آنها بود. شیخ هم با دیدن آنها به‌طرف استل به حرکت درآمد و سرکار باقرخان و به‌دنبال او بقیه‌ی جمعیت هم در راه شده و طولی نکشیده که همه به استل آب رسیده و ایستادند. البته مردم ده شورچه و تیکن باز از هم جدا بودند و در بین آنها امنیه‌ها قرار داشتند. مردم و امنیه‌ها شیخ احمد را هم نمی‌دیدند. مردم هم می‌دیدند که شیخ گنابادی حالا چنان ذوق‌زده شده که دست از پا نمی‌شناسد ولی چیزی را که مردم نمی‌دانستند این بود که او از دیدن شیخ احمد از خود بی‌خود شده بود. نگاه شیخ احمد به‌طرف شیخ گنابادی برگشت و معلوم بود او هم از دیدن شیخ گنابادی خرسند است و در حقیقت جویای نظر او در مورد تقسیم مزرعه و آب قنات بود. حالا هردو کنار هم ایستاده بودند و به طرف تپه‌ای که به‌طرف دو ده به پایین می‌رفت نگاه می‌کردند. بعد هم برگشت و نگاه‌هایشان به هم افتاد. از ظاهر شدن لبخند روی لب‌های هردوی شیخ گنابادی و شیخ احمد مشخص بود که هردو به یک چیز فکر می‌کردند و حتی احتیاج

به سخن گفتن نبود. بعد نگاه شیخ احمد به‌طرف کلاعباس، ستار و آسیه برگشت و از لبخند روی صورت آنها فهمید که آنها هم موافق‌اند. بعد بدون اینکه کلامی بین آن‌دو رد و بدل شود، نگاه شیخ گنابادی به‌طرف سرکار باقرخان برگشت:

- سرکار... هر تصمیمی گرفته بشه... آخر کار یکی دو نفر هستند که در دو ده دنبال شر می‌گردند که از آب گل‌آلود ماهی بگیرند و دنبال صلح و دوستی و برادری و برابری نیستند... برای همین شیخ احمد و بقیه در این فکر هستند که استل رو باز کنیم و دنبال آب رو بگیریم و می‌ریم دنبال آب، تا خود آب بالاخره انتخاب کنه به کدام طرف بره... اگر آب خودش انتخاب کنه کجا بره... دیگه اون‌وقت برای هیچ کدام از دو ده شورچه یا تیکن حرفی باقی نمی‌مانه که ادعا کنند که طرفداری از کدام طرف شده...

بعد هم سرکار باقرخان سرامنیه به‌طرف مردم دو ده برگشت و با شلیک یک تیر هوایی به همه اخطار داد تا به او گوش کنند و به همه‌ی مردم اطلاع داد که تصمیم دو شیخ چه بوده و همه باید از آن اطاعت کنند. بعد هم رو کرد به‌طرف شیخ گنابادی و به او که به‌خیال خود داشت با شیخ احمد گفتگو می‌کرد گفت:

- خوب شیخ کار رو شروع کنید... آب رو باز کنید...

شیخ گنابادی جواب داد:

- این حق شیخ احمده که آب رو باز کنه... شیخ همه عالم اوست...

- خوب به شیخ احمد بگید کار رو شروع کنه...

مردعلی پرید توی حرف سرکار باقرخان:

- مگه شیخ احمد خودش کره.... حرف شما رو خودش می‌شنوه...

دراین احوال که دوباره طاقت امام اصغری طاق شده بود و صبرش لبریز، با زیرکی از امنیه‌هایی که مواظبش بودند گذشت و باعجله خودش را به سرکار باقرخان رساند و شروع کرد به اعتراض:

- آخه سرکار ما از کجا بدونیم که این شیخ گنابادی و شیخ احمد معرکه‌گیر نباشند و با تیکنه‌ای‌ها دست به یکی نکرده باشند...

بعد هم رو به حاجی غضنفر و مردم ده شورچه کرد و ادامه داد:

- آخه حاجی چی شده یه‌دفعه این شیخ گنابادی تیکنه‌ای شعبده‌باز شب خوابیده و بهش وحی شده و صبح هم بلند شده و نماینده‌ی خدا شده... آخه بین این همه آدم مؤمن مثل شما توی این دو تا ده فقط دوتا مسلمون خداشناس پیدا شدند که روح‌ها رو می‌بینند و با آنها حرف می‌زنند و اون دوتا هم یکی این دیوونه مردعلی‌است بعدی هم آن شیخ شعبده‌باز تیکنه‌ای کلاه‌بردار خدانشناس... آخه عقل و دین و ایمانتون رو دست یک مشت آدم معرکه‌گیر شعبده‌باز خدانشناس دادید... کدخدا... حاجی... سرکار، من روی قرآن می‌زنم که این دو نفر از تیکنه‌ای‌ها رشوه گرفتند...

در همین احوال بین مردم تیکن هم همهمه‌ای افتاد و عده‌ای از آنها که حرف‌های امام اصغری را به‌عنوان توهین تلقی کرده بودند، شروع به بد و بیراه گفتن به شورچه‌ای‌ها کرده و چیزی نمانده بود که درگیری بین دو ده دوباره شروع شود. یکی دوتا مشت و چوب هم رد و بدل شد. ولی سرکار باقرخان سرامنیه می‌دانست که باید خیلی محکم جلوی امام اصغری بایستد و او را خاموش و خفه کند. برای همین هم امنیه‌ها

دوباره بین مردم دو ده ریختند و چند تیر هوایی هم شلیک کردند و چند نفری را هم با چند قنداق تفنگ زده و آنها را از هم جدا کردند تا شیخ احمد و شیخ گنابادی کار خودشان را شروع کنند ولی امام اصغری ساکت ننشسته و کار خود را می‌کرد و بین مردم شورچه حرکت می‌کرد و به آنها می‌گفت که امر خداست که برای گرفتن حق خود سر و صدا کنند و شیخ گنابادی و تیکنه‌ای‌ها را سر جای خود بنشانند و فتوا می‌داد که در راه خدا باید جهاد کنند و حق خود را بگیرند. البته حسین کچل و چند تن دیگر از جیره‌خواران او هم بیکار ننشسته و یکی دو نفرشان به تحریک امام اصغری به شیخ گنابادی نزدیک شده و شیخ گنابادی را هل داده و تهدید کرده بودند که راهش را بگیرد و به‌دنبال کارش برود. شیخ گنابادی هم همین‌طور که هل برداشته بود، عقب عقب رفته و قبل از اینکه داخل استل و وسط آبها به زمین بخورد پایش نشسته بود لب استل پر از آب و جای پایش گود شده بود ولی حالا بین طرفداران و مخالفان شیخ گنابادی و امام اصغری جسته و گریخته باز زد و خورد شروع شده بود و کمی مانده بود تا دوباره مردم دو ده به هم بریزند ولی امنیه‌ها محکم جلوی آنها ایستاده و معرکه را خاموش کرده بودند.

شیخ گنابادی به آرامی و بدون اینکه از حرکت حسین کچل ناراحت شود، داخل آب استل از جایش بلند شده بود. مردعلی هم که فوری وارد استل شده که به شیخ گنابادی کمک کند، حالا کنار شیخ ایستاده بود. انگار شیخ گنابادی فراموش کرده بود که داخل استل ایستاده و خیس خیس شده است. نگاهش به شیخ احمد و آسیه و کلاعباس و ستار افتاده، می دید لبخند بر چهره‌هایشان ظاهر شد و همگی آنها به دوتا چاله‌ی کوچکی که از جای پاهای شیخ گنابادی که بعد از هل برداشتن و افتادن به داخل آب استل پاهایش لب استل نشسته و ایجاد شده بود نگاه می‌کردند . ذوالفقار و مردعلی همراه با عده‌ای از مردم با دیدن شیخ

گنابـادی و خیـره شـدن او بـه دوتـا چالـه حالا بـا تعجب بـه شـیخ گنابادی و چاله‌هـای جـای پـای او خَیـره شـده بودنـد. در ایـن فکـر هـم بودند کـه چرا شـیخ از حرکـت حسـین کچـل ناراحـت نشـده و لبخنـد بـر لـب داشـت و به گـودی جـای پاهایـش خیـره شـده بـود. مجنون هـم کـه در تمام ایـن مدت بـا کلاعبـاس و سـتار و در کنارشـان بـود، رفـت و جلـوی جـای پاهای شـیخ گنابـادی ایسـتاد و او هـم بـه چاله‌ها خیره شـد. گاهی هم به شـیخ گنابادی و شـیخ احمـد، تک نگاهـی می‌انداخـت. حالا شـیخ گنابادی هم به شـیخ احمد نـگاه می‌کـرد و در انتظـار عمـل او بود. انگار که شـیخ گنابادی تـوی آن جمع نبـود. ذوالفقـار هـم همین‌جـور سـرش را توی هـوا گرفتـه بود و می‌خواسـت بـا گـوش کردن بفهمد چـه می‌گذرد. سـرکار باقرخان سـرامنیه متوجه شـیخ گنابـادی شـد و او هـم بـه چاله‌هایـی کـه از پاهای شـیخ درسـت شـده بود و حـالا آب از اسـتل نشـت کـرده و داشـت آنهـا را از آب پر می‌کرد، خیره شـده بـود. طولـی نکشـید کـه همـه در تعجـب شـده بودنـد از اینکـه می‌دیدند که خاک‌هـای دو طـرف چاله‌هـا بـدون دخالـت هیـچ کسـی داشـت کنـار ریخته می‌شـد و آب کم‌کـم داشـت از اسـتل بیـرون مـی‌زد. صـدای صلـوات مردمی کـه حـالا داشـتند معجـزه را می‌دیدند بلند شـده بود و همین هم سـبب شـد کـه کم‌کـم نـگاه بقیـه‌ی مردمـی کـه سـرگرم نـزاع و زد و خـورد بودنـد روی چاله‌هـا و خاکـی کـه از اطـراف آن کنـار می‌ریخت، جلب شـود. حـالا فکر زد و خـورد و نـزاع کنار گذاشـته شـد. همه و همه محو تماشـای چاله‌هـا بودند و نفـس هیچ‌کـس درنمی‌آمـد. همه چهارچشـمی داشـتند خاک‌هـا را که بدون دخالـت هیچ‌کـس کنـار می‌رفـت را تماشـا می‌کردنـد. صلـوات فرسـتادن‌ها و دعـا خواندن‌هـا بـالا گرفت.

بالبخنـد رضایت‌بخـش شـیخ احمـد و شـیخ گنابـادی، مجنـون را تماشـا می‌کردنـد کـه مشـغول کنـار زدن خاک‌هـا بـا پاهایـش شـده بـود. در میـان زنده‌هـا تنهـا شـیخ گنابـادی و مردعلـی بودنـد کـه می‌توانسـتند ببیننـد ایـن

مجنـون اسـت کـه داشـت خاک‌هـا را کنـار مـی‌زد. مـردم حـالا باتعجـب بـه خاک‌هایـی کـه خـودش داشت کنـار می‌رفـت خیـره شـده بودنـد. جیـک از هیچ‌کـس در نمی‌آمـد.

- مجنون کمک می خوای...؟

بـاز ایـن مردعلـی بـود داشـت اعـلان میکـرد کـه مجنـون سـگ عبـاس مشـغول کنـار زدن خاکهـا بـود بعـد هـم رو بـه مـردم کـرد و ادامـه داد:

چنگهـای مجنـون مثـل بیل کلا عباس مـی مونه- ببینید مجنون سـگ کلاعبـاس چـه جوری داره خـاک ها را کنار مـی زنه...؟

حـالا مـردم نـه تنهـا گیج شـده بودند, کـم کم ترس هـم گرفته بودشـان. دعاخوانـی و صلـوات فرسـتادن‌ها بیشـتر و بلندتر شـده بـود و بالاخره خاک‌ها کنـار رفـت و آب کم‌کـم از اسـتل بیـرون زد و شـروع به رفتن به طـرف پایین تپـه کـرد. مجنـون هـم جلـوی آب و به‌دنبالـش هـم مردعلـی و کلاعبـاس و آسـیه و سـتار و شـیخ احمـد در کنـار آب و بدنبـال مجنون در حرکـت بودند و پشـت آنهـا هـم شـیخ گنابـادی و ذوالفقـار و سـرکار باقرخـان سـرامنیه و امنیه‌هـا و بقیـه‌ی جماعـت هـم به‌دنبـال آنهـا به حرکـت درآمده بودنـد. حالا همـه دنبـال مسـیر آب را گرفتـه و می‌رفتنـد تـا ببیننـد آب بالاخـره آنهـا را بـه کجـا می‌بـرد. پـر مسـلم بـود کـه وقتی آب بـه سـمت تیکن جهـت عوض می‌کردنگرانـی و ناراحتـی تمـام وجود شـورچه‌ای‌ها را می‌گرفـت. ولی چنـدی طـول نمی‌کشـید کـه جریـان آب کـه به‌دنبال مجنـون در حرکت بـود، دوباره جهـت عـوض می‌کـرد و به سـمت شـورچه می‌رفـت و حالانگرانـی و ناراحتی تمـام وجـود تیکنه‌ای‌هـا را فـرا می‌گرفـت. خلاصـه مثل ایـن بود کـه مجنون و جریـان آب بـا رقـص خودشـان داشـتند بـا مـردم دو ده بـازی می‌کردنـد. حـالا کوچک‌تریـن صدایـی از هیچ‌کـس درنمی‌آمـد. انـگار که همه لال شـده و دل تـوی دل هیچ‌کـس نبـود تـا ببینـد بالاخـره عاقبـت کار چـه می‌شـود و آب چـه جهتـی را انتخـاب می‌کنـد و بـه سـمت کـدام ده سـرازیر می‌شـود.

امـام اصغـری هـم حـالا گیج شـده بـود و لابـه‌لای جمعیت می‌رفـت و مخش هـم همین‌جـور کار می‌کـرد کـه چـه کنـد که باز شـیخ گنابـادی را خـراب و موقعیـت را بـه نفـع خودش عـوض کند.

بالاخـره مجنـون و به‌دنبالـش آب رسـیدند بـه بـالای آخریـن بلنـدی کـه دیگـر آب بایـد جهـت رفتن خـودش را انتخـاب می‌کـرد. با ایسـتادن مجنون آب هـم متوقـف شـد و به‌دنبالـش کاروان آدم‌هـا. مجنـون بالای تپه ایسـتاد و بـه جهـت دو ده خیـره شـد. آب هم داشـت در چاله‌ی کوچکی جمع می‌شـد. بالاخـره بـه زودی آب بایـد جهـت خود را انتخـاب می‌کرد. حـالا دل توی دل هیچ‌کـس نبـود. همـه بـه آبـی که تـوی چاله‌ی کوچکی داشـت جمع می‌شـد و کم‌کـم چالـه هم داشـت پر می‌شـد، خیـره شـده و بی‌صبرانه منتظـر بودند. سـکوت همه‌جـا را گرفتـه بـود و نفس از هیچ‌کـس درنمی‌آمـد و بالاخره چاله پـر شـد و آب از طرفـی کـه بـه تیکـن می‌رفت سـرازیر شـد. مردم شـورچه با دیـدن آب کـه داشـت به‌طـرف تیکـن می‌رفـت بسـیار ناراحت شـده و صدای امـام اصغـری دوباره بلند شـد:

- حاجـی، کدخـدا، مـردم شـورچه... نگفتـم شـیخ گنابـادی از تیکنه‌ای‌هـا رشـوه گرفتـه...

ولـی هنـوز حرف‌هـای امـام اصغـری تمـام نشـده بود کـه عـده‌ای متوجه شـدند کـه دوبـاره و بـدون دخالـت هیچ‌کـس خاک‌هـای چاله ای کـه آب در آن جمـع بـود به‌طـرف ده شـورچه کنـار می‌رفتنـد و آب بـه طـرف شـورچه هـم سـرازیر شـد و دوباره ایـن مجنون بـود که داشـت خاک‌ها را کنـار می‌زد ولـی هنـوز فقـط شـیخ گنابـادی و مردعلـی از زنده‌هـا بودند که می‌توانسـتند مجنـون را ببینـد. حـالا مـردم می‌دیدنـد کـه آب به‌طور مسـاوی بـه دو طرف سـرازیر می‌شـد و بـا نـگاه هـای مـردم به‌طرف آبـی که بـه طرف ده شـورچه سـرازیر شـده بـود، امـام اصغـری هم به‌خـود آمـد و صدایش خفه شـد.

ولـی امـام اصغـری به‌هیـچ عنـوان دسـت‌بردار نبـود و بـاز مخـش بـه‌کار

افتـاد کـه چـه کاری کنـد تـا اوضـاع را دوبـاره بهـم بزنـد و از آب گل‌آلـود ماهـی بگیـرد. او می‌دانسـت کـه حـالا شـیخ گنابـادی مریدهـای زیـادی پیدا کـرده و امـام اصغـری دیگر داشـت همه‌ی قـدرت و موقعیت خود را از دسـت مـی‌داد و ایـن چیـزی نبـود کـه اما اصغـری بتوانـد قبول کنـد. به هر شـکلی کـه بـود می‌خواسـت شـیخ را از میـدان بـه در کنـد و دوبـاره کنترل مـردم را در دسـت بگیـرد ولـی چـه کاری می‌توانسـت بکنـد. حـالا آب داشـت به طور مسـاوی بیـن دو تا ده تقسـیم می‌شـد و امنیه‌ها هم خوشـحال بودنـد و به‌نظر می‌آمـد مـردم هـر دو طـرف هم راضـی بودند ولی امـام اصغری راضـی نبود و مخـش همین‌جـور کار می‌کـرد. امـام اصغری معتـل نکرد و زیـر گوش حاجی غضنفـر زمزمه کـرد که:

- حاجـی این شـیخ گنابـادی بالاخره کار خـودش رو کرد و زهرش رو بـه مـن و تـو ریخـت... نـگاه کـن قسـمت آب تیکنه‌ای‌هـا زیادتـره... امـروز نصف آب شـورچه‌ای‌ها را شـیخ دسـتی دسـتی داد بـه تیکنه‌ای‌هـا... دو سـه روز دیگـه هـم که آب ها از آسـیاب افتـاد، یـک حقـه‌ی دیگـه‌ای می‌زنـد و بقیـه‌ی آب شـورچه‌ای‌ها را هـم مـی بخشـه بـه تیکنه‌ای‌هـا و گـور پـدر شـورچه‌ای‌ها... حاجـی غضنفر مردم خرند و حالیشـون نیسـت و مثـل گاو دنبال ایـن حقه‌بازهـا راه می‌افتنـد... شـما چـی...؟ ایـن مـا هسـتیم کـه بایـد جلـوی آنهـا را بگیریـم... حاجـی تـو هسـتی... کـه باید دسـت به‌کار بشـی... مردم چشـم و دلشـون به شماسـت حاجی... سـاکت بـودن یعنـی... خیانـت در امانـت... نـگاه کـن آبـی که به طـرف تیکنه‌ای‌هـا مـی‌ره خیلـی بیشـتر از شـورچه‌ای هاسـت... حداقـل بایـد بریـم و آب را یک خورده بیشـتر به طـرف خودمان بـاز کنیـم... اگه السـاعه تکلیـف این رو روشـن نکنیم فـردا دیگه دیـر می‌شـه... تیکنه‌ای‌هـا سـند آب رو می‌گیرنـد و گـور پدر من

و تـو و مردم شـورچه‌ای‌ها...

خلاصـه امـام اصغـری پشـت گـوش حاجـی غضنفـر و یکـی دو نفـر دیگر خوانـد و خوانـد تـا بالاخـره حاجـی غضنفـر را خـر کـرد و حاجی دوبـاره جلو افتـاد و داد و بـی‌داد راه انداخـت و شـروع بـه تهمـت زدن بـه شـیخ گنابـادی کـرد و او را خائـن قلمـداد کرد گفت شـیخ حـق مردم شـورچه را از روی قصد پامـال کـرده و داده بـه تیکنه‌ای‌هـا و سـر مـردم شـورچه کلاه رفتـه اسـت. از آن‌طـرف هـم امام اصغری دسـت به‌کار شـد و فوری سـرکرده‌ی چماق‌دارانش حسـین کچـل و دار و دسـته‌ی چـوب و چماق‌دارش را جلـو انداخت و آنها هم پشـت حاجـی غضنفـر را گرفتـه و به‌بـه و چه‌چـه او را می‌گفتند و بـا هندوانه زیـر بغـل او گذاشـتن، او را تحریـک می‌کردند. حـالا جو خـود بزرگ‌بینی هم حاجـی غضنفـر را گرفتـه و داغ شـده بـود و از مردم شـورچه می‌خواسـت که از حـق خـود نگذرنـد. حسـین کچـل و دار و دسـته‌ی چوب و چمـاق‌دار امام اصغـری، زیـر گـوش همـه مـی خواندند کـه امـام اصغری فتـوای جهـاد برای گرفتـن حـق را داده اسـت. و دوبـاره عـده‌ای که چشـم بسـته و ندانسـته و از روی سـادگی و بعضی‌هـا هـم بـه خاطـر منافع شـخصی خود دنبالـه‌رو حاجی غضنفـر و امـام اصغـری بودنـد، شـروع بـه بـد و بـی‌راه گفتـن بـه تیکنه‌ای‌ها و توهیـن کـردن بـه شـیخ گنابـادی کردنـد. یکـی دو نفرشـان هـم رفتـه و قسـمت آب شـورچه‌ای‌ها را بیشـتر کردنـد و البتـه کـه ایـن کار آنهـا باعـث شـد که تیکنه‌ای‌ها هم دسـت به‌کار شـده و قسـمت آب خودشـان را بیشـتر بـاز کننـد و جـواب بـد و بـی‌راه گفتـن شـورچه‌ای‌ها را بدهنـد و دوبـاره زد و خـورد و بـزن و بکـوب بین دو ده شـروع شـد و روز از نـو و روزی از نو. باز این وسـط دوبـاره امام اصغـری کار خودش را کـرده بود و خوشـحال و فاتح همراه حاجـی غضنفـر و کدخـدا کنار گـود ایسـتاده و مشـغول تماشـای کتک‌کاری مـردم بود.

امنیه‌هـا هـم دوبـاره دسـت به‌کار شـده و چند تیـر هوایی هـم در کردند و

با قنداق تفنگ‌های خود به سر و کول مردم می‌کوبیدند و مشغول جدا کردن آنها شدند. حسین کچل هرجوری شده بود با یکی دو نفر دیگر از جیره‌خوران امام اصغری از لابه‌لای سربازان امام، خودشان را به شیخ گنابادی رسانده و به او حمله‌ور شده بودند. اما طرفداران شیخ گنابادی به حمایت او برخاسته و شیخ گنابادی را از مهلکه نجات داده و از معرکه دور کرده بودند. نگاه مأیوسانه‌ی شیخ گنابادی درحالی‌که داشت از معرکه دور می‌شد به طرف شیخ احمد، آسیه، کلاعباس، ستار و مجنون برگشت. دید که آنها هم مشغول تماشای زد و خورد مردم دو ده هستند. هردو طرف از اینکه دوباره نتوانسته بودند صلح و دوستی را بین دو ده همسایه برقرار کنند تا با هم و در کنار هم با صلح و صفا زندگی کنند، غمگین و افسرده شده بودند. در این فکر بودند که این همه سال دشمنی، به غیر از بدبختی و بیچارگی سودی برای آنها نداشته است. پس چرا سر عقل نمی‌آیند. در این فکر بودند که آنها چه زمانی می‌خواهند راه و مسلک دوستی و محبت را پیشه کنند.

پر مسلم بود که وجود آدمهایی مثل امام اصغری و حاجی غضنفر در میان مردم مانع این مهم می‌شد و البته تنها هدف آنها منافع شخصی خودشان بود و به هر قیمتی هم که شده بود می‌خواستند آن را حفظ کنند. بنابراین از هر فرصتی استفاده می‌کردند و مرام و مذهب و حق و حقیقت و سوختن مردم بی‌چاره و بدبخت در آتش هم برایشان مهم نبود. همه‌چیز فقط در راه هدف و منافع شخصی خود آنها خلاصه می‌شد. واضح بود که وجود این آدمها در هر جایی که باشند سبب می‌شود که مردم آن منطقه هیچ‌وقت روی آسایش و صلح و دوستی را نبینند و البته دو ده تیکن و شورچه هم از این مشکل جدا نبودند و بالاخره کار را به جایی رساندند که خشم زمین و زمان و خدا گریبان‌گیرشان شد.

بعد از گذشت چند ماه مردم دو ده به جایی رسیدند که دیگر به

بیشتر آب مزرعه را بردن هم اکتفا نکرده وحالا همه ی آب را می خواستند ودعوا و مبارزه بر سر باز کردن تمام آب به‌طرف خود و بستن آب بطرف آنطرف آغاز و بالا کرفته بود. بعد هم در مقابل هم صف‌کشی می‌کردند و سر و صورت و کله و دست و پای یکدیگر را خورد می‌کردند و بازی آب به این‌طرف و آن‌طرف باز و بسته شدن، ادامه داشت. تا بالاخره یک روز وقتی که مردم دو ده از خواب بیدار شدند هیچ نشانی از آبی که از روی تپه به‌طرف آنها می‌آمد دیده نمی‌شد. جوی آبی که به‌طرف آنها می‌رفت خشک شده بود. با مشاهده‌ی خشک بودن جوی آب مردم هر دو ده معطل نکرده و با خشم و عصبانیت عزمشان را جزم کرده و دوباره چوب و چماق و بیل و کلنگ و چاقو و نیزه برداشته و با جار و جنجال عازم سر تپه‌ای که آب را به‌طرف دو ده تقسیم می‌کرد شده و آماده‌ی دعوا و بزن و بکش و شکستن سر و کله‌ی یکدیگر بودند. مردعلی هم با شمشیر چوبی‌اش جلودار مردم شورچه بود و جلوتر از مردم دو ده خودش را به بالای تپه و چاله‌ای که آب را به طرف دو ده تقسیم می‌کرد رساند. با رسیدن به چاله، مردعلی یک‌باره از شور و شوق و هیجان افتاد و شمشیرش از حرکت بازایستاد و ساکت و لال شد.

طولی نکشید که با رسیدن مردم دو ده به سر تپه و دیدن مردعلی آنها هم همچون مردعلی ساکت و لال شدند و از شور و شوق و هیجان شکستن سر و کله‌ی هم افتادند. با تعجب دیدند که مردعلی داخل چاله‌ی خالی و خشک شده از آب ایستاده و به‌طرف جوی آب خشک خیره شده بود. چاله‌ی آب خالی بود و دیگر آبی از طرف مزرعه به تپه نمی‌رسید که برای بردن و دزدیدن آن سر و کله‌ی یکدیگر را بشکنند.

بعد از چندی سکوت دوباره شمشیر مردعلی روی هوا رفت و صدایش بلند شد و داخل جوی آب به‌طرف بالای تپه و مزرعه و دهانه‌ی قنات به حرکت در آمد:

- بریم بجنگ شمر ذی الجوشن که بسته آب رو به روی ما...

با حرکت کردن مردعلی، مردم دو ده هم به‌خود آمده و بدون اینکه بدانند چرا و به‌جای اینکه به جان هم بیافتند هر دو گروه به‌طرف مزرعه و دهانه‌ی قنات و به‌دنبال مردعلی در حرکت بودند. البته مردعلی داخل جوی و وسط دو گروه و جلودار بود و مردم ده شورچه در سمت چپ و مردم ده تیکن در سمت راست جوی آب خشک شده بدنبال مرد علی برای رسیدن به دهانه قنات در مسابقه بودند ولی مردعلی برنده‌ی مسابقه بود و کسی نمی‌توانست به او برسد.

دیری نکشید که مردعلی و به‌دنبالش مردم دو ده به استل پایین اتاقک و بعدش هم توت و دهانه‌ی قنات رسیده و دیدند که آب یک‌باره چنان کم شده بود که حتی به اندازه‌ی کافی برای درخت‌های اطراف امامزاده هم نبود و به‌سختی استل کنار اتاقک را پر می‌کرد و دوباره سکوت بود و گنگی و گیجی و تعجبی که بر مردم غلبه کرده بود. جیک از هیچ‌کس درنمی‌آمد، سؤال‌های زیادی در ذهن مردم مطرح شده بود ولی هیچ‌کس جوابی برای آنها نداشت و نمی‌دانستند چه اتفاقی افتاده و چه شده که یک‌باره آب قنات مزرعه اینچنین کم شده بود:

- خدا غیضمون کرده و آب اینجا رو هم خشک کرده...

این مردعلی بود که با به سخن آمدن دوباره سکوت را شکسته و به‌نظر می‌رسید که جوابی را که مردم به‌دنبالش می‌گشتند را به آنها داده بود.

حالا مردم دو ده داشتند در ذهن خود سبک و سنگین می‌کردند که چه اتفاقی باید افتاده باشد ولی چه کسی بود که به آنها بگوید که رفتار و کردارشان باعث شده بود که قهر روزگار و آفرینش گریبان‌گیرشان شود و آب به رویشان بسته شود. حالا چه کسی می‌توانست به آنها حالی کند که آدم‌ها به اندازه‌ی شعورشان از زندگی بهره‌مند می‌شوند

ولی نه تنها با خشک شدن آب قنات مزرعه درسی نگرفتند، بلکه دوباره مغلطه‌کاری و حقه‌بازی امام اصغری شروع شد و حسین کچل و دار و دسته‌ی چماق‌دارش را راه انداخت و گناه خشک شدن آب قنات را به گردن تیکنه‌ای‌ها انداخت و دوباره جنگ و دعوا با تحریک امام اصغری بین دو طرف آغاز شد. امام اصغری و حاجی غضنفر و دار و دسته‌اش هم مثل همیشه کنار گود ایستاده و از خورد شدن سر و کله و خونین و مالین شدن مردم لذت می‌بردند.

روح کلاعباس و سگش مجنون و ستار و آسیه هم روی پشت بام نشسته و داشتند با تأسف مردم دیوانه را تماشا می‌کردند. ذوالفقار هم طبق معمول داخل اتاق ساکت و نگران، آرام نشسته و باز هم سیاست بی‌طرفی اختیار کرده بود.

❋ ❋ ❋ ❋ ❋

فصل ۱۵

وقتی‌که در دین، سرنیزه و دشنه و چماق، جانشین عشق و محبت می‌شود...

هوا ملایم و بیابان ساکت و آرام بود. کوزه‌ی آبی از زیر آب زلال جاری در جوی آب بیرون آمد و از آبی که از دهانه‌ی قنات مزرعه بیرون می زد و و بطرف زمینهای زراعتی جاری بود، جدا شد و بین زمین و هوا در حرکت بود. چکه‌های آب هنوز از روی کوزه سر می‌خورد و از کوزه جدا شده و روی زمین می‌چکیدند. کوزه در دست زنی بود و به بدن و پاچین رنگ و وارنگش می‌خورد. زن به جلوی اتاقک و سکو رسید و صدایش بلند شد و سکوت را شکست:

- تا کی می‌خوای همین‌جور هر روز اینجا بشینی و به جاده و بیابون خیره بشی...؟ آخرش دیوونه می‌شی... بلند شه یه کاری بکن که زیاد فکر نکنی...

زن ذوالفقار که سنش از چهل می‌گذشت وارد اتاقک شد. حالا ده سالی گذشته بود. آب قنات هم همین‌جور مانده بود. هیچ‌چیز تغیر نکرده بود و هنوز هم دشمنی بین مردم دو ده تیکن و شورچه برقرار بود. حکومت امام اصغری هنوز برقرار و محکم‌تر هم شده و تعداد چماق‌دارانش هم زیادتر شده بود ندو با چوب و چماق و چاقو و قمه‌ی خود هر صدای مخالفی را در گلو خفه می‌کردند و زهرچشم می‌گرفتند و مردم از ترس و وحشت جرئت

مخالفـت بـا امام و یا هیچ‌گونه اعتراضی را نداشـتند. ذوالفقار هم سـر و سـامانی گرفتـه بـود و زن‌دار شـده و زنش سـی و چند سـالی هم از خـودش جوانتر بود. دیگـر گدایـی هم نمی‌کـرد. مردم سـاده‌لوح دهات أطـراف که خیـال می‌کردند راسـتی راسـتی نـور در آنجـا باریـده بود و آنجـا را امام‌هـا تبرک کرده‌انـد، البته بعـد از گذشـت زمـان کمکـم آنجا به یـک امـازاده ی کوچکی تبدیل شـده بود و اسـمش را هـم «صالـح پیغمبـر" گذاشـته بودنـد و مـردم هـم بـرای دخیـل بسـتن و زیـارت و خریـد بهشـت و آخرت خود به زیـارت آمده و با نـذری دادن بـرای شـفا گرفتـن و خریدن بهشـت سـور و سـات ذوالفقـار و زنـش را هم جور می‌کردنـد. و صـد البتـه که بیشـتر این نـذری ها به جیـب امام اصغـری ریخته می‌شـد. ولـی بـا اینکـه ذوالفقـار زندگـی آرامـی داشـت و سـر و سـامان گرفته بـود، بـا ایـن حـال چنـدان از وضع و حال خـود راضی نبـود. به‌نظر می‌رسـید با پیـر و ناتـوان شـدن، حـالا بـه فکر مـرگ و آخـرت افتاده بـود. زنش هـم نگران حـال او شـده بـود. خصوصاً وقتـی شـوهرش گاهـی با خـودش حرف مـی‌زد و اسـم کلاعبـاس و سـتار و آسـیه و سـگ کلاعباس، مجنـون را به زبـان می‌آورد و بـا آدم‌هایـی کـه زنـش آنها را نـه می‌دید و نه حتـی قبلاً دیده و می‌شـناخت، در گفتگـو می‌شـد، بیشـتر زنـش را نگـران می‌کـرد. زن ذوالفقـار هیـچ اطلاعی از آدم‌هایـی کـه از غیـب بـر ذوالفقـار ظاهر می‌شـدند و با آنها صحبـت می‌کرد را نداشـت. زنـش بـا یـک پیرمـرد رهگـذری که بـرای زیارت بـه آنجا آمـده بود بـا او آشـنا شـده بـود. پیرمـرد سـفره دلـش را بـرای ذوالفقار بـاز کـرده و گفته بـود کـه فاطمـه تنها یـک مادر داشـت و او را هم را از دسـت داده و تنهاسـت و پیرمـرد از او نگهـداری می‌کنـد و آمـده اسـت تـا دسـت به دامـان آقا بشـود تا شـوهری برایـش پیدا شـود و سـر و سـامان بگیرد. بعد هـم انگار آقـای امام‌زاده کـه هنـوز فقـط یـک درخت توت بـود و یکـی دوتا دیـوار کوتاه دورش کشـیده بودنـد جـواب فاطمـه را داده و شـوهردار شـده بود و آقـا ذوالفقار هـم داماد بود.

بـه هـر حـال تنها بودن تـوی آن بیابان هـر روز ذوالفقار را بـه فکر و خیال

می‌انداخت و حالا کارش شده بود سبک سنگین کردن گذشته و نگران آخرت شدن. برای همین هم خیال می‌کرد که به مردم در مورد آنجا دروغ گفته و سر آنها را کلاه گذاشته است و حالا از کار خود پشیمان شده و می‌ترسید در آخرت تقاص دروغ‌هایش را پس دهد. یکی دوبار هم جسته و گریخته و سربسته فکر و خیالش را با امام اصغری در میان گذاشته بود ولی با تهدید آنها روبرو شده و به او گفته بودند که اگر لب باز کند خودش و زنش را می‌کشند. البته ذوالفقار نگران مرگ خودش نبود، فقط نگران زنش فاطمه بود. اما وضع و حالش بهتر که نمی‌شد هیچ، بلکه هر روز بدتر هم می‌شد. حالا گفتگویش با آدم‌های غیبی روزانه شده بود. مردعلی هم که حالا خیلی پیر شده بود، همیشه به دیدن آنها می‌آمد و گاهی یکی دو روز پیش آنها می‌ماند. یکی دوبار هم ذوالفقار در حضور مردعلی با آدم‌های غیبی که کلاعباس و ستار و آسیه بودند، وارد گفتگو شده بود:

- کلا، ستارخان، آسیه خانم... من که به شما بدی نکردم... پس چرا هی جلویم میاید... اگر بدی کردم ببخشید... به خدا غلط کردم که به مردم دورغ گفتم اینجا نور باریده... به خدا خجالت می‌کشم... باید به همه بگم دروغ گفتم... امام اصغری گفته لب باز کنم می‌کشتم... فاطمه زنم رو هم می‌کشه..

مردعلی هم با شنیدن گفتگوی ذوالفقار با آدم‌های غیبی دست گرفته بود و هر چی ذوالفقار می‌گفت را تکرار می‌کرد و مزاحش هم برقرار بود. فاطمه زن ذوالفقار با شنیدن صدای مردعلی نگران شده و فوری از اتاقک بیرون زده و درحالی‌که جلوی هردوی آنها چای گذاشته بود سر هردو داد و بی‌داد کرده و ذوالفقار را خاموش و به مردعلی هم پریده بود که خفه شود و جلوی کسی حرف‌های ذوالفقار را تکرار نکند و او را تهدید کرده بود که اگر خفه نشود دیگر آنجا راهش نمی‌دهد ولی مردعلی

که گوشش بدهکار نبود، فوری راهش را گرفته و به ده برگشته بود. حتی چند روز بعد از آن هم حرف‌های ذوالفقار را تکرار می‌کرد. مردعلی چیزی را که نمی‌دانست این بود که با تکرار حرف‌های ذوالفقار در ده شورچه جواز قتل و مرگ ذوالفقار را صادر کرده بود. چرا که امام اصغری نمی‌خواست قضیه‌ی قلابی بودن امامزاده فاش شود. ذوالفقار هر ماه سهم زیادی به امام اصغری به‌عنوان سهم امام می‌داد و هر سال هم با زیادتر شدن زوار، سهم امام هم زیادتر می‌شد. برای همین امام اصغری بلافاصله دست به‌کار شد و شبانه حسین کچل را مأمور از بین بردن و خفه کردن ذوالفقار کرد.

شب تاریکی بود، باد هم کولاک می‌کرد. ذوالفقار و زنش هر دو در خواب بودند. با بلند شدن صدای در اول ذوالفقار و بعد فاطمه بیدار شدند. هردو گیج و گنگ و خواب‌آلود به در خیره شده و متعجب بودند که چه کسی می‌تواند باشد که در پاسی از نیمه‌شب گذشته در اتاقک را می‌زند. غرش باد هم بیرون اتاقک چنان غوغایی برپا کرده بود که صدای حسین کچل را در خودش می‌کشت:

- آقا ذوالفقار مهمون داری... در رو باز کن...

بعد از چندی در زدن و جواب نگرفتن حسین کچل که صبرش لبریز شده بود در را محکم‌تر می‌زد و فریادش هم بلند شده بود. بالاخره با ترس و لرز و شک و تردید فاطمه در اتاقک را باز کرد. هنوز چفت در اتاقک نیافتاده بود که حسین کچل چنان با عصبانیت در را هل داد و وارد شد که در به فاطمه که پشت در ایستاده بود خورد و او عقب عقب هل برداشت و وسط اتاقک روی زمین دراز شد. بعد صدای دشنام و بد و بی‌راه گفتن حسین کچل به پدر و مادر و جد آباد ذوالفقار بلند شد و به جان ذوالفقار بی‌چاره افتاد:

- کور بی‌حیا مگه بهت گوشزد نکردم صدات باید خفه باشه و

پشت سر امام حرف نزنی... فکر کردی شوخی بات دارم... کور پدر سگ مادر سگ...

ذوالفقار بدبخت تا آمد به‌خودش بیاید چنان زیر ضربات چوب و چماق و لگد و مشت حسین کچل لت و پار شد که از هوش رفت و زبانش هم لال شد و نای حرکت نداشت و همین‌جور کف اتاق بی‌حرکت دراز شد. فاطمه زنش هم ترس و وحشت برش داشته و گوشه‌ی اتاق کز کرده و مثل بید به‌خود می‌لرزید و با ترس و لرزش به التماس افتاد:

- تو رو خدا... ولش کنید... مرد... غلط کرد... اون که حرفی نزده... ولش کنید... بدبخت مرد...

ولی نه تنها التماس‌های او اثری نداشت بلکه حسین کچل لگد محکمی هم نثار فاطمه کرد:

- تو دیگه زر نزن... خفه شه سلیته... صدات در بیاد تو رو هم بدتر از اون می‌کنم... خفه بمون...

صدای فاطمه بریده شد و گوشه‌ی اتاق چمباتمه زده و شکمش را بین پاها و دستانش داشت و فقط می‌توانست در سکوت به حال ذوالفقار بی‌چاره که خونین و مالین، بی‌حس وسط اتاقک دراز کشیده بود و هنوز هم داشت کتک می‌خورد، گریه کند. بالاخره صدای لرزان فاطمه دوباره بلند شد:

- دیگه مرده حاج حسین... به احترام امامزاده ولش کن...

حالا حسین کچل مکه نرفته یک‌دفعه حاجی هم شده بود. حسین کچل رو کرد به فاطمه:

- خفه شه ...سلیته... من ریدم به این امامزاده که متولیش شوهر تو باشه ...

با شنیدن صدای حسین کچل فاطمه در سکوت می گریست و تماشا

گـر بـود. حسـین کچـل کـه می‌خواسـت مطمئـن شـود کـه ذوالفقـار تمـام کـرده، جلـوی دهـن و دمـاغ ذوالفقار را گرفتـه و چند دقیقه فشـار داد. صدای آرام نالـه‌ی فاطمـه بـاز بلنـد شـد و همینجور بـه فاطمه خیره شـد:

- گریـه‌ات بـرا چیـه... خـوب شـوهر می‌خـوای ایـن مـرد... خـودم بهـت می‌رسـم... امـام خـودش حلالـت می‌کنـه... بهشـت هـم مـی‌ری...

سـاعتی بعـد حسـین کچـل درحالی‌که داشـت کتـش را می‌پوشـید، رو کـرد بـه فاطمه:

- یـادت باشـه به همـه می‌گـی تیکنه‌ای‌هـا ریختن سـرش... وگرنه خـودت هم بدتـر از شـوهر بی‌دین پدرسـوخته‌ی مادرسـوخته‌ی نفهمـت می‌شـی... حالیت شـد...؟ حالیت شـد...؟

فاطمـه هـم کـه جرئت بـاز کردن زبانـش را نداشـت معلوم بـود از خودش هـم حـالا بـدش می آمد با سـرش اشـاره کـرد که حالی‌اش شـده اسـت:

- تـو حـالا صیغـه و نشـان شـده‌ی منـی نگـران نبـاش... بهت می‌رسـم ...

*****

بـاد هنـوز بـر تـن و جـان شـاخه‌ها و برگ‌هـای درخـت تـوت و فاطمـه کـه زیـر درخـت و کنـار قبرهـا نشسـته و بـا آقـای امـام‌زاده مشـغول گفتگـو و دعـا و ثنـا بـود تازیانـه مـی‌زد. فاطمـه مثـل خـون می‌گرییـد و بـه درگاه آقـای امـام‌زاده التمـاس می‌کـرد کـه او را از اتفاقـی کـه افتاده بود، ببخشـد و جهنمـی‌اش نکنـد. التمـاس می‌کـرد کـه اگـر او را نمی‌بخشـد حداقـل بچه‌ی معصوم داخـل شـکمش را ببخشـد. می‌گفت کـه او گناهی نـدارد و به حاجی حسـین کچـل هـم گفتـه بوده کـه چهار ماه اسـت کـه حامله اسـت. می‌گفت کـه حاجـی حسـین کچـل بـه زور بـه او تجـاوز کـرده . می‌گفـت کـه دیگـر

نمی‌خواهد زنده باشد ولی به‌خاطر بچه‌ی داخل شکمش مجبور است. ولی انگار صدای فاطمه در خشم باد خفه شده و به‌گوش آقای امامزاده نمی‌رسید. ولی فاطمه نمی‌دانست که اگر آقای امامزاده صدا و التماس او را نشنیده، روح کلاعباس، ستار و آسیه و سگ کلا، مجنون کنارش ایستاده و داشتند همه‌ی حرف‌هایش را می‌شنیدند ولی فاطمه نمی‌توانست ببیند که این‌بار روح کلاعباس بسیار خشمگین بود، نه خندان و شاد.

*****

هوا دیگر تاریک نبود و بادی هم بر سر و کول درخت‌ها و آدم‌ها تازیانه و شلاق نمی‌زد. آفتاب همه‌جا را رنگین و گرم کرده بود. قدم‌های پیرمردی در خلوت جاده و کنار رودخانه بلندتر می‌شدند که زودتر خودش را به مسجد برساند. از خم کوچه‌ای گذشت و بالاخره مسجد از دور پیدا شد. با جمع شدن مردم جلو و بیرون آن مشخص بود که مسجد باید بسیار شلوغ باشد. معلوم بود اتفاق بدی باید افتاده باشد. پیرمرد به مسجد رسید و از لابه‌لای جمعیت جا باز کرد و وارد حیاط مسجد شد و هرجوری شده بود از لای جمعیت گذشت و وارد صحن مسجد شد و کناری نشست. داخل مسجد جای سوزن انداختن نبود. حاجی حسین کچل و چماق‌دارانش در اطراف و سطح مسجد پراکنده بودند و البته مواظب حرکت همه بودند تا کسی خطایی نکنند و در این حال وظیفه‌ی مجلس گرم کردن امام اصغری را هم به خوبی انجام می‌دادند. هر وقت هم لازم می‌دیدند بانگ سلام و صلوات سرمی‌دادند و تملق و تمجید امامشان را می‌کردند. صدای امام اصغری از روی منبر بلند بود و فریاد می‌کشید:

- ذوالفقار قهرمان دینی شورچه‌ای‌هاست... ذوالفقار شهید دین و فدای ما شورچه‌ای‌ها و دین ما شده... ذوالفقار تا لحظه‌ی آخر در مقابل آن تیکنه‌ای‌های بی‌دین و دشمن دین و ما ایستادگی کرد تا بالاخره جانش را برای دینش و ما از دست

داد... بایـد بـرای او یـک مقبـره بغـل امامزاده بسـازیم... تا چشـم آن تیکنه‌ای‌هـا کـور بشـه...

صـدای مردعلی کـه پای منبـر نشسـته و بـه امـام اصغری ماتـش بـرده بـود، جسـته گریختـه بلنـد می‌شـد و پامنبـری امـام را می‌کـرد. اما صـدای مردعلی دیگـه شـور و جـان قبـل را نداشـت و حتـی خـودش هـم بسـختی صـدای خـودش را می شـنید:

- ذوالفقار قهرمون دینه... ذوالفقار رو تیکنه‌ای‌ها زدند و کشتن...

امام اصغری صدایش را بلندتر کرد:

- مـا وظیفـه‌ی شـرعی و عرفـی و اخلاقـی داریـم کـه نذاریـم خون ذوالفقـار پایمـال بشـه... جهـاد را بـرای چنیـن وقتایـی گذاشـتند دیگـه... پـس جهـاد بـرای چیـه و چـه وقتـه... مـا بایـد از فاطمه خانـم بانـوی عفیف ذوالفقـار نگهـداری کنیـم و بهـش برسـیم...

فاطمـه در قسـمت زنانـه نشسـته بـود و هـای هـای گریـه می‌کـرد ولی آدم‌هـای اطرافـش کـه دلـداری‌اش می‌دادنـد و می‌خواسـتند در غم او شـریک شـوند در ایـن خیـال بودنـد کـه او بـرای ذوالفقار شـوهرش گریـه می‌کند. البتـه اشـتباه هـم نکـرده بودنـد، بـرای او گریـه می‌کرد ولی بیشـتر افسـردگی و رنجـش به‌خاطـر ظلمـی بـود کـه از طـرف همیـن امـام متقلـب و دروغگـو و دین‌فریـب روی منبـر کـه از فاطمـه و شـوهرش تعریـف و تمجیـد می‌کـرد، بر او روا شـده بـود. هیـچ گـوش شـنوایی هـم نبـود کـه بـه او گوش کنـد. هیـچ چشـم بینایـی هـم بـاز نبـود کـه دوسـت و دشـمن را ببینـد و بشناسـد. در ثانـی جرئـت حـرف زدن هـم نداشـت. چراکـه مـورد ضـرب و جـرح و تجـاوز چمـاق‌داران امـام قـرار می‌گرفـت. در ایـن فکـر بـود کـه آیـا خـدا و امام و پیغمبـر می دانسـتند کـه او بـا تهدیـد حاجی حسـین کچل در مسـجد ظاهر شـده بـود. امـا انـگار کـه صدایـش را نشـنیده و بـه کمکـش نیامـده بودند.

در همین احوال بود که در قسمت مردانه مردم متوجه مردعلی که کنار منبر نشسته بود شده و دیدند که از جایش بلند شد و به بالای منبر و اطراف آن ماتش برده بود. چشم‌ها و سر مردعلی از بالای منبر به پایین و بالا و پشت منبر و اطراف آن به‌دنبال چیزی در سفر رفت و برگشت بود. چیزی را که مردم نمی‌دیدند این بود که مرد علی داشت روح کلاعباس را می‌دید که دائم به بالا و پایین و اطراف منبر در آمد و رفت بود و مردعلی هم به‌دنبالش:

- کلا... مگه تو نمردی... باز زنده شدی... کلا است... ببینید... کلا باز زنده شده...

خنده‌های مردعلی هم دو باره برقرار و رفتار و صدایش کم‌کم داشت مسجد را بهم می‌ریخت، و باعث شد که حاجی حسین کچل خودش را به او رسانده و محکم توی سرش بزنند تا ساکت و خفه‌اش کند ولی کار او نه تنها مردعلی را خاموش و آرام نکرد بلکه بیشتر هم او را به هیجان آورد و عصبانی کرد. خصوصاً که حالا روح کلاعباس داشت با مردعلی دوباره حرف می‌زد:

- این امام نیست ... امام تقلبی‌ست... این محرم بوگندو است که خودش رو جای امام جا زده... به ملامحمود هم زهر داده و کشته... ملامحمود او را علم کرده... امام امام تقلبی است... بگو شناسنامه‌اش رو نشون بده...

حالا هرچی روح کلاعباس می‌گفت را مردعلی هم بلند در سطح مسجد فریاد می‌کشید و تکرار می‌کرد و با مهارت هم در میان جمعیت از دست حاجی حسین کچل و آدم‌های چماق‌دارش درمی‌رفت، شمشیر چوبی‌اش هم باز توی هوا به رقص درآمده و دوباره در این خیال شده بود که به جنگ لشکر یزید و عمر و شمر ذی الجوشن رفته است:

- محرم بوگندو بوده که کنده رو آتیش زده و قدرت رو تو کنده سوزونده، کلا عباس هم مارها را ریخت توی حمام که

انتقـام سـوزوندن بـرادرش قـدرت و بگیـرد... امـام امـام تقلبیه... شناسـنامه نـداره... محرم بوگندو اسـت نـه امـام... ذوالفقار رو هم حسـین کچل دیشـب با آدماش کشـته نـه تیکنه‌ای‌هـا... از زنش فاطمه بپرسـید...

و بالاخـره حرکـت مردعلـی کـه بـرای مـردم تعجب‌آمیز هـم بـود و تکرار گفته‌هـای روح کلاعبـاس و فـرارش بیـن مـردم داخل مسـجد همهمـه‌ای راه انداخـت و مجلـس کم‌کـم داشـت بهم می‌خـورد. مردعلـی حتی بعـد از اینکه سـر و صورتـش خونیـن هـم شـده و بدجـوری هـم کتـک خـورده بـود هنـوز کـه هنـوز بـود خیـال کوتـاه آمـدن را نداشـت و برعکـس جری‌تـر هـم شـده بـود. به‌نظـر می‌رسـید خون‌هـا او را یـاد روز عاشـورا انداختـه بـود و در خیال خـودش امـام حسـین شـده و داشـت بـا لشـکر یزیـد و شـمر ذی الجوشـن می‌جنگیـد. بغضـش هـم گرفته بـود. در حال فرار پـرده‌ی بین زن‌هـا و مردها را هـم پاییـن کشـید و حـالا قسـمت مـرد و زن‌ها هـم یکی شـده و فقط جدا نشسـته بودنـد. مـردم با اینکـه از چمـاق‌داران امـام اصغری حسـاب می‌بردند و سـابقه‌ی ایـن را داشـتند کـه بـا بـاز کردن زبانشـان بـرای هر نـوع اعتراضی زیـر کتـک و چـوب و چماق و چاقو و قمه‌ی حسـین کچل و چمـاق‌داران امام بیافتنـد، بـا ایـن حال انـگار این‌بار بـا دیدن حرکـت و وضع و حال و شـهامت مردعلـی ترسشـان ریختـه بـود. خصوصاً بعـد از اینکه مردعلـی در حال جنگ و گریـز بـا چمـاق‌داران امـام اصغـری بـا یـک حرکـت شـجاعانه و درحالی‌که امام اصغری را در شـکل و شـمایل شـمر می‌دید و به خیال اینکه داشـت سـر شـمر را از تـن جـدا می‌کـرد، با شمشـیر چوبـی‌اش که حالا حـس می‌کرد که شمشـیر دو سـر امـام علـی اسـت و ذوالجنـاح را هم سـوار شـده، از بین مردم خـودش را بـه منبـر رسـانده و با شمشـیر چوبی بر سـر امـام اصغـری کوبیده بـود و عمامـه‌ی امـام اصغری را از سـرش کنـده و عمامه به پاییـن منبر و بین مـردم افتـاده و زیـر دسـت و پـای مردم هم گم شـده بـود. فریـاد مردعلی هم

بلندتر و رساتر شده و داد می‌زد:
- امام، امام قلابیه... بی‌شناسنامه است... یزیدیه...

با شنیدن و دیدن مردعلی، مردم هم کم‌کم با او احساس هم‌دردی کردند. خصوصاً جوان‌ترها و زن‌ها که کم‌کم صدایشان هم از گوشه و کنار درآمده و حالا مسجد بهم ریخت و چوب و چماق و چاقو و قمه‌ی چماق‌داران امام هم دیگر کارگر نبود و صدای «ولش کنید... اون چه گناهی کرده... مگه شما دین و ایمون ندارید... آخه شما چه مسلمونایی هستید... این چه امامی است که با خون ریختن خوشحال می‌شه...؟ این چه دینی است که توی مسجدش به یک دیوونه هم رحم نمی‌کنند...؟» بلند شد و به کمک مردعلی شتافتند.

در همین احوال یک‌باره صدای شجاعانه‌ی فاطمه که از جایش کنده شده بود در سطح مسجد پیچید:
- مردم حسین کچل دیشب نصف شب آمد توی خانه‌ی ما و ذوالفقار رو کشت و من رو هم بی‌عفت کرد... این چه دینی است... که امامش آدم کشه... مردم دین ما رو دزدیدند... خدا که صدای من رو نمی‌شنوه... شاید شما بشنوید...

با قد علم کردن فاطمه و مردعلی در مقابل چماق‌داران امام و بلند شدن صدای جوان‌ترها و زن‌ها، بقیه‌ی مردم هم بالاخره کم‌کم ترسشان ریخت و به خود آمدند و بالاخره عقلشان بر خرافات و ترسشان غلبه کرد. مردم دیگر نه ترسی از چماق‌داران امام داشتند و نه از خود امام، برایشان هم دیگر مهم نبود که کتک بخورند و یا کشته شوند و به بقیه پیوسته و طولی نکشید که ورق بر ضد امام اصغری برگشت. حالا همه شعار می‌دادند «شناسنامه... شناسنامه... امام، امام قلابیه... بی‌شناسنامه‌ست... یزیدیه... امام امام قلابیه... بی‌شناسنامه‌ست... یزیدیه...» زد و خورد هم بین مردم و چماق‌داران امام آغاز شد و امام هم که پای چراغ را تاریک

می‌دید قصد فرار کرد، درحالی‌که دنبال چاره و تدبیر می‌گشت، چشمش افتاد به یکی دوتا شمع که بالای منبر روشن کرده بودند. با زیرکی و اینکه وانمود کند اتفاقی است شمع‌ها را پایین انداخت تا آتشی برپا کند و حواس مردم را پرت آتش گرفتن مسجد کند و فرصتی برای فرار از دست مردم داشته باشد. با نشستن شمع‌های شعله‌ور روی قالی‌های رنگ و وارنگ و حصیر کنار منبر، آنها گر گرفتند و امام اصغری به هدفش رسید و آتش را برپا کرد و بعد با زیرکی از لابه‌لای مردم در حال فرار بود که مردم متوجه او شدند و عده‌ای به طرف او هجوم برده و به جانش افتادند. چماق‌دارانش هم که پای چراغ را تاریک دیده و حرکت موج مردم هم موجب وحشت و ترسشان شده بود یا پا به فرار گذاشتند و یا به مردم پیوسته و یا اینکه زیر دست و پا و کتک مردم از پا درآمده و چوب و چماق و چاقو و قمه‌شان هم به‌دست مردم افتاده بود. یکی دو نفر از چماق‌دارانی هم که به مردم پیوسته بودند حالا معطل نکرده و حتی منبر را هم به آتش کشیدند. با به‌راه افتادن دود و دم و آتش در مسجد، مردم درحالی‌که شعار سر می‌دادند از مسجد بیرون زدند:

‹امام امام قلابیه... بی‌شناسنامه‌ست... یزیدیه... امام امام قلابیه... بی‌شناسنامه‌ست... یزیدیه...›

طولی نکشید که مسجد از مردم خالی شده بود و داشت در آتش می‌سوخت و امام اصغری و چندتا از چماق‌دارانش هم داخل آتش گم شده و داشتند جلز و ولز می‌کردند. حالا فقط صدای فریاد امام اصغری از بین شعله‌های آتش شنیده می‌شد و در مسجد پیچیده بود. فریادش هم بی‌شباهت به فریاد قدرت، پسر حاجی امیر نبود که محر بوگندو و قبل از اینکه امام اصغر شده باشد, او را توی کنده ی گوسفندان آتش زده و سوزانده بود. حالا شعله‌های آتش از در و پنجره‌های مسجد به بیرون زبانه می‌کشید و دود غلیظی که از داخل شعله‌ها و سوراخ سمبه‌های مسجد

بیـرون زده بـود بـر بـالای بـام آن در هـوا پخـش شـده و انـگار تاریکـی شـب چـادر سـیاهش را بر سـر ده شـورچه کـرده بـود. فریـاد التماس امـام اصغری هم‌چنـان بلنـد بـود و انـگار قاطـی دودها شـده و از داخل مسـجد بیـرون زده و در سـفرش در کوچه‌هـای ده بـه جمعیـت رسـیده و داخـل فریـاد مـردم کـه در حـال شـعار دادن به‌طـرف قبرسـتان می‌رفتنـد، مـرده بـود. مردعلـی هـم خونیـن جلودارشـان بـود و به‌دنبالـش هـم بیشـتر جوان‌ها و زن‌هـا. حالا خـون چنـان جلوی چشـم مـردم را گرفتـه بود که خـدا هم جلودارشـان نبود. به‌نظـر می‌رسـید کـه مـردم بالاخـره به‌خود آمـده بودنـد و فهمیـده بودند که باعـث و بانـی همه‌ی ایـن بدبختی‌های آنهـا ملامحمود بـوده و در این تصمیم شـده بودنـد که بنـا و بنیاد خرافات و جهـل و سـتم و دروغ و خیانت و اهانتی را کـه بـه آنهـا و عقیده‌شـان شـده بـود را از بیـخ و بـن براندازند. بـرای همین هـم خودشـان را بـه قبـر ملامحمـود کـه حـالا مقبـره‌ی کوچکی هم بـر روی آن سـاخته بودنـد، رسـانده و بـا بیـل و کلنـگ و پتـک بـه جـان مقبـره و قبر ملامحمـود افتادنـد. در یـک چشـم بهـم زدن نـه دیگـر مقبـره‌ای مانـد و نـه قبـری. ته‌مانـده‌ی جسـد ملامحمـود هـم حـالا داشـت در آتش می‌سـوخت.

روی تپـه‌ی مشـرف بـه قبرسـتان هـم روح‌های کلاعباس و آسـیه و سـتار و سـگ کلاعبـاس، مجنـون داشـتند لبخند بـر لب مـردم را تماشـا می‌کردند و در ایـن فکـر بودنـد کـه آیـا مـردم واقعـاً درس عبـرت گرفته‌انـد و یـا اینکه بـا گذشـت زمـان دوبـاره همـه چیـز را از یـاد می‌برنـد و بـاز بـا پیـدا شـدن مـلای دیـن فـروش دیگـری حقه‌بـاز دین‌فـروش دیگری بـاز هم چشم‌بسـته به‌دنبـال او راه می‌افتنـد و از تـرس سـگ‌های هـار و وحشـی و بی‌رحـم گله‌ی چوپـان جدیـد فرمان‌بـردار او می‌شـوند.

* * * * *

فصل ۱۶

وقتی مردم نادان و ساده از هیچ، همه‌چیز می‌سازند...

صد سال گذشت...

کوه‌های سر به فلک کشیده‌ی شورچه، لاله‌های واژگون تپه‌های مشرف به آن. گل‌های سفید و قرمز و کنگرهای خاردار بیابان. وزوز جیرجیرک‌ها. دشت وسیع و سرسبز مشرف به کوه‌ها و جاده‌ی خاکی میان تپه‌ها. صدای عصای مردی کور، سکوت آرام جاده‌ی خاکی میان تپه‌ها را شکست. آواز دل‌نشین جیرجیرک‌ها همراه با نسیم ملایم باد مرد کور عصا به‌دست را مست کرده و در خیال خود فرو برد. مرد کور گرچه به ظاهر چشم‌هایش توان دیدن نداشتند ولی گویا همه‌چیز در ذهنش واضح و روشن بود. حتی اگر عصایش را هم از او می‌گرفتند، او را ملالی نبود و گویا خطی مستقیم مابین او و امام‌زاده ها کشیده بودند.

مرد کور که کلاعبدلله صدایش می‌کردند با شنیدن صدایی که از دوردست به‌گوشش خورد، ایستاده و سرش را بالا گرفته و به سمت صدا خیره شد. کم‌کم صدای ضعیف ماشینی از دور به گوشش خورد. گوش‌های کلاعبدلله تیزتر شدند. انگار متوجه شد که این صدا با صداهای همیشگی فرق دارد. کلاعبدلله کور به‌آرامی به‌راه خود ادامه

داد. صدای ماشین نزدیک و نزدیک‌تر و گوش‌های کلاعبدلله با نزدیک‌تر شدن صدای ماشین تیز و تیزتر می‌شد. سرش را به‌طرف صدا راست کرد. گرد و خاک زیادی بالای تپه ظاهر شد. کلاعبدلله کور پیش خود فکر کرد صدای ماشینی که این‌بار بگوشش خورده، خیلی ملایم‌تر از صداهای قبلی است. کلاعبدلله به امامزاده‌ها و یکی دو خانه‌ی کنارش که از سنگ و کمر ساخته شده بودند، رسید. به باغچه‌ی جلوی در اتاقک کوچک نزدیک امامزاده تکیه داد و سرش را بالا گرفت و گوش‌هایش را تیز کرد و منتظر اتومبیل بود تا برسد. یکی دو نفر هم داخل و خارج امامزاده مشغول زیارت بودند. بالاخره اتومبیل که یک سواری بود به امامزاده رسید و ترمز کرد و ایستاد. کلاعبدلله توی گرد و غبار بلند شده از توقف ماشین گم شده بود.

گرد و غبارها توی هوا گم شد. اتومبیل هنوز کامل توقف نکرده بود که سه چهارتا بچه‌ی کوچک و بزرگ و پدر آنها عباس که رانندگی را بر عهده داشت و پنجاه سالی هم از سن او می‌گذشت پیاده شدند. کمال و بچه‌ها گرم تماشای اطراف بودند که خانم قد کوتاهی که مشخص بود زن عباس و مادر بچه‌ها بود پیاده شد. از لباس‌های مدرن او مشخص بود که اهل شهر است و داشت با نارضایتی روسری‌اش را سر می‌کرد. سر کلاعبدلله همین‌جور روی هوا بود و گوشش تیز و لال و گنگ هوا را نگاه می‌کرد و انگار منتظر بود که صدایی از مسافران تازه وارد بلند شود و اطلاعی گرفته و آنها را بشناسد. کلاعبدلله از صدای بسته شدن درهای ماشین می‌دانست که مسافران پیاده شده‌اند و هنوز منتظر بود تا از هویت آنها مطلع شود. کمال و خانواده‌اش با تعجب به امامزاده و اطراف آن چشم دوختند. دیدند که امامزاده‌ی قدیمی از کمر ساخته شده است. درخت توت دو شاخه‌ی بلندی هم همه‌جا را پوشانده بود. یک تابلوی رنگی بالای در نصب شده بود که روی آن نوشته شده بود: «صالح

پیغمبر» مقدار زیادی پارچه‌ی سبز و قرمز و رنگارنگ دیگر هم درخت توت را پوشانده بودند. چند گل آفتابگردان در دو طرف سکوی جلوی اتاقک داخل دو باغچه دیده می‌شدند. کمال هنوز به اطراف خیره شده بود و در این فکر بود که شاید به محل اشتباهی آمده است. زنش به دو پیرزن و یک پیرمرد خیره شده بود که از امامزاده عقب عقب بیرون می‌آمدند و سعی داشتند که پشت آنها به قبرهای داخل امامزاده نباشد که به مرده‌ی داخل قبر بی‌احترامی نکرده باشند. بعد هم پیرمرد زمین جلوی در را بوسیده و بالاخره برگشت و آرام به‌دنبال دوتا پیرزن به‌راه افتاد. پیرمرد سر راهش سلام گرمی هم به کلاعبدالله که هنوز مات و مبهوت به سکوی کنار باغچه تکیه داده و منتظر تازه‌واردها بود که صدایشان در بیاید داد و جوابش را هم گرفت. با رسیدن به کمال سلامی هم به او داد و راهش را گرفت و به‌دنبال پیرزن‌ها رفت و وقتی به ماشین رسید، ایستاد و چندی آن را نگاه کرد و بعد هم راهش را گرفت و پشت تپه‌ها ناپدید شدند.

کمال که از تعجب به‌سختی می‌توانست قدم بردارد بالاخره به‌طرف کلاعبدالله رفت و به سکوی کنار باغچه‌ی دیگر تکیه داد. حالا هر دو به دوردست خیره شده بودند. بالاخره کلاعبدالله طاقت و صبرش به پایان رسید و صدایش بلند شد و سکوت را شکست:

- باید غریبه باشید و اولین باری باشه که اینجا پیداتون می‌شه...
- آره...
- نباید فقط برای زیارت آمده باشید... وگرنه حالا توی امامزاده داشتید قبر رو می‌بوسیدید...
- درسته... آمدم دنبال قبر پدر، پدربزرگم بگردم ...

کلاعبدلله دستمالش را از جیب درآورد و پیشانی و سر و صورتش را پاک کرد و صدایش دوباره بلند شد:

- چرا اینجا آمدی دنبالش می‌گردی...؟
- -خبر آمده که باید اینجا خاکش کرده باشند... صد سالی می‌شه... می‌گند ملک و اموالش رو ول کرده و به گدایی رو کرده بوده... اسمش کلاعباس بوده... ولی همه به اسم گدا لاله می‌شناختندش...
- گدا لاله...! آره چیزهایی شنیدم... از مادر بزرگم... قبل از اینکه من به دنیا بیام کفار ریخته بیدند اینجا... دنبال آقا و وقتی آقا رفته بید تو امامزاده, یک‌دفعه غیبش زده بیده... ریخته بیدند سر بابا بزرگم ذوالفقار که متولی امامزاده بیده و او را کشته بیدند... می‌گند در زمان‌های خیلی قدیم یک گدایی که لال هم بیده... از دست یکی از خان‌های ظالم ده رباط‌کریم در رفته بیده و از پشت این کوه‌ها زده بیده به برف و بوران و آمده بیده اینجا پیش آقا... بعدش هم وقتی نوکران کریم‌خان به‌دنبالش آمده بیدن اینجا... بیچاره رفته بیده توی امامزاده و دست به دومن آقا شده بیده... نوکران کریم‌خان هم از آقا خجالت نکشیده بیدند و رفته بیدن تو امامزاده که بگیرندش... اما هر چی گشته بیدند هیچ‌کس رو توی امامزاده پیدا نکرده بیدند... انگار گدا لاله یک‌دفعه غیبش زده بیده... آره آقا غیبش کرده بیده... نوکران کریم‌خان هم ترسیده در رفته بیدند... خبر غیب شدن گدا لاله که به ده رباط‌کریم رسیده بید و مردم شنیده بیدند که چه شده و چه نشده... مردم فوری فرداش هجوم آورده بیدند اینجا که خودشان ببینند چی شده بیده... دیده بیدند که شبونه یک

قبـر کنـار قبـر آقا پیدا شـده بیده و سـنگی هـم رویـش انداخته بیدنـد... حـالا چطـوری قبره یک شـبه درسـت شـده و سـنگ به آن بزرگـی چطـوری از کجـا شـبانه رو قبـر انداختـه شـده بیـد، معمـا شـده بیـد... بعـد از آن هـم هیچ‌کـس هیـچ خبـری از گدا لالـه نگرفتـه بیـد... آره بایـد همان گـدا لاله باشـه...

حالا کمال که به کلاعبدلله گوش می‌داد صدایش بلند شد:

- آقایی که غیبش کرده بود، کی بود...؟ از کجا آمده بود...؟

سـر کلاعبـدلله به‌طـرف صـدای کمـال برگشـت و بعـد از کمـی تأمـل صدایـش بلنـد شـد:

- آقـا کـه از دسـت کفـار در رفتـه بیـد... می‌گنـد کـه از نوه‌هـای امـام عسـکری اسـت کـه از دسـت لشـکر کفـار در رفتـه بیـده و تـا اینجـا آمـده بیدنـد دنبالـش... اون هـم رفتـه بیـده تـوی کوه و شـبانه وقتـی لشـکر کفـار رفتـه بیدنـد بـالای کـوه کـه بگیرند و بکشـندش و دیگـه داشـته گیـر می‌افتـاده... یک‌دفعه لشـکری از جـن و پـری تـو سـینه‌ی کـوه جلـوی آنها سـبز شـده بیدند و بیشـتر آنهـا را کشـته بیدند... بقیـه هم از ترس جن‌هـا در رفته و دیگه آنجا پیداشـون نشـده بید... البته همان شـب با بلند شـدن سـر و صـدای جن‌ها و لشـکر کفار مـردم ده از خواب بیدار شـده بیدنـد و باتعجـب دیـده بیدنـد که تمـام بیابـان اینجا یک‌بـاره با نـوری کـه از آسـمون می‌تابیده، نور بارون شـده بیـده... مردم هم شـبانه راه افتـاده و آمـده بیدنـد اینجـا و دیده بیدنـد این درخت تـوت بـه همیـن بزرگـی و یه چـاه پـر آب و یک اتاقـک یک‌دفعه و وقتـی نـور از آسـمان تابیـده بید جلوی چشـم مردم پیدا شـده بیـده... البتـه آقـا هم غیبـش زده بیـد و هیچ‌وقت از اینجـا پایین نرفتـه بیـد... می‌گنـد خداونـد درخت تـوت رو آفریده بیـده و آقا

داخل تنه‌ی درخت غیبش زده بید و دیگه بیرون نیامده بید... برای همین هم اینجا زیارتگاه شد... حالا هم هرکه مریض باشه شفا می‌ده... اگه مریضی برو تو... شفات می‌ده...

بعد هم حواس کلاعبدلله پرت صدای ماشین دیگری که از پایین تپه بلند شده بود شد و سرش به‌طرف صدا برگشت و منتظر بود که ماشین برسد و قصه‌ی خودش را برای مسافران جدید دوباره شروع کند. زیاد هم انتظار نکشید. اتومبیل رسید و بغل ماشین کمال پارک کرد و دوباره و بعد از چندی کلاعبدلله متولی امامزاده مشغول تعریف تاریخچه‌ی امامزاده برای مسافران جدید شد.

امامزاده صالح پیغمبر هم حالا جای زیارت و تفریح مردم اطراف شده بود که از کوه بالا می‌آمدند و تمام روز را آنجا می‌ماندند و غذایی خورده و زیارتی کرده و برمی‌گشتند. بعضی‌ها هم شب‌ها آنجا می‌ماندند و هم برایشان زیارت بود و هم تفریح.

✳ ✳ ✳ ✳ ✳

پایان.